U0498193

四川省"十二五"时期重点图书出版规划项目
四川省2014年度重点图书出版规划项目
2015年四川省重点出版项目资助
发展振兴四川出版重点图书规划（2017—2021年）重大出版工程规划项目（重大人文社科出版规划项目）
四川省2018—2019年度重点图书出版规划项目

西南财经大学马克思主义经济学研究院
西南财经大学经济学院

编

陈豹隐全集

第三卷 ③

 西南财经大学出版社

图书在版编目(CIP)数据

陈豹隐全集.第三卷.3/西南财经大学马克思主义经济学研究院,西南财经大学经济学院编.—成都:西南财经大学出版社,2019.4

ISBN 978-7-5504-3803-3

Ⅰ.①陈…　Ⅱ.①西…②西…　Ⅲ.①陈豹隐(1886-1960)—全集

Ⅳ.①Z427

中国版本图书馆 CIP 数据核字(2018)第 254562 号

陈豹隐全集　第三卷　3

CHENBAOYIN QUANJI　DISANJUAN　3

西南财经大学马克思主义经济学研究院
西南财经大学经济学院　编

责任编辑:王青杰
责任校对:王承军
封面设计:杨红鹰
责任印制:朱曼丽

出版发行	西南财经大学出版社(四川省成都市光华村街 55 号)
网　　址	http://www.bookcj.com
电子邮件	bookcj@foxmail.com
邮政编码	610074
电　　话	028-87353785
照　　排	四川胜翔数码印务设计有限公司
印　　刷	四川五洲彩印有限责任公司
成品尺寸	165mm×235mm
印　　张	30.75
字　　数	358 千字
版　　次	2019 年 4 月第 1 版
印　　次	2019 年 4 月第 1 次印刷
书　　号	ISBN 978-7-5504-3803-3
定　　价	98.00 元

1934年7月陈豹隐在泰山讲学时于梅花岗前与众人合影
前排：左一冯玉祥、左二李德全、左三陈豹隐、左四唐惟俶、右二徐惟烈、右三宋修德、右四李兴中、右五邱斌、右七宋斐如、右八刘定五

陈豹隐夫妇及其子与欧阳予倩夫妇合影
20世纪30年代中期摄于上海萨坡赛路（今淡水路）
332弄陈豹隐家。左起：陈大良、唐惟俶、刘韵秋、
欧阳予倩、陈寅星、陈豹隐

21世纪初陈豹隐之子陈寅星于旧址里弄拆除前留影
上海萨坡赛路（今淡水路）陈豹隐旧居后门

出版说明

本册所收为陈豹隐先生 1928—1937 年的单篇论文。这期间，先生参与政治运动相对较少，是他学术创作的又一个高峰期。

1927 年年底国共合作破裂，先生流亡日本，一方面因欲"豹隐南山"，不问世事，故有时间和余力；另一方面因欲养家糊口，故与张资平乐群书店等合作，为其撰稿、译稿。三年亡日期间，他创作、翻译了大量作品[①]。单篇论文虽不多，但本册所收《有律现代诗》《论诗素》系统阐述了他对新诗创作的主张，并引发了大量讨论。1930 年回国后，先生曾任北平大学法学院（后改名法商学院）教授、中国大学政治系主任[②]等，并参与"第三党"（农工党前身）筹建和冯玉祥泰山讲学。期间，他围绕经济学、政治学等，写了不少长篇论文及书序，既着眼于理论的建构，又不乏对现状的剖析。抗战爆发后，他辗转南下，前往抗战大后方的武汉、重庆，并担任国民政府军事委员会参事室参事、第一至四届国民参政会参政员等，进入了他下一个生命阶段。

本册收集整理资料、统稿等工作由复旦大学历史系博士陈拓负责。巴蜀书社编辑王承军曾参与本册校对工作，特此致谢！

[①] 参见全集第一卷第二、四、五册，第二卷第一、二、四、五册及第四卷相关篇目。

[②] 《京报》1930 年 11 月 25 日第六版 "中大政治系主任已聘陈启修继任"。

目录

不要让人加重不平等条约的束缚^①

目前，北洋军阀的势力已经扫除净尽，国民革命自然应该由第一期的扫荡革命障碍的工作转到开国民会议及废除不平等条约的工作，才是顺理成章的办法。

在废除不平等条约的关头上，最和中国利害冲突的就是日本。日本的工商业发达程度还比不上英美各国，资本也赶不上英美那样雄厚，他在中国的势力完全靠不平等条约卵翼着，一旦废除了不平等条约，他便一方面要被中国资本势力所驱逐，一方面还要被英美势力所压倒。但是日本人口年年增加，资本集中的步伐又走得很快，弄得国内的贫困不安一天比一天厉害，若不向外发展，国内就要发生大问题，而可以任他自由发展的地点却只有一个被不平等条约束缚着的中国。所以日本不愿意中国革命完成，是日本的经济利益关系使他不得不如此的。

无如中国革命的潮流已泛滥了禹域八百余州，不是日本所能阻挡的。日本纵然冒了国际上的大不韪，竭力设法帮助奉张，但奉张的势力仍还是倒了。日本要想在正面和革命军宣战则为国际形势所

---

① 署名豹隐，选自《乐群半月刊》1928年11月15日第1卷第4期，第1~4页。本文为"豹隐"一名首次出现。——编者

不许，要想收买离间的方法，但比较奉张强一点的革命势力决不致为所搅乱。所以日本在种种办法无效之后，只好运用其朝三暮四的手段，希图欺骗善忘的中国国民，并愚弄被北伐胜利醉倒了的革命势力。

日本的欺骗手段就是在表面上对中国让步，在实际上加重不平等条约的束缚。对于汉口事件、南京事件、关税问题，甚至于济南惨案，他都对中国让步。因为他知道汉口事件、南京事件和济南事件都是带有一时性的问题，现在事情已过，并无什么实际的意义；就是关税问题，他也知道在现今各国事实上早已承认二五附加税等的时候，是日本孤独反对不下来的，所以他都乐得顺水推舟，做一个表面人情。至于（1）东三省问题，他决不提到，而在日本国内却瞎宣传他已得了南京当局的谅解，不侵害他的既得权；并且一方面还和张学良积极进行吉会路及东三省商租权问题。这岂不是硬要中国在事实上承认东三省不是中国的一部分吗？不是要中国把中国国民历来都不承认的二十一条款在暗默之中加以承认吗？这不是加重不平等条约的束缚吗？对于（2）中日通商条约满期问题，日本想只承认和中国改订商约谈判，而不承认条约满期。如果中国答应照日本的办法办，岂不是在事实上承认第二十六条的解释，承认旧约更有十年的效力吗？岂不是自己承认若不得日本的同意就永远不能废旧约吗？岂不是自己造成一个先例，加重不平等条约的束缚吗？对于（3）山东出兵问题，日本打算糊里糊涂地把它放在济案一起，含糊了事。若果中国任其含糊了事，岂不是中国承认日本（并其他外国）不向中国宣战而可以无故任意派兵来中国内地吗？岂不是自己留下一个比《辛亥条约》，各国得在各通商口岸驻兵的条款还要坏的先例吗？这不是加重了不平等条约的束缚吗？

日本目前虽然极力宣传他对于中国问题已得了英美的谅解，但在事实上他还是完全孤立的。日本国内对华资本家受着排斥劣货的影响，赔损日大，无法收拾。日本也怕旷日持久起来，英美的势力越发会在中国发展。并且日本还恐怕东三省的革命势力一天天地暗涨起来，使他"所谓特权"不能保持，所以不得不急于向中国拉拢，要想趁势用欺骗手段对中国施加上面说的三种加重的束缚。

中国难道让人加重不平等条约的束缚么？我们急的是什么？我们为的是早一点解决关税问题，好使财政上多一些收入吗？如果那样，那简直是饮鸩止渴了！况且关税问题是日本无法阻拦的，我们何必拿它去做交换条件呢？

有律现代诗[①]

小引

凡是诗，都是有韵律的（Rythme）。因为有了韵律，才是可吟的东西，否则就只成为可看的东西了。

诗和散文的区别，最主要的就是韵律的有无，没有韵律，就不成为诗，纵然有诗意，也只能说它带有诗意罢了。

诗的韵律，或寄在脚韵之上，或存于发音抑扬（平仄）之中，或藏于音数之内，或超然于脚韵、平仄、音数之外，总要看构成这诗的国语的性质如何和做诗的人的天才如何而决。

中国旧诗的韵律，大概靠脚韵、平仄、音数三者表现出来。英德俄的诗，也和中国旧诗相同。法国诗的韵律，大概都靠脚韵和音

[①] 署名勺水，选自《乐群半月刊》1928 年 11 月 15 日第 1 卷第 4 期，第 8～26 页。相关争鸣，参见祝秀侠：《评陈勺水君的〈有律现代诗〉》，《海风周报》1929 年 3 月第 9 号，第 7～9 页；毛一波：《有律现代诗》，《真善美》1929 年 4 月第 3 卷第 6 号"书报映象"，第 1～5 页；陈炳堃：《最近三十年中国文学史》，上海：太平洋书店，1930 年 11 月，第 262～266 页；林梦幻：《有律现代诗》，《新时代》1933 年 10 月第 5 卷第 4 期，第 59～64 页。——编者

数二者。意大利和日本的诗，却大抵只靠音数。固然无论在哪一国，也还有一些超出于脚韵、平仄、音数之外的自由诗。

不消说，凡诗虽然都有韵律，凡有韵律的却不必尽都是诗。诗之所以为诗，除了形式的要素之外，还有它根本的实质的意义。关于这一点，在这里姑且不说它。

中国近几年来的新诗，大概都超出于脚韵、平仄和音数之外。在作者们的主观上，或许自命为天才，以为可以不须脚韵、平仄、音数的补助而获得韵律，但是，在客观上，差不多十分之九的新诗，实在都没有韵律，都不成为诗。中国新诗，至今不能上轨道，根本的原因，恐怕就在蔑视获得韵律的手段罢。

作者自知是庸人不是天才，所以愿把放浪已久的中国新诗收进韵律的范围之内，使从来仅仅供人观看的诗，变成供人吟诵的诗，使它成为真正的诗。

为达这个目的，应该把脚韵、平仄、音数三者，细细考虑考虑。

中国的诗歌，从来都是有脚韵的，大众已经念惯。并且中国话的音的种类，非常之多，不比日本话或意大利话的音的单纯。所以保存脚韵这件事，不但是合乎大众需要的，并且是十分可能的。不过还要注意：第一，现代中国一般人对于正韵的区别如一东二冬之类，已经分不清楚。第二，所谓可通韵的区别，如十一真和十二文可通用，但不可和八庚和九青相通之类，也无从认识。第三，在词曲和歌谣上，久已适用相关韵（这和旧说所谓正纽或同系的韵相类似），如江讲绛、阳养漾之类都相通相叫，久成惯例。所以为做诗的方便和大众的需要起见，在脚韵上，应该使用相关韵。

平仄在中国话里面是很重要的。所以，若单从原理上说，中国诗实在不应该抛弃平仄。无如，在事实上，各省语言的平仄，差得太远，无法使之划一。如果勉强拿旧来诗韵上的平仄为准，那又等于把诗看成一部分诗人的专有物，难免违背大众的需要了。所以平仄的规定，在现代话的诗里面，是不可能的，只好全靠诗人自己仔细吟味，去审定音节的谐和不谐和。

音数在韵律上是最关紧要的。要使一句诗便于吟诵，它的音数通常总在十字至十四音之间，因为从生理上说来，太短的过于促迫，不能舒气，太长的过于延缓，难于接气，这是各国皆然的。纵然偶有音数比此还少或还多的诗，大概少也不下六音（中国诗如古诗"山树高，鸟鸣悲。泉水深，鲤鱼肥"），多也只到十七八音（中国诗如"君不见黄河之水天上来，奔流到海不复回。又[①]不见高堂明镜悲白发，朝如青丝暮成雪"）。这里还有一件值得注意的事：中国所谓五言七言诗，通常虽然把五个音或七个音叫做一句，其实从诗的理论上说来，这是不对的。应该改称十个音或十四个音为一诗句，而把五音或七音称为诗句的一逗。写的时候，也应该把五言绝句或七言绝句写成两行，把五言律或七言律写成四行。因为不但中国一切旧诗里面，所谓上下两句，不管在诗中的位置如何，大抵总是合起来才凑成一个意思，并且脚韵的存在，也足以证明旧来所谓两句只能构成的诗学上的一句。现今时髦的新诗，一面受了从前旧诗的影响，一面盲从着外国自由诗的例子，不管音数的多少，无缘无故的，排成许多长短句，看起来仿佛是诗，其实念起来，一点韵

---

① 李白《将进酒》原文作"君"。——编者

律也没有，哪里是诗？要免除弊病，应该把通常的诗的音数确定起来，或十四音，或十二音，或十音八音。此外奇数的音数，如十三音、十一音，甚至于无一定音数的长短句也行，不过都要算是特别的例外。在此等一定的音数当中，如果照旧来的五言或七言一样，把我所谓一句中的一逗的音数也确定着，那又未免太古板，不能使用现代语言了。所以，只应该在一句的一定音数之中，确定两逗三逗的逗数，却不必规定每一逗的音数。这样，在全句上虽有一定音数和逗数，而在一句内，却有斟酌每一逗的音数的自由，当然就不会蹈旧来五言七言诗上所谓不能使用现代语入诗的弊病了。

总之，我主张，应该在诗的形态上研究，去造成诗的韵律，一面要用相关韵的脚韵，一面只要确定每首诗每一句的音数和逗数，而不定每一逗的音数，并把每首诗每句的音数和逗数，标在诗题的下面（如 3/14 为十四音三逗诗，2/14 为十四首二逗诗），以示这首诗的局格。这样一来，现代诗的韵律也许要比从前进步呢。这样的诗，我想给它一个新名词，叫做有律现代诗：一面表示它是有格律的诗，不是自由诗；一面又表示它是使用现代活语的诗，不是使用死语的诗。

有律现代诗只是作者个人由经验得来的一个提倡，自然还得要许多有诗才的人来共同努力向同一条路上走去，才能够试出我这意见的有理没理。所以，我一方面希望大家试试，一方面把自己的几首译作和试作，贡献给大家。这不是炫耀，只不过是抛砖引玉的意思罢了。

快活的死

2/14（译波德雷①的《恶之花集》第七十四首）

一块稀脏的污泥地上，爬满了蜗牛，

我要亲自动手，在这里挖一条深沟，

好叫我，慢慢儿瘫下这几根老骨头，

像海底沙鱼一样，昏昏地睡到永久。

我讨厌什么遗言，也痛恨那些坟堆；

与其在死了以后，要别人为我流泪，

我宁愿拿活活的身体，把乌鸦儿喂，

让他们欢欢喜喜的，啄尽我的骨髓。

蛆啊蛆，无眼睛无耳朵的黑暗伙计！

看呢，又给你一个自由快活的死体；

一个放荡的大家，一个腐败的逆子。

快快钻过我腐体去罢，不要再唠叨！

但须得告诉我，还有不有什么苦恼，

在死灭的当中，和这副老骨头缠绕。

---

① 今译波德莱尔（Charles Pierre Baudelaire，1821—1867），法国诗人，象征派诗歌先驱。陈豹隐另译有其《奉劝旅行》《毒药》《吸血鬼》《波德雷的无题诗》《幻影》等诗，参见《陈豹隐全集》第四卷。——编者

仇敌

2/14（译《恶之花集》第十首）

我少年光阴，好像黑暗暗的暴风雨，
忽然透出一线日光，忽又黑暗过去；
轰轰的雷声，挟着霍霍勃勃的大雨，
把我园里鲜红果实，几乎扫荡无余。

到如今，我已感着了思想上的初秋，
正该一手提起铲子，一手拖着锄头，
把那些被水冲成的，坟坑样的洞口，
重新地收拾起来，填成平地开成沟。

谁知道呀，我如今梦想的种种新花，
在这河坝当中，被水洗过的沙底下，
会找着神秘的材料，去造它的精华？
痛苦啊痛苦！时间吞着人们的生命！
这个无形仇敌，把我们心脏咬得紧。
拼命吸我们的热血，越吸越发起劲！

秋之歌

2/12（译《恶之花朵》第五十七首）

一

快了快了，快就是暗淡的寒冷，
珍重啊再见！短命的夏季光明！
我已听见树叶敕敕，落到天井，
带着凄冷悲调，叫人胆战心惊。

冬天的一切，要到我身体当中。
恨怒颤栗，以及不得已的苦工。
那时，恐怕我这颗赤心也被冻，
冻得，像北极的太阳一样冷红。

每听见劈一根柴，我发一回抖，
搭断头台的声音，没这样哀愁。
我的心，好像一座要倒的城楼，
任凭攻城机冲击，一点不自由。

单调的响声，摇得我真不自在。
好像有人在那里，忙着钉棺材。
什么呢？这要死的哀音好古怪！

——"夏天已经过了，秋天刚刚到来！"

二

你那时长眼的绿光，何等可爱！

到今天，美貌娇姿都不称心怀。

什么爱情啊，什么炉火和妆台，

反不如那一线日光，照着大海。

柔顺的爱人啊！你都还得爱我！

做我娘罢，如果我是忘恩下作。

哪怕夕阳的灿烂，晚秋的融和，

爱人啊妹妹！和你享片时快乐！

好短的生命！坟墓张口等着他！

啊啊！让我的头睡在你膝上罢，

我好安心的，回想白热的盛夏，

一面，细细赏玩那柔红的秋霞！

听听温和的歌

2/10（译卫伦①《Verlaine 诗集》）

喂喔喂喔！听听温和的歌！

她悲叹，也只为要使你乐。

---

① 今译魏尔伦（Paul Verlaine，1844—1896），和前文波德莱尔一样，亦为法国象征派诗人。——编者

她又是娇羞，又十分快活，
她好比，青苔上的水滴哟！

这声音是熟识的（真亲热？），
可惜，目前似乎被蒙住咧！
像寡妇的哀诉，呜呜咽咽，
纵然是，也还带着些骄色。

并且，当她那面网的皱缝，
秋风吹过，微微有点颤动，
发现一线真理，又惊又恐；
她好像，星光明灭半空中。

她说，这熟识极了的声音，
恩爱呢，就是我们的一生，
什么嫉妒厌恶，终归于尽，
到最后，还只有死的降临。

她还说，为人最好是简单，
没什么期望，就没有悲叹，
金婚期到来，就过金婚宴，
不想胜利，就享得着平安。

这声音，称赞着新婚恩爱，
接受了罢，管它是好是歹。
俗语说得好："青春不再来。"
最好的方法，是减少悲哀。

她伴着痛苦，她过着生活，

纵然受苦，也不怒气勃勃，

真算得，好一个光明磊落！

喂呃喂呃！听听温和的歌！

同伴

2/10（译《卫伦诗集》）

两个从前爱人，走在一起，

慢慢踱过，冷清清的院子。

眼睛没有神光，嘴唇松弛，

悄悄的秘话，也时作时止。

爱人去后，剩下的旧院子，

眼看着，怎能够不话旧时？

——"老相好啊！还记得旧时吗？"

——"哼！为什么叫我记旧时啊？"

——"想着我，你心里总发颤罢？

你时常梦见我罢？"——"什么话？"

——"啊啊！把朱唇相接时想想！

那时真幸福呢！"——"真是那样！"

——"那时天色青，那时希望大。"

——"可惜啊！希望完了大雨下！"

站在麦田间，说这悄悄话，

除了夜神，谁也没听见罢。

病后的街树①

2/10

七天病里，树叶变了颜色，
嫩绿添了多少，谁能晓得！

窗外远远的，有株八重樱，
花娇像海棠，芽红似新椿。

大学街上，洋桐树发了芽，
白果树的小鸟，唶唶喳喳。

墙边长青树，都变了绿色。
喔呀！树下铺着青黄落叶！

——"你们抵霜抗雪，过了一冬，
如今春来了，倒反不中用？"

——"我们奋斗，要顺着自然力，
任何生命，都有新陈代谢。

我们旧躯壳，已精疲力尽，
脱旧换新，正是准备前进。"

仿佛有人，对我说这些话。
再听，只有落叶哗喇哗喇！

---

① 此诗及后面几首诗均为陈豹隐自作。——编者

生死的界限

2/10

刚下电车，忽觉天地昏黄，

人屋，车都在黄沙里摇荡。

勉强走几步，到了街那面，

四肢全无力，几乎不能站！

血脉好像冻了，又像冲上。

眼前发黑，脑壳当中扯痛。

一个观念，猛然上我心头：

"遭了脑溢血，性命不能留！

不在枕上死，是我的心愿，

痛死东京街上，可太悲惨！"

这一回，脑溢血并未实现，

我很欢喜，又踏破了死线！

做梦

2/14

昨夜做个梦，梦着接到国内的电报，

上面说：父亲死后我的哥哥又死了。

我十分着急，我和我的三弟商量好①：

---

① 陈豹隐（启修）为陈品全次子，兄迪修，弟憬修。——编者

家中无男子，要叫德涵侄回去照料。

在梦里，仿佛觉得还是留学日本时，
并没想到我已娶妻，生有几个儿子；
七年的教书生活，仿佛没有那回事，
也没想到游欧洲，和我革命的历史。

我十年前，和父亲的家庭断绝关系，
不是不爱他们，因为我不愿做奴隶。
我觉得我是一个人，要对得起自己，
要对得起国家，尤其要对得起社会。

到今天，梦里发现了我的潜在意识。
死了的三弟！我们还是父亲的儿子！
父兄呀！我诚心祷告着你们不要死！
要活着啦！我总能回家看你们一次！

飞鸟山看花

3/14

做梦一样，过了十二年，又来飞鸟山，
山下的王子，远远的荒川，都像从前。
两个白发看花婆婆，一个唱，一个弹，
我羡慕她们，老了，还能看花学少年。

我刚过四十岁，却是，已经心灰意懒。
回想到十几年以前，心很决，志很坚，

忽然风波起，革命！革断了我的心弦！

啊！怎能够感激生命，重新醉倒花前！

和东林定湖同游东京郊外

2/8

电车飞跑，尘土扑鼻，

忽然，女司车叫得急：

——"到了呢，都请下车去！

上飞鸟山公园，休息!"

——"樱花巳开过了，可惜!"

我们只恨，来得太迟。

——"你看！到处落花满地，

比在树上，好看几倍!"

爱花的男女，一对对，

徘徊树下，和和气气，

有的手舞足蹈，装醉，

醉了，和花片儿同睡。

特地来看花，不满意，

提起兴致，到荒川去。

那里，有一个游园地，

小小的布置，很有趣。

几座木桥，一池春水，

红白小艇，穿来浮去。

——"瀑布的声音!"——"在哪里?"

——"少女春衣颜色，真美!"

此处，我们来得太早，

五色樱花，还只含苞。

——"过渡到堤上去，瞧瞧，

领略两岸景致，也好!"

堤上景致，真正不错，

村在右，江户川在左，

三岸青草，两川白波，

远远几道铁桥，横过。

望见桥边樱花，很多。

——"渡过江户川去，如何?"

走近一看，老树婆娑，

枝已半死，花已零落!

整天探花，被花欺骗，

理想中的花，难实现。

好在，有三个人同伴，

边走边谈，春风满面。

走到千住，道路窄狭，

摩托车过，卷起尘沙。

一齐说:"坐车回去罢!"

浅草黄昏灯火，如画。

论诗素[①]

一

我在《乐群半月刊》第四号讨论"有律现代诗"的时候曾说过：

"凡是诗，都是有韵律的。……

诗和散文的区别，最主要的，就是韵律的有无。没有韵律就不能成为诗，纵然有诗意，也只能说它带有诗意罢了。

……

不消说，凡诗虽然都有韵律，凡有韵律的，却不必尽都是诗。诗之所以为诗，除了形式的要素之外，还有它根本的实质的意义。关于这一点，在这里姑且不说它。……"

我在那一篇小文里面，对于诗的实质的意义，完全没有说到，因为一则我那篇文章只注重在我现代有律诗的主张，即关于诗的形

---

① 署名勺水，选自《乐群月刊》1929 年 5 月 1 日第 1 卷第 5 号，第 1~12 页。——编者

式方面的主张，二则诗的实质的意义的讨论是很复杂的，断不能够用简单的几句话去说明它，所以索性在那里不说它，留到后来，再做一篇独立的文章。

我目前写的这篇文章，就是当时留下未写的那篇文章。

关于诗的实质的意义，不但在现今的诗学上议论复杂，尚无确定的被多数人公认的见解，并且这个问题还是一个带着历史性的问题。如果从历史上去考察诗的实质的变迁，结局就不得不涉及语言、文字、韵文、散文等东西的起源问题，就会变成一个很烦琐的议论。所以，我在这里把历史的观察完全放在问题之外，只就现代人对于诗的实质的意义的见解立论。

二

"诗素"两个字，是"诗的实在的质素"的缩短语，这是拿来翻译法国话的 Poésie 的。Poésie 和 Poème 不同。Poème 是"诗"或"诗篇"，Poésie 是构成 Poème 的实质的，即是说 Poème 的精神、灵魂、精髓。在中国和日本，从来都把两个字通通译成一个"诗"字，所以弄得诗的意义也不十分明白，在中国竟闹成一种所谓诗的洪水的现象。所以，Poésie 的意义的讨论和它的译语的确定，实为目前中国诗坛的要务。

照 Poésie 的本意说来，在中国话里面，似乎可以有"诗质""诗实""诗髓""诗意""诗魂""诗素"等的译法。"诗质"带有诗的品质的意思，"诗意"容易被人误解为 Poétique，"诗实"太生硬，"诗髓"过于带诗人的主观性，"诗魂"也有同样的缺点。结局，只有"诗素"两个字较为妥当些。

Poésie 译成"诗素"，Poème 译成"诗"或"诗篇"，Poétique 译成"诗的"，或"有诗意的"，或"带诗意的"。Verse 译成"韵文"。Prose 译成"散文"。

三

凡诗都是具有形式的要素和实质的要素两种要素的。缺了一方面，就不能成为诗。

这两种要素是有相互的密切关系的。

诗的形式的要素就是韵律（Rythme）。

韵律是一切时间的艺术如音乐、跳舞、诗等东西的重要成分，恰恰和 Symétrie "对称"是一切空间艺术如建筑、雕刻、绘画等东西的重要成分一样。

诗是时间的艺术的一种（这是把诗当成吟的东西看的时候的说话。如果像有些着迷的人，把诗当成一种看的东西看的时候，问题自然又不同了），所以也必得有韵律。诗的音所以能够引起统一调和的美感、快感，就全靠这个韵律。韵律就是声音的有秩序的连续和有统一的变化。所以从来又把韵律叫做"复杂变化的统一"（Unity in Variety）。

诗的韵律有外在律和内在律的区别：那些寄托在（一）脚韵、头韵、腰韵，总而言之，寄托在所谓诗韵上面的；（二）存在音的平仄之中的；（三）藏在音数之内的；等等韵律都是寄托在一种从外观上可以看得见的形式上面的东西，所以叫做外在律。那些超然抬脚韵、平仄、音数之外，不可以从外观上去捉摸，只能够在实质上去感觉的韵律，叫做内在律。

诗的韵律的这种区别，和诗的种类的区别是有关系的。

四

诗的实质的要素，就是所谓"诗素"（Poésie）。

什么是诗素？

有人说，诗素就是诗人的主观的激情。这种说法对于抒情诗或所谓感伤派的诗，或许能够适用，但是，对于其余各种类的诗，却不见得是对的。试看许多名诗，它们何尝篇篇都表示着激情呢？

有人说，诗素就是梦，就是一种梦幻。这种说法的本身就未免太过于带梦幻的性质了！我们并不能够由这种说法，得到什么确切的理解。

有人说，诗素就是美，就是美感、快感。如果这种说法是对的，我们就无从分别诗和美术的界限了。并且，什么是美，也并不是一个已经确定了的问题。

还有人说，诗素就是神秘的想象力，或想象力发生出来的神秘。这种说法和梦幻说差不多，它并不能够确切指出什么是诗素，倒只给了诗素一个"可以意会而不可以言传"的神秘性，越发把诗素的真相弄模糊了。

　　此外，也有说诗素是神圣的、热情的，说诗素是人类心上的不灭的重担子的，说诗素是人类心理上的一种混沌的。这些说法，自然也不足以说明诗素的真意。

　　诗素到底是什么东西呢？

　　诗素是梦幻化了的感情、创造化了的意志、直觉化了的理智三种东西被融合燃烧时的喜悦。

　　表示着这种喜悦的诗，才算得是诗，能够创作这种诗的人，才算得是诗人。

　　没有梦幻化了的感情、创造化了的意志和直觉化了的理智的人，当然创作不出上面说的那种喜悦、那种诗境。

　　无论什么人，都有感情，都有感情的激发。唯独诗人才能够把他的感情激发导引，使他到一种梦幻之境。在诗人的感情上，花也解语，波也生愁，地狱可以变成天国，木石可以变成朋友，就是因为这种感情的梦幻化的缘故。诗人所以异乎常人的地方，就在这里。

　　诗人有强烈的意志，所谓英雄豪杰，种种大事业家，也有强烈的意志。诗人和这些事业家不同的地方，只在诗人能够即刻把他的意志用在创造上，用在想象上，使这种意志在作品上实现出来。事业家的意志却只能在事业上慢慢实现出来。诗人的作品所以能够挝住读者的心理，鼓舞民族的志气，就是因为他有这种创造化了的意志的缘故。

　　诗人虽然是有梦幻化了的感情和创造上的想象的，然而并不因此就埋没了他的理智。如果诗人没有理智，他就会成为狂人，成为妄想家，当然也就不能够有客观事物的观照和可以令人理解的诗的创作。不过，诗人的理智和科学家及哲学家的理智自然是有区别的。他的理智既不像哲学家要经了深湛的思索之后才能得着，也不像科学家要经过严密的观察实验之后才能发挥。诗人的理智是由直观得来的理智，是不须思索和实验就立刻挝住的理智，是印象式的理智，是直觉化了的理智。这种理智，也许不及哲学家的理智的深入，不比科学家的理智的精确，但是在大体上他却能够看透一切事物的真相。也唯其是在大体上看透事物的真相，所以才能够和梦幻化了的感情和创造化了的意志融合在一处。

诗人所有的梦幻化了的感情、创造化了的意志、直觉化了的理智三种东西融化在一处、燃烧在一处的时候，就能够发一种喜悦、一种爽快、一种美感出来，这种喜悦、爽快、美感，就是构成诗素的东西。这种东西结晶在作品里面，被表现出来，就成为诗境，使读者也和诗人一样，发生喜悦、爽快和美感。

自然，在融合燃烧的时候，梦幻化了的感情、创造化了的意志和直觉化了的理智三种东西的多少，是可以不必常常一致的。因此，梦幻化了的感情的成分占多数的时候，便成为所谓抒情诗；创造化了的意志成分占多数的时候，就会发生所谓战斗诗、民族诗和民众诗；直觉化了的理智成分过多的时候，就会发生所谓哲理诗、人生诗，等等。但是，决不会因此就使诗素的内容发生变化。诗素的内容，无论在什么时候，都是融合燃烧时的同样的喜悦。

五.

但是，要知道，人类社会是随着经济基础的发展而变动的。人类的感情、意志、理智种种东西的内容，又是随着社会的变动而有变化的。诗人也是社会的一个分子，所以他的感情意志和理智当然离不开特定时候的特定社会的一般感情、一般意志及一般理智。所以，诗人所有的梦幻化了的感情、创造化了的意志、直觉化了的理智等东西，也不能不随时代的不同而有程度上的变化。结果，当然就会使融合燃烧时的喜悦也发生质的变化。

同时代的诗人的诗虽然容易被同时代的一般人所理解，异时代的诗人的诗却往往不被异时代的一般人所理解，就是因为这种诗素的质的变化的缘故。

哪怕是同时代的诗人的诗，同样也往往因社会上的等级和阶级相悬甚远的缘故，使同时代的一部分人不能理解。如像中国旧的士人，在十几年以前，绝对否认白话诗的诗的性质，以及日本现在一派诗人绝对否认无产诗和民众诗的存在，都是因为他们的感情、意志和理智偏向一方、囿于一隅的缘故。他们那种见解自然是错误的。

六

有韵律，又有诗素的诗，才是真正的诗，才是一种"纯粹的诗"（Poésie Pure）。欧洲各国现今盛行着的纯粹诗派的运动也就是以这种纯粹诗的创作为目标的。前几年欧洲的诗坛，虽然早没有像日本的自由诗运动的荒唐和中国的自称新诗运动的荒谬，但是所谓立体派和超现实派的诗的确有一种离诗素越离越远的倾向，所以才会发生纯粹诗派的运动去纠正错误。不消说，中国的诗坛，是更加有实行纯粹诗运动和研究诗学的必要的。

纯粹诗依照韵律的不同，又分两种：（一）律诗和（二）散诗。

律诗是具有外在的韵律的诗。

散诗是具有内在的韵律的诗。散诗的内在韵律是很不容易挝住的，所以散诗在创作上实在比律诗还要困难。但是因为在表面上是非常自由不受格律的拘束的东西，所以同时也就很容易自欺欺人。许多冒昧做诗的人，也都爱从散诗的模仿入手，其实他们是害了自己呢。

散诗又叫做散文诗、自由诗。关于诗的散文、散文诗、自由诗三种东西的区别，在日本诗坛上讨论了四五年，至今还有争论。依我看，散文诗应该是和自由诗同意义的。诗的散文自然是另外一种东西。

七

有诗素没有韵律的东西，当然不是诗，只能说有诗意的东西。

有诗素的散文，叫做"有诗意的散文"或"诗的散文"。这和散文诗自然不相同。拿中国旧东西说，徐孝穆的《致杨仆射书》那种好骈文就可以说是诗的散文。苏东坡的《赤壁赋》就可以说是散文诗（因为我在旅行，手边没有一本中国新文学书，所以引不出新文学的例）。

有诗素的戏剧，叫做诗剧。

有诗素的小说，叫做有诗意的小说。

甚至于带有诗素的绘画，也称为有诗意的画。

八

有韵律没有诗素的东西，自然更算不得诗。如像经咒、歌诀、普通的箴铭、押韵的告示、弹词等，都不是诗。

九

又无诗素又无韵律的东西，自然只能说是纯粹的散文，决不能因为把一段散文分成短短的几行排列着的缘故，就变成了诗。

最近日本大学生生活^①

　　"最近日本大学［生］生活"这个题目，按道理说应该是当学生的去检定、去观察。我这次去日本不是当学生——正式的学生，只可说是准大学生，所说的恐怕不正确，有遗漏。不过也许有一点好处，因为我十五年前在那里留学十年，这次虽不是去当学生，过的却是学生式的生活，所以倒可以把前后学生生活从比较上作个叙述。

　　现在回到本题。生活两字的意义很宽广，日本的大学又很多，今天不能详细说明。现在只就东京各大学学生生活分几点来说：

　　（一）经济方面：在生活费上，就东京帝国大学本年所调查的统计说：在本科学生几千人中，每一个学生每年费用大概在六百元到八百元（日金）之间，这个数目差不多是这样分配：饭费三百五十元，房费一百五十元，学费、运动费及其他种种公共费用一百元，制服费六十元——现在学生都穿制服，没有穿日本服的了。可是学生中顶多的有花二千四百元，顶少的有花二百元的，平均说来，普通每个学生的用费总在六百元到八百元之间。这个数目比以

　　① 陈豹隐讲，新朴记，选自《北京大学日刊》1930 年 11 月 27 日第 2505 号第四版、11 月 29 日第 2507 号第二版、12 月 1 日 2508 号第二版。1930 年 11 月 24 日演讲。——编者

前多了一倍，那时每个学生的费用不过三百到四百元。经费的来源，就大多数学生说，是由父兄的汗血得来的；少数所谓苦学生是一方面读书一方面工作所得的报酬，这些苦学生的数目，因为生活费增高，渐渐减少，而且工作也有变更，从前多从事于卖牛奶、送报……现在多从事于翻译书籍。另个还有种种奖金，如富豪的寄附、县里的团体或私人的款资……对于学生的费用也有些补益。

（二）学术方面：

（A）正式功课——每周课程的钟点，因学校的性质而异；按普通的情形理科多些，文法两科少些，每周大约是二十四五点钟，较之十年以前减少了；那时平均说来约有二十九点钟。这是进步还是退步，且不用说，总之学生对于功课的担负确是减轻了，可是有些杂志上不论关于社会科学或自然科学，都发表有感到不满的意见。在时间上，许多学校晚上八九点钟还要上课，学生们也感觉不满意，为什么晚上八九点钟还要上课呢？一则因为教员多兼课，忙迫得很；一则日本学校必有在政治舞台上的名人教授，他们白日没有时间，只有就教者的便利。

（B）研究会盛行——研究会有不同的种类：有的是半官办的，由学校设立，权在教授手中；有的是教授与学生合组织的；有的是学生独自成立的。这些研究会有重大的作用，因为教者的教材，特别是社会科学与目下社会实际情形太隔绝，所研究的比教授的还合学生心理。在十几年以前没有许多研究会，有则也不过是有名无实半官办式的。现在的研究会注重实际，比较从前进步很多了。

（C）自己研究——有些学生既不上课又不参加研究会，每日到图书馆里自己读书。以前只有十二月和一月、二月，学生到图书馆的多些，因为天气很冷，那里有 Steam 可以取暖，现在为取暖到图书馆的也有，不过大多数为的是去看书。东京图书馆很多，普通开馆的时间多在八点钟左右，七点钟以前就要去索取阅览券。有时将阅览卷索取完了，只有等着候补空位，开馆的时候那种踊跃的情状在西洋也很少看见过。帝国大学的图书馆在东京为第一，有八层楼，二千四百位座位，每个座位有一只电灯，以前毕业的学生与非学生经过介绍的也可以进入看书。在那里以看外国书籍的最多，因为价格太贵，无资购买；其次是看本国的参考书；还有为的是读左倾的书报，因为图书馆里享有治外法权，可以大胆地阅览，警察是不能干涉的。

（D）公开讲演会——时常举行大规模的讲演会，题目多是关于思想方面的，座位照例是占得满满的，有时需买票听讲，也还是踊跃参加。这种现象可以表示出学生对于功课不满意与求知欲的热烈。

（三）思想方面——日本的学生特别注意人生观，差不多各个学生都有自己的人生观，这自然是因为日本人一般都比较别国人多有人生观的缘故。以前的学生多信仰经过日本化了的佛教，即所谓武士道，有一种视死如归的精神，为国家打仗牺牲性命在所不惜。因失恋而自杀者，时有所闻。现在的学生信仰佛教的不见减少，信仰基督教的也还甚多，可是大部分学生多倾向于哲学方面，终日追求人生真义，因得不到满意解答而自杀者很多。哲学书籍出世一星期之内，即可卖完一版（五千册），较之素来注重哲学的德国，由这点看来，也是有过之无不及，这种现象足证日本学生在哲学上了解很深，断然为中国学生所不及。

（四）日本大学生的社会地位——为什么他们都倾向于哲学呢？原因是日本帝国主义发达到最高点，一般人民找不到出路，感觉着苦闷的必然趋势。就大学生的地位来说，以前很高，在各方面都能得到便利，一个人的能力是以其资格而决定，知识阶级顶占上风。现在的情势大变了，据日本人说，以前法科学生在本科（六年）毕业的充任文官或候补初给月薪在六十元至八十元之间，现在初给降到三十元至四十元之间，甚至当警察的也不少，以前毕业生能得到相当职业的占百分之八十，现在降至百分之二十。据报纸上记载，去年五月到今年七月之间，无业的大学毕业生竟有一万三千之多。还有是关于婚姻，在以前，未毕业的学生，便有人肯将女儿许配给他，或招他作为养子。在这方面，大学生总是占头一把椅子的，要是榜列十名以前的"秀才"（优秀的学生），求个异性的伴侣绝对有把握。现在不问是否"秀才"，你必须有背景或有资产，婚姻才不致发生问题。东京《每日新闻》招考两个访员，以大学毕业者为合格，报名的有六百名。其职业难到这样地步，从经济上看来，乃是一个大问题。因为小资产阶级的父兄拿汗血换来的钱供给子弟读书完全视为投资。一个学生在高等学校毕业后无事情可做，必须升入大学，大抵一共六年，每年花费六百元，算起来是三千六百元，这无异投了这么多的资。因为大学生毕业后找不到职业，所投的资一无所得，便是一个很大的损失，于是学生不能不在别方面活动。

（五）日本大学生的活动方面——这些活动，大概可分三类：

（A）聪明的、脑筋好的学生从事著作（多是关于哲学方面的）。

（B）有勇气的、有能力的学生多从事政治活动。政治团体分左翼与右翼两派。左翼之下有共产党、劳动党、大众党等等。他们最明显的工作是放散传单。因学校与警察的干涉，便以毛厕当作最好的处所。其帮助选举，警察极力压迫，也不生禁止的效力。今年选举，左倾中间派领袖大山郁夫当选便是赖这派学生的力量。右翼之下有建国会、社会尼罗党，等等。这派是合法的，政府不加干涉许多劳动组合，如东京电车工会等大概都是受这派大学生的指导。从事政治活动的目的是找出路，即在政治上找不到出路，而在都市里过活也觉得比回家受父兄的气好些。

（C）既不聪明又无勇气的大学生多从事娱乐活动，第一是运动，最流行的运动是棒球、网球、水泅等等。如以强健身体为目的而运动固然很好，可是现在把真正目的抛弃了，运动成了非学生式的而是营业化了，运动选手找职业、求婚姻便容易得多了。天皇与大臣为转移学生的视线和缓政治上的情势，便提倡体育，使其在运动上竞争。第二，有些有钱的学生多喜到娱乐场所消遣。东京咖啡馆很多，那里有美丽的女招待，政府禁止戴制帽的学生进入，这便是说不戴制帽者不加干涉，所以学生到那里的仍然很多。有跳舞场十七处。麻雀馆近来只是东京即有二万七千所，为营业上的竞争，价钱极廉，三角钱即可打四圈。政府为羁縻学生起见，也不加禁止。每天下午三点钟以后，各麻雀馆都是充满了大学生。

总之，最近日本的大学生在数量上供过于求，而大学当局又已失掉了精神上的指导权，有令学生乱碰乱撞之概。在这种畸形的情势之下，一部分学生颓废化，一部分学生革命化——反对学校当局，反对政府。结局使可成就的学生不能大成或半成的中途退学，这是日本帝国主义到了无路可走的表现，当然也是日本人才教育上的大损失。大政治家对于这种危机非不了解，实在是毫无办法，因为大学生到现今已失了领导的地位了。将来学制或有变更，学生或要发生暴动，最近早稻田大学罢课就是一例。这是日本的一个大问题。

政治系课程私议[①]

　　介在法律系和经济系二系之间的政治系，如果以实际的行政人才和社会服务人才的养成为主要的存在理由，那么，它的课程的主旨就应该注重实际方面。因此，它的课程的内容就应该包含许多为实际活动上所不可缺的东西，即：（A）政治方面的；（B）法律方面的；（C）经济方面的；（D）社会方面的；（E）外国语方面的；（F）方法论的东西。因此，它的课程的编成就应该是一个极其复杂的东西。因此，它的各年级间的各课目的相互关系就应该成一个连接不断的有机的关系。我现在根据这个意思，试拟一个课程，以供一般热心研究政治教育的人们的讨议批判。我个人是十二万分的热心希望卅二周年纪念以后的北大能随着时代的发展而发展的，所以当然也十二万分的热心希望卅二周年纪念以后的北大政治系能随着整个北大的发展而进步。如果这个私议能够成为将来政治系课程改进的动力之一，那就是我的非常荣幸了。

　　① 署名陈启修，选自《北京大学月刊》1930 年 12 月 16 日第 2521 号第三、四版。——编者

第一学年

必修科

政治学　A（1）

政治学英文选读 A（2）

....

宪法　B（1）

民法总则　B（2）

....

经济学原理　C（1）

....

社会进化史　D（1）

....

第一外国语　E（1）

第二外国语　E（2）

选修科

社会科学研究方法论　F（1）

心理学　F（2）

第二学年

必修科

政治思想史　A（3）

政治学英文选读　A（4）

比较政府　A（5）

....

民法债权　B（3）

行政法总论　B（4）

....

经济政策　C（2）

....

社会学　D（2）

....

第一外国语　E（3）

第二外国语　E（4）

选修科

刑法总则　B（5）

西洋经济史　C（3）

历史研究法　F（3）

第三学年

必修科

　政治史及外交史　A（6）

　政治政策　A（7）

　中国政治思想史　A（8）

　政党论　A（9）

　· · · · · · · · · · · ·

　行政法各论　B（5）

　国际公法　B（6）

　· · · · · · · · · · · ·

　财政学　C（4）

　· · · · · · · · · · · ·

　社会问题　D（3）

　· · · · · · · · · · · ·

　实用英语　E（5）

选修科

　劳动法　B（7）

　帝国主义研究　C（5）

　银行论　C（6）

　中国经济史　C（7）

　统计学　F（4）

第四年级

必修科

　　现代国际政治　A（10）

　　中国外交史　A（11）

　　市政论　A（12）

　　行政学　A（13）

　　··················

　　现代社会运动研究　D（4）

　　··················

　　民众训练指导论　F（5）

　　Journalism 研究　F（6）

　　论文　F（7）

选修科

　　中国法制史　B（8）

　　经济学史　C（8）

　　社会主义史　D（5）

　　世界语　E（6）

　　说明：（一）以上必修选修两科合计 A 政治方面共十三，B 法律方面共八，C 经济方面共八，D 社会方面共五，E 语学方面共六，F 方法方面共七，总共四十七科目。

　　（二）各科目的分配，大致以每学年都有各方面的科目为原则，同时并注意各科目间的有机的关系，如像经济政策必须列于经济学原理之次一学年，行政法必须与宪法衔接之类。

（三）关于方法方面的科目的多数，都是现行北大并各校政治系课程上所无的，所以特从新增加，实因为顾全政治系学生毕业后的实际活动的缘故。

《比较劳动法学大纲》序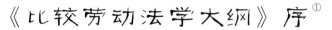

资本主义的进展，改变了人类生活的内容，更易了人类生活的指导原理，结果，弄得人类生活上各种形式也转换了他们的价值：教会成为欺骗的工具，家庭成为个性的桎梏，甚至科学上并技术上的伟大发明都成为人食人的手段。在这种一般情况下面，近代生活的最基本的形式即法律当然也不能不生变化：以公众福利为中心的公法，压倒了以个人权益为中心的私法；以劳动关系的规定为内容的法律，代替了以财产关系的规定为基础的法律，在最新宪法上占着第一地位。其结果，各种劳动法规的制定，成了各国立法界的中心问题，社会法学派的理论也随着法律内容的变动而成为法学上的中心原理。

万事落后的中国，在最近经济的发展速度超过先进各国的过去经济发展速度一层上面，虽然有了一个例外，然而那种必然会随着经济发展而来的法律的发展并法律学的发展，却还依然守着从来的原则，在最近数年没有什么可以重视的进展。这不能不说是一种缺

① 原题《序》，题目为编者所改，选自白鹏飞：《比较劳动法学大纲》，北平：好望书店，1931 年 5 月，第 1～2 页。1931 年 3 月 27 日作于北平。

白鹏飞在《自序》中称："本书序文，由同事陈豹隐先生执笔。陈先生为吾二十年来之畏友，知我最深，爱我最初，所述之点，或有誉之过当者，倘亦策励之微言大义欤？"——编者

憾，或甚至于不能不说是这几年中国社会生活扰攘不安的一个重要原因。为什么？因为近代生活的基本形式原是法律，而中国在一方面只管在生活内容上实行近代化，在其他方面，在生活形式上却故步自封，那就难免不因内容和形式的冲突而发生不断的扰攘不安了！

但是，到底"存在决定着意识"，随着近年中国经济的飞跃的变化，上述的缺憾和扰攘原因也渐渐有被充实被除去的趋势。这种趋势的第一表征，就是国内法学界的方向转换。我的同事白经天先生所著的这部《比较劳动法学大纲》，也就是这种方向转换中的产物之一。

这部书的著者对于一般法律学，特别是行政法学，本来有极深的造诣，近数年来又特从事于经济学的研究，所以他对于近代产物的社会法学及劳动法规，自然特别容易深入。他积四五年的研究的结果，写成了这本划时代的著作。

我为什么敢说这本书是划时代的呢？因为这本书除了征引渊博、例证明显等普通法律学专家的固有的特色之外，其中的第四部分劳动法整个的有系统的叙述，及第五部分从社会法学的立脚点看来的批判，两部分实在是中国现今一般法学书并劳动法学书所未曾说到的地方。因为有了这两部分之后的所谓劳动法学才能成为适合时代需要的法学；因为有了这两部分之后，劳动法学才能把实际社会生活内容和生活形式联贯起来，使劳动法成为有血有肉的生活形式。

在这个意义上，我相信这部书不但可以作各大学的教本，并且可以做一般实际家如律师、企业家、工人运动家们的参考书。

产业合理化①

产业合理化，是现代一个重要的特殊经济问题，和世界恐慌有密切的关联，想明了世界恐慌的现状和趋势，不可不先了解它。这个问题在欧美各先进国家早有普通的研究而且快要变为陈旧了，在中国到现在却还算是一个新颖的问题。学术界对于它的空气依然十分沉寂，虽间有零篇短稿出现于书坊，然而有系统的研究极其少见。这一篇文章，是陈先生的一个长期演讲笔记，广博精辟，我们认为有介绍的必要，因此把它笔记下来，付之《北大学生月刊》，藉供社会人士参看。该稿虽经陈先生亲自校阅，但笔记时惜过于简略，对于原讲不免有疏漏之处，当由记者负责，希读者原谅！

林伯雅笔记并附言，三月一日

一、产业合理化的意义

1. 产业合理化的由来

2. 产业合理化的内容

3. 产业合理化的社会基础

4. 产业合理化的目的和种类

---

① 陈启修讲，林伯雅记，选自《北大学生》1931 年 3 月第 1 卷第 4 期，第 29～51 页；《北大学生》1931 年 6 月第 5、6 期合刊，第 37～95 页。——编者

一、产业合理化的意义

1. 产业合理化的由来

战后德国因战败结果，除割地丧权而外，复受战胜国各种条约上的束缚，以致国内产业衰落，经济破产。1923年的道斯计划实行而后，德国成为美国的投资地，从此称霸欧洲雄视世界的德国几成为美国经济支配下的殖民地。德国穷途末路，迫于时势，乃暂藏她的向外侵略手段，退而讲求节省劳费的方法，换句话说，就是讲求合理化。就此看来，产业合理化问题，乃发生于德国，其实合理化的事实却早发生于美国，所差的就是含义较狭，只含有科学管理法的意义，当时的废除浪费（Elimination of Waste）运动即是合理化的要求。美国人泰罗（Taylor）曾著书提倡最力，此后普及全国。据他的调查，美国社会浪费的原因有四：①工人劳动生产力不大；②工作的间断；③资本家对于生产的限制；④劳动者缺乏保护及机器的损坏。当美国正在蓬勃进行运动的时期，德国还在做学说上的提倡，自从美国的运动热潮传到德国后，两国的合理化遂会合成为世界合理化的一大潮流，使后来研究的人均奉两国为圭臬。1925 年而后，德国由合理化的宣传进而为合理化事实的运动，并且由国家专门设立一个管理机关，叫做国立经济化管理局，所研究的多属于合理化上的技术问题。因为范围比较广，运动比较普遍，德国也就这样成为合理化的先驱国家。尔后各国继起，直到今日合理化运动已成为各工业国的普遍现象，合理化的方法已为一般资本主义发展进程中的必经之路。但是此刻现在，各先进国对于合理化将次第发生流弊了，产业落后的中国还在开始提倡酝酿！

2. 产业合理化的内容

合理化虽然普遍近代各国，然而意义各有不同，内容不无差异，约略言之，有下列各种：

（一）一个产业部门内的合理化：具体说来，即是关于产业组织及机器方面的科学化，此法盛行于美国。因美国资本集中，资本已合理化后为进一步对于产业内部的合理化，有人给它另一名称叫做生产合理化（Rationalization of Production）。

（二）各种产业间的合理化：此种合理化，常见于德日各国即所谓资本的合理化（Rationalization of Capital）。举例说，一个矿场与一间铁工厂之间应用的资本必须是相称的，才能因资本分配不均的缘故，使两部门发生不能衔接之弊，并且于供给需要上也才能互相适应。现代多以这种合理化为真正的合理化。

（三）产业社会化：此种解释行于英国，认为资本家经营的产业应由劳资双方协调办理，如 Webb、Cole 等所主张的职业政府、自治政府等，就是以社会化为依归。他们认为劳资不合作经营，则一切产业合理化等于空谈，即产业合理化必以产业社会化为先决条件。这样把合理化认作解决劳资问题的一种方法而以社会化为它的内容。

（四）生产力运用上的合理化：这是苏俄式的合理化，其适用范围有特异之处，即运用合宜的生产组织及进步的机器，使生产力在组织上技术上趋于合理，换句话说，即提高劳动生产率的合理化。

（五）国际协调及国际分业：即各国间产业的合理化，用协调和分业的方法，免去各国在自由竞争制度下的不合理的生产方法。举例说：欧战后到现在，各国风起云涌地在实行自给的生产运动，如法国的煤油业及日本的铁工业自给运动等都是要把本国需要的自己生产。此种生产方法，在政治上看来，有时（如战争时候）也许有利，然而就经济上看来，就很不合乎经济原则。再如各国度量衡制度的不统一，也可算是一件不合理的事实，国际联盟方面所主张的合理化，就是指这种东西说的。

以上五种合理化的内容，联合起来说总不外乎生产技术上的合理化、组织上的合理化、经营形态上的合理化、产业统制上的合理化、国际关系的合理化等。普通所谓合理化不外乎此。归根说来，只有一个劳动合理化为一切合理化的目的，就是要使劳动生产率增加，使劳动的浪费减少。

3. 产业合理化的社会基础

合理化的历史颇长，18 世纪中叶的欧洲产业革命，实际上也可说是一种合理化。因为所谓产业革命者，就生产范围上说是从家庭工业到工厂工业，就生产方法说是从手工生产到机器生产，就生产目的上说是从以消费为目的的生产变为交换生产。变革的目的，都是使不经济的变为较经济的，不合理的变为合理的。但是现代各国提倡合理化，因为各有特殊的社会背景，合理化的基础，自然也不一致，这里有说明的必要。为便利起见，分做两点说。

（一）资本主义国家社会合理化的基础

从 1918 年大战后到现在，资本主义在经济上的变动，可以分为三个时期：第一期从 1918 年到 1923 年为资本主义的危机期；第二期从 1923 年到 1928 年为资本主义的安定期；第三期从 1929 年到现在，为世界恐慌期。合理化发生于资本主义的第二期，第二期的社会背景与前后两期有关，但第三期的世界恐慌问题此后还有专题说明，姑略不述。

欧战火拼之后，各交战国与各小中立国（如北欧中欧各小国）生产机关多被破坏，交换机关也归停顿，生产力极端缩减，贸易额同时减少，战败各国尤几不能维持，当中俄国全部破坏，德国半被破坏了，英法各国也受经济上巨大的影响。迨美国加入战团，一场大战始告终局，然生产机关在巨大破碎之后一时不易恢复起来，正是束手无策的时候。同时各国又不断地发生革命，尤其是政治上的革命，或国内的种种暴动，如芬、奥、德、土、意诸国就有这类事实，即在欧战中算是占了上风的美日两国，因着欧洲各国与东方各国在经济交通上的停顿，对于经济上也仍然没有办法。故就整个资本主义的发展上看来，此时期可说是危机时期。

但在资本主义时期，国际经济上的关系是连锁性的，欧陆各国找不到经济出路，美国也不能独占便宜。初美国对欧陆原是袖手旁观，后来也愿意援手提携了。各国均一致主张借用美国资本，整理欧洲产业。德国的道斯计划可说是美对德的投资合同，是救济德国经济的对策，即起于那时。但是欧洲产业的小康，或者说资本主义得脱离危险期而归于安定期，其原因不单纯在此。因为欧洲各国采用一种货币膨胀政策（Inflation），也是一个要因。所谓货币膨胀即多发纸币政策，按理说纸币的滥发多半要发生流币的，是一种不得已的办法，然而就资本主义的发展上看，那时的膨胀政策却于资本主义有利，因为当时欧洲各国不受准备金限制，借用战争的名义，发行纸币比平时多至几十倍。此种现象继续到战后，因此货币狂跌，东欧各国，俄德最甚，计俄国卢布，以五千抵一美金，德马克价值，降至比战前三百万分之一，法比诸国也狂跌。此种膨胀现象，对于一般人民，尤其是以利息生活的人，固然要大大吃亏，然而资本家反因此得利，其原因是，货币膨胀的结果：①工人名义工资增加，实值工资反减少；且工人那时没有余暇作增资运动；②资本家可以低价的货币付还债务，并收回发出的股票公债票，债务可以减轻；③大资本家并合小资本家的趋势加锐，因为大资本家有国际贸易上的对外关系，而小资本家只有对内贸易，故资本家可用外国得来的金币换用国内低价的货币在国内使用，可以大发财源，尤以德法两国最甚（德之 Stienes 就以此致富），日本次之。

观此：货币膨胀结果，大资本家的勃兴，资本集中的现象锐化，有利于资本主义。但是此法只能对付一时，却不能适用永久。照货币发行的原理说，纸币滥发到了一定限度，必定行不通，因此膨胀政策到 1925 年已发生障碍。为使货币的安定，资本家不得不改弦更张，实行一种货币紧缩政策（Deflation）以谋救济，使货币制度恢复常态。最初实行的是德国、俄国。因为资本集中，经济安定，紧缩政策乃适当其用。劳动合理化也就应时而起。它的内容虽等于产业革命时期的合理化，但为适应当时人民心理，易名为产业合理化。合理化的社会基础，是建筑在上述经济立场上，表面上是为国民经济发展，其实是各国资本谋出路。这个时期，是资本主义的安定期，为合理化的开始发展期，此发展到现在，此社会基础逐渐摇动，将进入世界恐慌期。

（二）社会主义国家合理化的基础

现今社会主义国家，当以苏俄为代表，自从 1918 年战后到现在，苏俄的经济状况的发展，也可分做三个时期：第一期从 1918 年到 1921 年为战时共产经济时期，其实从客观方面说，应名为生产破坏时期；第二期从 1921 年到 1928 年为新经济政策时期，其实应名为生产恢复时代；第三期从 1928 年到现在为社会主义建设期，其实应名为经济建设时期。

第一期内的种种设施，在苏俄本身，自有其设施的论据，在各国评论的人，率多认作一种理想的办法，然自普通政治的常识看来，此种破坏是出于不得已的办法：第一因为苏联自无产阶级从专制压迫下一跃而掌握政权后，对于先前统治阶级的资本家贵族等，怀有强烈的报复心理。第二因为当时的无产阶级认为红军对白俄的军事胜利问题是一切问题的先决条件，故征发粮食之方，无所不用其极，凡生产力可以利用的，无不尽量利用，破坏在所不顾，最显著的有两点：（1）一切生产品收归国有；（2）一切交易均受国家严格限制，不得自由。有此二因，故后来红军虽告胜利，然生产力破坏不堪了。当时农民不明了社会主义建设，对征发粮食办法深致不满，向政府要求改革，新经济政策遂被采用，转入苏联经济的第二期。

第二期所采用的新经济政策，特色大概如下：（1）以租税代替粮食征发，即不征农产品而抽十分之一的现物税；（2）小资本的农工商业准许归私人自由经营；（3）大企业在国家法律规定下也准许私人办理；（4）商人限制的减除；（5）实行货币膨胀政策，去抑制大资本家的发生。如果进一步地分析第二期（1921 年到 1928 年）也可分做两个时期看：一为新经济政策时期（1921 年到 1925 年），一为新新经济政策时期（1925 年到 1928 年）。前者的内容，略如上述；后者的特色，除停止货币膨胀政策外，不过把私人企业的范围扩大了些。在新新经济政策施行之下，固然因为私人企业扩大，生产力有相当的增高，但经济情形仍远不若欧陆各国。然此政策施行的末期，正当欧陆各国盛倡合理化时代，合理化实行，生产品增加，欧陆各国遂不得不向外发展，寻获销场，求经济出路，俄国固是国际上一大好销场，却好又适当其冲，头一个外来侵略的先锋队是英美两国；压迫之下，俄国不得不谋对付，对付之法，只好提高本国农产品的生产力以谋对于他国的工业品，维持国际贸易上的均衡。本来俄国提高农产品的生产力的原因，并不单纯为此，此外因为：（1）为对付国内农民群众的要求，不得不提高生产力，以谋提高人民的生活；（2）为表示社会主义国家的建设的精神；（3）为实行投拼政策（Dumping），与外国竞争。三者促成苏俄的提高生产力的办法，采用合理化。这就是普通所谓五年计划，五年计划即是计划于五年内提高生产力到一定预期的程度。目的在使全国民增加剩余价值，储蓄起来，以增加国富，提高工资，以解决苏俄的经济问题。

4. 产业合理化的目的和种类

合理化的种类，就其目的方面说来，可分为二：一为资本主义的合理化，以增加利润、确定资本主义为目的；一为社会主义的合理化，以增加富力、提高人民生活为目的。一切合理化问题均应该从这两方面了解。

二、产业合理化的实行方法

方法是根据目的而来的，上述的两种合理化固然从原则上说均在谋劳动生产力的增加及费用的节省，然其实际目的则各有不同。故实行合理化的方法也应分做资本主义合理化的方法和社会主义合理化的方法，以便分别说明。

1. 资本主义的合理化方法

资本的目的，在增加利润，利润是由剩余价值转化而来的，故资本主义的目的——增加利润，就是剩余价值的增加，换句话说，即剩余价值的生产上的合理化。

剩余价值的增加的方法问题，自来已有定说，不外是劳动生产能率的提高，具体而详细地说来，有下列各种：

（一）劳动时间的延长：如十小时所作工作，自较八小时为多，但这自然是在同一劳动程度的假定之下的说话。

（二）劳动工资的减低或劳动者人数的减少：所谓减低工资即劳动必要时间的减少，剩余劳动时间的增加。或则因货币膨胀之故，名目工资（Normal Wages）不动，而实质工资（Real Wages）减少，至于减少工人人数，固然少数人牺牲的另一方面是其余工人个人工资的增加，然就全体看来，即等于全部工资的减少。故劳动工资的减低与劳动人数的减少，名异而实同。

（三）劳动手段的改善：利用机器，增高工人劳动力。举例说：纺织机发明后，一个人可管数架机器——美国一人可管十六架；日本一人管十架；中国一人可管三四架——前此许多人所做的工作，现在一个人可以做出，故剩余价值率自然提高。

（四）劳动组织的改良：只是机器改善还不够，必须同时生产组织方面也改良，才能达到高的生产剩余价值率。例如工厂制度的生产的效率，自然远胜于家庭或工场的生产。即同一工业共同分工合作，其利当比一个人独任一种工业的省时省工，故美之福特汽车公厂（Ford）分业分至五千部分，即是例子。

（五）劳动生产性的增加：在同一时间内，使工人特别努力工作，增加劳动程度的方法。此法与（三）（四）两法似同而实异。前者不增加劳动量，并且会使生产物价值减低，后者须增加劳动量，但生产物价值却不减低。后者与工资不生关系，其重要性远超他法，故现代合理化即以这个方法为主。

用上面五法行生产上的合理化，固然可增加剩余价值，然资本家所希望的利润，不只是剩余价值的一部分。资本家为想得到更多的利润，除生产上合理化外，还须加上分配上的合理化，才算完成合理化。所谓分配上的合理化方法，不外：（1）压倒同业办法；（2）免除与本业有关联部分的其他产业的牵制与压迫；（3）联合同业，独占价值。从分配上看来，所谓合理化的全部，应该还有下面各种方法：

（六）大资本经营：以便大产业并合小产业。

（七）特化了的经营的结合：如汽车公司自己设炼铜厂、胶皮厂以及其他有关的工业。

（八）金融上的统制：产业愈大，对于资本的依赖性也愈大，因为金融组织于利润增殖上所关至大。现代大产业多与金融组织结合，或自办金融机关，工业资本家同时为金融资本家。

（九）企业形态和企业联合：企业有各种形态，如合名公司、两合公司等各相同或不同的企业形态，可以合成一个较大的企业，或于生产上合定条约，或于贩卖上一致行动，如加特尔等企业形态。

（十）国际的联合和竞争：如德法两国煤铁业的联合，就是一例。最近白里安在国际联盟上的提议欧联，是以欧洲国际上经济同盟为背景，又是一例。不过现代的联合形式，多是一部分压迫或打倒其他部分，例如德法联合以抵制英俄。

上列十项合理化方法，只是抽象的列举，下面再逐次详细具体说明。

（一）劳动时间的延长的方法：在经济进步的国家，因为工人方面有团体的组织，劳动条件常由双方团体商议，故这个方法难于实行。然在历史上不乏实行之例。在合理化开始期（1924—1925年）英、美、法、意诸国有此趋向。1924年英国煤矿工人罢工，其结果仍不免延长工作时间一小时；德国矿工罢工，也不免由十小时加到十二小时；据美国统计全国结果，计1923年、1924年，比较1921年、1922年的劳动时间延长：即作工四八到五四小时者人数增加，作工四八小时以下者减少。照百分率计算：1920年为20％，1923年增为60％。这个趋势当中，也有例外，如福特工厂缩短劳动时间，不过其目的在增加劳动性，从中取偿，于工人实际无利。

（二）工资减少的方法：这个方法在经济先进国家也不多见，大抵名义工资不减少，或者有时反见增加，但是实质上的工资则多见减少，因为名义工资增加的背后，即有无数失业者的增加，或者资本家从增加劳动性方面取偿。所以说名义工资的增加是表面的，有时也无补于实质工资的减少。此类事实最为普遍，无须例举。

（三）劳动手段改良的方法：分为动力的改良、自动机器化及化学工业的进步三方面说。

（1）动力的改良：动力改良事实中，以电动力为最显著，煤油、煤汽等次之。电动力进步的统计：德国从 1907 年到 1925 年，增加比例为 100～664；美国 1919 年到 1925 年约占动力中 60%。动力的重要点有三：（a）热度密；（b）占面积小；（c）速度快。生产率与三者极关密切，故动力进步影响于剩余价值方面也至大。

（2）自动机器化：此是合理化期间的新发明，将先前"人为主机器为副"的生产方式，变为"机器为主人为副"的方式。因此工作上有把人的成分减少的倾向，这倾向就叫做自动机器化。结果不但机器数量上的增加，而且机器体系的完全，即机器的特殊化，机器强度的加大，机器动的方向的多方化，即不但上下左右移动，而且能四方八面回转如所谓流动带，即是一例。

（3）化学工业的进步：20 世纪的工业化学化在合理化时期特别明显。先前以农工业方面的原料为多，注重于有机物，而现今则以矿产方面的原料为多，注重于无机物。先前的化学用品多属于天然的，今则变为人工的。例如人造丝已代天然丝而起，人造煤油在德国现已发明。装置工业因化学化而有极大进步，例如制糖已采用消解法代替机器的榨压法，化学工业今有压倒机器工业的趋势。资本家可利用化学增加剩余价值。

（四）劳动组织的改良的方法：即生产的标准化或定型化或规格化，其名称不同，意义则一。

（1）标准化的意义：所谓标准化，即使商品按照统一的标准制造，叫做 Stardardisation，亦称 Simplication。德国叫做定型化（Typisierung），是指制造物的全部格式标准化而言。或称规格化（Normalisierung），意义稍异，是指商品的某一部分的制造定型化而言。统而言之，都是先定几个模型或标准，使劳动力集中制造，以谋标准样式的统一和简单。

（2）标准化的来历：19世纪后半期，标准化开始实行于美国的钢铁业，先行于铁轨，次行于桥梁，再次为普通建筑，后行于船舶。1898年美国的材料试验国际协会提议标准化问题的国际化，1901年进一步的具体通过实行。美国首先实行的结果是，钢铁工业突进，在生产贩卖上都得到便利，"非标准化"的国家不能与竞，以后德国及其他欧陆各国仿效实行。

然究其所以能实现之由，另有其他原因在。因大战期间，丁壮多应征作战，工厂内只剩老的工人、女工或童工，故制造标准不得不力求简单。复因为时势要求，标准化先行于战舰飞机等军需品，如美、法、英等国，均从十余种减至四种，后来渐行于其他工业必需品。并采用各种方法实行：（a）限制商标，如实行限制商标注册之数；（b）废止商标，如当时花露水商标的废止等；（c）制定商标。战后标准化的趋势渐落，战前的自由竞争现象复生。但是战后不久即入资本主义的安定期（1923—1924年），安定期中因为战时的货币膨胀政策，使资本及企业渐次集中，政府力量加大，足以控制产业。此种现象利于标准化的实行，且那时货币膨胀政策已行不通，资本家因欲增利润，不得不采用标准化。美国钢铁工业的标准化，一方面是政府的补助，一方面是钢铁大王对于钢铁托拉斯的提倡的缘故。

（3）标准化的利益：从资本家的立场看来，标准化的利益有四：（a）标准化可行大量生产，生产愈大，劳费愈省，利润容易增加；（b）标准化可使生产品种类减少，因而贮藏费、机器的种类及修缮费、簿记费等可以相对的减少；（c）标准化可使工人工作的种类减少，因之用于机器工作上的转换的时间可以省去，机器可免于停顿，换言之无谓的浪费可免，资本的周转较灵；（d）标准化可使技术进步，因为机器简单，可以熟练精巧，使机器逐渐改良；机器种类少，则大量资本可以集中放在少数机器上，使机器发展。美国福特汽车公司有一回可穿 49 个洞（汽车板上的）的穿铜机，就是标准化的成绩。不过关于标准化今后发展前途，论者不一，据 Bucher 的意见，标准化足以妨碍自由发展，就长时间看，机器将因标准化而固定化及骷髅化，使技术不能发展。英国剑桥大学教授 Pigore 也有同样意见，说标准化足以妨碍技术上的发明。不过资本家对于标准化的目的，只在利润的增加，不是求机器的进步、技术的发明，这是显而易见的。能用少数货币资本获得多量利润，才是目的所在，其他可不问。

（4）标准化的实例：标准化相继行于美、德、日及其他各国，分别援例说明。（a）美国：最近四年间标准化后各生产品的式样种类，有减少趋势。引用磁砖等八项生产品的统计如下：

生产品类别	标准化以前	最近	减少率
磁砖	66	4	44％
铁床	78	4	95％
瓦	44	1	98％
锅	130	30	90％
牛乳瓶	78	4	87％
锻冶工具	665	351	47％
洋铁器皿	1 819	263	85％
仓库样式	1 000	15	1.5％

（b）德国：1917 年成立一规格化委员会，由各大学工业教授、工厂技师、产业管理人、政府当局等共同组织，至 1926 年始实行。委员会工作成绩甚著，到今制出表格不下千种。

（c）日本：在 1920 年曾成立一个调查标准化委员会，从事标准化工作。

（d）其他各国，如法国、中国等也在进行，最近中国工商会议也成立规格委员会。

（五）劳动生产性增加的方法：即资本家为增利润，对于劳动者能力的尽量使用，使在同一时间加速工作，其方法有四。

（1）改良机器：机器活动灵转，使劳动者被动地手不停工，或则机器轻便，使一工人可管多数机器。据最近日本全国纺织工人从 1924 年到现在五年间的平均计算比例如下：

年度	一纺织工人管辖的纺织机的比例数（％）	一织布工人所管排数的比例（％）
1924	100	100
1929	126	149

上表，五年间增加数目，纺织机为 26％，织布机为 49％。此法固可增加劳动强度，为资本大量生产，不失为合理化的重要方法。然究其结果在工人方面是早死、失业、生活程度低下，招致种种恐慌，商品销场紧缩，变为生产过剩（Overproduction），使资本停顿，合理化反成不合理。

（2）流动传送带（Belt Conveyar，Fliess Arbeit）：此法在美国福特汽车工厂最初采用，即将汽车各专门部门的许多制造厂如制皮轮厂、制转盘厂之类，平行按列用皮带连起，使各厂所做部分由皮带辗转传送，以达于总厂。其特点是因皮带流动不已，可使工人振起精神，手不停地工作。因此可免除旧法上工人的偷闲、输运时间的浪费及工作的浪费等，而且工资以件数计算（Piece Wages）尤足以限制工人。德国的流动劳动法式样虽或有异，其原理则一。（详情参考日本改造社经济全集《产业合理化》五九页）

（3）差别工资制（Differential Rate System）：差别工资制是Taylor System 的科学管理法中的一种。科学方法分四部：（a）企业管理部分的分化，如财务部分、决定部分、工务部分的分设独立，与普通企业上董事会等总合团体的组织不同。（b）劳动组织的水平化及垂直化：普通工厂管理法只有管理人的命令指挥，而科学管理法中，不但有纵的管理，一层一层管下去（垂直化），而且有横的组织，如工人技师等相互间的组织（水平化），此法可监督工人偷懒，使能率增高。（c）指示表（Instruction Card），在每个工人面前，置一表，指示简单的工作方法及内容，其目的在使工作结果大致相近，使工人机械化及工作标准化。（d）差别工资制，即此地所讨论的，为 Taylor System 中最重要的一种，即叫做 Born System ，或称 Piece System，不按钟点给工资，而按照工作件数计算，在标准件数以下，照例减资；超过标准数目，则酌加工资。有以一月或一星期为计算单位的，如果每月或每星期工作超过某程度时，即分给工人红利。现今各国实行此法。此法因工作性质及劳动强度差异而给与工资，自资本家看来，是公平的，且与社会主义者所主张的劳动全收权似是而非的符合。自劳动者方面看来，此法却是加重劳动者的损失（如因工资竞争而过度使用劳动）及发挥资本家剥削的方法（用不正当方法增加劳动强度）。

（4）产业社会化（Sozialization Industrielle）：产业社会化这一名词，从狭义说，是与劳动社会化相对的；从广义说，则包括劳动社会化。简言之，即社会化。此法乃社会主义者，特别是第二国际所主张的。1920年第二国际在 Génève 开大会时发表宣言，主张社会化，大意说：社会化是要在全民众的要求的满足上面的必要的一切产业和劳动，从资本家的所有和统制，变为社会的所有和统制，即是说，在现代生产下，资本家以利润为目的，不免有生产上的浪费及分配上的不公，因之必须改革：（a）把私有的生产制社会化，发挥最大能率的生产制；改不公平的分配为公平的、节约的分配；（b）把一般属于个人或少数人所有的全国劳动力变为全社会所有的劳动力；（c）由少数人所管理的产业，改为一般生产者管理。因此第二国际议决：大规模企业如铁路等的社会化须由国家管理；都市的煤汽、电灯、水利等的社会化，由地方团体管理；日常用品的社会化，应由民众的共同团体如工会、合作社等管理。管理方法分做统制及监督经营两部，前者属于计划的，应由国家管理；后者属于实行的，应由与政治无关的团体如工会、资本家协会等，或由工人、资本家、生产团体代表、运输团体代表及专门学者共同组织团体管理，社会化的主要目的在使工资奴隶（Wage Slave）变做纯粹的自由生产者。此种社会化原为资本家所反对的，因为资本家最反对的就是产业国有化，及工人共同管理。但战后到现在，资本家反极力提倡社会化，此种矛盾，当中自有曲折原因。自资本家看来，第一，社会化实际上不易实现，尤其是到了资本集中后的安定期，资本家更不易蒙受损失；第二，因合理化的实施，非利用工会不可。工会组织在战后势力运动突进。意、德、法英等国可以窥见。

就拿英国说，战前工会数目为 4 000 000；1918 年增为 6 700 000；1920 年 8 500 000；机器工人战后由 5 000 000 增为 10 000 000；团体契约件数从 1913—1926 年由 11 000 件减为 7 500 件，而契约人数由 1 600 000 增至 11 000 000。由这些数字看来，工会势力雄大，资本家无法压制，只好利用工会来达到统制劳动力的目的。利用工会的利益是：（a）在僱用工人上可节省浪费，工资虽然增高，同时能率也提高，工人购买力大，劳资个人争议减免。（b）由工会统制，则工人的技术方面，可以分配适当的工作，技术可进步改良。因此团体契约于资本家有利无害。（c）除去劳动者对资本制的不满，使工人发生一种提高生活程度的幻想，因是安心工作，有顾到国民经济全体利益的意识，结果工作能率提高，利润目的可达。

以上是社会化事理的说明，以下再说社会化实行的方案。（a）英国 Birmingham 的社会化草案：根据劳资合作，设经济会议，其目的有二，一为使劳动者收入增入，一为使国民生产力有统制。其实行方法是：将英伦银行以次五大银行收归国有，以司会议计划的实行，换言之即用银行支配办法，实行合理化。（b）Cole 的社会化方案（1928 年），其主要目的是：（i）炭煤等矿产收为国有；（ii）由劳动团体（国家方面或参加一部分）经营管理；（iii）由政府监督，国家统制；（iv）由政府设专门委员会讨论改良矿产等技术问题；（v）由政府设中央委员会，管理关于贩卖组织、国际关系等事宜，劳动委员会不参加。（c）世界产业和平运动（mond-turner）方案：目的在使劳资问题永久解决，使产业和平发达。办法是在英招集劳资两方的产业和平会议，行大规模运动。内容是：（i）劳动条件的全部规定；（ii）解决失业问题；（iii）利益分配问题；（iv）

技术改良问题；（v）财政问题（银行支配法）；（vi）国民产业会议及各种合理机关的组织；（vii）国际经济组织问题；（viii）劳动健康及劳动教育问题等。此案虽是私人提案，未收实效，然而却是英国产业出路的指南针，经此和平运动，英国有劳资合作组织团体以解决产业问题的倾向。（d）德国 Hilferding 等的方案：均主张用社会化方法解决产业问题。

然上面所谓社会化，不是社会主义所主张的真正社会化，只不过是资本家合理化的一个方法，不要混同。

（六）大资本经营的方法：前面五种方法，是增加剩余价值的合理化方法，后面五种方法，是增加剩余利润或超过利润（Surplus profit）的合理化方法。就社会全体说，资本家所得利润，在长期间计算，是一种平均利润，即是说，没有任何资本家特别得较多利润，然而在特定时间，确有超过利润的存在。但此超过利润，乃得之于价值的分配上，而非得之于价值生产上，换言之乃对其他资本家的并占，不是对劳动者的加重削剥。普通获得的方法有三：一为大资本经营，打倒小资本，并合小资本家应得的利润；一为产业资本家并合商业资本家的利润；一为产业资本家用金融统制方法并得银行资本家的利润。而大资本经营不过是获得超过利润方法的一种。

大资本经营可以获得超过利润的理由，可分两方面说：

（1）技术主面的理由：（a）大资本经营，可购大规模的机器，从事于大量生产；（b）可使劳动者机械化，使劳动工作简单而有继续性；（c）可使原料及生产品等保管、存库等费用减少；（d）可利用残废物，做别项副产品，如煤屑的利用，可造煤汽、颜料及沥青

（机器油）等；（e）可得金融上的便利，即资本愈大，金融上的周转愈灵活。然大资本经营，也有不利之点：（a）经营管理上的不易；（b）机器等固定资本改变不易；（c）恐慌较易发生，固定资本停顿的时会较多，损失较大。由此看来大资本经营有利有害，故经营资本的增加，不在技术上的理由，而在暴力竞争方面的理由。

（2）暴力竞争方面的理由，即大资本经营用不正当的暴力竞争，把同业压倒。其方法是：（a）正面的竞争：大资本经营设法引起小资本经营与之竞争，进而给他们以致命的打击；（b）侧面的竞争，即设法给商人以利益，如扣折方法等，使之不买小资本家的商品，事实上等于禁止商人对同业工厂商品的出售，如先前英美烟公司对南洋兄弟烟草公司的压迫；（c）运用雄厚的资本，做大规模宣传，挥发商业上的威权，博得购买者的心理；（d）垄断原料，使小资本家无法买购；（e）垄断交通，大资本经营可得运输上的便利，如铁路对于大经营货物的优先的运送，足以妨碍小经营；（f）操纵政治，大资本家可以运用政党操纵政治，决定政策，利于大资本家，而压迫小资本。其态度的残酷，较之对于劳动者的压迫，有过无不及。大资本家利用此法，可于短期间从小资本家手中取得超过利润。

以上是说大资本压迫小资本的理由，以下列举统计说明事实：

1907—1925 年德国大中小经营调查

经营规模	1907 年		1925 年	
	经营数 （单位：千人）	从事人数 （单位：百万）	经营数 （单位：千人）	从事人数 （单位：百万）
小经营 （1～5 人）	1 619	2.8	1 614	2.8
中经营 （5～50 人）	160	2.3	206	2.9
大经营 （50～）	25	4.7	33	7.0

由上表可见德国在 1907 年后 18 年时大经营增加的趋势。如果以千人以上的经营为大经营则统计如下：

年度	经营数	从事人数（单位：千人）
1907	504	1 176
1925	892	2 017

除德国方面的统计外，还有美国方面合理化前后的统计：

美国工人数方面的经营调查

年度	每一产业工人平均人数
1849	7.8
1869	8.1
1889	12.0
1899	22.7
1909	24.6
1914	25.5
1919	31.4

动力方面的经营调查

年度	每一经营单位动力的马力
1914	126
1919	137
1927	203

每年生产量百万元以上的经营调查

年度	每年生产量百万元以上在总产额中的百分比
1904	38
1909	44
1914	49
1925	67

（七）特化了的经营的结合方法：即产业资本家（普通所谓工业资本家）剥夺商业资本家利润方法。关于此问题，要先说明几点：（1）商业资本家和产业资本家利润的由来。商业资本家的利润，表面上似乎是由于贱买贵卖的方式而来，即是说，由于欺骗而来，但就普通说来，这是错误的，因为利润本于生产上确定了的，若果是从欺骗而来，则商人早已不能长久存在；但就社会主义经济学说来：生产价格（即货物价格）的公式为 K＋P，即等于资本加平均利润，而平均利润中最少包括产业资本家及商业资本家利润的成分。产业家把商品卖给商业家时，已先把商业家应得的利润扣下不算，而商业家利润，乃由商人照生产价格出卖商品后实现出来。这是就商业家全部而言。然事实利润的实现，是慢慢的。产业资本家所以愿意把利润分给商业家（即减低价格）的原因，因为要依赖

商业家把商品卖出去，以实现利润。然而两者的利润，终是互相冲突的，因此发生剥夺问题。（2）特殊化的经营结合的意义：企业的结合在合理化前已有过了的，可叫做旧式的结合；到合理化后，才特化了，才叫做近代的结合，即各种产业已经特别化了后的结合。前例说过：产业的标准化在生产上是有利益的，所以特化在美德等国很盛行。但如果只是分开独立的特化产业，在能率上固然可以加大，然在贩卖上，难免要受商人的制肘。现代的特殊化，就是要把已经特殊了的各部分工业联合成为一个经营，既得全收部分工业的利润，复得免除贩卖上的制肘，并可剥夺商业资本家的利润（至少是一部分），而为自己的超过利润。不论此种结合是水平的抑是垂直的，其意义一样（有人说，此种经营结合上的发展是辩证法上的正反合的发展），然在商业资本家方面，也有他们的与此针锋相对的抵制法，即百货商店的组织（Department store）。百货商店在战前已有，战后特别发达。发生的理由，是要对付产业资本家的特殊化的经营的结合，使商业的联合抵抗各部分工业的结合。这个方法虽然不能夺取产业资本家的利润，然至少可以得到同业联合的利益，如大资本买卖的便利和顾客心理的适合等。

（八）金融统制的方法：即产业资本家在金融方面，剥夺生利资本家应得剩余价值部分的方法。生利资本家应得剩余价值的部分普通叫做利息。利息的发生，就是由于生利资本家借给产业资本家利用的货币资本的使用价值，详细说：生利资本家手中的潜在的资本到了产业资本家手中以后，变为实现资本，用来雇用劳动，购买机器原料，制造商品，售卖出去，以取得剩余价值，生利资本家的利息就占这全部剩余价值的一部分。利息的取得，是契约上的租借关系，是由于产业资本家对社会的借贷关系而来。由表面上看，利息似乎是产业资本家给予生利资本家的东西，其实是全部剩余价值中生利资本家应得的一部分。利息的最高限制虽不能占剩余价值全部，最低限度也绝不能等于零。然而在双方势力的消长上，也许有一方面所得比平时多些。产业资本家就在这关系上头剥夺金融资本家利息的一部分。剥夺方法普通有二：

（1）英国的式样：英国在合理化期间，产业状况和其他国家有特别之处，其剥夺式样因之不同，因为：（a）英国产业是慢慢发展来的，已有巩固的基础，其对银行货币资本家的依赖甚少；（b）恢复金本位制度较早，货币膨胀的作用较为慢性，因之金融资本家在战后努力飞腾的程度不及他国。其对产业资本家借出的货币资本的利息也很低，因此产业资本家可以打破英国的惯例，得在产业恢复到相当利息的时候，才对金融资本家付给利息。此法侧重产业资本家的利益，即牺牲金融资本家的利息，来巩固产业资本家的利润。此法之能说适用，总括地说，是因为战后英国产业停顿，货币膨胀作用不大，故利息的负担、债务的偿付不能从外取偿，只好以金融资本家为牺牲的缘故。兹引兰格塞亚棉花组合（Lancashier Cotton Corporation）做例说明，在组合的规例中有这样的规定，即凡加入联合会中的各产业的现有产业由联合会用发行股票的方法，收买其价值；其原有产业的各工厂的负债（对银行家的负债）也用股票偿还，但利息不能即付，须待新联合会有相当利润后才付 5.5% 的利息，这是把货币资本的利息压下去，用以填补产业资本家利润的一个例子。

（2）德、比、法的式样：因为产业发达比较迟缓，产业基础不固，依赖借款的关系较深，因发达较近，开设较新，资本的需要较切，有此二因故对银行的关系较深，然同时因为货币膨胀政策（Inflation）的实行，货币价格狂跌，产业资本家多趁机把债务还清，把股票收回，以致资本缺乏，所以到了合理化时期产业资本家不用上述低利息的租借办法，只得另用一兼办金融办法，由产业资本家自己设法经营种种金融资本以便操纵金融，即把产业资本变成金融资本，用金融资本谋产业的发展。其方法有种种。在组织方面：（a）设立银行；（b）经营证券业（Securitie）；（c）办理投资信托公司；（d）设立交易所。在活动方面，也有种种方法：（a）操纵价格方法，即用种种宣传方法，于事先使股票价格提高，于卖出后复使之低跌下来，以便收回，从这涨跌间取得利润；（b）拟制资本的办法（Fictitious capital）。即使投资者在不知不觉中被产业家夺去利息，例如创设公司，设法使股票价值提高，到了票价到原面以上的价格之后，把公司全部卖出。因为其卖出的价格是按照票面价格，其所提高的价格，就变为产业创业家所得，如资本为 2 000 万，所收股票资本为 2 500 万，则所余的 500 万为产业家所得，此法无形中增加股本，实际等于剥夺投资人应得的利益。

（九）企业形态的变动：企业形态，简单的区别有单独的企业（如股份公司）、联合的企业等。合理化的方法有在企业形态变动上得到超过利润的，即设法变动企业形态以压倒其他企业而谋竞争上的胜利，其方法有以下各种：

（1）股份公司的方法：股份公司的历史颇长，特别盛行于战后期间，在 1928 年到 1929 年间英、日、德、美等国尤为盛行。据统计如下：

德国股份公司企业表

年度	公司数	法定资本（以十亿马克为单位）
1913	5 486	17.4
1925	13 010	19.1
1927	11 966	21.5

美国股份公司企业表

年度	股份公司生产数占全企业百分数（%）	个人生产数占全企业百分数（%）	其他（%）
1904	73.7	11.5	14.8
1909	79.0	9.9	11.1
1914	83.3	7.9	8.8
1919	87.7	5.7	6.6

股份公司的股票具有种种特点：第一，"资本动员"的性质，可以在社会流通转卖，可以操纵市价。第二，可以吸收中产阶级的剩余资本，用提高红利到一般金利以上的方法，使一般投在银行方面的零散资本，都移转而投资于公司，以图谋红利。据美国1926年统计，在24个公司内，有325 400个钢铁工人当股东，股票价值计有43 000万美金。又据美国公司的统计，当股东的有54 000工人，股票价值共10 700万美金。其利用红利吸收小资本的程度，此是可见一斑。第三，可利用金融资本的办法，在信用上得到很大的方便，股份公司因此在企业上占得较优利益，而可以压倒小资本。

（2）人的结合的方法：即一个大企业家，同时做几个企业的经理。这样可以不必用托拉斯的形式，却可以得到托拉斯的实际。此种人的结合，无异于将许多企业联合起来一样。例如美国钢铁大王的少老板 G. P. Morgan 在 38 个公司中兼有 63 个职务。钢铁公司的代表人，在 213 个公司中有董事资格。又如德国的西门子在德国 128 个公司中有董事职务。

（3）独占的结合的方法：所谓加迭尔、星特加、托拉斯等组织，即是此种结合的形式。又有所谓 Beteilung 者即参与之意，即各公司派代表互相报告营业情形，参与的公司利用种种秘密协定方法，打倒未参与者。加迭尔的结合，则不但止于参与，连贩卖价值以及地点、信用等，也都预先分配妥当避免竞争，使竞争价格变成独立价格。星特加则不但互相联合，并且共同组织机关。此共同机关可以命令各参加公司加以处理。托拉斯则比较更进一步，即共同机关可以包括各个公司，在星特加组织上各公司是独立的，各有各的股票，而托拉斯内各公司是非独立的，共同机关可以发行股票。

此外从构造上说还有横的结合与纵的结合，前者是同样工业的结合，后者是不同工业而有关系工业的结合。总之联合方式无论如何不同，其目的都在独占，得益的是资本家，吃亏的是占消费人大多数的中产阶级、农民与工人阶级。据德国方面统计如下：

德国砂糖企业结合后的统计

年度	砂糖输出价格（金马克）	国内批发价格	柏林零卖价格
1926—1927	16.78	21.66	35.80
1927—1928	13.99	20.95	30.40
1928—1929（最初一个月）	13.29	20.59	——

上表所示，国内零卖及批发价格，超出输出价格一倍有余，消费者吃亏程度迥非自由竞争下所能及。致此的原因，自然因为有国家政策的保护，如保护关税之类，使外来砂糖的价格远在国内零卖或批发价格之上。

德国工业原料及半制品价格 （1925＝100）

年度	国内价格	国外价格
1926	97.4	91.3
1927	97.2	81.7
1928	99.1	90.2
1929	101.2	86.1

观上表，可知在合理化期间，国外价格渐次低落，而国内价格有上升倾向，所以独占结合的企业有三个结果：第一结果是国内价格高涨，与消费者的吃亏。第二结果是农业的凋弊，就普通说，工业商业原可以统制农业，在合理化之独占之下，其压迫程度更甚，而在国家政策方面，又往往只保护工商业而不注意保护农业，如美国国会往往对保护工商业议案大致可以通过，而对于保护农业方面的议案则往往不给通过，就是一个例证。因此工商业家可利用合理化的方法，把农业上的利润夺取过来，农业凋弊，安得不然。第三结果是一般消费力的减缩，因国内一般消费者受独占价格的压迫而减少购买力。此现象在 1920 年已发生于德国，而美国则迟至 1928 年，始发现国内市场不能消纳生产品，然同时生产力又不能减少，因为生产力减少到某程度时，则无利润可图，因此生产与消费在国内不能均衡，国内不免发生恐慌。解决的方法，只有实行国外

竞争。

（十）国际间的竞争和联合或协调

A　国际竞争的方法

产业合理化到了末期，因为国内独占形成以致消路短缩，不得不行国外的竞争。然普通国际竞争，大概说来，有三种形式，即：（一）商品的输出；（二）资本的输出；（三）实际在国外经营工业。但在合理化时候，情形稍有不同。总合地从竞争的方面说，约有下面四种竞争：

（1）在殖民地的竞争：在国内市场不能消纳生产品时，即不得不向殖民地发展，以求得市场，实行剥削，在合理化以前是如此，但欧战后殖民地发生民族自觉，殖民地工业也有相当发展，以前剥削方法不能适用，如收买原料、销售货物、开设工厂等法渐行不通，故在合理化期间乃不得不改用金融统制方法。例如印度的金汇兑制，不由国际贷借关系规定，而是由英国人为的金融办法统制着，以便在印度币与英金的比率上使印度人大吃亏。此外在殖民地内的民族资本家或国内资本家往往因金融独占、资本家的加入，实行所谓合理化而被并吞。故现在所谓殖民地工业化，表面上是国民资本，实际上已经不是国民资本，而是独占国家的资本所统制了。因之殖民地本国工业的独立发展根本不可能。工业既不能独立，殖民地的独立也不可能，不得不更沦为现代资本国侵略的对象。帝国主义国家在殖民地行合理化的结果，殖民地人民生活更苦，购买力更为低落，印度农民生活即其例证。在表面上看，印度行工业化，生活应当较好，其实更为恶化。兹引据统计如下：

织物原料消费统计：

织物原料消费统计

年度	消费量（单位：百万码）
1910	3 010
1911	3 180
1912	3 400
1913	4 050
1914	4 170
1915	3 450
1916	3 410
1917	3 110
1918	2 860
1919	2 290
1920	2 410
1921	2 860

棉制品消费统计：

棉制品消费统计

年度	消费量（单位：百万码）
1913—1914	4 390
1926—1927	4 046

（c）合理化后，印度工人生活恶化。就纺织工人言，合理化前每工人只管机器二台，合理化后管理三台，而工资并不增加，工人害病情况加甚。其次就交通工人言，工作加多，时间延长。就纺织中心地之孟买说，其工人生活比起牢狱里的囚犯生活还不如。孟买

如此，其他各处更可想而知。

（d）殖民地人民在合理化后负担的加重，据统计如下：

原料与完成品之间的价格差率

（以 1913 年为 100）

	美国（输出）	英国（输出）	印度（输入）	阿根廷
1921	+27	+42	+69	+59
1922	+22	+32	+21	+62
1923	+11	+28	+31	+52
1924	+11	+22	+17	+36
1925	+10	+19	+4	+17
1926	−4	+23	+12	+30
1927	−5	+21		

上表所示殖民地内的完成品价格超过原料价格的差额比较英美等国为高，这是因为帝国主义在殖民地实行独占价格的结果。

（e）殖民地与母国间劳动时间及工资的比较，据 1927 年统计如下：

	熟练工	不熟练工	妇工	童工
英国（8 小时工作）	210～290		160	
印度（10～14）	38～60	25	16	12
埃及（10～12）	40	23	15	
荷兰（8～9）	260～320	160	120	
荷属南洋（8～14）	32～60	16	10	
法国（8～9）	90～170	65	50	
法非属地（8～12）	90	25		

续表

	熟练工	不熟练工	妇工	童工
美国（8～10）	500～1000	222～440	170～300	
阿根廷①（8～9）	200～400	120	80	
墨西哥（8～9）	150	75	60	
巴西（8～14）	110～150	150	60	30

又英日与中国间纤维工业劳动时间及工资的差别比较，据1924年统计如下：

	织工	纺工	女织工	童工
英（8～9 小时工作）	200	320	190	60
日（9～12）	65	—	40	—
中国（10～14）	25～35	20	15	10

此外殖民地内，同一工作而有色人种与无色人种间的工资也有差别，足证殖民地人民受帝国主义的虐待。兹举欧人、日本人与中国人之工资差别统计如下：

	监督	熟练工	不熟练工	女工	童工
欧人及日本人	580	90			
中国人	170	40	25	12	10

---

① 本文中阿根廷的国名先后出现了"阿尔然丁""亚尔然丁""亚然尔丁""亚尔兰丁""阿根廷"五种译法，为了行文的统一，本次编校时均改为"阿根廷"。——编者

（2）在半殖民地的竞争：半殖民地，即不单受一国的削剥而受许多国家削剥的国家如中国是。帝国主义对殖民地合理化的办法，同样可以拿来应用于半殖民地，其金融统制办法及独占资本侵入办法同样可以采用，不过因为有许多国家的竞争，不能任由某一国自由剥削，中国被削剥情况，恰和印度无异。譬如说中国的纺织工业一天天发达，但此工业中，中国人及中国资本所占的成分一天一天减少，大部分或是全部操纵在外人手里，或是成为中外合办，或是暗中因借款关系，受外资节制，民族资本不能发展。从 1913 年后各帝国主义在他国输入情形，可以证明各国在殖民地及半殖民地竞争的消长。其中以美国盛，日德次之，英国后退。兹引统计表如下：

美英日德输出在各国输入中的比率

		印度	荷属南洋	中国	澳洲	南非	巴西	埃及	阿根廷	加拿大
美	1913	2.1	2.1	6.0	13.7	8.8	15.7	1.9	14.7	64.0
	1926—1927	7.9	6.5	16.4	24.6	15.3	28.7	4.7	24.7	64.9
英	1913	24.2	16.5	16.5	51.8	50.4	24.5	30.5	31.0	21.3
	1926—1927	47.8	15.1	10.2	43.4	42.3	21.2	15.6	19.3	16.8
日	1913	2.6	1.6	20.4	1.2					
	1926	7.1	11.0	29.3	1.9					
德	1913	6.9		4.8			17.5	5.8	16.9	
	1926	7.3		4.0			10.6	6.3	11.4	

上表乃就输出中统计。若从反面看，由各国殖民地输入各国的比率则统计如下表：

各殖民地输入美英日德的比率

		印度	荷属南洋	中国	巴西	埃及	阿根廷
美	1913	8.9	2.2	9.3	32.3	7.9	11.7
	1926	11.2	14.1	17.4	46.2	14.0	9.1
英	1913	23.5	17.5	4.1	24.5	43.1	24.9
	1926	21.0	15.1	6.5	21.2	34.6	25.1
日	1913	9.5	5.8	16.8			
	1926	13.6	5.3	24.5			
德	1913	10.8		4.2	14.0	12.8	12.6
	1926	7.1		7.1	10.4	6.5	10.4

（3）在附属国的竞争：附属国乃不能独立而附于他国的农业国家，如拉丁亚美利加各国是。半殖民地与附属国不同（但尚有各种说法），就一般说来，附属国的特色是：（一）在一般经济上为农业国；（二）无民族资本家（即土著资本家），只有大地主为政治上的统治者；（三）农矿及新式工业上的企业，完全为帝国主义资本家所独占，附属国所有的一点点工业都是轻工业，也不过做外国机器的消场；（四）不会发生像殖民地及半殖民地一般的对外联合战线，其社会构成分子及革命势力与殖民地不同，地主常常与外国一致；（五）然附属国受帝国主义的剥削较重，因之农业破产，消纳力薄弱，结果仍然不得不发生革命运动，然发生的不是纯粹的民族革命，而是站在一方帝国主义者的立场，以对抗其他帝国主义者的革命，其革命力量是利用外国的，此与殖民地革命不同。由此附属国在帝国主义眼中，较之殖民地或半殖民地更为重要。

（4）在欧洲殖民地的竞争：欧洲殖民地一个名词，是在合理化时代创造出来的。即是说，欧洲各国如德、奥、波兰、瑞士等，战后受美国金融政策的支配，等于殖民地地位。其特色是欧洲殖民地本身是一个工业发达的国家，这类殖民地称为企业殖民地。详细地说：帝国主义对该殖民地不是以消纳商品、采取原料为目的，而是用金融上的势力，使各国企业归入本国势力范围，暗中操纵，与公司中的 Holding Company 办法相仿。美国因为占欧战的便利，金融家利润膨胀，到合理化末期，有不能维持的趋势，亟须寻求出路，而德国行合理化下所得利润尚可抗美，美国乃输入金融势力于德国，取得其利润，因此乃发生欧洲新式的企业殖民地。此项企业殖民地乃战后的产物，在战前国际的侵略方式只是一个工业国家向农业国行殖民，在战后才有工业化程度较高的国家对工业化程度较低的国家的侵略。这种新的侵略方式的主要方法，在于控制殖民地的资本。工业国所以要侵略其他工业化较低的国家的理由有种种。就拿美国对德国的关系说：第一，美国输出资本到德国，从德国输入制成品，提高德国的产业程度，养成商品的竞争者，不能不说是一个矛盾，然而因为美国国内的商品容纳力特别大，不怕德国的商品竞争，而且美国的金融资本家想利用高度劳动强化的方法提高利润，在国内不能实行，不得不向其他工业国求出路。第二，因为在较低级的工业国，适于发展新式工业——自动车、飞机、无线电用器具、人造丝等工业。而美国的新式工业的销路在国内既有限路，在东方经济落后的国家又行不通，只有跑到欧洲殖民去。同时又因新式工业比较旧式工业所得利润为高，因此这个方法势在必行。第三，因为大资本压制小资本的关系，美国对德国投资，最后的经济权仍逃不出美国掌握之外，因德国在战时所受损失较他国为甚，较之美国尤相悬殊，而美国对德国的侵略也是必然的结果。关于美国资本对外输出的分配情形，拟统计如下：

年度　输出	1922	1923	1924	1925	1926	1927	1928
对欧洲	28.1%	22.8	49.1	55.8	44.0	41.9	47.7
对加拿大	25.9	27.7	13.6	12.7	17.5	19.2	16.4
对南美	29.4	29.2	14.5	18.9	30.0	22.3	23.2
对亚细亚	16.6	20.3	12.8	8.9	4	4	6

观上表，美国对欧洲及南美的投资有向上趋势，对亚细亚及加拿大则有向下趋势。关于美国输出资本总数，据统计如下：

1924	1925	1926	1927	1928	
1 005	1 095	1 155	1 567	1 325	总计 6 159 百万美金

由此可知美对欧洲投资数目占美国对外总输出资本数目之巨，可以推求美国对欧洲殖民地的倾向。

（B）国际间的企业联合

此换言之即独占资本国为免除相互间的竞争而行的国际联合，这种联合，乃是对殖民地行更进一步的侵略的表现。即国际的联合的目的在行更大规模的国际的竞争。为说明便利计，分为各项叙述于下：

（1）重工业的国际联合

（a）煤油：煤油工业在现代的重要性，谁都知道的，自从飞机、兵船、商船，尤其是新式船舶采用内燃机器（Diesel machine）而后，其倚赖煤油程度更甚。计内燃机器较之蒸汽机器对于煤油的需要约有五倍之差。其他如潜水艇也非用煤油不可。除了这些军事上的用途外，在农业方面，自从产业合理化后，最新式的农业机器如农业用自动车（Tractor combine）的应用，只能用煤油而且效力增大。其次在渔业方面，因为打渔机器应用内燃机（Diesel engine）考查鱼群，也应用飞机，都与煤油有不能脱离的关系。再次在商业方面用的商业飞机，也不能不用煤油。煤油的重要如此，然其出产的地方却有限。故自有飞机以来，煤油问题成为国际上一个严重问题。欧战时联盟国对德国的胜利的许多原因当中，煤油问题也不失为其中的一个因子，欧战而后，各国对于煤油竞争十分利害。其竞争情形，大概说来，可作如下分析：在没有煤油的国家（并不是说完全没有），无不苦心孤诣地向出产煤油的国家进取，如法国去向波斯，意大利去向波斯及非洲殖民地的努力发现煤油，就是例子。再如日俄订立的通商条约，条约中有一项是关于煤油的，即俄国将库页岛北部煤油权割归日本，更是显著的例。在有煤油的国家如英美（波墨等国虽出产煤油，然为各国垄占）也设法与其他有煤油的国家作煤油企业的结合，或行一国的煤油企业的结合，最著的例，就是美国的美孚油公司及英荷两国结合（Loyal Dutch Shell Company）。美孚公司包括 22 个煤油公司，这 22 个煤油公司中，又包括许多小煤油公司，英荷的煤油公司也规模甚大，差不多全世界的煤油除俄国外几为该两大公司所支配，美孚公司占全世界煤油业十分之七，英荷的煤油公司占十分之三。最近因苏俄国煤油业的发达，该两大公司在 1929 年又有煤油销场上的协定，虽然没有多大效果。

（b）铁：铁对于机器制造的重要不言而喻。虽然铁的生产在各国甚普遍，然质量两方面各有差异，如英国铁多，意国缺少，日本也稍为欠缺。因此铁的问题也极重大。据说普法战争的起因，是因为亚尔萨斯、罗兰的铁和煤。又说欧战的原因，也含有铁的问题在内。这个说法虽然未免过甚其词，然铁之为各国竞争一事，已成不可掩的事实。但是因为铁工业的经营利润较低，且资本比较固定，因此非扩大销场不可。为扩大销场，免去竞争，不得不有铁工业的大联合。现代铁工业的三个大公司是：（一）全美钢铁公司（U. S. S），该公司在战前占全世界之铁的42％，欧洲各国占56％，在战后合理化期间（1926年），美国占23％，欧洲各国占44％，（二）德国钢铁托拉斯占德国全国钢铁业80％。（三）英国的三大钢铁托拉斯支配了全英的钢铁。

战后因时势需要，其他各国也岌岌于钢铁业的联合。在1926年9月，德、法、比、卢森堡各国联合成一欧洲国际钢铁托拉斯，与美国的 Dumping 政策对抗。然到1928年该联合渐维持不住，到1930年表面上虽然存在，实际上已经瓦解，所维持的只有一种关于半制品的协定。

除了煤油铁的企业联合外，还有钢业、洋铁业、铅业等的托拉斯。但因较不重要，故竞争较不剧烈。其次如煤炭业等，在各国国内虽有相当的联合竞争（如法国五大煤炭公司的联合），但在国际上则极少见。

（2）交通业的联合

铁道虽然不能超越国界而行国际上的联合，然海上航业则常为竞争之故，行对外的联合。1928年全世界船舶运输等的总吨数为65 000 000吨，英国最多，美、日、意次之，这个总吨数即按照英、美、日、意、法、德、挪、荷的顺序而为多寡的分配。在英国全国船舶业中之43％为三大船舶托拉斯所占，美国船舶则完全为三个托拉斯包办，法国则只有一个统一的船业托拉斯；其余各国的全国船舶业，均在两个大托拉斯势力支配下，日本近亦变为一个托拉斯的支配。

（3）资本主义的农业生产的联合

普通的资本结合，多是工业尤其是重工业的结合，但农业方面的特殊农产品也可以行结合。举例说明于下：

（a）树胶：因自动车（Motor car）业发达的结果，树胶业乃辟一个新的销场而为极重要的资本农业生产之一。故树胶问题也成为资本主义竞争中心。国际上的树胶的竞争极为利害，最著名的为英美之争。据1927年的统计，英国生产树胶占全世界生产量93％，美国消费树胶占全世界消费量64％。然美国因为有大资本，如福特汽车公司等，可以自己种植并且因为有新的发明，可以利用残旧树胶，到1928年英国树胶业为美国所克服，计美国现用树胶总量中，新树胶与旧树胶之比为100：157。

（b）砂糖：20世纪以来，砂糖业成为大规模的经营生产，因为砂糖业不适于小规模生产的缘故，故砂糖耕地及经营，成了世界上一大竞争，同是糖业也少有区别，如甘蔗糖产自古巴、印度、爪哇，年有输出，而欧洲方面的甜菜糖，则只足供给本洲的需要。战后古巴糖生产额增加。据1926年生产量为4 000 000至5 000 000，占全世界糖的总生产（26 000 000）之十分之二强，其势力之大概可想见，而且甘蔗糖的生产可无限增加，古巴的生产力可增至一倍以上。因此在1926年到1927年古巴在世界行过Dumping（倾销）

政策。欧洲资本家曾提议组成一国际砂糖业协定，谋与古巴对抗，然结果未见成功，但古巴的农业资本家在国内已有砂糖加迭尔的组织。

（c）棉花：棉花的用途最广，国际上对于棉花的竞争因之也很剧烈，棉花的生产又受土壤和气候的限制，故世界生产棉花的国家不多，仅美国等数国。以生产量计算第一是美国，次为印度、埃及、中国、巴西。各国生产量的比例，据统计如下：

1927 年棉花生产统计

	比例数	实数（以俵为单位，每一俵＝470 磅）
美国	64％	17 977 000
印度	14％	4 162 000
埃及	5％	1 497 000
中国	5％	1 584 000
巴西	1％	449 000
合计	91％	25 669 000
其他各国	9％	2 331 000
全世界	100％	28 000 000

若就各国棉花输出计算，在战前只有美、印、埃三国，欧洲的棉花有十分之八由美国供给；战后因印、埃棉花在欧洲竞争，而日本变为美国棉花的销场。在棉花国际贸易中，美国占半数。但美国棉花业有倒退之势，继之而起的是印度棉花。印度棉花的销场，除欧洲外，还及于日本诸国。日本所用棉花多来自美、印及中国。其次埃及的棉花也有向上趋势，计十分之五输到英国，余一部分输到比国（约

居 12%），一部分输到欧洲各国。就全体而言，据 1925 年统计，在国际贸易中全世界棉花输出总数为 26 310 000，而美国占半数。故棉花的世界贸易，归美、印、埃三国包办，然印、埃属英势力，因此棉花的竞争实为英美两国的竞争。

（d）小麦：小麦是各国的普通出产品，小麦出产的主要国家为美、俄及加拿大，次为法、印、阿根廷及澳洲，据统计如下：

1927 年小麦生产量

（以 Quintal 为单位，1Quintal＝100Kilo）

美	237 239 922 000
俄	203 855 000 000
加拿大	119 957 122 000

各国的生产量，不是与输出量成正比例的，大体看来：欧洲的生产量占全世界 50%，而其消费量占 60%，当中输出量最大的国家为加拿大、阿根廷，其次为澳洲，再次为美国，而俄国只限于东欧附近。加拿大及澳洲的小麦，为美国资本支配，阿根廷的小麦则归美国支配。因此小麦的竞争，也成为英美两国的竞争。

（e）烟：烟的生产，在 1927 年全世界总额为 15 000 000 Quintal。美国占 5 000 000 Quintal，其余分配于各国。烟的国际市场，全为美国支配，因为美挟其雄厚资本，用收买各原产地的烟的办法，以把持操纵，这个势力有扩大倾向。因此烟业也落在美国手中，与之竞争的为英、印、埃三国之烟，所以也是英美资本的竞争。

（f）茶叶：茶叶生产，前以中国及日本最盛，但目前输出到国际市场的，以英国各属地为最多，大体说来，全世界的茶的生产额中，出产最多的为印度，次为锡兰、荷属南洋及日本，而中国无统计，其数大约与日本相当（但日本和中国的茶还不是资本主义的生产）。然就输出方面言，据 1927 年统计，茶的输出以印度为最多，锡兰、中国台湾次之。中国大陆输出甚少。国际的茶业市场全为英国把持，勉强可与之竞争的仅有日本。

（g）咖啡：出产最多的为中美及南美，尤其是巴西。计全世界总额为 17 650 000 Quintal；而巴西约占 63%。这个咖啡的国际资本竞争比较他种农业品特别显明。巴西方面的竞争以咖啡为最。

（4）化学工业的联合：化学工业包含甚广，有颜料及肥料（有硫安、窒肥、硝石等类）。化学工业除了其本来用途外，兼带有军备品的目的，变为军需品的工业，如毒瓦斯、火药等类。所以化学工业的联合也更利害。最重要的结合为德国的 I. G. 化学托拉斯，其是在战后成立的，与之发生冲突的有英国的 I. C. I. 托拉斯，美国摩尔干财团的化学托拉斯及瑞士、法、意等国的托拉斯。因此 1926—1930 年间，化学工业竞争十分严重，当中最有力量是美国及英国化学托拉斯。1929 年德国以 I. G. 托拉斯为主干联合欧洲各国托拉斯，以对抗美国及英国，在目前情形，即在这三个大托拉斯的竞争中。德国的联合托拉斯渐有压倒英美两国的趋势。统计在德化学生产品中，占三分之二。英美两国站在共同利害关系上，也渐有联合的倾向。

（5）火柴托拉斯的联合：全世界唯一的火柴业结合要算是瑞典的托拉斯。生产品占世界总额 60% 以上，实际上恐怕还不止此数，因各国火柴生产工业股票几乎为瑞典托拉斯所把持。如英法两国就在瑞典托拉斯势力支配之下，印度的火柴业全归瑞典包办。美国火柴业也与瑞典结合，日本的火柴公司也无形中为瑞典资本统制。总之，火柴业在世界上大半已在瑞典成为整个的联合。

(6) 电气机械的联合：这项联合战前已有，不过战后更加密切。如美国摩尔干财团的 G. E. 托拉斯及德国的 A. G. E. 托拉斯在战前已经成立，在战后因产业合理化的缘故，德国的 A. G. E. 托拉斯与欧洲 12 个国家联合成立一国际电气托拉斯。同时美国的 G. E. 也与日本电气业联合，与德国的 A. G. E. 对抗，各有各的势力范围，而亚洲则成为两大托拉斯的竞争场。就大体说来，以美国的 G. E. 势力最大，占世界总额之半，而欧洲方面以 A. G. E. 为中心的托拉斯，也是旗鼓相当，不知鹿死谁手。然现在 A. G. E. 的股票之半数为美国资本购去，由此看来，似乎美国的托拉斯较占优势。

(7) 摩托车业的联合：摩托车和人造丝均为战后的产品，出产摩托车最多的国家为美国，次为英国、加拿大、法、德及意大利。据 1928 年统计，全世界摩托车出产总数为 5 200 000 辆，而美国占总数 88％。但美国造车，以自用为主（在美国自用的约居半数），法英各国则以输出为主，所用的反为美国输入的摩托车，兹引统计如下：

1929 年各国摩托车输出额占本国生产额的百分比

美	68％
加	10％
法	10％

大体说来，全世界的摩托车业，可说是全在美国。美国摩托车业又为两大公司把持，一为福特汽车公司，一为摩尔干财团的汽车托拉斯。美国复用与他国国内资本结合方法，设立分公司，以避免各国保护关税政策的障碍。美国对日本等就属此例。各国资本家甘与结合的原因，是因为美国的技术进步，资本雄厚，可以利用。

（8）人造丝业的联合：人造丝业在战前已有，然大规模的经营则自战后始，此后发展很速，据统计如下：

1918—1928 年人造丝出产额比例统计

1918 年	100％
1919 年	125％
1920 年	141％
1921 年	183％
1922 年	224％
1923 年	273％
1924 年	398％
1925 年	521％
1926 年	617％
1927 年	751％
1928 年	943％（实数 347 940 000 磅）

人造丝的质量现在虽然不及自然丝，然因技术改良，又不受自然限制，日异月新，前途方兴未艾，并且还与军备有关，故极受各国国家奖励。德国人造丝势力最大，与之对抗的有英美两国，竞争情形，差不多和上述的化学工业的联合竞争一样。即欧洲方面以德国为主干联成托拉斯与美及英意的托拉斯对抗，最近德国人造丝业

有侵入美国之势。但据最近统计则美国占 20％，德占 15％，英意占 15％，法占 9％，此外为日本等国所占。就现势看来，事实上美国以资本占优胜，德国以技术占优胜。就人造丝业的发达上看来，有占据棉花及毛织物的重要地位的倾向，各国资本家多愿投资于此，将来人造丝在世界上造成最大竞争，可以断言。

（9）金业的联合：金在经济上的地位比较特别，金的生产又受限制，因此金变成世界市场上争夺最利害的东西。为明了金的生产状况及各国存金的数量，引据统计如下：

金生产额（单位：千 Kilogram）

		1911 年	1915 年	1921 年	1922 年	1923 年	1926 年	1927 年
全世界		12 760	22 839	16 067	15 534	17 260	19 567	19 460
英国	实数	58 86	14 425	11 294	10 558	12 516	17 304	13 817
	比例数	48.13％	63.16％	67.03％	67.97％	70.48％	70％	71％

就上表英国与世界产金额的比例数看来，全世界的金的生产大部分为英国资本势力所占，其余一部分为美国所占，因为世界各产金地除俄国外有南美、墨西哥及英美两国，均为英美两国势力独占的缘故。关于各国的金的用途大抵不限于货币之用，且有其他目的，故各国有纷纷设法增加金的倾向。战前各国如英、美、德、俄、法等国均用金，战后则事实上真正用金的国家只有美国，而英、俄、法虽然各为金本位国，然事实上都是金汇兑本位，或名金核本位（Gold kern standard，金核本位不用铸金，只用金块已足）。由此看来，金的用途较战前缩少，然而各国对金的竞争却较昔更甚，竞争情形据统计如下：

各国存金额（单位：＄1000）

	1913 年	1914 年	1917 年	1918 年	1922 年	1923 年
美	1 240 420	1 206 484	2 525 156	2 655 898	3 505 551	3 883 935
英	170 245	428 221	422 394	523 632	751 597	754 400
法	678 856	802 591	639 682	664 017	708 403	700 479
德	278 687	498 508	572 768	538 861	227 436	111 247
意	256 476	269 584	206 721	202 403	217 284	275 691
西	786 800	110 444	369 597	430 072	487 278	487 841
荷	60 898	83 603	280 689	277 155	233 880	233 826
阿	256 126	241 589	288 020	300 466	472 529	466 495
日	64 963	64 062	229 981	225 821	605 678	609 194
全世界	483 867	5 330 366	7 085 304	6 751 114	8 313 539	8 582 773

	1924 年	1925 年	1926 年	1927 年	1928 年	1929 年（约算）
美	4 090 067	3 985 399	4 083 380	3 977 181	3 746 114	4 200 000
英	757 033	703 482	735 421	741 698	749 767	780 000
法	710 394	711 106	711 106	954 000	1 253 500	2 000 000
德	180 939	287 763	436 235	444 158	650 127	520 000
意	218 825	218 825	222 732	239 177	265 732	280 000
西	489 292	489 631	493 489	502 484	493 000	
荷	202 854	178 080	166 231	160 796	174 692	
阿	413 896	450 592	450 557	529 134	607 353	430 000
日	585 738	575 768	561 810	541 739	241 213	420 000
全世界	8 916 427	8 890 560	9 163 109	9 514 293	9 980 640	(2 143 Millions L)

　　若以 1913 年与 1928 年比较，各国金额均有增加，当中增加最多的为日本，次为西班牙及英美等国，各国增加额的百分比如下：

日本	7 331%
西	434%
英	340%
美	1 902%
荷	1 868%
阿	173%
德	1 332%
法	84%

　　各国金额既增加，而用金国只有美国。照理，金的竞争应当缓和，然而事实适得其反。对于金的竞争的目的和理由，成为国际关系上一个疑问。据一般的解释，以为这是因为金的用途于战时特别重要的缘故，因交战国向中立国购买粮食，非用现金不可，由此金的竞争不是经济上的性质，而是政治上的原因了。英法等国急要金，就是这个缘故。有金的国家，在政治上的威焰千丈，如美国对英日及欧洲诸国的威挟，就是例子，对于金的增加特别明显的是法美二国。法国增加金的原因为国际上留心的事件，据说是因为法国货币膨胀及金佛郎案解决后流出外国的金返归本国，另一说是因为欧战后法国得到德国赔款的缘故。或说是因为法国在欧洲方面重要业的国际贸易上胜利的缘故，这些说法都缺乏确凿的理由。法国金的增加另有可靠的原因在：法国自1928年定金本位后，所定国际汇兑上生金银的比价特别低，从前日元一元只易二个半法郎，那年以后法郎几低落一倍。即一个日元可换两个法郎，这个方法虽然价值可以确定，表面上是法国吃亏，然实际上因法郎可与金币交换以吸收金币，却是于政治上的目的有利。其次谈到美国的金的增加的

原因，美国也是用人为方法吸收金币，换言之即用提高股票利率等方法。1917 年到 1918 年间，美国资本的出路是向外输出，此后因为用人为方法，使美国股票价格日高一日，却好因为那时是合理化时代，国际上竞争甚烈，各国对国内市场不甚讲求，而美国利用增加国内销场办法，即设法奖励自动车业、建造房屋等，并用展期放款方法以谋发展，因之美国商品在国内市场特别销流，物价特别提高，美国股票价格因此高涨，1919 年平均股票利息从 4％涨到 20％，而存款利率却只有 4％到 5％。这个现象造成一般资本家多趋集于股票的购买，于是 1927 年到 1928 年美国既减去的金币复又增加起来，其实行这个方法的目的也是属于政治的。

上述的金的"偏在"情形——即英美两国特别金多以及政治上的目的，为合理化时代特有的现象。

金业联合，虽然没有加迭尔的组织，然对于借款方面，却有国际联合借款的方法，这个方法实际等于加迭尔，是帝国主义国向殖民地半殖民地剥削的方法，如战前对华借款的十国银行团、战时英、法、美的资本家的结合，及战后英、美、法各国对战败国借款的联合，如美对德的道威斯计划等，是最明显的例。

2. 社会主义的合理化方法

所谓社会主义合理化方法，是针对资本主义合理化方法而言的。然现实的社会主义国家简直没有，纵有后来的社会主义国家如苏俄，也不过是正在过渡期中，谈不到完全的社会主义合理化方法。因此本题根据理想的和实际的两个目标，分为一般社会主义的合理化方法及苏俄社会主义合理化方法。以下分别说明：

一、一般社会主义合理化的方法

根据我们理想的标准，合理化的意义应该是"本经济的原则，改良生产，增加生产力"，即所谓"为生产而生产"。如果世界上没有资本主义这个东西，我们的正义的理想可以实现。实现这个理想的方法应当有下面各种：（1）应用科学方法改良技术，发明机械；（2）使大多数人自由愉快地行最大的努力；（3）提高一般人的文化程度及生活程度；（4）缩短工作时间特别是危险的及困难的工作，因为缩短时间，则工作能率增高；（5）节省浪费以及使各产业间有相当的调剂等方法。大体说来，社会主义的理想合理化方法大略如斯。但是这些方法的实施极不容易做到，因为在这资本主义制度之下，一切生产手段操在几个资本家手里，以削剥别人、取得利润为生产的目的。因此想求这个理想的合理化的实现，必须在下面两个条件之下，才能做到：第一是凡人均可生产；第二是凡人均愿意生产。没有这个条件，则理想的永久是理想的罢了。总之理想的合理化是抽象的，是不可能的，这里只好不说，也无法详说。

二、苏俄合理化的方法

此即所谓社会主义过渡期间的合理化方法。为说明便利，当分作两期，一为五年计划前的合理化方法（1921年到1928年即恢复期），一为五年计划后的合理化方法（1928年到现在，即建设期）。

（1）五年计划前的合理化方法

这个恢复期间合理化的特色有下述各点：

（a）产业机关本身的合理化：产业机关是随着经济的发展而来

的。事实上国家的机关和个人的机关往往不相含接，普通的国家多半没有代表国民经济的机关，而以国家的机关去代理它。但国家的利害又常和国民的利害不一致，因此国家对于产业采用的政策，也常常和国民经济相冲突。

苏联对于产业机关合理化的设施，是由国家经济计划委员会主持，它的工作最初只是对于全国产业行一种普遍的调查。这个会议是国际劳动委员会所设，目的在根据调查结果行改旧建新的计划。这个机关含有学术性质，不和政府发生直接关系，它的调查比较有普遍性及客观性。因此根据这调查而行的计划，自然也比较合理。约计这个机关所做的工作在它成立后有下面六点：①全国的电气计划，如农村电气化计划等；②关于食粮的有计划的移转，解决国内的饥饿问题；③维持已经破坏了的交通机关；④工业的恢复；⑤对外贸易的国家独占；⑥财政金融的稳定：苏联的财政是处在国民经济下面的，1924 年能把货币膨胀稳定的功劳，关于财政上的种种预算及计划，不是由于财政部而是归功于全国财政专家的调查，由于国民经济委员会的计划的。在普通国家财政与金融原不是一致的，金融可以支配财政；但在苏联因为银行及其他金融机关收归国有，所以财政与金融完全是一个东西，而财政金融的运用，又有国家经济计划委员会（Gosplan）设计办理。

由上述六点看来，可见在恢复期间国家设计委员会的作用，且证明苏联的合理化不是不可能。虽然其他各国也有委员会的设立，如德国的全国经济委员会代表国民经济机关，但实质上只是一种咨询机关，其真正合理化的程度远不及苏俄。

（b）全国产业的集中的统治：苏联因为有产业统一机关，所以有集中统治的特色。关于集中统治，在资本国家是由资本家与银行间接统治的。在苏联则因为对外贸易及金融上权力操在政府机关的缘故，故用政府的权力去统治。物价的高低可由国家决定，科学的技术上的发明也由国家统治，即是说，发明虽对个人奖励，然发明后即归国家所统治。其次对于产业的标准化及特殊化，也比资本国家有过无不及。关于资本及劳动力，因为有全国有计划的调查，故能做合理的移动，使分配适宜。动力的使用，在中央统治下也比较便易而合理。如电力一项，又较易利用，原因固由于俄国的泥炭多，小河多，可以设置发电所，且有丰富的煤炭、煤油的利用。然重要的原因是国家有计划的调查，可以酌量各地煤炭的利用情形，决定工业的建设程度，又因为有全国经济的调查，故对于苏俄的恐慌问题，如生产过剩问题等，有相当的解决。

（c）产业国有化：大体说来，苏联的基本工业即重工业，都在国家管理下，虽然其他工业还有在私人或公司手里。拿1926—1927年来说：基本工业百分之九八归国家，铜、铁全部归国有，国有农业占百分之四。产业国有化虽然是各国一致的要求，但很难办到，而苏联则实际上已经显著成功了，苏俄虽然产业不发达，因为能弃资本制度的合理化的所短而取其所长，其结果不仅可以大家有工做，解决失业问题，且产业能整个在国家有计划的统治之下。

（d）各产业间相互的关联：苏俄有托拉斯及申特加，其内容和各国所有的不同。苏联的托拉斯是同种产业的联合，不仅有国有的托拉斯，并且有私人的托拉斯，以及其他合作社的托拉斯。据1923年统计，除煤炭、煤油外，钢托拉斯有380个，当中有170个只有500工人，故苏俄的托拉斯多属于小工业，不限于大工业。托拉斯又分为全国的及地方的等，其目的在使各企业间有相互的联合与理解。其内部管理，或由各公司自办，或由政府任命其管理人，其工作须报告国家计划委员会。由此国家可以利用托拉斯这个东西，去行产业上的调查。苏联的申特加是以各托拉斯为基础而联合组织的，以共同决定关于市场上原料的购买及商品的贩卖为目的。国家对于这种组织有由于强制联合的，有任其自由结合的。因此不免有申特加与申特加间或申特加与未加入申特加者间的竞争。但对这种竞争，国家根据经济上的必要，可以加以裁判。此外还有同种企业联合会的组织，大致是以申特加的代表者组成的，也无非为同业的共通的便利而设。托拉斯与申特加发达的结果，国家监督的成分渐渐减少，即国家的产业也加入托拉斯而为其中之一员。故产业联合在经济上已成为一个独立的东西，表面上归国家统治，而经营上实际变为国民经济的手段。

（2）五年计划后合理化方法

在这建设期的方法较恢复期为进一步。恢复期间，因为资本不足，调查不备，那时的合理化只是属于低级程度的。自 1928 年实行五年计划而后，即步入有系统的合理化时期，实行所谓五年计划。五年计划是对抗资本主义合理化、表现社会主义合理化的东西。在俄国又叫做真正的合理化。总观所谓五年计划的真正产业合理化，它是以增进生产力，使一般民众生活向上为目的，换句话说，即使剩余价值归国民经济全体所得，而实现所谓剩余社会化。实行这个目的方法有六，述之如下：

（a）技术的改良：采用新的技术，改良劳动组织，谋劳动生产性的增加。

（b）工会活动的合理化：工人的产业内一切活动，归工会决定。工厂的行政，固须采纳工厂委员会的意见，而工会本身，也有使之为施行合理化的机关的必要，故工会活动也当使之合理化。

（c）地方小企业（即半企业的营业）的合理化：小产业在苏联很多，对全国经济影响甚大。故用协作的组织法、同业联合法或申特加联合法，使这些小产业行合理化，以免除高利贷及贩卖商人的中间剥削，以减去浪费。

（d）交通机关的合理化：在帝政时代，铁路的建筑由于军事上的目的（如莫斯科至彼得堡之铁路为直线铁路），不顾及经济上、商业上的利益。现在从新改良，注重经济的目的，以谋交通运输的合理化。

（e）农业的合理化：在技术上改良旧时的原始农业方法。因为俄国采用原始方法时生产额仅及德、法之四分之一，所以农业的近代化是俄国当时的急务。欲使农业近工化，则有两个当前的问题：一是农业的技术问题，一是农业组织问题。在技术问题中，进行上有种种方针：①机器的采用；②农业试验（如种子的选择、耕地的整理）上应采用科学方法；③农业副业的提高，应谋方法的改进。其次在组织问题上，应扩大集合农业。俄国在革命后，农业形态有三种，即私人农业、国有农业及协作社农业。所谓扩大集合农业，即使协作社式的农业范围扩大，由国家采用适当政策奖励中小农业的集中，再给予种种便利。在租税上，农产品的贩卖上，农具的购买上给与特殊便利。这个方法在五年计划中，有重大的功用。五年计划以前虽有农业方面的协作社，但未曾在国家奖励政策底下大规模进行。五年计划施行后，才高步迈进，目的在使中小农压倒大农，并使知社会主义建设的精神。

（f）时间的合理化：将工作分做两班或三班担任，日夜轮工这个方法，各国也曾用过，不过五年计划后，改进了许多。关于改进的地方，是因为苏联采用苏历的缘故，因此应当一考苏历的特色。苏俄向用希历，革命后改用西历，至施行五年计划后才改用苏历。其特色是：①一年分为 12 月，每月均 30 天；②每月分为 6 个星期，每星期 5 天，每年共 72 星期，其余 5 天作为大休息日，这五天的休息日为 1 月 22 日、5 月 1 日、5 月 2 日、11 月 7 日、11 月 8 日；③从 1930 年起改前历的 11 月为苏历 1 月，会计年度即从 1 月起。这个苏历的采用关于时间节约实行连续生产制时有重大关系，譬如说改每周为五天，每五天有一日大休息，则于工作上可就全体产业分为五部，则每部平均每天有 1/5 休息，所以星期日不是全部休息，因此机器和设备的停息上的浪费比较减少，而且工作时间每天仍为七小时制。因此施行结果是，生产手段可以尽量利用，雇用工人较多，工作效率比较增进。拿这连续生产制，和先前的生产法比较：工人增加了 2/10，生产品增加了 14％，生产率增加了 2％～6％。苏俄的失业问题，可以因此有相当的解决。

三、产业合理化的结果

1. 资本主义合理化的结果

资本主义合理化的结果，可分做 15 点说明，均相互关联，兹列举如下：

（1）生产率的增加：关于生产率，虽然没有详细的统计，然大体说来，各国均是增加的。各国实行合理化的结果，使战后濒危的经济状况恢复起来，使资本主义得到一时的安定。下表是德国钢铁工业的统计，可以代表合理化的成绩。

德国钢铁生产率的增加统计　（单位：百万吨）

年度	生铁	钢	铁板制造
1924	651	820	681
1925	884	1 016	894
1926	803	1 028	856
1927	1 092	1 360	1 072

观上表，生铁增加了 66％，钢 65％，铁板制造 57％。这个统计是德国的基本工业的统计。此外还有煤炭的统计如下：

年度	煤炭（单位：百万吨）	煤矿工人数
1924	9 412	398 115
1925	10 410	399 621
1926	11 211	388 757
1927	11 802	374 097

观上表，煤炭总吨数增加，而煤矿工人却减少，由此可知劳动生产性增加的一般。此外美国方面也有同样趋势，不另详引。

（2）必要劳动的减少：即个个工人的必需劳动减少，在另一方面说，劳动生产能率的增加，即为全部劳动工作时间的减少。必要劳动减少的理由，约略说来，由于前面所述的机器的改良，劳动强度的增加及流动传送带的应用等资本主义生产方法。

（3）生产行程的缩短：因为劳动强度增加，故在同一时间以同样的劳费可收较多的效果，而劳动进程可以缩短。

（4）熟练劳动的减少：这是实行生产标准化规格化以后必然的结果。标准化后，工作简单，工作者的技术几天可以成就，用不着特殊熟练的工人。

（5）劳动价值（工资）一般的减少：工资是代表必要劳动时间的，据上述必要劳动时间减少了，因之实质工资也随着减少。据德国方面的统计如下：

德国实质工资指数表

年度	熟练	不熟练
1913	100	100
1924	83	90
1925	93	99
1926	92	98
1927	91	98

英国方面，就加入工会工人全体说，在合理化期间，每周平均工资增了 25%，但物价增加了 69%，结果实际上工资大大地减低了。

其次就意大利方面，以 1913 年为 100，则其实质工资指数如下：1924 年为 91，1925 年为 86，1926 年为 85。

（6）失业人数的增加：以前失业问题是突然而来。合理化期间，大部分工人突然失业的事实少见了，而慢性的失业人数的增加却在增长中，例如美国在 1914 年失业人数为 50 万，而合理化后增至 350 万，其他如日本、英国也有同样的趋势。

（7）工人疾病人数的增加：所谓疾病包括负伤在内，这自然是劳动强度增加的自然的结果。据德国的统计如下：

德国工人疾病人数增加比例表

年度	酿造工业	煤炭工业	地下工业
1924	587％	82％	1 039％
1925	683％	1 006％	1 449％
1926	751％	1 268％	1 502％

（8）劳动者心理的影响：从观察上大体说来，①熟练工人与不熟练工人间平等化心理的增进。②工人相互间的依存性及团结力的加强，例如一物之成，由于各部工人共同努力等觉悟是。③对于工作发生单调乏味的感觉，对于机械的工作生活起了反抗精神。④自暴自弃心理的发生，这是劳动强化的结果，工人感觉到老了，要渐被淘汰而失其自信心。⑤工人失去手艺的尊严：因为熟练劳动减少，工人间平等化，所以发生一种卖力而非卖艺的心理。

（9）全部无产阶级构成上的变化：工人当中可以分做直接劳动者和管理者。在从前前者多而后者少，合理化后，后者的比例渐增。

（10）购买力一般的减少：因为合理化后工资减少，小资本破产者多，以致一国占大多数的小资产者及劳动者的购买力减少，而全国市场因之紧缩。

（11）资本的有机构成的变动：资本有可变资本和不变资本两种。在合理化后，可变资本减少，不变资本渐增。由于这个有机构成的增高程度，使平均利润一般的减低。

（12）不同的产业部门间争夺利润的激烈：因为资本构成上变动的结果，社会平均利润减少，所以一般资本家为维持或增加原有利润的目的，采用苛刻的办法，以牺牲其他的产业部门的利润，增加本部门的利润。这办法在美国表现得特别明显，工业资本家牺牲农业或商业资本家的利润，金融资本家牺牲工业资本家的利润，来增加自己的利益。

（13）大量生产的增进：因为社会平均利润的减少，不但不同部门有利润的剥夺关系，即同一部门产业相互间，也有激烈的利润竞争，资本家因此常用大量生产方法，务求减少生产费，垄断市场，以便打倒同业。

（14）倾销（Dumping）政策的实行：合理化期间，因为大量生产的结果，有向外发展市场的必要，其对外方法，即实行 Dumping，即把国内市场价格抬高，把国外市场价格减低，以便打倒外国的竞争者的办法。

（15）生产费与物价间剪刀问题的发生：一般说来，生产费减少物价应当低落，然事实上各国物价低落的程度与生产费减少的程度比较起来，物价并不见低落，而且在国际上又设法提高物价。这种生产费廉而物价增高的现象，即所谓剪刀问题的发生，其关系有如下图：

价格

生产费

据上述 15 点看来，可得到一个结论，即合理化结果，不但不能解决生产问题，而其本身反含着许多矛盾，造下世界恐慌的伏线。换言之即合理化并不合理。随便就上列 15 点中举个例，都可发现矛盾的存在。例一，生产率增高而工人生活水准反低落，失业问题反严重起来。例二，各生产部门间，或同类部门内，发生许多冲突和竞争的事实，与合理化本来的目的大相径庭。例三，全国生产总额增加而消费总额不能比例增加且到合理化末期反有减少倾向，致使扩大的再生产成为不可能。这又与合理化目的相违背。例四，合理化目的在使劳资合作共同发达生产，然合理化后劳资两方利害冲突，不能一致，各种罢工运动、失业风潮、工人的左倾化等事实，充分表出合理化本身的矛盾性。例五，合理化目的在使国际竞争归到国际分业合作，使国际间有一种条理的联合，消弭纷争，保障分工合作制度。然就现实国际情形看来，这仅仅是一种理想罢了。合理化并没有这个功能，如国际关税壁垒的高筑，对殖民地及半殖民地的逐鹿，以及国际 Dumping 政策的施行，凡此种种，都足证明合化的不合理。

总而言之，合理化这个东西，在它的初期，诚然有过相当的功能，把战后各国破坏不堪收拾的经济界恢复原状，使将要崩坏的资本主义制度恢复繁荣。然而这个功能，是不能持久的，到后来反使资本制度发生矛盾，使世界的经济机构发生障碍，使经济的繁荣停息，使从前的"从无政府的资本经济变为有组织的资本经济"的一场繁华梦给惊醒了！到末期生产现象一天不如一天，资本经济恐慌的条件已经具备。由此并合政治上种种原因，促成 1929 年到现在的世界恐慌的局面。这个恐慌和以前的恐慌有相异之点。可得而言：①这个恐慌是慢性的；②农业恐慌与工业恐慌双管齐下；③物价的低落甚缓；④金融组织不大破坏。这种不同的理由，留待专篇详说。

有人否认这个现象是"恐慌"，而只认作一种"市况不佳"（Depression）。就我看来，这个问题不是一句话单刀直入可以解答的，必须对于恐慌的理论认识了以后，才可以下判断。关于恐慌问题，从来没有定论。站在资本主义方面的有奥国学派 Schumpeter，他是世界的权威者，他著的书对于恐慌问题曾有比较精博的研究。在美、英、法各国，对于所谓"市况循环论"（Business circle）大抵有普遍的注意——这是因为 1914 年的大战是各资本主义变为帝国主义后一种不得已冲突的结果，他们认为如果对市况循环研究解决方法，即可以调和而消弭恐慌。

本篇对于国际经济现状是市况循环呢？抑是恐慌呢？一个问题放在后面"市场循环的理论与世界恐慌"一个题目下，另篇讲述。此地只可以总论一句话说：1929 年到现在的国际经济情况，是由于资本主义合理化所促成的。

2. 社会主义合理化的结果

（1）恢复期间（1922—1928 年）合理化的结果

苏联从新经济政策施行后到五年计划施行前，合理化的结果，可以分做好坏两方面说。就好的方面说来，大约有下面各点：

①农工业生产总额的增加：以战前 100 000 万金卢布为单位统计如下：

年度	农工业	农业	工业
1913	19.8	12.8	1.0
1921—1922	8.2	6.2	1.9
1923	11.1	3.6	2.6
1924	12.3	8.9	3.4
1925	14.5	9.5	5.0
1926	18.2	11.3	6.9
1927	19.8	11.9	7.8
1928	22.1	13.2	8.9

②工业农业的比重：

年度	农业	工业
1924—1925	67.6%	32.4%
1927—1928	59.8%	40.2%

由上第一表可见 1928 年的生产量，已恢复战前状况，由第二表可见不但生产恢复，而且改进了许多，工业较农业有急激的进步，为经济发展及工业化的表现。

③工业内部进步的比例：即工业进步究竟向着哪一方面发展呢？由下表知生产手段工业的增加，消费手段工业的减少，这可见工业化的方向。

年度	生产手段工业	消费手段工业
1924—1925	41.6%	58.9%
1928	45.0%	55.0%

④社会主义的生产的倾向：关于农工业的发展上，是大量生产增加呢，还是中小生产增加呢？换言之走向社会主义生产的路呢，还是走向个人主义的路呢？下表证明苏俄的生产，是向着集合的经营，走向社会主义的路。

社会主义生产对于总生产额的百分比

年度	雇用工人	总生产额	投下资本
1924—1925	80％	30％	44％
1927—1928	81％	40％	65％

⑤资本的积蓄：苏俄行生产大统治的结果，从 1924 年到 1928 年的四年间积蓄资本至 1 290 000 万卢布。这个期间内可以利用这大资本购买外国需用品，向外借款很少。

⑥工人生活的向上：1924 年每个都市工人平均所得的为 570 卢布，到 1928 年增至 843 卢布。工人生活向上可见一斑。

⑦工厂工人生产力的增加：平均每个工人每年的生产力的增加如下，在 1924—1925 年为 1 700 卢布，在 1927—1928 年为 3 000 卢布。

⑧大电力的增加：大的电力在 1924 年只有 40 000 万千瓦到 1928 年增至 100 000 万千瓦

⑨燃料需要额的增加：一般燃料（如煤炭、煤油、泥炭等）的需要额在 1913 年为 4 800 万吨，1924 年为 2 300 万吨，到 1927—1928 年增至 5 000 万吨。

⑩一般工人实质工资的增加：

年度	苏	美	英	德
1913	100	100	100	100
1928	134	130	103	101（熟练）　90（不熟练）

随着苏联的合理化而来的生产力增加，工人生活仍然向上，市场仍可维持，工作时间也减少。战前为九小时半，1924—1926年减为七小时半，到1928年减至七小时。这些事实，正是社会主义合理化与资本主义合理化差异之处。

以上是就社会主义合理化的好的方面立论。就坏的方面看来，也有以下各点：

①工业品与农业品在价格上剪刀问题的发生：苏联的工业品价格之高远过他国，而农产品却和他国不相上下。因为苏俄工业凋蔽，要想发展工业，使国内品不受外国品的压迫，所以不得不抑制外国品的输入，但国内品一则生产费高，二则供不应求，所以工业品价格涨，同时农业品则因恢复较早供过于求，且生产费较廉，向外输出又不容易，所以价贱，这样就发生剪刀问题。这个问题的发生，使农民感受莫大的痛苦，成为苏联政治上的严重问题。苏俄的左右派、新左右派、各派政党，均以这个问题为争论的重心。有的主张农业品有增加输出的必要，把工业品价格减低，有的主张发展工业，认为农产输出，足以压迫国内工业。最后发展工业派占胜利，五年计划的施行就是这个胜利的表现，因此到1929年，苏俄的农民问题依然未能解决。这个剪刀式问题据统计表示如下：

苏联工业品价格与其他各国的比较

	苏	英	德	美
全部工业品	100％	45％	34％	39％
铁（每吨所值卢布）	63.0％	—	39.8％	38.4％
铁板	175.0％	—	61.4％	81.5％
梁材	125.0％	—	55.3％	68.9％
煤炭	31.7％	—	6.9％	4.8％

②一般消费品的缺乏：因为剪刀问题的发生，农民多不愿将谷物供给市场，除非国家采用强迫方法。因之农产品不足，一般消费品缺乏。

③失业人数的增加：在 1922 年的失业人数仅百万，到 1928 年为 200 万，增加一倍。

④一般工业的国家补助金的增加：即是说，苏联工业非在国家补助下面不能进行。据统计证明如下：

年度	自给工业资本（百万卢布）	国家补助金（百万卢布）
1924—1925	134	94
1925—1926	131	410

⑤输出额减少：合理化后，苏俄对外输出额减少，这与合理化目的大相违背，正足表示合理化统治上的缺点。

由上看来，社会主义的合理化，缺点也很多，长此下去，必致生产停滞、市况循环等不良现象的发生。因此为改良合理化方法而起的，有 1928 年的五年计划。

（2）建设期间，即 1928 年到现在五年计划期间合理化的结果

观察五年计划合理化的结果时，首须研究五年计划的内容。兹分为几大段依次述明：

（一）五年计划的内容

五年计划的意义和来历：五年计划不单是普通所谓计划。因为普通的计划，是关于一方面的或一个部门的，而且在资本主义国家的计划是无组织、无条理、无统治的，严格说来，只能说是估计（Estimate），不是真正的计划（Plan）。五年计划是苏俄整个的全国计划，包括工业计划、农业计划、金融计划、铁路计划等一切计划，而且不仅是一种临时的计划，而是经过几年的真正的调查和统计的有系统、有组织的计划，五年计划必须在这个意义上去了解，否则会误解了它。

五年计划的拟议，始于 1914 年通过的"全国电化案"。那时正是俄内忧外患交迫的时候，热诚的政治家对于俄国将来的计划，已在运筹帷幄。这个电化案就是列宁所提倡的，他说电化是苏俄生命寄托之所，内外患不足怕，最怕的是不能行经济建设，如果内部产业不能发展起来，纵然没有内外患，也是危险的。这个提案是在新经济政策实行之前，虽然不就是五年计划，而说是五年计划的起点未尝不可。这个电化案，因为正在破坏期中，没有效果。后来到 1924 年才有复兴计划，那时苏俄的经济复兴计划，才真正确立起来，为进一步的电气化，1925 年又把各种产业联合起来，统治于经济建设委员会，苏联才有第一次的整个计划，但是实行期限仅是一年，不能使经济政策充分发展，从 1926—1930 年才有五年计划。五年计划草案，起草于 1926 年，1927 年再次起草，又归失败，到

1928 年的草案，才经几度修正通过。现在所谓五年计划，即 1928—1933 年的计划。

五年计划有两个标准，一个是最高标准，一个是最低标准，如果实行有好的成绩，则按照最高标准，反是则按照最低标准。计划的实行，以上年的成绩来决定。普通所谓五年计划仅是五年试办计划，还有一个十五年计划 Genplan（General plan），而五年计划只占全部计划的 1/3。故五年计划不是最后的而是最先的试验计划。

（二）五年计划的主要目标

①使苏联产业追上近代各先进国家，使农业国复成工业国。从大方针上说，苏联要成为一个真正的大社会主义国家，必定在产业发达、工业发达的条件下建设起来。工业又是产业发达的重心，而重工业又是一切工业的重心，然而苏联的重工业程度特别低，建设社会主义国家恐不可能。故第一步把重工业建设起来，五年计划投资于重工业方面特别多，即是说生产手段工业比消费工业投资特别多。五年计划实行后，生产手段增加了 3.03 倍，而消费工业只增加 2.5 倍。

②使农村社会化：因为农业性格趋重个人主义，特别是苏联土地宽旷，气候严寒，所以农业比较落后，只能行粗放农业，连集约农业的程度，还够不上。苏联的农业，一点没有社会化的趋势，只有个人性充分表现，比较各先进国相差很远，想实行社会主义，真是南辕北辙。1925 年的农村电化案，就是为达这个目的而建立的，要使农民与工业发生关系，明白整个经济的相互关联，以适合于社会主义国家的建设。其方法即利用电气大量耕作协作社。苏联协作社不仅是消极地免除商民剥削的运动，而其重要精神在使农民知道经济的相互关联，因此电气化与协作社并重。在五年计划上，关于

农村社会化分为两方面：一为技术的，一为组织的。前者如电台的设置、耕种自动车马锄等的运用，以自动车为中心；后者即把原有协作社运动扩大起来，行协作社式的集合农业 Collo（Collective economy），政府予以贩卖上、资金上种种便利，如对集合农业廉价出卖自动车、资金的融通等方法。以上技术方面与组织方面是相互依赖的，而五年计划目标首先注重技术方面，使农民知集合农业成绩，进而为集合经营。

③国际问题：苏俄和各国的国际关系，时在藕断丝连的恶劣情况下，战事似乎终不可免。从 1914 年到 1918 年大战的经验看来，战胜的条件不是人的问题，而是技术问题，工业能否发展，尤其是手工业的发展，是战胜的必要条件。苏联在行五年计划时曾这样说："苏联五年计划的间接目标，是要把重工业建设起来。"亦即把战斗力建设起来，这的确是五年计划的一个重要口号。

④提高苏联东部的经济程度：苏联的东部，经济特别落后，苏联的经济不能平均发展，使社会主义化的基础不能稳固。因为苏联所处地位是在各国经济封锁之下，一旦工业发展，商品的销售只能靠国内销场，因此要把西部的工业品与东部的农业品成为相互关联的交换品，五年计划要把西部的工业品去开发东部。

⑤农工结合的强化：苏联自 1918 年革命后，政治上以工人阶级为主体，联合农民以对抗旧市制的统治者，后来农民不能满意，才有新经济政策，把他们联合起来。五年计划上所谓农工联合是联合小农，和先前在新经济时代联合中小农的政策有点不同。从经济政治上看来，现在要使工农民联合，实行集约经营，使苏联一切产业社会化，这又和从前的以市场为中心的协作社、农村社会化不

同。现在是以生产为中心的社会化，是一种使农民更加根本的社会化的方法。换言之，即是使工农联合强化。

⑥实行人为的经济及社会的建设：从学术上讲来，社会主义能否用人为的力量去建设，还是一个问题。虽然社会的将来，是一个社会主义的社会，然怎样才能成功？大体说来，必须以社会产业的发展为条件，战前社会民主党内部有两派的主张，一派认为社会主义的建设，不限于多数国家同时实行，一派认为必须在多数国家同时实行，才能成功。自从苏俄单独实行社会主义国家成立后，似乎前一说已得事实的证明，后一说已失其作用。但是有人说新经济政策的采用，就是苏俄社会主义建设的失败，——虽然在另一方面说来，新经济政策仅是对付苏俄特殊环境的方法，所以结局那个问题始终没有解决。五年计划就是要从事实去解决这个问题，要把美国五十年的建设成绩缩成五年在苏联实现出来。如果成功，对全世界将发生极大的影响，使上述这个问题迎刃而解，使全世界无产阶级进一步自信。若初苏俄的五年计划，在各国看来是一种夸大狂、一种妄想，到现在，乃对之发生恐慌，积极从事破坏，法国所帮助的所谓产业党就是闹着这个玩艺儿。

（三）五年计划的方法

上面已经说过，社会主义合理化方法，不外新技术的应用、组织的改良、中小产业联合、运输机关的合理、农业的近代化及时间的合理化等。

（四）五年计划原案的内容

①投资数目

（a）总投资（单位：十亿卢布）

年度	总数	工业	电气	运输	农业
1923—1928	26.5	4.4	0.8	2.8	15.9
1928—1933	64.5	16.4	3.1	10.0	23.2

（b）总生产资金的比较表（单位：十亿卢布）

年度	总资金	内计工业	电化	运输	农业	市街家屋建筑	其他
1928年10月	70.15	9.81	1.01	11.56	28.74	11.97	6.97
1933年10月	127.78	29.12	5.31	22.01	38.89	15.25	17.29

再从比例数看来，若以1927—1928年为100，则1932—1933年增加后的比例数如下：

总资本	183.3
内计：工业	302.9
电气	523.9
铁路	172.9
农业	132.4
都市住宅资金	151.9

比例数增加最高的为重工业，尤其是电气业，其实数从40亿万到60亿万。到五年计划实行后（1933年），全国国家经济的内容略如下表。

（c）五年计划后的全国资本的构成比例表

年度	工业	电气	运输	农业	住宅资金	其他	总计
1927—1928	13.6%	1.4%	16.7%	41.0%	17.1%	10.2%	100
1932—1934	22.5%	4.0%	17.1%	29.6%	12.6%	14.2%	100

观上表农业资本由 41.0% 降到 29.6%，而电气则从 1.4% 增到 4.0%，由此可以窥见苏联建设的方向。

再从消费配布生产各方面，观察其比例数字如下：

一般经济机能的分配比例

年度	消费	配布	生产	总计
1928	42.7%	18.6%	39.3%	100%
1933	35.0%	20.5%	44.5%	100%

注：生产指生产事业的用资；配布指银行商业机关等的用资；消费指消费事业的用资。

②生产结果的预定：用上述所投资本去生产，预期的结果如何，分做几段说明：

（a）关于工业的：

总价格（单位：十亿卢布）

1928—1929 年	18.3
1932—1933 年	43.2

重工业及轻工业的比例（以合理化前为 100）

重工业部门	轻工业部门
235%	144%

工业方面分为重工业部门及轻工业部门（即生产手段部门及消费手段部门）。前者包含煤炭、煤油、泥炭、炭、铁矿、钢、农业机械、砖瓦、石炭、硫酸、生铁、洋炭等；后者包含棉制品、洋毛品、麻织品、糖、盐、皮鞋等。

（b）关于农业的：

生产额价格（单位：十亿卢布）

1928 年	16.6
1932—1933 年	25.8

耕地面积的增加（单位：百万 Hectares，增加 20%）

1927—1928 年	115
1932—1933 年	146

（c）关于动力的：分做生产及消费两方面看

动力的生产方面

年度	总计实数（单位10亿 K. W.）（100）	内计动物力	小商业	农业	运输	制造工场	电力供给所
1927—1928	33.1	58.0%	3.0%	2.2%	12.0%	17.5%	7.3%
1932—1933	58.8	38.1%	2.7%	5.8%	10.0%	16.3%	26.4%

动力的消费方面

年度	总计实数（单位十亿 K. W.）（100）	内计工业	运输	农业	小商业	其他	损失量
1927—1928	33.1	19.0%	12.5%	58.0%	3.1%	2.4%	2.8%
1932—1933	58.8	28.2%	11.8%	41.7%	3.6%	3.4%	5.0%

电力（1928 年，单位亿 K. W.）

年度	俄	美	加	德	意
1927—1928	50	1260	176	330	135
1932—1933	220				

由上表看来，苏俄电力动力增加而动物力动力减少；农业方面的动力减少，工业方面增加。就全部动力而言有增加趋向。拿电力说，在 1927—1928 年，全体电力有 50 亿千瓦，到 1933 年有 220 亿千瓦。但是这个增加数目和其他国家比较相差尚远，即在五年计划后，还不及德国在 1928 年的数目。

（d）关于运输的：从 1928 年到 1933 年，预定五年间建筑 20 000Kilometers 的铁路。货物运输量，预定增加 84.7%。

③社会化的倾向：五年计划的主要目的，在使生产社会化不但增加数量，而且要改变生产性质。关于社会化的倾向，引举下面统计来说明。

（a）社会化方面的投资与非社会化方面的投资比较

年度	私企业方面投资	协作社	公企业方面
1927—1928	43.3%	5.5%	51.2%
1932—1923	21.8%	13.1%	65.6%

（b）全体资本的配布

年度	私企业方面	协作社	公企业方面
1917—1918 （总数 70.15）	47.3%	1.7%	5.1%
1932—1933 （总数 127.78）	31.1%	5.3%	63.6%

（c）社会化部门对该部门的总数的百分比

年度	工资劳动者人数	投下资本	基础资本	农业生产	工业生产	零卖交易
1928	82.1%	56.0%	51.4%	1.9%	85.0%	76.6%
1933	85.0%	75.2%	63.6%	11.5%	95.8%	89.6%

由上表工人数投资数，资本的配布及各部门的数字的增减各方面，大致上可看出社会化的倾向。关于农业方面，因为是五年计划中特殊的计划，下面再详细分析。

（d）社会化农业对农业总生产额中的比例

年度	谷物收获额	市场用谷物	农业生产总额	市场品农产品总额
1927—1928	2.3%	7.2%	1.7%	4.5%
1932—1933	14.6%	38.2%	12.0%	20.1%

（e）农业的共同经营占全体农业中的比例数

年度	共同经营的农业	农产品的贩卖（由协作社）	加入协作社的农家
1928	19.4%	62.2%	37.5%
1933	53.8%	78.9%	85.0%

（f）农村生产协作社与都市生产协作社的加入人数比例

年度	都市（单位：百万）	农村（单位：百万）
1928	8.7	13.9
1933	16.5	31.8

　　由（d）表知农业社会化的概略，由（e）表知生产方面的社会化大，而市场方面的社会化小，由（f）表知农村加入协作社的不亚于都市。由此可见社会化倾向一斑。

　　复就农业技术方面而言，改良甚多，新式的农业机器，必须加入协作社始能有廉价的购买。五年计划后，设有耕种机器借出所，在农村每15平方千米面积上由政府设一借出所，每所准备100～200台耕种机器，借用时不收使用费，且派出技师指导使用。美国也同样用着耕种机器，但利用率甚少。据说苏俄借出所的机器的利用率，远过美国四倍。在五年计划中要设1 000个借出所，准备供借出用的机器20万台。其他公共场合农业用的，还不计算在内。关于预约贩卖，不准用高利，其贩卖率由政府指定，使都市与农村方面的生产沟通。在五年计划之第一年有500万户以上的农家加入预约贩卖。这可说是一种特殊的农业信用。

④所得的变动：以五年计划开始年度作 100，则五年计划中增至 147。这个数目仅就全体而言。至其内容言之，则各部分人民增加的速度不等。

农业劳动者	58%
农民	40%
农民全体	40%
工业劳动者	68%
工业外劳动者	25%
Bourgeois	减 47%
全体非农业人口	63%

由上表知五年计划实行结果，富农（Nepman）减少，非农民比较增加，工业劳动者及农业劳动者增加更速，各部人民的所得比例如下：

各部人民所得占国民总所得的比例

	1928 年	1933 年
工业劳动者	33.2%	37.5%
工业外劳动者	6.7%	5.3%
Bourgeois	2.0%	0.7%
全体非农业人口	41.9%	43.5%
农业劳动者	2.1%	2.5%
农民	49.9%	45.2%
农民全体	52.0%	27.7%
其余社会所得	6.1%	8.8%

由上表知农民全体所得虽增，而对于国民全体所得的比例则减少，并窥见工业化的倾向。

再从一般所得的来源说，由于社会化的企业所得在五年计划前为 53％，在五年计划终增至 67％，由此可见企业的社会化倾向。

⑤阶级构成的变动：在五年计划中，预定工资劳动者增加 400 万，矿工增加 2 倍，总人口增加 1 800 万。农村方面则中农人数增加 68％，富农减少 2.9％，贫农减少 2％。

⑥发展的速度：拿苏俄五年计划发展的速度和其他各国前几年的速度比较，以 1913 年为 100，其比例数如下：

	煤　炭		钢生产		棉花消费量		铁路积载量	
	1928 年	1933 年	1928 年	1933 年	1928 年	1933 年	1928 年	1933 年
美	99.8	105.0	146.6	182.0	117.7	127.0	131.0	138.0
英	82.7	87.0	111.2	118.0	67.9	71.0	75.4	79.0
德	107.2	152.0	123.2	157.0	101.0	112.0	109.6	115.0
法	107.4	152.0	134.8	189.0	101.0	112.0	120.4	126.0
全世界	100.4	112.0	145.0	170.0	111.3	123.0	—	—
苏	119.0	230.6	97.8	195.3	105.1	181.0	113.7	190.0
	(另表 258.2)		(244.9)		(198.3)		(211.9)	

以上是和各国比较下观察出来的速度。再就苏联本身上观察，其工业生产品每年增加 23％，就国民所得全体说来，每年增加 12％，由此可见苏联产业进展的速度，是特殊方法应用的结果，为各国所没有的。此外还有一个事实可以证明。拿经济状况说，苏联五年计划前，和五十年前的美国相等，而在五年计划之终了，可与美国的现状相等，换言之，即苏联五年发展速度，却好与美国五十

年发展的速度相当，甚可惊骇！但这里有两个问题：一为苏联为什么要急速发展？一为何以能急速发展？关于前者，前面说过，即：（a）工业化为社会化的手段；（b）为解脱帝国主义的包围以达国防上的目的；（c）为超过法、美、德的工业发展速度。至关于达到此目的方法，据主张可能说者看来，可分述如下：

（a）资本的可能：按照五年计划，资本增加两倍半，共有 250 万。资本的来源，就工业方面说，三分之一为旧有资本，三分之一是从旧有资本的利用改良而来的，其余三分之一是从五年计划新产生的。上面所谓增加两倍半资本，就是拿这个方法把国民所得积集以构成的，即用租税、公债、信用机关等方法，从国民所得中筹一部分出来作为资本，集积全国民所得之 30%。

（b）技术方面的可能：苏俄的产业技术方面原是贫弱的，不能拿来建设社会主义的国家，但五年计划就打算利用外国的人材，自五年计划前后曾雇用美国技师三百余人，德国技师二千余人，日本工头百余人。此外还设立劳动学校、专门技术养成所，以造成技术人材，供五年计划技术上之用。据英人调查结果以为，俄国高等技术师缺乏，中等技师比较进步。换言之，苏俄当时状况，高等技师须雇用外人，中等技师用本国人，不足的下等技师正在设法养成。

（c）经济上的可能：在技术上的改良增加中，关于机器一项的购买及应用，就贫弱的俄国看来，是一件困难的事，本国铁工业不发达，自己生产的机器比到美国购买价格要昂贵三倍。所以从经济上说，机器业的发展在经济上是不可能的。这个问题在主张不可能说的人，引为理论根据，但在主张可能说的人，以为只要全国人民共同忍受，即能解决。

⑦发展的方向：为使农村电气化，所有人材及资本都集中于工业，工业中以重工业为主，重工业中又以煤铁、煤油、电气为重心，以走向电气化的方向。

⑧工作时间及工资：拿全部产业观察，据统计如下：

全产业平均每日劳动时间

年　度	每日工作时间（小时）
1927	7.71
1928	7.54
1929	7.36
1930	7.23
1931	7.01
1932	6.86

从 1927 年到 1932 年，工作时间逐渐减少。这个倾向是因为劳动能率增进的缘故。产业中以燃料的减少率最高，计 1927 年为 7.33，到 1932 年减至 6.66。电气工业方面减少较多，轻工业方面减少率较小。

其次工资方面，名目工资增加 45%，实质工资增加 71%。据说莫斯科都城，因实质工资增加的原因，其工人的生活向上程度，超过巴黎、柏林，与伦敦工人生活水平持平，但比美国不及。

工作时间的减少与工资的增高，其反面并没有发生失业问题。据上面说过，五年计划预定要增加 400 万劳动者，故实行第二年已无失业问题发生，现在且感觉工人缺乏，正要解放厨下的妇女而为工厂的工人，要增加百万女工，现在苏俄的问题，是如何雇用工人问题，不是失业问题。

（五）五年计划实现上的努力

五年计划努力的方面很多，约略说来，可分三点。

①劳动品质的改良：在劳动品质方面，苏俄远不及欧美各国，熟练工人的缺乏就是最大缺点，所以在实现五年计划上要使工业劳动生产性增加110%，预定在五年计划后使工业生产费减少35%，建设生产费减少50%。要使农业生产力增加35%，其目的在使劳动品质方面能与西欧各国相对抗。

②劳动者创意（Laborer's initiative）：即使劳动者不用外界的督促而有自动的意识去创造，有自动力去工作。列举说来：（a）工厂由劳动者自己统制自己批评；（b）使全国工厂在政府统制下互相竞争，用奖罚方法去谋生产增加；（c）由青年工人组织模范工作队、突击队，在劳动者间有相互竞争，使每个工人特别努力于每一工厂内的竞争，以达到社会的目的，这种竞争和资本主义化的竞争不同；（d）产业财政计划助成案：是由从事产业生产的人们做成各种计划贡献到人民经济计划委员会，采择施行。换言之，即不但是由上而下，而且是由下而上的财政计划，使劳动者能发表意见。

③连续生产制：即五日一休息的轮流不间断的工作制度，上面已说过，不复述。

（六）五年计划的成绩

就事实上言，分述如下。

①第一年的成绩：工业方面，五年计划中工业品的增加预定为21.4%，而实际增加了23.4%，而重工业方面增加了30%。投资预定增加50%，而实际增加102%。劳动品预定增加17%，而实际

增加 16％。生产费预定减少 6％，实际只减少 4％。其次为农业方面，国家农业原定增加 17％，而实际增加 27％；集合农业原定增加 137％，而实际增加 207％。总计总生产额增加了 240％。

②第二年的成绩：第二年计划，据上面说过，是根据第一年计划的成绩由原定计划改定而成的。根据 1929—1930 年的成绩观察，原计划和新计划的比较数字如下：

第二年对第一年的增加率（单位：百万卢布）

	总生产	生产手段部门	消费品生产	劳动生产性	工资	生产费减少	投资数
原有计划比率	20.2	23.5	17.8	17.3	5.4	7.5	2.290
新改计划比率	3.20	45.0	22.5	25.0	9.1	11.0	3.503

就上面的新计划的增加数字去考察第二年成绩，则工业方面预定投资额为 44.8 亿卢布，实际上为 37.3，只达到原定额之 83％。大体说来成绩不算良好，但是工业中以重工业的成绩最好，轻工业较坏，故就重工业的发展说，可谓达到原定目的。全部工业生产额比第一年增加 24.2％。分开来说，煤增加了 17.8％，煤油 26％，铁 24％。这个增加率比较新计划（即根据第一年成绩而来的计划）所定增加 32％之数虽算失败，然而比较五年计划原定的第二年计划，可谓相当成功。生产费原定减少 11％，实际减少 7％；劳动性增加，原定增加 25％，实际增加 13％，也算是失败。

农业方面的成绩比较工业好，集合农场面积共有 4 300 万 Hectares（苏联耕地总面积为 130 000 万 Hectares），约占总面积

1/3。这样全国 1/3 耕地的社会化，可谓为计划上一大成功。耕地面积比第一年增加了 900 万 Hectares，大部分已按照原定计划实现。农业生产量比较第一年增加了一半（原定 11％，实际增加 22％）。一般市场农产品的生产额比第一年增加了一倍。

总结说来，第二年成绩，工业方面失败与成功参半，农业方面虽有相当成绩，但其成绩是由于人工方法促成，不是由于劳动者自动努力的结果，因为农民加入集合农场大都是勉强的，不是为生产而加入，而是为利益而加入。因此产额虽然增加，而农产副业大见减少，如牧畜减少，牛乳及肉类不足，此外劳动者东西流动而不固定，以及主要的煤炭业的供给，不足五年计划的要求。凡此种种，都足表明第二年成绩不及第一年，然较之最初的原来预定计划已经超过了。

③中间年度成绩：从五年计划的第三年起，其年度改由 1 月 1 日起至 12 月 31 日止（原为 10 月 1 日起至 9 月 30 日止），因此第二年末了，第三年开始期间多出二个月，所以一方根据第三年计划，一方把第二年未完的建设，利用这两个月继续完成，以便将原定计划完全达到。

以上所举的五年计划成绩，是就事实上立论。以下再说意义上说明。

五年计划成绩对于社会建设上的意义，我们可以从苏俄工业程度去观察，据统计如下：

国民经济上工业农业的比重

年度	工业	农业
1926—1927	68.8%	31.2%
1927—1928	71.2%	28.8%
1928—1929	72.4%	17.6%
1929—1930	76.0%	24.0%

上表表示苏俄农业化的倾向是一年年增进的。就工业方面看，重工业方面从过去两年的成绩推看下去，五年计划只用三年大致可以达到，其中的煤油、煤炭仅用两年半就可达到目的，机器业及建设业三年可以全部实现，电气只用两年就可达五年计划之56%，农业机器可以三年完全实现。就农业的社会化看，可于三年间完成五年计划，单就集合农业看，可于两年间完成，农业生产品方面加入Trust 的耕地面积已较阿根廷全国耕地面积为多。全俄的耕地总面积，已比加拿大多百万 Hectares，加入集合农业的耕地面积等于法意两国耕地总面积。

合农业工业而言，五年计划可于四年期间全部实现。

（七）第三年的预定计划

第三年度的计划，是按照第二年度及中间年度而定，其主要目标是要使五年计划的效果在四年期间实现出来，据此其预定计划如下：

①国民所得比第二年须增加35%，实数为490亿卢布，比五年计划最后一年的预定实数（497亿）相差不远。

②工业生产额须较第二年增加45%，计轻工业须增79%，重

工业增 98%，劳动者数目增 10%，劳动性增 28%，工业生产费减少 10%。

③农业方面预定全国农业之半，实现社会化，计全部耕地面积须增 900 万 Hectares，农业机器贷借所增至 1 400 所，机器总马力变为 980 万马力。其次因农产副业的失败，预定增加牛 280 万，猪 200 万，羊 440 万。

④运输量原定五年计划末年为 28 000 万吨，而三年结果为 33 000 万吨，已经超过五年原定数目。因为铁路整顿，可使运价低减 9%。

雇用劳动者数目第二年原为 1 400 万，须增至 1 600 万。工业工人工资须增 6%，运输工人工资增 8%，使用劳动连续生产者在第三年度国家统制下的工业比第二年增加 92%。

第三年度的数字，据说是由第一二年斟酌而定的，应较第二年度预定计划为准确。但本年度于计划的实现上有一个困难问题，这个问题就是合理化以后到现在所形成的世界恐慌问题。这个问题影响于苏俄方面可得而言的，即苏俄产业上使用的机器，不得不由外国购买，因此交易关系苏俄方面不得不有输出，以为抵偿，输出的原是农业品及粗工业品，到现在这种输出品且受排斥，苏俄购买机器乃不得不输出现金，此层于苏俄工业发展前途关系至重，但自另一方面而言，在世界恐慌期间，各资本国对于贩卖的市场寻求正殷，苏俄这个世界大市场势不能被排于外。由此而观，世界恐慌或于苏俄计划不但毫无妨害，而且大有裨益。这个问题，只可作如是观，然仍难断其必然。

（3）资本主义合理化与社会主义合理化的比较

资本主义合理化的结果是，发生市场缺乏、生产过剩、世界恐慌。苏俄合理化的初期虽也发生恐慌，但实行五年计划而后，有过比较完美的成绩，极少资本主义合理化的病象。这原因很简单，就是因为苏俄社会主义的合理化不是以利润为目的而是以提高生产力为目的的真正合理化。

其次就合理化组织上的统制力而言，资本主义国家虽然有托拉斯独占等组织，但比起苏俄对于合理化的统制力较差。

资本主义合理化因为目的上的差异，和统制力上的强弱远不及社会主义合理，其结果也当然不可同日而语。所以前者的结果，好似回光返照，不几年间就发生大恐慌，而后者前途正方兴未艾。总起来说，资本主义合理化是有特定的限界的，过了限界就会不能向前发展，社会主义合理化却似乎可以无限地发展，直到达到目的时为止。

日本在东省暴行的意义和我国应有的对付方法[①]

一、暴行的来历

欧战后历来的国际会议，如华盛顿会议等，或国际条约，于远东问题，列强都承认日本在满蒙有特殊权利，虽然这些都是中国否认的。在日本眼中的满蒙是以南满（吉林、辽宁）、东蒙（热河）、北满（黑省）四省为范围，所以这次暴行，他自己说是根据条约的。有些人推测他要到平津来，那想是不会的，不过，如果中国没有抵抗或意外的事件发生，或者要进展到热河，因为热河在日本眼中是势力范围，这是我的一点推测。

此次日本出兵显见是计划的，我们据以下的视察：①他是有出兵的必要；②同时国际情况和中国的情况又给他一个机会——就是环境的许可，所以他出兵东省。

———————————

① 署名陈启修，选自《三民半月刊》1931 年 10 月 16 日第 7 卷第 3、4 期合刊（抗日救国专号）"抗日救国言论选辑"，第 161~168 页。又题《日本在东省暴行的意义和对付方法》，刊于《新社会》1931 年第 1 卷第 9 号，第 233~237 页。相关争鸣，参见靳衡：《驳陈启修的对日方略》，《青年与社会》1931 年第 3 期，第 8~13 页。——编者

　　资本主义没落期间因生产过剩引起的周期越缩越短的经济恐慌，差不多蔓延到全世界，非但英美各国，就是工商后进的小国也都波及，日本当然也在这个恐慌中。近来日本经济恐慌到极点：政府财政入不敷出；对外贸易日渐减少；失业良民据官方说是 60 万，但据民间杂志调查是有 300 万；工业不景气，减缩到四成；铁工业只到 3/10；农业生产虽照旧，但农产品价值及农民收入减少 1/3；日本一般民众生活本来就很简朴，经济情形向来不比欧美，而国家军费很多，人民担负就很重，在欧人民于经济慌恐时，可减低其生活程度，而日本人民则无可减低，所以在这恐慌中，一般下层民众苦不堪忍。这种经济恐慌，国家是不能不找一条生路。经济恐慌有三条解法：①任其自由竞争，大并小，强吞弱，牺牲了小企业，这叫恐慌的放血作用；②扩充国内市场，如 1920 年美国经济恐慌，美政府提倡翻盖房子，使用汽车，而渡过了这个难关；③向国外发展，以邻国或弱小后进国为壑。第一种放血办法在资本主义自由竞争的时期是可能的，而日本已经达到金融资本独占的时期，放血办法是不可能，就是有些可能性，也是暂时的稳定，使恐慌变成慢性的。第二种扩充国内市场，日本是做不到的，因为最大多数的日本农民已经没有购买力了。第三种向国外发展，这是日本解决恐慌唯一的办法，如恐慌只限于一国，向外发展是很容易，现在正在世界经济恐慌的时期，各国都在向外发展，差不多的市场是不容易容日本插足，只有满蒙是列强承认他有特殊权利，所以他只得向满蒙发展。近来中国的资本在满洲已经抬起头来，譬如东省铁路政策就给日本一种威吓，在近来南满铁路收入的不景气就可以知道。所以日本不能不以武力来作他经济发展的帮助。

日本如在占满蒙之后，迫中国把历来中日悬案依日本意思解决，于是日本有下面的利益：①确定土地商租权，好解决他的人口过剩，容插本部和朝鲜的失业人民；②完成吉会路使满蒙和朝鲜连接；③以东省豆饼贱价供给农民作肥料，减少农民生产费；④把东省在事实上弄成日本金融资本专有的原料地和销场。总之占领满蒙之后，用种种方法准可解救他的经济恐慌，同时并巩固他的政治上并军事上的地位。他不恤牺牲中国利益。所以他们的一般的政论家都说满蒙发展是日本全国民的必要的要求。

中国外交当局竟说此事件是日本军阀作的而不是国家的意思，真正太无见识。向来日本外交常用推委政策移转环境，如北伐时，出兵山东，引起中国全部的反日。民政党出来说是这是政友会的过失，他上台来转弯，缓冲，中国当局也就相信他对中国的政策只是他们一种政争的策略。这一次出兵，中国有的又说是这是军阀或政友会想倒阁。其实一国外交政策是一贯的，换个政党，还是换汤不换药，日本对中国的外交政策非民政党、政友会如此，就是劳农党上台也是一样。日本又说，日本对满蒙外交有四巨头——南满铁路公司、奉天总领事、旅大关东长官、朝鲜总督，这种骗小孩的话居然能使我们外交当局相信，这次又替日本说话，说这次出兵是日本军阀武断的行动（固然也有说这次暴行是民政党用来维持内阁的，那也是错误）。这正是日本要宣传的，岂非是可恶的错误。

世界政治是相互有关联的，所以在观察了日本的政治经济之后，必定还要看一看世界列强的经济政治状况及他们和日本的关系。日本因他经济的恐慌，有强占满蒙的必要，同时世界的经济恐慌，国际政治上的势力均衡，正在变换，正是英德投降法国的时候，各国自顾不暇，正给日本一个侵略的机会。第一，英国正在财政和金融破产的时期，只能保守着旧状，无能力对外竞争，如最近因减俸海兵罢工，这是从未有的。次法国现时想在欧洲称霸，在霸权未定以前，无余力也不想在远东发展，意大利也只是想在中国趁火打劫得些土地容纳他的过剩人口，至于帮助中国打仗，那是无能为力，也是他不愿意的。苏联正在完成他的五年计划，在五年计划未完成时，对外能力还不充分，现在才三年，非万不得已决不会卷入漩涡，并且现时中俄正在绝交。美国，这是中国一般所盼望出来的，但美国从来讲求实利主义，这次出来干涉与他的实利如何呢？在美国眼中他的资本发展地带，第一是欧洲，第二是中南美洲，第三是亚洲。美国单在德国的长期投资就有 100 亿金元，在中国至多只有十几亿，美国当然先顾那 100 亿金元，决不牺牲很大的眼前利益来干涉日本，保护这点利益。设若美国在不知日俄的真关系时和日本决裂，美国也不一定有胜算，因为美国只能以优势的海军封锁日本，断绝日本粮食和煤油供给，如果怕日俄有协定，俄国以军需供给日本，长期作战，美国也不能支持。况且中国是各国逐鹿场，美国也犯不着不先顾投资已多的欧洲和能独占的美洲，冒险向亚洲发展。至于国际联盟，更不可靠，只是能说空话，而无力执行。如此次事件，国联电文要两方退兵，本来中国就没抵抗，怎能说到退兵，岂不滑头之极。日本如把国联置之要理不理，国联也是没有办法。所以，从全体说来，目前正和大战时日本占山东的环境一样，故日本觉此时正是实行他唯一方略的机会。

如果中国方面有力量，也许日本还有顾忌，但是，在日本眼中的中国是无能力抵抗日本的。中国一般人民漠视政治，一般青年虽有热血，但无实力，且一问政治就有危险，南京及广东政府皆依赖外人，且时有冲突可能。外交则是乞怜政策，如万宝山事件、朝鲜暴动、墨西哥排华，外交当局无能为力，只是向对方抗议，向第三者乞怜希望和平解决，态度不敢稍行强硬。加以各省水灾兵祸，人民困苦，在表面上也似乎没有抵抗日本的勇气，日本看中国比中国人看中国还清楚，看透中国一般没有团结能力，北伐后民众对民众运动已经失掉信仰，决不会再有北伐时一样的民气。知道中国的打倒帝国主义，已变无抵抗主义，知道国民外交早已变成乞怜的"王道外交"。所以日本不怕中国。

据上面暴行的来历，推测将来，可以有四个可能性（自然，可能性只是可能性，不一定就会实现。要知可能性能否实现，应该从各方面的力量和斗志加为考察）：

1. 日本既趁世界列强自顾不暇的时候，决然侵占满蒙，也许他会趁机解决历来满蒙悬案，如延长吉敦路，抓住满蒙的命脉，解决商租权，替日本人民找出路，一面驱走爱国的张副司令，一面扶植中国的卖国奴，使东三省权力变更。如中国无实力抵抗，外交方面只是乞怜，至于国际方面，只有打官话的抗议无实力的帮助，俄国因无利害的冲突，不肯和日本冲突，美国恐怕日俄联成一线，不敢对满蒙问题说硬话，那么，这个可能性就会具有很大的实现性。

2. 在这世界经济恐慌的时期，牺牲弱者解救自身命根的问题，由日本开端之后，也许列强都来用强力解决各省种种悬案，弄成变相的瓜分，瓜分中国早成了列强的口头禅。为什么从前不会实现呢？在庚子时正是帝国主义向上进展的时期，用不着为增加土地增加利益的缘故，而引起相互间的冲突。但是现在正是资本主义没落

131

期，经济恐慌到极点不能转潜之时，在他们是死中求活之时，所以瓜分中国，牺牲弱者，以救目前的恐慌，也许是他们的意中的计较。这点要注意。这个可能性，在中国方面只用乞怜政策，没有团结自救的实际行动，而日本方面又能以日俄的联合战线吓倒美国，法、意、英、美又都在不能令日本独享利益之心的时候，也有实现性。

3. 日本不睬我国抗议，长久驻兵东省，我国各省民众愤恨，难免有对日人的意外事件发生，那时日本不能不借口保侨，派兵占据中国东三省以外的各要港、要镇，因此，和中国军队及各国列强利害冲突，也许竟一石千波，造成世界大战导火线，这也是可能的。这个可能性在中国政府及人民能够有欧战时的比利时的决心和勇气，而日本又能联俄以制美，美国也能联法以制日俄的时候，也有实现性。

4. 假若我国善用外交——如采取欧战后德国之"左右开弓外交"——国民团结奋斗，用有节制的武力、实力抵抗日本，一面极力促起世界各国的觉悟，这样对资本主义列强说，"我国和日本的战争，依中国一般经济状况看来，中国是没有十分胜算的，在战败后经济更深的恐慌当中，或要走向共产的道路，对世界实大不利"。也许各国为自己的利益，出来实力帮助中国和日本妥协，使日本有形式上退出东三省，一切恢复9月18日以前的状况，而实际上却双方让步，中国承认日本的特殊的经济利权，日本承认中国在东三省的政治主权，这在中国内政及外交两方都能有迅速的政策转变时，也有可能性。

二、对付分法

由上面可能性和实现性的推测，我们可以决定我们对付的方略：

（一）对外方略

第一，外交必须改乞怜的外交为独立的外交。在这种情况下，若再用乞怜外交，不异于自找死路，应该毅然对日断绝国交（经济当然绝交），撤回公使，集中军队，准备作战，并实行抵抗日兵。这是自卫手段，对非战公约可以不负什么责任。第二，同时要对外宣传日本之暴行，我国为人格起见，仅有牺牲一切，对日自卫抵抗，结果如引起世界大战，那不是中国的责任，希望各国政府和人民彻底觉悟，此事件的重大及引起将来的不幸。第三，同时还须通知国联，宣布中国已力守非战公约，但现已为日所逼采取自卫手段。不消说，对外三方略是整个的方略，不能离开的；不但不能单独存在，并且还得和对内方略发生有机的关联。要使对外方略有效，必须实行对内三方略；同时对外方略也可以促进对内三方略的成功。

（二）对内方略

第一，罢免亲日的外交官王正廷。王正廷和日本在经济方面关系之深谁都知道，这次王氏极力宣传出兵东省是政友会倒阁之举，也可以看出来。王氏外交一意敷衍，自称是"王道外交"。现在国际情况外交能够王道？真是欺人！（中国的事特别之极，"对外王道"，对内反霸道之极！）这当然应该罢免，以明责任，而泄民愤。第二，同时转内战为外战，团结国民之势力，组织举国一致的政府，方法是立即集中全国海陆空军一致对日，并赦免一切军阀；最高军事首领应立刻赴关外最前线作战以示不争地位；同时将中央政府改组，网罗一切人才，以爱国大义，责其负责，以示举国一致之实。第三，同时与全国人民更始，改对内霸道为对内王道，约法三章：①国民可以自由组织政党；②卖国者死；③批评政治者无罪。不消说，对内三方略也是互为有机的关联的整个方略，不能各自离开，离开就会失掉作用的。关于对外方略和对内方略的相互关联，及两种方略本身的内部关联，还应该有详细的说明，现在因为时间不够，只好从略了。

如果能够照上述的方略整个的做法，也许不但能够把这次日本暴行事件的损失抑止在最小限度，并且还可以趁此机会，刷新百政，移易人心，使十年、二十年之后由中国自己的力量收回被日人攫去的权利，把那种快心事之因种于此日哩！

败北主义之谬误[1]

我对日本占领吉林、辽宁，因了教书等种种的关系，未得作精密的研究。而对日的种种问题，一一说来，也是非常困难。就这次日本暴行说，亦应分六个部分来讨论。一，日本此次暴行的可能性。二，日本此次暴行在国际上的意义。三，日本此次暴行在中国内政上的意义。四，日本此次暴行对中国经济上的意义。五，对日本暴行，我们应取的大方针。六，对日本暴行，我们应取的具体方略。本文所说的是对付日本暴行我们应取的大方针。要知道，现在我们对付日本暴行，是抱一种败北主义。但我以冷静的头脑、批评的态度来说，取败北主义是谬误了。

（一）什么是败北主义呢？败北主义，是种种斗争态度的主义，是政治学上的一个名词。它的内容：第一，常把敌人的力量看得非常大，自己的力量看得非常小。第二，常取守势，敌若不攻或临到机会，便与敌人妥协；敌若攻时，则行退却。第三，总希敌人内哄不一致，或敌人自己破制。敌人若不内哄破裂时，则希望第三者来

---

① 本文以《论败北主义》为题首刊于《中央日报》1931年10月21日第三张第二版。又题《败北主义之谬误》，收入社会与教育社编：《我们的敌人——日本》，上海：新生命书局，1931年11月，第90～97页。开篇第一二句略有不同，后者相对详实，故以之为本次所选底本。1931年10月9日作于北平大学法学院。——编者

干涉，打不平。第四，希望敌人受意外的损失，盼天公打雷下雹子，把敌人打死。譬如对日本吧，则希望日本地震，把日本来灭亡；或自己出一员猛将把日本人杀尽。第五，希望自己一点也不牺牲，不劳而获。要知道凡是斗争没有不牺牲不损失的，除非是不斗争。第六，无斗志，虽口头宣战，但不作战争的准备。第七，主观的胜利，自觉着不战则已，战则必胜；不幸而败，将来亦必胜；将来不胜，则精神上也是胜利！第八，本无斗志，到了万不得已，为维持面子起见而战，结果是失败。这是"败北主义"的内容。我并非要用败北主义这个名词来故意讥笑我们中国人，这名词不是我自己妄造的，乃是教科书上常念到的名词；不信，请大家查查《社会科学大词典》，便知吾言之不谬。

（二）在最近抗日救国运动中的败北主义。大家看看全国的报纸，我们的抗日救国运动中，败北主义的哪一点都有。譬如登着日本占领沈阳、吉林了，占领牛庄、通辽了，不然就是日本军舰来到天津、青岛、上海了，汉口日兵登岸了等一类的话。日本兵的威风是我们中国人给他宣传鼓吹的。在我们之意，或在唤起国际注意，国民猛醒。但实际上，人人脑海中，都印上怕日本兵的印象。再按北平说，我在王府井大街，看见墙上贴着大字的标语是"中国的领土被日本占领了！！"大家想想，这不是败北主义者悲哀的呼声吗？将敌人力量看得太大的呼声吗？

中国政府，当这事件初发生时，是希望国联来干涉，又希望美国来帮助，故成天总是国联怎样啦，美国怎样啦。要知道，自己没力量，绝难得到人家的帮助。国际联盟根本没力量，这是稍有常识的人都知道的。譬如今次国联通知日本 10 月 14 日前撤兵，日本虽佯应之，实际上不但不撤，反而增加。美国现在的地位，亦无积极助中抗日的必要。世界上本无公理，亦无法律，如有的话，日本怎会用暴力强占我的领土呢。希望第三者打不平，来干涉，这不是败北主义吗？

再看宣传，我们宣传日本此次暴行，是政党的争夺内阁的问题，是日本军阀的单独行动。这消息是日本人在美国传出来，以减轻国际上的视线的，而我们中国人便信以为真，外交当局亦拿来掩饰自己愚昧、观察不明的罪过。昨天报上登着，日本枢密院质问内阁说："外人说我们表现得太乱，是内阁与军人不一致，真的吗？"内阁答："不是的，我们很一致。"人家明是一致，我们偏说不一致，这不是希望敌人内哄不一致的败北主义吗？

再说经济绝交。仅是经济绝交，也是败北主义的表现，为何不政治绝交呢？若政治不绝交，岂能收经济绝交的效果？要知道，经济绝交所受的损失，政治上的胜利是可以补偿的。我们全国经济绝交日本所受的损失，在政治上日本现在东三省是可以补偿的。我们仅只经济绝交而不政治绝交，乃是信奉得印度的甘地的不合作主义，这不是败北主义吗？

还有，近来全国抗日运动口口声声说宣战，宁为玉碎不为瓦全，而不顾战争的意义，不作战争的准备。还有最大的错误，即政府不知利用爱国运动。爱国运动应人民监督政府，政府因民众之怒不可遏，才有大的力量办外交。现在呢，是人民随着政府走，政府不知利用爱国运动，又不作战争的准备，单是口头上说战争，这不是败北主义吗？

反对直接交涉。凡世界上独立的国家，除了保护国，哪有不直接办外交而仰赖第三者来干涉的国家？我们希望国际，希望美国，这不是败北主义吗？最后，还有的人说，中国幸亏无抵抗，不然，内地也布满日兵了。要知日本没理由进兵内地，与各帝国主义者利益冲突。日本在东省的特别权利，日本本身力量及国际局面使然，绝不是因我们糊涂的中国人的无抵抗的缘故。

（三）败北主义的结果，是敌力日大，己力日小，将民意消沉下去，战争无准备，一战则崩溃瓦解，国亡家败。若求对内团结，必得对外强硬，这是人人都知道的常识。俾斯麦想团结德意志人，才对法宣战。故政治学上说，对外强硬则内部团结，对外软弱则内部分裂。因此知道采败北主义，不仅因战而败，亦因内部分裂而败。这是世界上一般情形。但许多事，在外国是那样，来到中国便变了质，败北主义能否来到中国也变了呢？我们看看我们对战争无准备，不战则已，战则必败。再，现广东、南京及北方军人皆一致对外，若政府不采强硬政策，久之各方必然分裂，故败北主义来到中国，仍然是败北主义，并未丝毫变好些。

（四）怎样改革败北主义？第一，全国上下，应认清败北主义即是亡国主义；第二，不但认清败北主义，且进一步起来干非败北主义，将现在谬误的宣传等重新改造一番；第三，要时时刻刻看看自己的抗日救国运动是否走向败北主义的路。

（五）进取主义的意义与特色，非败北主义是什么呢？是进取主义。进取主义是什么呢？第一，要知一切防御都与进攻有关。仅只防御，绝不成功，应取攻势的防御。第二，对外要想内部一致，必得对外强硬。第三，要想自己不自救，绝无人救；即必先自救，然后人救。第四，全体民众应监督政府、指导政府，不得绝对地尾随政府。第五，要知一切取得必有牺牲与损失，天地间不劳而获的事是很少的。对日应具牺牲的决心。第六，要知非政治斗争胜利，绝得不到经济上的胜利，工人想得经济上的利益，必有政治斗争的罢工，因政治支配一切，故对日不仅经济绝交，还要政治绝交。近八年来，东三省中国资本的确有大的努力，像铁路的建筑，葫芦岛的开港，经济斗争上总算有相当的胜利，但是政治斗争失败了，才演成目前全部经济利益被日本抢掠而去的局面。第七，要知道现在得不到胜利，将来极难得到胜利。普通我们说几十年后胜利啦，那是妄人的幻想。现在失了东三省，中国内部再起分裂，将来怎能收回？第八，勿以日本得了东三省，在国际上失了信用，道德上失败了。我们虽失了东三省，但是道德上、精神上胜利了，这便是败北主义，不是进取主义，哪有物质上失败，而精神上反到胜利的道理？没有物质，便没精神，物质失败，即精神失败！这是进取主义的意义与特色，贡献给大家，望作一抗日救国运动的参考！

第二个"五四"

——陈启修先生在本校三十三周年纪念会中之讲演辞①

今天时间已经很晚，准备一点东西恐怕不能充分地说了。刚才两位先生②说的范围很大，我所要说的只是关系本校纪念的小题目，但我觉得意义是非常之重大。

从我个人应自去年今日说起：去年今日是本校的三十二周年纪念日，那时候国家的情形与今日也不同。去年的同学在纪念会场上是热热闹闹，大家都说要负起建设中国的使命，使中国日趋进步。但当时有人说北大的时代已经过去了，过去的时代是不能复活了。我却以为不然，我认为自"五四"时代以至今日，北大所负有"五四"的使命并未终结。有的人说，现在负有建设中国使命的是南京的中央大学，或广州的中山大学，或南京的中央政治学校。我以为不然，我以为北大的使命是没有终了，这句话是有证据的，就是这次北大同学的南下示威。诸位把目前全国的沉闷空气冲破，而给与国内政局一个转变的影响，所以有人说北大的五四精神又复活了。不管这次是一种怎样的转变，但我们仍当继续努力。我以为这一次是一个 1931 年的"五四"，以后更当有第三、第四个"五四"重

---

① 选自《北京大学非常学生会专刊》1931 年 12 月 20 日第 1 号，第 4~5 页。本文为陈豹隐 1931 年 12 月 17 日在北京大学 33 周年纪念会上讲演辞。——编者

② 指葛利普（Amadeus William Grabau）、李四光。——编者

来，但这和十数年前的"五四"意义是不同了，因为历史是不断地进行，历史的事件绝不会重演，"五四"精神不是循环地而是螺旋地到来。过去的"五四"只对一个日本，而现在中国的环境却与当年不同。现在我们可以看见目前日本和列强之冲突已似从前那样激烈，目前的列强是如何隐蔽中国、压制中国！五四时代的中国无论如何，表面上还有一个美国援助，但现在美国始终没有过问，所以说在现状下，只以当日的"五四"精神是不够的。从前中国政府是很封建的，而青年的领导民众运动却是一致。但现在的青年则分化成许多派别。所以把中国现在内外的情况看来比起"五四"时代更是危险万分。前天报纸说：康藏纠纷的交涉是十分不好，而法国帝国主义者又进兵滇边！现在是国际帝国主义瓜分中国的时代，国内人民因为连年内争与灾患更加苦痛，青年又行分化，可见目前的民族运命较之从前是如何的危险！当年"五四"的指导精神是"读书不忘救国，救国不忘读书"，今日犹有人以之为青年运动的原理。我以为这种说法在当时或许是对的，但应用于现在却是根本的错误。所以"五四"精神至今日未能发扬，便是这种错误的指导精神所致。

"五四"之后，中国的社会是天天坏的。因此我以为"读书不忘救国，救国不忘读书"这一句话有三种毛病：第一，仿佛读书是本分，而救国是一时的事，这结果便会要发生五分钟热度的毛病，看到北大在"五四"之后是如何地沉闷便是一证。第二个毛病是想做了如爱迪生那样的科学家然后才会救国，好像目前救国的责任是别人作的，自己是一个未完品。方才李先生说过：国家应该是大家救的，并不是某几个人或是必须成了大学问家才可以做。第三个毛病是把救国一事认为对人的问题，如"五四"运动时之打曹、章、陆便是一例。我认为救国应当从制度上救，如只从对人下手，则驱逐一个官僚，又来一个军阀，因此循环不息，弊制仍不能改。以上三种，错误便是第一次"五四"精神未能彻底的原因。刚才我说过，目前的中国，比从前是更加危险，我们要想发展"五四"精神，必须把以上那两句话加以修改，即"读书只为救国，救国要能读书"。真真要想负担救中国的任务的时候，必须以救国为前提，单单读书是不对的，如果想作了爱迪生才来救国，则那时怕早已无国可救了。并且环境是否能容许我们读书呢？所以我们：①必需开阔我们能读书的环境；②把自学未成焉能救国的观念改正；③必需自己起来从制度上改革。

最后，具体地说，北大同学要想造成第二个"五四"运动，应当至少有以下三个条件：

（1）要争取"救国自由权"——这种话在外国听来是很要诧异的，在中国却并不奇怪。如果连请愿、示威的权利都没有，我们还能怎样救国！我们要经常地参加政治生活，要批评政治，要建立真正代表民众利益的全国的救国组织，这样才能保障救国权。

（2）要争取"读书自由权"——我们在"五四"运动之后，是否有读书自由权？没有！我们向无自由发表言论著作及研究的自由，我们必须争取这样的自由，读书才有真正的意义，才能够救国。

（3）争取"大学自治权"——我们学生应当有自己的组织，绝对不能让外面的党部军阀官僚来摧残与压迫，同时我们要争取教育经费之独立，这样才可以保障我们的读书自由。

如果这样从制度上入手，获得了这三种权利，才能够使救国者有真正的保障。

《新经济思想史》序①

　　经济学理论、经济思想史、经济史三者从它们的根本关系说来，原是不可分的，因为：第一，经济学理论如果离开了经济思想史，就会弄得不明白那种理论在人类思想进程上的地位所在而使它成为孤立的智识，如果离开了经济史，就会弄得不明白那种理论所据以发生的实际环境而使它成为空漠的思索；第二，经济思想史如果离开某种经济学理论，就会失掉了批判的标准而变成单纯的材料堆砌，如果离开了经济史，就会变成一部不知从何而来的空想史；第三，经济史如果离开了某种经济学理论，就会变得无从叙述史实，如果离开了经济思想史，就会弄得不明白种种经济史实的动机而使它成为一部完全没有人类意识的要因的天然史。《资本论》的著者所以把通常所谓经济学理论、经济思想史、经济史三者溶于一炉而造成那部批判经济学的空前的大著，想来也是因为认识了三者间的不可离的根本的关系的缘故。

　　但是，在实际上，对于初步的学习和研究，却又不能不把经济学理论、经济思想史、经济史三者分开，因为不采由简入繁、由部

　　① 　原题《陈豹隐先生序》，题目为编者所改，选自（苏）鲁平（Rubin）著，陶达译：《新经济思想史》，北平：好望书店，1932 年 6 月，第 1～3 页。1932 年 1 月 18 日作于北平。——编者

分到全体的分析的办法，就无从入门。

因为理论上和实际上有这种根本的矛盾，所以关于经济学理论、经济思想史、经济史三者的入门书，很难看见理想的真能又便于初学者，又顾到三者间的根本关系的著作。关于三者的普通入门书，大抵都失掉了后一层意义。据我想，要免除上述的根本的矛盾而著作理想的关于三者的初步书，著作者应该特别顾虑几个必要条件，并应该满足这几个条件。

几个什么必要条件呢？

单拿经济思想史说罢。我认为关于经济思想史的初步著作，应顾虑到下面三个条件：第一，切实地说明各种经济思想所由产生的实际经济环境，即各种经济思想的经济基础；第二，明白地指出各种经济思想的前后关联；第三，严格地站在某种经济学说的基础上，去批判各种经济思想。如果不顾虑上述三个必要条件，或虽顾虑到但不能充分满足它们，那么，第一，在缺乏第一条件时，就会有悬空说理、捉摸不定之弊；第二，在缺乏第二条件时，就会有獭祭成书、兴味索然之弊；第三，在缺乏第三条件时，就会有只能"知道"种种经济思想，而不能"认识"种种经济思想之弊。

但是，现在试看一看在今日的事实上最通行着的，关于经济思想史的初步书，我们即刻可以发现它们都不能满足上述三个必要条件。如像 Haney 的 *History of Economic Thought*，就显然以堆砌见长，大大的缺乏第三个条件；Gide-Rist 的 *Histoire des Doctrines Econoniques* 虽较有批判的见地，而第一条件又太不充分；Spann 的 *Die Haupttheorien der Volkswirtschaftslehre* 在表面上似乎很得要领，实则三个条件都不充分。上述三部最被世界经济教育界认为良书而使用着的书尚且是这样，其他较不著名的初步书，当然更不消说。这种情形，从经济学教育的利益看来，是很可惋惜的。

这种可以惋惜的情形，在近几年的苏俄，却已不存在了，因为鲁平的《经济思想史》，即目前我正替它的中译本做序的这本书，已经满足了上述三个必要条件。鲁平是什么样的人，他在经济学界的一般的业绩如何，他现今在经济学界处于什么地位——这些问题，已由陶达先生在本书的译者小引里面答复，用不着我来赘说；我现在要负责申说的，只是这一层：他这本书是现在世界上唯一的理想的能够满足经济背景的说明、各种经济思想的前后关联的指示、各种经济思想的彻底认识三个条件的关于经济思想史的入门书。

因为这是这样一本书，所以也就是一本值得译、值得印、值得读的书。在这个意义上，我觉得，凡从事于经济学教育的人们，都应该一方面谢谢译笔畅达的陶达先生的努力，一方面称扬好望书店的美意，同时还希望有志于经济学的人们的快读。

最后，还有一句话应该说明：鲁平的这本书，断于古典派的崩溃而不及于所谓历史派、心理派、折中派等，和一般的经济学史比较起来，好像是一本尚未写完的书，实则那只因为鲁平是一个马克思主义经济学者，所以他只照着一般马克思主义经济学者的所信，认定经济学——自然是指关于资本主义社会的经济学——的建设者是古典派，经济学的完成者是马克思主义派，而把历史派以下的各种资本主义经济学派都认为俗流派，不承认他们为真正的能够独树一帜的经济思想家的缘故。

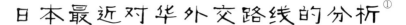

日本最近对华外交路线的分析[①]

我们要想明了日本外交的路线，怕是很不容易的事。因为一个国家的外交路线，常是守秘密的，尤其是日本的对华的更不易于捉摸。但我们如从日本对华外交过去和现在所表现的事实推测，亦可略得一二点供我们的讨论。

自从"九一八"东三省事变以来，已竟有半年的光阴飞过，在这期间中的事实虽不谓多，我们如从下列的两方面推想很可以得到日本对华外交路线的一二要点：①日本这次对于东北事变，在国际上所应付的外交词调；②日本这次对华的军事行动。关于这个，我们可以分作两部分来讲。

A　各阶级对于中日冲突之有价值的解释。

这一段共分七个小节目，专说各阶级对于中日冲突的观察：

（1）日本政府和日本外交官始终不变政策的解释。这派认为中国方面侵害了日本应有的权利，日本政府为自卫起见，不能不侵占中国的城池。如借口中国在东三省的兵士毁坏了南满路皇姑屯段（实在是日本毁坏）而有九一八的事变；如日本在东三省所谓已于

①　陈豹隐在北大讲，仲明记略，选自《对抗》周刊 1932 年 4 月 3 日第 18、19 期合刊，第 5～9 页。——编者

条约上得着的铁路建筑权、移民的商租权，中国方面始终不履行，甚而借词妨碍，日本为要使中国履行条约和保护自己的利益起见，不得不侵略中国。又如天津的事变、上海的事变，日本方面均是借口保侨，为自卫的防御。总之，日本侵略中国，处处都是站在攻击的地位，而反借口为不得已，为自卫的防御。但是我们倘根据事实来说，日本的行动决非被动的，其自认为被动的完全是外交上的词调，是虚伪不实的，因此日本政府及外交官的见解，也可以说完全是假的。

（2）日本军阀专横的解释。在美国一些知名士人和一些资产阶级者，误认为日本这次的行动，是由于日本军阀支配政府和政党的结果。并且在中国本国的资产阶级和一般政客也充满这种观念。

我们对于这种见解，当然也认为是错误的。因为日本军阀在欧战前确实有操纵日政府的能力，及欧战后，金融资本发达的结果是，日内阁虽然仍是不能直接指挥军阀，而日本军阀确要听命日本金融资本家的支配，即内阁的组织也要受日金融资本家的支配，因此说日本这次行动是日军阀的单独行动是不正确的。并且以前田中的对华积极政策，到滨口而转为对华消极政策，全是由于日本金融资本家在后面作祟的表现。

（3）日本一般政客和资产阶级者的解释。这一派的人们认为日本侵略中国，不是为自卫的必要，也不是为条约的被侵害，乃是为日本整个民族生存问题。因日本本国生存上的条件已不充足：没有工业上所必需的煤、铁和燃料，食品原料也缺乏，土地狭小，人口又年年地增加，一切都不足供给日本全国的需要。而日本为要生存，不得不向世界上找另外的生存。他已往向南北美移民的目的已失败，而只有转过头来向西伯利亚和中国的满洲打主意了。可是西伯利亚之于日本是可望而不可及的，那么唯一无二的只有中国的满洲。且东三省之有今日的繁荣，又大多出于日人的力量。所以日本唯一的救荒策阶即在拿过来东三省。同时又将这种意见极力向美国宣传，以希望美国的谅解。

这种见解当然是一样的不对。日本的现状，要想求民族整个的生存、整个的利益，是不可能的。日本现在大多数的民众，仍然是在被压迫阶级中，侵略中国只是为资产阶级开发财源，不是为一般人民谋利益，所以用民族生存来解说是虚伪的。再从日本人口方面来说，也是虚伪的。因为日本自从明治维新以来，一天一天地向工业化方面走，而工业的基础，并不需要更多的土地；且工厂可以纳容过剩的人口，纵使人口繁多，于日本民族的生存也没有害处。再退一步来说，纵使日本将东三省拿到手里，日本民族生活亦未必能得到安适——日本现在的政府并不是为民众谋利益的政府。如日本认为东三省是他们的生存线，反不如说东三省是中国人民的生存线较为正确，以中国内部的人口过剩，向关外移殖年多一年，可以证明。

（4）日本一般经济学者的解释。这派认为中日在东三省的事实，全是日本工业资本与中国新兴工业资本发生的冲突。他们说日本工业资本为保护和发展己国的工业起见，非将中国的新兴资本消灭不可。如日军这次在东三省、上海破坏中国工业区域，即是这种意思的表现。

这种论断只有相当的理由，非绝对的，乃日本侵略中国相辅的行为。如果只为压迫中国的新兴工业资本，绝对可以不用武力，就能成功。即以东三省而论，所谓中国的资本，不是东三省人民的资本，乃政治当局一家一派的资本，是政治官僚嗅味透过的资本，用政治力维持的，这种投资的数目在局部固不为小，然而于国际上绝非日本资本的对手；上海资本，其形式还不是和东三省一样吗？所以这种见解的看法，只为公式的，不能解出中日冲突的真正原因①。固然近两年中国工业资本略有相当的发展，但是这种发展，系为世界经济的恐慌，银价跌落，以金本位国家的物品来到用银的中国价格当然突涨，于是素不见爱的中国货不能不起而代替，这样促成中国工业发展的现象，不啻受了关税保护的缘故，这当然不是中国工业的发展。

（5）社会民主主义派的解释。他们的意见，认为东三省的事件为日本帝国主义者征服殖民地的事件，因为帝国主义者的生存不能离开殖民地。且帝国主义者的工业发展到了相当的程度，一定需要增加殖民地的。日本近年来因为工业资本的发展，更需要殖民地的增加，所以现在征服东三省，一方面是必要，一方面是有国际环境所许可，故敢出此断然手段。

这种说法固然比以前几个见解较有理由，可是这种说法，只能说明日本侵略东三省的动机，而不能说明日本这一次在上海的事件。

（6）托罗斯基派的解释。这派的意见，谓中日的冲突是第二次世界大战的发端，世界第二次大战为事实上所不可免的，所以日本这次的目的不只是在东三省，乃是日本想要乘机来引起第二次世界

---

① "冲突""原因"四字底本字迹漫漶，均据文意补。——编者

大战。因各帝国主义者虽是在唱非战和军缩，其实他们谁都在暗地里积极备战，这种非战和军缩的目的，只是延长战争暴发的时间，因为各帝国主义者都想找到一个于自己最有利的时间从事战争。日本觉得在现代时期中引起世界大战，是于自己有利益的，其原因是：中国的中央军三次剿共之后，覆灭五师之众，损失枪支在六万余支，正在最弱的时期；同时东北军也为石军的叛变，多向关内移动，石变过后，则俱现疲乏的状态；故而东北军亦可谓正在最弱的时期中，又加上长江流域的大小灾，更成最有力的牵掣。在国际方面，俄国内部问题未完全解决，无心过问外事；美国也为经济恐慌，不能单独对日；英国既有金融的恐慌，又有印度的严重问题，当然不能进一步来干涉日本；这几个国家都是对于远东最关心的，利益最切身的，尚且如此，其他如法国更不必论了。日本想在此时抢得第二次世界大战的上风，所以不惜毅然出兵东三省来引起世界大战的开端。

然而此种见解只是局部的理由。帝国主义者的互相冲突固然在尖锐化，但是他在共同防俄的战线上却是一致的。所以世界大战能否由日本出兵东三省、上海引起，尚须看反对俄国的态度如何。

（7）第三国际派的解释。他们的意见，谓这次东三省的事件主要目的，为开始世界各帝国主义者共同反苏联的战争。他们固然承认帝国主义者互相之间因利害的不同发生矛盾，需要战争以来解决，可是他们认为各帝国主义者共同防止苏联的战线更为要紧。

诚然现在各帝国主义者共认反苏联非常重要，可是我们从已往历史上看来，各帝国主义者对待苏联，只能做防守的战线，不能做功击的行为，因此第三国际者认为这次东三省事件是各国帝国主义者联合攻击苏联是无完全的理由的。

以上七种见解，比较有理由的，是后三种，可是各有它的缺点，现在我们将这三种意见综合起来观察，就可探讨出来日本对华的外交路线。

B　从过去的中日冲突事实探讨日本的外交路线。

日本对华的外交路线，当然不能始终一贯的，要随着时代和环境的转变而改变的。日本自去年"九一八"事变发生以来，外交的路线前后就有不少的变动。

（1）日本陷锦州以前的外交路线。日本这次断然地侵略中国，然固由于世界各国的经济恐慌和中国实力的衰弱，实际上因去年日本六七月间经济上的恐慌比较过去几年前恐慌的实情更加明显，无可掩饰。我们从日本国内的物价指数看，在 1929 年时，一般物价的指数假定为 175，而去年一般物价的指数，则减少为 119；工业方面，一般工场的停顿，约有原来的 40％。工资方面，因为工业的收缩，工资当然要随之减低，减低的程度，达到原有的三成；工人方面，因为工厂的停顿，工人当然要被解雇，被解雇的数目大致为原有的二成；失业的人数，包含着工农业的失业者，约有 250 万人之多。再从农业方面说，日本的农民，最大的收入为米，米的价值原为 31 元一担，去年只值到 18 元一担；蚕丝的价值，平均比较减少以前的 54％，总计日本农民去年的总收入，蚕丝减少 35 000 万，米减少了 45 000 万，而农民对国家政府所应付的租税仍然如故。因此引起农民对于工业品购买力的减低，遂发生农业工业同时的恐慌。其他尚有金融上的恐慌、财政上的恐慌。日本政府曾用许多的方法，以谋救济，结果终归无效，于是只有唯一的方法，即向海外发展，求谋增加殖民地，以缓和国内恐慌的危机，日本外交政策因而改变。从前利用东北政府的势力，作为自己傀儡，谋在中国国内政法上占有相当势力，现在改变方针，又因国际环境所许可，断然采取最后的手段，将东北三省作为日本的殖民地。

（2）已陷锦州后的外交路线。日本在未得东三省以前，外交政策在如何谋得东北。但自今年正月，日本将锦州攻破后，认为东北问题已告一段落，于是外交的路线又发生了转变。日本已在东方取得了反苏联的地位，可以为各帝国主义者防守东方的门户；同时代表各帝国主义者压迫中国的反帝运动，日本现在已握得东洋确实的霸权，并有进一步的去握到世界上的霸权的可能。因为日本自从占据了东三省土地以后，日本在国土上，假设以前本国土地为一，现东三省土地为 2.5，共有土地为 3.5 了；就日本已耕地说，设日本本国以前已耕地为 1，东省已耕地为 2，现在共成为 3 了；就未耕地说，设从前日本国未耕地为 1，东省为 5，现成为 6 了；再就人口的容纳量，日本本国为每平方里为 169 人，东省为 28 人，这种结果，在东三省尚能容纳人口 9 500 万人。其他如东省的煤，已调查的估计可供日本百年的用；铁已调查估计，可供日本二百年的用；森林数量，设以前日本本国为 1，东三省有 2，现共有 3 了。总而言之，日本自从得到东三省以后，在经济上大概的平均数，已由原来的一变为现在的三了。

日本原有一的时候，尚能称霸东亚，现在有了三的势力，将要如何呢？在世界政治舞台上取得高的地位。在战争上日本以前是处于不利的地位，现在有了东北的富源，对于世界作战上有了靠山，可以做持久的战争。反苏联的战线，以前在中国人的手里，时有被其他帝国主义者利用的可能，如前年中俄的战争是因美国的利用中国而起的，现在则在日本人的手里，对苏联的战争，自己为主动，一切有了把握。中国方面，自从革命军北伐以来，革命的事业虽然失败，可是全国民反帝运动的空气确依然浓厚，因东北事变的反映，全国排日的运动激烈，使日本人民的痛苦更加甚了，日本为要解决这种难关，唯有发扬国威于海外，移转全国的视线，减少内部的危机，上海的事件在这种情况之下发生了。但是同时向国际上宣转，说中国反帝可怕，又自愿作反苏联的先锋，所以这种外交的路线遂为各国所赞同了。

现阶段的把握[①]

导　言

自日本进兵淞沪以来，中国政治经济局势，变得异常严重，其程度之深不但甚于 1915 年（二十一条项时）及 1900 年（庚子年），并且还甚于 1850 年至 1870 年（太平天国革命时代），真可以算得是一个重大的转变时期。但是，中国一般领导者特别是青年领导者对于这个严重非常的局势却没有彻底的认识，往往不是认识不足就是认识错误，如像现政府希望国联帮忙，名流们希望美国说话，国民党希望犬养毅顾念旧时交谊，大学青年希望军界有力者出兵收回失地，鼎鼎大名的舆论界重镇希望苏俄抗日，希望中国共产党跟着中国国民党抗日，大学教授们希望国难会议出救国的大计，等等，哪一种希望不是表示他们不但不能认识日本，不但不能认识世界帝

---

① 陈豹隐讲，选自《新创造》1932 年第 1 卷第 2 期，1～19 页（徐万钧记）；《新创造》1932 年第 1 卷第 5 期，1～6 页（挹泉记）；《新创造》1932 年第 1 卷第 6 期，第 1～10 页（挹泉记）。文后注明"待续"，未见续作。——编者

国主义列强，不但不能认识世界革命，并且还不能认识中国自己，不能认识中国的政府、资本家、军人、名流等呢？认识既然这样错误或不足，那就无怪乎凭幻想而为喜怒，弄得举国上下陷于滑稽可怜的状态，如像捧一个最初即和日人狼狈为奸的马占山为民族英雄①，认一夜反攻即收回江湾、吴淞的谣传为真正捷报而举国狂喜等等了。不消说，这种幻想在狂喜之后，当然是幻灭、消沉、消极、苦闷；不消说，这种悲观现象，正可以给那些愿意屈服于日本的人们一个很好的妥协机会；不消说，这种认识不足和认识错误，是更可以增加中国内外政治的全局形势的严重程度的。因此，所以我觉得我们研究国际政治的人们，应该趁这时候，重做一番对现阶段的认识工夫，应该把中日冲突的现阶段、世界恐慌的现阶段、世界革命的现阶段、中国政治运动的现阶段、中国小资产阶级到哪里去五个问题，认真地把握着，用联结的观点有机地把握着。

一、中日冲突的现阶段

1. 关于中日冲突现阶段种种不同的认识

用批判的方法来认识问题，比较容易把握到问题的核心，探讨

---

① 1932 年，马占山刚开始降日，后生反正之心。他是著名的抗日爱国将领。此处为当时的时代背景。——编者

到问题的真髓。所以，我们在说明中日冲突现阶段这个问题的开端，应该先把关于本问题的种种不同的认识拿来批判一番。

（A）日政府对于中日冲突问题的认识

日政府既然是中日冲突的当事者，所以他所声述的一切大概都是一些外交词令，是不合事实的。不过，在我们的研究关系上，却不能不把他当做一种认识。日政府口口声声宣称"九一八"事件发生以来日本的诸般措施都只是为拥护日本利权而发动的自卫战。"九一八"事件发生的时候，日本方面解释出兵满洲的理由，轻微些说，是因为华方折断南满铁路，严重些说，是因为中国蔑视日本条约上的既得权利。上海事件发生，日政府声称日军是为保护日侨生命财产而出动的。这种种说法，当然都是荒谬的，我们现在用不着详细地加以辩驳。

（B）日本资产阶级对于中日冲突问题的认识

日本资产阶级学者和实业家认为此次中日间的冲突是日本人为力求生存而起的斗争。这种论调，日政府不大倡说。日本资产阶级力言日本土地狭小和世界各国关税壁垒的增高逼使日本不得不把东三省拿到自己手里，拿它当销场、原料场、投资场，去发展日本的资本主义，并且还说日本从前曾经费了很大牺牲才把东三省从俄国手里夺来交回中国，日本当然具有重新索回的权利。

把东三省看作日本的生命线，从日本资产阶级方面来说，是当然的，从日本全体国民方面来说，是错误的。日本全体国民没有东三省，绝对不会亡掉，有了东三省，也绝对不会取得较多的利益。不但不能得利益，并且在日本资本主义向外发展的时候，日本国民的多数的命运当然是要更加悲惨的。至于上海更不是日本的生命线，尤其是十分明显。日本资产阶级拿"自卫战""生命线"等名词来辩护日本的行动当然是毫无理由。

（C）中国政府对于中日冲突问题的认识

中国政府始终以为"九一八"事件和"一二八"事件都是由于日军阀的野心所造成。这种说法，主要是从美国输送过来（日人本山彦一等特别在美国制造这种空气来蒙蔽事实）。

凡是对于日本现代政治具有正确理解的人们，没有不知道日本军阀最近是在日本金融资产阶级之下生活着的。日本宪法上虽然规定某些军事行为可以不经内阁同意而由军人自由处置，事实上，所谓"自由处置"都是金融资产阶级示意的结果。日本军阀绝对不能单独地操纵政府，把持政府。

接受这种说法的中国政府时时刻刻只想依赖美国政府，请求世界民治主义的舆论制裁日本军阀。这种事实正是中国政府对于中日冲突问题的错误认识的具体表现。

（D）世界一般的资产阶级学者对于中日冲突问题的认识

一般的资产阶级学者把中日冲突看作中日两方资产阶级的斗争。中国资产阶级的逐渐长大促使它和日本资产阶级的冲突愈加激化。这种说法和事实对照着看，很有几分可以相信的地方。但是，单单凭它来解释整个的中日冲突是不充分的。中日冲突如果只是中日双方资产阶级的利益冲突，日本资产阶级单是运用资本的力量就可以压倒中国资产阶级，是用不着什么武力的。"九一八"事件的所以发生，主要的是因为日本资产阶级除非夺得满洲作为殖民地外不能自救，并不是单单因为中日资产阶级在满的利害冲突。

（E）世界一般的社会民主主义者对于中日冲突问题的认识

社会民主主义者以为帝国主义离开殖民地便不能发展。中日冲突是因为日帝国主义者想把满洲变成日本的殖民地。这种说法拿来解释"九一八"事件，是很正确的。但是，我们却不能凭它来解释"一二八"事件。

关于这种说法和以下两种说法的评价，我们留在后面讨论。

（F）共产党反对派对于中日冲突问题的认识

托落茨基派认为日本侵略中国主要的原因是想乘着现在的时机来挑起世界二次大战。日本海军目前比较美国稍占优势，日法已有联合的倾向，世界经济恐慌仍然没有转机，苏联五年计划不曾完成，中国政府遭遇水灾和红军的严重打击……这许多事实都是日本立刻侵略中国并鼓动二次大战的有利的条件。因此，反对派认为中日冲突是带有世界二次大战开端的序幕性的战争。

（G）共产党干部派对于中日冲突问题的认识

干部派认为日本侵略中国主要的是因为各帝国主义疑惧中国即将变为世界革命的第二个中心地，纵容日本侵略中国，好让日本站在反苏联的最前线。从这种论据引申来说，中日冲突会引起帝国主义者对于苏维埃势力的战争，绝对不会引起各帝国主义者互相冲突的二次大战。

（H）我们应该怎样认识这个问题？

一切社会现象都是由于种种复杂的原因或目的而发生的，而且，一切社会现象又是极其容易变动的，因此，我们不能在比较含有真理的种种说法中只遵守一种。我们对于中日冲突的认识也应该采取这种态度。

根据这种态度，中日冲突可以分做三个阶段来说明：

（一）9月18日至1月3日（锦州失守，日本完全占领满洲之日）。

（二）1月3日至3月3日（国联大会举行之日）。

（三）3月3日至现在及现在以后的相当期间。

Ⅱ. 中日冲突的第一阶段

（A）中日冲突第一阶段的性质

关于第一阶段的种种解释，社会民主主义者的说法比较妥适。在这一阶段里，日本的一切行动都可以包括于帝国主义者攻取殖民地这一句简单的断语里。战争的当事者只有帝国主义的日本和被侵略的中国。侵略的方法是利用"汉奸"来作新国家政治舞台上的傀儡，这也是一般帝国主义者进攻殖民地时通常使用的策略。日本在事实上毫不允许其他国家过问东三省问题。只有日本一国担任着驱逐一切反日势力并培植一切所谓自主运动的工作。这种种事实都足以证明第一阶段的性质是：日帝国主义者为攻取殖民地而引起的中日间的初步冲突。

（B）日本攻取东三省的必要

去年夏季，日本经济恐慌愈发严重。就物价指数来说：1929年为175，1931年为119。

就工业方面来说：去年5～6月间，所有一切的工业设备停止了4/10～5/10；去年6～7月间，工厂工人减少的数目计占2/10；工资减少了三成；失业者的数目计达250万（当然是日本社会主义者的调查，如照官方调查，则只有40余万人），约当工业劳动者总数 1/3 强（这里所说的失业者是包括着全失业和部分失业者而言）。

就农业方面来说：恐慌发生以前，价值 31 元的米，去年 5～6 月间跌到 18 元；1912 年茧的价格指数为 179，去年却跌到 87（春茧）或 51（秋茧）。除地主外，一般农人的收入减少一半，负担却有增无减。

就市场方面来说：对外市场和对内市场都衰颓了。日本的第一位顾主美国陷在极度恐慌的深渊里；第二位顾主中国去年既有连续不断的天灾，又受银价跌落的影响，购买力锐减特甚（从中国海关统计上来看，输入货物的价值并不比前年低落，反而稍增高。但是，这只是金价高涨的结果发生了输入货物价值的虚伪的增高，却不是实质的增高）。

就金融方面来说：第一是现金的减少。日本去年年底的禁金出口，便是这件事实的反映。第二是倒闭银行的大量增加。1930 年倒闭银行共 17 家，去年 28 家。银行和银行之间形成急遽集中的情势。

就财政方面来说：1930 年发生 5 000 万元的赤字问题，1931 年上半年发生 15 000 万元的赤字问题（占总收入的 1/10）。

从以上各方面来看，日本经济恐慌真是"每况愈下"。日本要想解决他的恐慌，主要的对策是把过剩的生产销售出去。但是国内农工生活是那样的贫困，各国关税壁垒又是那样的高耸，因此，日本不得不拼命夺取东三省做他的殖民地——这是日本统治阶级自救的唯一途径。

日本夺取东三省的原因虽然不止是这里所说的一端，但是，这里所说的确是一切原因中的最主要的。

（C）日本占领东三省的可能

从中国内部来看，姑且丢开天灾和红军的活动不说，单是军事方面已经给予了日本最好的机会。张学良的军队，为了和石友三作战，大都输送到关内。蒋介石的军队受了广东方面的制肘，很难把主力军从南方移送到北方来。

从国际方面来看，苏联五年计划没有完成，绝对不愿对外作战。

美国的恐慌非常严重。因为德美间的投资关系和赔款关系，德国恐慌加重了美国恐慌。世界恐慌暴力摧残下的各国，以德美两国损失最重，也就是以美国为最重，美国怎敢对日作战呢？

英国恐慌稍次于德美。德国恐慌也加重了英国恐慌。"九一八"事件发生的第三天，英国宣告金本位停止。英国对外贸易在战前居于世界的第一位，到去年却退居第三位。加之殖民地的不安定，印度独立运动的愈为左倾，真所谓"自顾不暇"，哪敢再去惹犯日本呢？

法国目前正在努力创造第二次拿破仑时代。她的第一个问题是怎样宰割欧洲，第二个问题是怎样征服苏联，中国问题在法国政治家头脑中并不占有重要的位置。法国帮助日本侵略中国，日本当然可以不去帮助英美来压迫法国。报载法国、捷克和罗马尼亚在"九一八"以后供给日本大量的军火，法日间的关系不问可知了。

（D）第一阶段经过的结果

日本用最小的代价完全达到占领东三省的欲望（她为夺取东三省而支出的费用只有 2 400 万）。现在，她在东三省的地位已经非常巩固。她得了东三省的物质供给天然富源和地理形势，对于苏联、美国或英国的单独进攻毫不恐惧。所以，中日冲突第一阶段经过的结果，从日本方面来说是完全胜利，中国方面呢，当然是完全惨败！

Ⅲ　中日冲突的第二阶段

（A）第二阶段的性质

关于第二阶段的解释，共产党干部派的说法比较妥适。这一阶段的战争是以日军充当所谓讨赤先锋的帝国主义者进攻中国的战争。这时期，中国全国都发生反帝国主义运动，和他们所谓拳匪事件很相类似。关系列强既然和日本的利害一致，也就允许日本武力压迫中国，直接消除中国革命势力，间接消除世界革命势力。

（B）日本走入第二阶段的必要

日本走进第二阶段的原因不是由于她的贪心不足，也不是由于企图转移世界对于东三省事件的视线到上海方面（日本侵入上海的代价约计 10 000 万元。这样昂贵的代价，如果是为了上述目的而偿付，实在有些"得不偿失"）。日本所以要在完全占领东三省后，更进一步来压迫中国的第一个原因是：她想凭借事态的扩大好巩固她在东三省的地位。这是她占领东三省后必须采取的步骤。日本军队既然踏进了亚洲大陆的东岸，她和亚洲的反帝势力的冲突愈发严重，她对于革命势力的防御线也愈发扩大（日本对于革命势力的防御线的长度现在是世界第一），所以她有更进一步压迫东亚革命势力的必要。而且，日本占领东三省之后，经济上和军事上的地位愈发增高，所以她也有更进一步压迫东亚革命势力的实力。日本在国际政治上担负所谓讨赤的最有意义的工作，这当然是列强所乐许的。日本作了这种有价值的努力，列强对于东三省问题当然纵容日本放手作去，毫不加以干涉。

日本在夺取东三省之后，扩大侵略范围，这种事实足以确证日本已经取得远东霸权，使美国认识日本国势的增强，不敢轻视日本。这是日本走入第二阶段的第二个原因。日本为了这些原因（必要）所驱使，便不得不扩大她的暴行。日本之所以这样的作为，只是客观的必然，毫没有主观的自由。

（C）日本走入第二阶段的可能

日本占领东三省之后，国势增强，使日本握有扩大暴行的充分的实力。这是日本走入第二阶段的第一种可能。

英美的恐慌仍然没有转机，印度问题且愈发紧张，法国独霸欧洲大陆的计划也不曾实现，因此，帝国主义者大都不敢向日本作战。这是日本走入第二阶段的第二种可能。

第三，苏联五年计划即将成功，反俄战线愈有严整阵容的必要。反俄壁垒的西部战线得到法国的主持已经不成问题；东部战线以往还不会有任何列强出任前哨的职务。各帝国主义方面的这种急需促成了日本方面扩大侵略的可能。

第四，帝国主义者相信日本的宣传：中国政府已经没有消灭中国境内反帝势力的力量，这种职务应由日本替代中国执行。日本政府公然声称中国目前陷于无组织的国家的地位，各国政府对于这种骇人听闻的声述并没有反对意见的表示；各国允许日本海军利用公共租界登陆，虽然经过中国政府的抗议，仍然满不理会；日本提议吴淞炮台的撤除、上海的共管，各国也很少反对的论调……这许多事实都足以证明日本在扩大暴行中已经得到各帝国主义者相当的默契。

（D）第二阶段经过的结果

尽管日本握有制造第二阶段的种种可能，她在这一阶段中虽然获得相当的胜利，却不曾获得完全的成功。譬如：国联大会中列强并不完全满意日本的行动，驻华四国公使提出阻挠日本行动的主张……

其中关键大半是由于中国的抵抗能力竟然在这个时期里活跃起来。十九路军的奋勇应战使列强主观认识中国军队还有所谓讨赤及抗日力量，因而列强于日本在所谓讨赤工作上的依赖心陡然减少。同时还以为可以利用中国抗日。上海民众的热烈援助十九路军和各地中国民气的高涨使列强感觉共管中国的不易。上海民众此次抗日实能充分表露民族主义的精神、独立自主的勇气，使列强轻视中国的观念减少许多。

为了上述的种种原因，日本在第二阶段中的原定计划遭遇了相当的挫折。

Ⅳ　中日冲突的第三阶段

（A）第三阶段的性质

本阶段的性质是变动的，常常在以下三种趋势里摇摇不定：

（1）中国民众对于列强的反帝战争；

（2）日本在第二阶段中的计划的继续完成；

（3）帝国主义者相互间的二次大战。

（B）第三阶段的来历

从上海方面中国军队的能够长期支持上看来，一般人都理会到：只有和民众结合过的军队才有抵抗强敌的力量，只有反帝国主义的政治家才能赢得民众的拥护。一般人更理会到：中国只有在反日战争中才能解脱自己。从这种意义上出发，中国的大规模的反帝战争许有实现的可能。这是第三阶段的第一种来历。

从日本方面来说，如果不能继续完成他在第二阶段中预定的计划，他的威势当然受到很大的顿挫，他怎能甘心如此呢？虽然中国对于此种计划加以严重的打击，虽然各帝国主义者对于此种计划的赞许也减弱了许多，日本却必然地努力保持着它，推进它并完成它，只看日帝国主义极力宣传十九路军的赤化至今不止就可以明白她的用意了。这是第三阶段的第二种来历。

世界恐慌如果长此蔓延下去，各帝国主义者在日暮途穷的时候，不得不采用"重分殖民地"这种对策。这样饮鸩止渴的办法很容易以中日冲突为契机，挑动世界二次大战。这是第三阶段的第三种来历。

（C）第三阶段的展望

第三阶段究竟是什么性质？向着哪些方向走？要决定这种问题，至少应该缜密地研究以下三项：

（1）世界恐慌的前途究竟怎样？

（2）苏联五年计划的结果究竟怎样？世界革命的进展究竟怎样？

（3）中国的反帝势力究竟怎样？

我们现在先从世界恐慌的现阶段着手研究。经过这番研究之后，我们对于中日冲突第三阶段的展望虽然不能完全了解，却也会得到较前深刻的认识。

二、世界恐慌的现阶段

Ⅰ　世界恐慌的由来

世界恐慌，从时间上来说，已经两年多了；从空间上来说，除苏联外，世界各国都卷在这种凶险的波浪里。对于这样悠久这样广泛的事件，我们在目前只好简单地述说。

这次恐慌的范围既然遍及全球，所以我们把它叫做世界恐慌。严格说来，苏联既然不会卷入这次的波浪里，我们应该在"世界恐慌"这个名词上加上"资本主义的"五个字。

从 1870 年到 1918 年为什么只发生普通的恐慌，不发生世界恐慌呢？——换句话说，世界恐慌为什么等到 1918 年以后才会发生呢？

要回答这个问题，我们应该先述说产业合理化的作用。

世界上反资本主义的势力，在欧战期内，非常膨胀。这使帝国主义者在保持并发展自己的势力上遭遇十分困难的阻力。帝国主义者所凭以挽回颓势的方法就是"合理化运动"。

合理化运动的作用可以分做两方面来说：

它的第一种作用主要是加重剥削国内的劳动者。资本家凭借

"传送带"的作用，推进劳动者的工作效率，促成"劳动的强化"。

它的第二种作用是把中小资本家的利益归并到大资本家（金融资本家）的手中，把前者所得的平均利润移转到后者手中。具体说来，使用资本联合（加特儿运动）的方法使一切资本汇集到在生产上居于有利地位的少数资本家方面。

合理化使资本主义国家的经济情况渐渐恢复到战前的繁荣。但是，合理化运动的弊病，到了 1928 年，开始使帝国主义者烦闷起来。

"劳动的强化""加重剥削"的结果，使劳动者的肉体和生活都感到很大的痛苦，劳动力恢复不易，劳动者作工能力因而衰退，失业者的数目大量激增起来。

这种悲惨的结果在农业方面更为严重。

自从发动机的工业生产品（农业播种机及收获机）引用到农业范围中，农产品大量增加，农产品价格也随而急剧地低落。合理化实施的结果，农业生产力的增加远较工业生产力的增加为甚，因此，农业劳动者生活的悲惨也甚于工业劳动者，多数中小农民破产失业。

资本联合引起了资本停滞，生产停滞的现象也相继发生。这些"不祥之兆"加上了农工大众购买力的减退（一般说来，各国生产品 80％销售在国内），恐慌当然会诞生出来。而且这次的恐慌是经过合理化的洗礼的。资本和生产的停滞既然远较以前的恐慌为甚，大众购买力低减的程度也比以前的恐慌严重，所以这次的恐慌是异乎通常的。

再从各帝国主义的关系上来看。欧战后列强资本主义发展的不均等的程度逐渐减少，因此，列强恐慌大都同时发生，不能互相救济。所以，这次恐慌的性质和范围必然是国际的。

又从殖民地和次殖民地方面来看。这些区域原来凭借农产品输出来购买资本主义国家的工业品。自从帝国主义者实施合理化运动，帝国主义者本国农产品的量的增加和价格的低落使殖民地或半殖民地人民生活愈发悲惨，购买力愈发减低。不唯殖民地或半殖民地不能帮助帝国主义者解决帝国主义者的恐慌，而且殖民地或半殖民地本身同样陷在恐慌的深渊里。因此，这次恐慌的性质和范围必然地是世界的。

Ⅱ 世界恐慌的经过

这次恐慌的特点：第一，它包容着农业的、工业的、商业的、财政的和金融的恐慌；第二，这许多方面的恐慌不是同时到来的、急性的，而是连续发生的、慢性的。

世界恐慌先从农业方面开始。因为农业生产的不集中，小生产者的农民比着工业劳动者较有忍受恐慌的力量以及社会不很留心农民生活的困苦化，农业恐慌虽然发生得很早，却不曾引起一般人的觉察。

恐慌进一步侵略到交易所方面。美国战后对外投资过多，及至国内生产停滞、股票及债票动摇，资本周转不灵，交易所的恐慌便先从美国发生。股票价格从 126 跌到 70。美国依赖股票生活的 200 万人都成贫人。欧战后各国的经济关系异常密切，因此柏林、伦敦等地的交易所也随着纽约而发生恐慌。

继承交易所恐慌的是工业恐慌。合理化的运动结果，资本的集中愈发严重，他们可以用联合的力量维持工业品价格，力图弥缝，所以这次的工业恐慌是慢性的。这是通常的恐慌所不曾有的。

紧随工业恐慌，发生了财政的恐慌（赤字恐慌）。各国预算大都显示巨额的亏空，因而人民的负担愈发加重，大众的购买力愈发减低，最后，遂促成了金融恐慌。

金融恐慌以前是在整个的恐慌体系中首先发生。现在，因为合理化实施的原故，金融资本家的势力压倒一切，独掌大权。恐慌开始到来的时候，金融资本家当然首先牺牲农民、证券买卖者、工业家、财政家，最后，才无可避免地自身也分担了这幕悲剧的一种角色。世界金融慌恐首先发生在美国，以后才传染到德、英、日……现在，它仍然是在进行之中。

这样，世界经济恐慌，到了金融恐慌时期，才完成它的长途旅行。

Ⅲ 世界恐慌的特色

关于世界恐慌的特色，前面已经述说了些。这里所说的几个特色，如果是从前已经说过的，我们只须简单地补充几句。

各国社会主义家及有力学者对于本问题的见解，虽然各人有各人独特的地方，大致却相差不远。我们现在所说的，是综合各种说法而得的。

（A）世界恐慌是第三期的恐慌

社会主义者把帝国主义时代分作向上期（1870 年到 1918 年，

也有人主张向上期是 1900 年至 1918 年，也有相当理由）和向下期
（1918 年至今）。向下期又分作三期，1918 年至 1923 年为第一期，
1924 年到 1928 年为第二期，1929 年以后为第三期。

第三期是帝国主义的一般危机尖锐化时代。

什么是帝国主义的一般危机呢？

帝国主义走进第三期的时候，它不单是经济的危机、政治的危
机、社会的危机，并且整个的帝国主义体制都在振荡、动摇、没落
之中。同时，社会主义体制却正在安定、发展、飞扬着。以前，好
些人都认为"计划经济"只是谈谈而已，苏联竟然把它实行了。因
此，很显明的，陈列在我们面前的有两个不同的世界。一方面呈现
着恐慌、失业、破灭，一方面呈现着兴荣、缺乏劳动、建设。这种
对照使帝国主义的没落愈发显露。这是帝国主义一般危机的第一个
含义。

1929 年发生了资本主义全体制的恐慌（这一点前面已经说
过）。这种现象是帝国主义一般危机的第二个含义。

在资本主义的社会里常常存在着劳动预备军。在一般危机期
里，劳动预备军却进一步而变作劳动常备军。这时候，失业是慢性
的，永远存在的，始终不能解决的。不论市况的好坏，失业者永远
是逐渐增加着。这是帝国主义一般危机的第三个含义。

第四个含义是慢性的农业恐慌。恐慌原是资本主义体系的必然
现象。但是，普通的恐慌是和好市况相对照的。在一般危机期里，
从一般说只有恐慌可以看到，好市况始终不会出现。这种情形，在
农业方面尤其是显明的。农业机械化的结果是，农产品大量增加，
农产品价格暴落，资本家却仍然凭借"不等价的交换"来剥削农

民，农民购买力永久地衰退下去，促成资本主义整个体系的没落。

一般危机含着上述四个含义。它的尖锐化当然也就是这四种现象的深刻化。

（B）世界恐慌是遍及全世界的恐慌

除苏联外，世界各国恐慌的程度虽然并不均等，却没有一国能够逃出恐慌大魔的手掌。这是世界恐慌的第二个特点（这一点，前面已经说过，这里不须多说）。

（C）世界恐慌是慢性的恐慌

农业恐慌、工业恐慌……各方面都是慢慢地到来。这是因为金融资本家运用资本联合的力量干涉恐慌的进行。这种干涉，既不能消灭恐慌，反足以延长恐慌。譬如巴西咖啡大恐慌，因为英美资本家的干涉，直到现在还缠绵下去，便是一个极显明的例子。

（D）金融恐慌在世界恐慌中最后到来

在通常的恐慌里，金融恐慌和工业恐慌、商业恐慌差不多是同时出现。在这次的世界恐慌里，金融恐慌却在工业恐慌、商业恐慌发生以后许久许久才卷入漩涡。而且，金融恐慌是在一切恐慌之后才发生的。这是因为金融资本家在欧战以后在整个的资本主义体制里占了最高的位置。在恐慌的进行当中，小企业纷纷归并到大企业里，金融资本家的势力不唯没有受到恐慌的惨祸，却因而乘机取利。即使恐慌的魔掌已经开始向金融资本家施行压迫，他们也会利用"转嫁"的作用，把这种压力移转到工业、商业等方面。直到其他方面都被恐慌魔掌压榨得粉粹，金融资本家才不可避免地也遭遇了同样的劫运。

（E）世界恐慌的政治因子

普通的恐慌大半都是因为生产过剩、资本周转不灵而来，世界恐慌主要的因子却是政治的。我们知道第三期的政治是金融资本家的独裁政治。金融资本家对内具有绝对的支配力，对外却遭遇很大的阻力。各国资本家都具有强大的势力，各自努力向外发展，结果发生了种种冲突和政治危机。因而他们绝不能凭借各自的向外发展来解决各自的恐慌。以美国来说，战后对外投资总数约达1 800 000万至2 000 000万，投资于欧洲方面的数目约为1 000 000万，其中大部分是投在德奥方面。美国之所以这么做，当然为的是统治德奥。但是，恐慌发生以后，这却成了美国的弱点。再拿英国来看，英国恐慌的加深，一方面是因为英国在德奥投资的冻结，一方面也因为法国嫉视英国救济德奥恐慌，把法国在英存款的大部分于很短的时间内都提了去。这都是政治因子作用于世界恐慌的例证。

Ⅳ　世界恐慌的解决方法

资产阶级的学者从来不能建立关于恐慌的全部理论，因而也永远不能建立解决恐慌的完善对策。我们现在不管帝国主义者所采取的对策是否妥适有效，且把它们依次地叙述出来。

（A）放任政策

自由主义者认为恐慌也是一种自然现象，所以应该让它自由发展。它会自然地发生，也会自然地消灭。让它自己施行"放血作用"吧！

这种政策在自由竞争时代是有相当效用的，在目前独占资本时代却完全丧失作用。在这次世界恐慌里，农业恐慌、交易所恐慌、工业恐慌等逐渐地相续发生，这种慢性的行程只会表示恐慌延长的信号，永不曾吹送过"自然消灭"的好消息。

（B）资本联合，限制生产

物价跌落和销路停滞是恐慌的主要现象。金融资本家看见这些现象便想出资本联合及限制生产的对策来：一方面利用国内资本联合来限制国内生产，另一方面利用国际资本联合来限制国际生产。

这种对策实行的结果不唯没有发生什么效力，反转使恐慌愈加严重。英国国内资本联合的失败是前一方面实行无效的一例，法、德、比、捷、卢等国铁工业国际资本联合的破裂是后一方面实行无效的一例。这种种失败都是必然的——资本团体的大小不同和出产商品的种类不同使参加资本联合的各个团体宁愿忍受罚款的制裁，还要独自发展，藐视联合。

退一步说，资本联合最大限度也不过做到暂时的结合，绝不能永久存在。理由是很明显的。资本主义的特色是生产上的无政府状态，极端的限制生产会使资本主义的根本性质完全消灭。何况限制生产不唯不能彻底实行，并且必然地招致资本冻结和恐慌延长呢？

（C）开拓国内市场

这种方法对于通常的恐慌可以发生效力。譬如 1919 年至 1920 年的美国恐慌便是这样得到解救的。一方面，政府提倡人民多多消耗；另一方面，在贩卖上盛行分期付款的方法，建筑、家具、摩托车、无线电广播机……种种营业都采用这种办法。结果，重工业出产品的销路有了起色，轻工业制造品的销路也因而兴旺。恐慌就在这种情形下消逝了去。

但是，这种对策在这次恐慌里却毫未奏效。我们知道 1924 年到 1928 年帝国主义各国的表面繁荣是合理化实行的结果。在这种表面的繁荣之下，隐藏着农工大众生活因为合理化的严重剥削而愈加困苦这件事实。因此，这次恐慌发生以后，任凭资本家怎样想法，国内市场始终是沉沦下去，绝不会得到尺寸的开拓——何况，许多资本家看到资本冻结的教训，根本不敢从事于这种尝试呢？

（D）增加关税，实行倾销

各帝国主义国家关于同样商品的生产方法（技术）大都相差无几。这种事实使他们不得不采用增加关税以实行倾销的政策。这于一般恐慌的救济上，很有相当的效力。

但是，这种政策在世界恐慌中也完全失了作用。各国既然一律陷在恐慌的深渊里，各国国内的购买力非常衰弱，各国的关税壁垒又一致的高筑起来，倾销政策当然失却效力。

（E）扩大关税契约

德奥间的关税协定，法国提议的欧洲关税联盟，英国进行的大英帝国内部的自由贸易计划，这种种方法的目的既不是要扩张国内市场，也不是要扩张国外市场，而是要开拓某些特殊的市场——建筑在广大关税契约的基础上的市场。这种对策在理论上似乎可以救济恐慌，实际上仍然毫无效力。

从历史上看来，关税同盟常常是政治联合的先声。目前，资本主义的世界全是依赖势力均衡的原则才能苟延残喘。关税同样等于国际势力的再编制，要想付诸在实行上，当然遭遇着重重的关系。

从各国国内来说，关税同盟实行的结果，一方面，关系各国国内生产虽然因价格的提高得到相当的刺激，这种刺激作用却因为世界整个陷在恐慌漩涡的里面毫无实效；一方面又增加国内民众的生活困难，减低国内民众的购买力。所以，这种对策仍然是不可充饥的画饼。

（F）重分殖民地

这种对策说来也很动听，事实上却也不会发生什么顶大的效力。

世界恐慌征服了整个的世界（除掉苏联）。即使帝国主义者的计划竟然实现，他们所分割的地方没有不是世界恐慌蹂躏的区域，这于各帝国主义者又有什么大益处呢？各帝国主义者只有分割苏联，才能完成这种意义。但是，进攻苏联却又是极其困难、极其危险的工作。

（G）有统制的资本经济

实行这种计划需要以下两种前提：

（1）全世界资本家集合起来，建立坚固的统一的组织，制订详尽的、有效的计划。

（2）世界大部分的现金不得集中在少数国家的手里，统一货币制度，力谋冻结的资本的溶化、停滞的生产的复兴。

这种计划究竟有没有效力呢？金融资本家虽然具有统制的力量，各个金融资本家遇在一起仍然是要冲突的。换句话说，资本经济终究是难以得到统制的。特别是国际金融资本家之间更为困难。

进一步说，即使金融资本家可以联合一时，造成有统制的经济，他们联合的意义仍然是营谋自己的利益，绝不是为的大众的利益。大众的生活，在有统制的经济资本的加强剥削之下，必然愈发穷困。世界恐慌的根本问题仍然不能解决。

（H）货币膨胀政策

货币膨胀（Inflation）政策的目的是要一方面获得较多的资本，另一方面诱致物价的腾高，使工业资本家在世界恐慌中不致受到很严重的损害。另一方面更故意低减货币的国际汇兑价格，以便增加输出。英国和日本的停止金本位，美国以前成立的美国国民信用公司和胡佛最近提议的财政改造会都是这种政策的具体表现。除掉德奥等国财政上受他国把持不能任意减少货币价格的国家以外，一切国家没有不采用这种政策的。

结果是怎样呢？英国的货币膨胀政策和美国国民信用公司都失败了。其他各国的同性质的尝试是不是也要失败，虽然须待事实的证明，从理论上说这种企图终究是不能成功的。货币膨胀政策的影响，一方面可以提高物价，另方面使人民愈加困苦。在恐慌才开始时，这种对策可以发生相当的效力。但是，各国大都在恐慌业已十分严重、人民生活已经十分困窘时才使用它，结果只会加重恐慌，绝不会解决恐慌。

V　世界恐慌的经济的结果

（A）世界恐慌的经济的结果的不均等

世界恐慌虽然统治了一切国家，它给予各国经济的结果却是不均等的。各国之所以不能采用同一方法来解决世界恐慌，便是因为这种事实的作梗。

（B）不均等的实例

帝国主义者恐慌程度的深浅有如下面的次序：美、德、英、意、日、法。（意大利的恐慌情形，因为法西斯蒂的专政，秘不外露。据一般人的推测，意大利的恐慌程度大概居于英日之间。）

我们现在从生产指数、对外贸易和财政状况上观察各帝国主义义者恐慌程度的不均等。

（1）从生产指数上来看各帝国主义者恐慌程度的不均等

	1931 年（9 月）	1932 年
德	101.8％	6.5％
美	109.9％	68.5％
英	105.6％	84.9％
日	103.7％	90.2％
法	108.7％	92.9％

（注）上列百分数系以各国施行合理化收效最著的某一年的生产指数作为计算的标准。

（2）从对外贸易上来看各帝国主义者恐慌程度的不均等

1930—1931 年各帝国主义者对外贸易的减少率

	输出	输入
德	20.8％	35.8％
美	39.0％	32.0％
英	32.4％	17.8％
日	21.4％	22.3％
法	28.4％	17.9％

（注）德国输出的减少率虽然很低，但是他的输出是由倾销政策实行下并在偿付债务目的下发动的。所以，我们不能根据德国输出减少率的轻微而推想德国恐慌的不很严重。

（3）就财政状况上来看各帝国主义者恐慌程度的不均等

各国财政年度有的从 4 月 1 日开始，有的从 10 月 1 日开始，我们暂且放开这一点不论，来把各国财政年度中预算亏欠的数目综合比较：

	1930—1931 年	1932—1933 年
德	—	—585
美	—1.385	—902
英	—2.03	—23
日	—101	—39

（注一）货币单位：百万。

（注二）法国上年度财政预算原来也是依照 12 个月而成立的，去年却缩短为 9 个月，在表面算是没有亏空的，所以法国预算的亏欠数目不得而知。

（C）不均等中恐慌最严重的两个国家的实际情况

帝国主义者恐慌最严重的是美国和德国。

美国从恐慌发生之前到 1931 年年底工资减少一半，雇佣人数从 100％减到 69％，工业劳动者失业人数由 1 200 万增加到 1 500 万，综合生产指数由 100％降低到 70％。

但是，美国的恐慌直到现在还是不见转机。本年 3 月底 4 月初是美国股票价格低落最甚的时期，于三星期间全国股票市价竟低缩 80 亿金元。由此可以推知美国恐慌仍然是在进行着。

德国的信用恐慌最为显著。对内债务停止偿付，对外私人债务也一再延期。其他方面的恐慌也是非常严重。综合生产指数从 100 降到 70。生产设备停顿率在 34％～49％。失业人数，本年 2 月底为止共计 625 万，等于德国有工作能力者总数（2 100 万人）的 1/3。国民所得，在恐慌以前为 760（以百万马克为单位，去年年底为 500），勤劳所得（薪资）减少了 1/4。财政方面，只去年一年之中竟颁布了四次紧急命令，财政的破产可想而知。

Ⅵ 世界恐慌的政治的结果

（A）工业劳动者方面

美国工业劳动者的失业人数占总数的 1/4，德国占总数的 1/3；日本在去年年底，共计 300 万人；英国劳动保险基础提高的结果是，失业人数在表面上似乎较前减少，实际上绝不如此。

各国施行货币政策之后，货币价值减低，物价高涨，工人生产因而愈发贫困，劳资间的斗争愈发激烈，工人运动愈发革命化。这些事实，我们只要留心日常的新闻纸，就可以看到，这里用不着一件一件的举出实例。

（B）农业劳动者方面

波兰、罗马尼亚以及其他东欧国家农民革命运动逐渐高涨。德国农民风起云涌投入希特拉派的队伍中，虽说他们行动的方向陷于错误，他们的急于有所动作已经是很显明了。

一切革命大半先由农民发动。所以，农民骚动可以认作政治危机的加重。

（C）小资产阶级方面

目前，世界上两种最可注目的政治运动是各国共产党的抬头和法西斯蒂党的跋扈。它们却都和小资产阶级有很深的关系。

德国和意大利的法西斯蒂党的组成分子大半都是小资产阶级。

美国斯他林派和托罗茨基派的势力近来激增起来。据说，新加入的份子也大半都是城市小资产阶级。

这种种实例充分地表示小资产阶级的动摇和转变。

（D）金融资产阶级方面

欧战后，各国金融资产阶级取得政治上的最高地位。所以，在世界恐慌之中，农业资本家、微小的工业资本家（和金融资本家没有关系的资本家）都遭遇了牺牲。金融资本家在恐慌过程里，乘机并吞失败了的资本家的资本，反而愈发强化。甚至于南美和中国的金融资本家（不论这些资本家是不是帝国主义国家的金融资本家的附属品）也都强大起来。

但是，金融资产阶级努力地强大化，并不等于它的政治地位的强化。各个金融资本家彼此时常冲突，使整个的金融资产阶级的政治地位不能十分强固。譬如德国金融资本家一部分和化学工业有关，同时，也就和美国有关；另一部分和重工业有关，同时，也就和法比有关。兴登堡代表前者，希忒拉代表后者。兴登堡和希忒拉的冲突使德国政局常陷于不安的局面。其他如日本三井和三菱在政治上的彼此颠覆（政友会和民政党间的斗争），也是一个很显明的例证。

Ⅶ　世界恐慌的展望

什么时候世界恐慌才能走近好市况？

用什么方法推动世界恐慌走近好市况？

世界恐慌开始的时候，许多人预言恐慌到某些时期可以终止；其后，所有的预言都失却效力。资产阶级的学者现在不敢再来大放厥词了。

社会主义学者也只说这次的恐慌是慢性的、长期的，并没有断言它的终止时期。

但是，根据社会主义的理论来说，我们敢确言：世界非经过一次大破坏，不能再见好市况。换句话说：世界恐慌的解决应该从政治方面设法。

前面所说解决世界恐慌的八种对策是毫无效力的。但是，有些人却还相信帝国主义者如果把竞争的心理变为协调的心理，以前所说的八种对策也许可以生效。这种揣测根本是错误的——帝国主义者的心理整个的是要追求利润，夺利取润。

我们相信：世界恐慌只有在大战之后才会解决。换句话说，世界经济危机必然转变成世界政治危机；只有在世界政治危机渡过之后，好市况才能到来。

根据这种论点，我们推想世界恐慌解决的可能性有以下四种。

（A）法、美、英、日分割世界，形成结合（Block）经济

法、美、英、日是目前最有权威的帝国主义者。她们如果运用政治力量来分割世界，实行结合经济，各霸一方，世界恐慌也许因而暂时中止进行。所谓结合经济，除苏联不计外，共有四个：

（1）法国独霸欧洲的结合经济

英国自从去年金融恐慌以来，对于欧洲的事情，只好任凭法国作去。意大利势力微弱，更不敢阻挠法国。苏联五年计划未曾成功，时时避免俄法冲突。德奥等国已经受缚于法国经济的铁链。小

协约国的惟法之马首是瞻，更不须说。美国最近表示不愿出席洛桑会议，无异于自己承认在欧洲问题上设法让步。因此，法国独霸欧洲的情势目前业已成熟。

（2）美国独霸南北美的结合经济

美国在南美、北美本已经占有绝对的优势，世界经济恐慌使英国愈加无力进攻美洲。美国的独霸南北美可以说是已经形成的了。

（3）英国独霸大英帝国的一切领域的结合经济

实现大英帝国关税同盟是英国联立内阁最重要的任务。英国本来已经荣膺"日不落帝国"的尊号。她把自己业已获有的领域关闭起来，严禁外来势力的踏入。如果这样，英国的恐慌当然可以暂时不成问题了。

（4）日本独霸东亚的结合经济

日本占领东三省后，土地增加三十六万方里，人口增加三千万，富源的增加更是不可计算（铁可供二百年用，煤炭可供一百年用），军事方面愈发居于有利地位，这许多条件使日本安然成为东亚的霸主。

（B）英美对于法日的冲突

法国压榨欧陆，日本统治东亚，都和英美的利益发生冲突。这四大强国间的关系如果不依照前面所说的分割世界的路线获得暂时的调和，她们便很容易分裂成两个壁垒。这一边是英美，那一边是法日。世界二次大战即是潜伏在这种形势里。

但是，这种情势的是否成熟，还须看德国和中国的政治的动向怎样。这当然是一个非常复杂的问题，这里不能详加说明。只是，我们可以断言，世界二次大战之后，世界恐慌也就随着政治危机的消逝而暂时消逝了。

（C）帝国主义者联合进攻苏联

苏联的面积占全世界的六分之一。帝国主义者如果取得这么广大的市场，世界恐慌也可因而暂时解决。这种可能，随着法国霸占欧洲而日本霸占东亚的进展而进展。

但是，事实上，进攻苏联当然是十分困难、十分危险的情况。1921 年各国联合进攻新建的苏联还不曾成功；现在，苏联的五年计划即将完成，她所具有的抵抗力量当然较前增加许多。帝国主义者对于这种必然的巨大的牺牲，除非万不得已，一定不会冒昧尝试。

（D）世界反帝势力的抬头

反帝势力的抬头使帝国主义体制根本崩溃，这当然是彻底解决世界恐慌的一种路线。

世界恐慌发生以来，各殖民地和半殖民地的反帝运动逐渐高涨，加之世界革命根据地——苏联——势力的膨涨，上边所说的路线，很有实现的可能。

上述四种路线实现的可能性的大小，和四者排列的次序的前后成正比例——愈发在前的，它的可能性也愈大。

Ⅷ　世界恐慌的前途和中日问题的展望

世界恐慌的前途如果依照上边所说的第一种路线进行，日本既然占在东亚霸者的地位，中国政府必然万事听从日本的指导，极力镇压一切反帝运动。换句话说，中国整个地屈服在日帝国主义者铁蹄之下。

世界恐慌的前途如果依照上边所说的第二种路线进行，不论中国站在英美方面或日法方面，中国还有挣扎的机会。这比较在前一种路线中所得的结果可以说是稍微有利些。

世界恐慌的前途如果依照上边所说的第三种路线进行，中国更有比较充分的挣扎机会，结果当然更为有利。

世界恐慌的前途如果依照上边所说的第四种路线进行，中国在中日问题的解决上可以获得最有利的结果。

这里所举的中日问题解决的四种可能性（四种路线）的大小，也是依照四者排列的顺序而区别着的。

这样说来，到底中日冲突的将来展望如何这个问题，如果只有世界恐慌问题的前途，当然是不能完全解决的了。我们要想由种种可能性求出现实性，更由种种现实性求出必然性，我们就非在以下两段当中，更研究世界革命的现阶段及中国政治运动的现阶段不可。

世界革命的现阶段——对于这问题因事实上的材料不容易搜集，同时又不能不研究的原故，所以研究的方法迫得改用间接从理论推测出来的资料为研究的根据。兹按照这个方法，分几段来讨论。

A 世界革命的意义

要知道世界革命的现阶段是什么，就不能不先明白或探求世界革命是什么，即世界革命的意义这问题。在这问题中我们可分以下四点来说明。

（一）世界革命是一种政治革命运动。广义地来说，"革命"这名词可以应用到各方面去，如在宗教有宗教革命，经济方面有产业革命，在思想上又有思想革命，唯其主要的却是政治革命。对于政治革命也有种种不同的议论：有的认政治革命与社会革命是一样的，以为社会革命不包含政治革命的意义，就不能叫做革命，因真正政治革命是将社会的阶级关系变动的，如在推翻封建势力后，资产阶级由被统治地位跃为统治阶级，即带有阶级性的，所以又有说政治革命非包含社会革命不可；有的将政治革命与经济革命相连合。总之所谓政治革命是与产业革命、宗教革命、思想革命不同，是附带有三个条件的：（1）阶级性；（2）改革社会制度；（3）突变性或变质性。以上是正面的研究，在发现这三个必具的条件。若从反面来看，政治革命不是单为夺取政权，各国政党的组阁运动，如英国工党两次组织内阁、德的社会主义党竞争选举等，不能算作政治革命，只是政党中的政治斗争而已。其次，用和平宣传方法企图使经济社会化，提高无产阶级的生活程度，渐次实现社会主义，如各国社会民主党在第二国际指导之下主张用改良不流血的方法改革社会种种的现象，这也不能算是政治革命。最后，单用武力来夺取政权而没有改变社会的制度，如美洲的南北战争及我国第一二次的革命，严格地说，均不能算为政治革命，只不过习惯上名之为革命，其实只是政变而已。

（二）世界革命是带有国际性的。从正面说世界革命是与国际间有关系的。在过去历史中，法国的大革命只是一个政治革命而没有国际性的而且带有反国际性的意味，因为该革命中有民族国家主义（Nationalism）的意识存在，又如近来德的法西斯蒂党若真能革命起来，也不能看作世界革命，因该党的主张，含有国家主义的色彩，而没有国际的。从以上两例看来，就可明白应该怎样才算是世界革命了。从反面说，在国际性的观点上，只是一个国家起来革命，或世界全数国家同时起来革命（这是不可能的），也不是现今所谓世界革命。必须有一些国家的人在共同目标之下联合起来在一些国家起来革命，如此方得为世界革命。

（三）从正面来看，世界革命是以国际无产阶级及既成无产政权为中心来推翻国际资本主义的势力、建设社会主义社会的革命。从反面来说，世界革命不是单纯的农民革命或工人阶级革命，再也不是单纯的殖民地或半殖民地的革命。举例来看，南美洲近年来各国的革命，布加利亚的农民革命，我国 1928 年后的所谓革命运动，均不能看为世界革命，因为没有带着上述那样的性质，且有变为反世界革命的运动，例如中国的革命运动，虽当事者口称中国国民革命运动是世界革命运动的一部，然其实以其对国内无产阶级的压迫及对既成的无产阶级政权的敌视，已不能成为世界革命的一部且是反世界革命了。

（四）从客观层面来看，可以拥护既成无产阶级的政权，或解放世界农民、殖民地与半殖民地的被压迫民众。例如印度国民革命运动虽没有世界革命的意识，但实际上其革命运动若能成功，必给英国帝国主义一个严重的打击，因自欧战以后英国已从未得恢复其原有的帝国主义地位，常在美法两国支配之下，若再使其殖民地革命成功，这世界帝国主义国家最弱的一环必受极大的损害或至瓦解，随之世界帝国主义的均衡亦破裂，无产阶级既成的政权也自然有利。反面来说某一革命不一定要主观看来是世界革命才是世界革命，就是主观说是世界革命而客观上是反世界革命的，那末这个革命也不能算是世界革命。反之主观不是世界革命的性质而客观上有世界革命的意义，那个革命也可算是世界革命。

综上所述，世界革命是以无产阶级及既成的无产阶级政权与殖民地及半殖民地为主体，国际帝国主义为其对象的。

B 世界革命理论基础：在这问题下是要将上面所指出世界革命各种意义加以理论的分析。现分下列几点来讨论之：

（一）世界革命何以带有阶级性——一切政治革命如上所述是必须带有阶级性，就是说某阶级起来推翻某阶级的革命，同时世界革命是以无产阶级为其主力军，因此之故世界革命就不能离开其阶级性的意义了。但是有人以为世界革命是超阶级的运动，是笼统打倒帝国主义的运动，更有人主张在对外时不应把自己国家的利益置之不顾，或竟至牺牲而维持世界革命的意义。在现时英美有一派职能政治学说，主张国家的意义是在其职能，如国家不能执行其职能时，就应被推翻，主持此说者是拉士基（Laski）。若以此说为正确，那么政治就没有阶级性，革命也同样没有阶级性了。此外若根据黑智儿（Hegel）的国家观，国家是绝对精神的最终完成表现，那末政治与革命也不会有阶级性的，而是全民的政治或全民的革命。若以上述两说为根据，当然世界革命就不能像现在社会主义者的主张是带有阶级性的。

（二）为什么世界革命要用武力而不能采用和平的方法？反马克思主义者以为革命不一定要诉之武力而能成功，用和平改良的方法也可以达到目的。因有这种的说法，所以就有这个疑问。但这个疑问的答案是简单而易明的，因为政治是带有强制性的。被统治者为要推翻统治阶级以求解放，非谋夺取政权不可，因统治者之能维持其地位是靠其政权在握来剥削被统治阶级的利益，所以统治者对其政权必以武力维持之到最后的时期，而被统治者要夺取其政权，也非诉之武力不为功。至于职能论学者以为统治者的所谓不愿放弃政权是因为有政治欲的存在，又如罗素称中国的军阀均有统治欲，这样的说法，是不主张用武力来夺取政权，只要能够将其统治欲减轻，统治者自然可以倒的。这显然是错误的观念，事实上绝不能如此。总之非将统治者的政权夺取不能制其死命，要夺取政权又非用武力不能成功。

（三）世界革命何以要国际无产阶级为主力？这自然只是社会主义政治学上的一个问题。现代各国统治阶级除苏俄以外虽其性质不同，但实际上是国际金融资本家直接或间接掌握着政权，被统治者的种类虽多，但有推翻统治者的能力的只是无产阶级。因在金融资本主义时代大生产或机器生产的主要劳力是从无产阶级剥夺出来的，换句话说如无出卖劳力的无产阶级存在着，一切生产都不能进行。所以，在金融资本主义时代社会的主要生产力是在无产阶级手中，无产阶级很可以置资产阶级于死命，且自工厂制度采用以来，产业工人常得聚集一处，因此工人的组织能力与其意识渐得发展，完成其阶级的意识后战斗能力更其强大，夺取政权更其容易。农民虽为数不少，也是被压迫的，但因其在社会生产上不是处主要的地位，且农民分散各地，不能集合一起，如工人一样彼此观摩，意识因而薄弱，组织能力更远不如工人，同时农民对生活上所受痛苦的忍耐性颇能持久，因此种种关系，要使农民起来反抗其统治阶级，不容易办到。至于各殖民地与半殖民地的被压迫民众，因其在帝国主义铁蹄之下，文化水准与技术水准均甚落后，不能尽量提高，所以要其担负世界革命的中心力量是不可能的。照此看来，在被剥削阶级各份子之中，只有无产阶级才能够推翻资产阶级，所以要推翻国际资本主义的势力而建设社会主义社会的世界革命非以国际无产阶级为中心不可。

（四）世界革命何以带有国际性？这问题与第三问题一样，是只有在社会主义政治学上才有的问题。这问题的答案是很简单的。因为世界革命的对象是国际资本主义，而这国际资本主义是含有国际性的。虽然国际资本主义的相互间充满着冲突，但其本身的性质是要向外发展，因非如此不能维持其地位，欧洲大战的发生就是这样的结果，当时帝国主义间彼此联成作战团体，互相倾轧。在欧战终止后，为维持战胜国的利益，又成立国际联盟，表面上虽为避免战争而设，其实主要的目的是帮助大国联合起来压制小国，帝国主义国家对付革命势力，及缓冲强大帝国主义国家间的冲突。此外经济方面国际间已发生密切的关系，随之政治也不能逃脱带有国际性的特色。各国的无产阶级因国际经济日益密切亦发生密切的关系，一国无产阶级的解放运动成功与失败，随时可以影响他国的无产阶级。若一国无产阶级革命成功，可使帝国主义者相互间的联系性减少，联合困难的结果就是力量降低，无产阶级的阶级斗争也就容易进行。假若一国无产阶级革命失败，他的剥削必因而加重，生活困苦，购买也随之减低，这样的现象结果是必会影响其他各国的无产阶级，同样使统治阶级加重其剥削。因在无产阶级失败的国家，所出的商品成本必廉（这因工人所得工资必受相当的减少），商品成本既廉，国际市场上的出售价格也必低廉，如此销路必畅旺，他国商品必受排挤，这是必然的结果。为要维持其国外市场计，他国不得不减低工人的工资，增加工人工作时间，以便减轻生产的成本，或设法禁止其货物入口而使本国工人买贵货，所以一国无产阶级的解放运动失败，结果可使他国无产阶级的剥削加重。关于一国货物价格低廉而影响别国的无产阶级的事实，可以拿去年美国禁止俄国木材进口为例，俄国的木材，因经济的计划化，价格比美国低廉，如许其进口，必会夺去美国国内自产的木材销路，伐木工人生活就会受莫大的影响，因此美政府以苏俄木材是强制劳动的出产为辞而加以禁止。又如日本资本家近年来在中国投资于纺纱事业达 6 亿日金，因在中国所雇工人工资甚廉，原料价格亦不高昂，对于纺纱事业的经营甚为有利，但日本资本家此举不但为其本国无产阶级反对，而且国内资本家也不能赞同，因在中国所制成的廉价棉纱或布匹大可攘夺国内所出产的商品的市场，对国内纺纱工人与资本家均无利益而且有害。由上面种种事实看来，国际间各帝国主义者的经济关系是很密切的，说其带有国际性是毋庸疑异的，因此以国际帝国主义为对象的世界革命就不能不带有国际性了。

　　（五）世界革命何以用既成的无产阶级政权为中心？若承认世界革命既然要无产阶级为主要的力量，那么这问题就很容易明白了。因为现世苏联是唯一的无产阶级握着政权的国家，是世界革命国际势力的根据地，并且因为各国无产阶级要巩固自己本国的革命力量，要保障他们本国政治上的权力，所用的方法与手段既非带着世界革命的性质不可，所以反过来说世界革命要真正的成功，无产阶级就非要尽力维持无产阶级的政权不可。这个问题在理论上很明显而易了解，但应用到实际的方面去的时候，就会发生许多争论，如在 1929 年中东路问题发生的时候，有许多人发生为什么中国共产党帮助苏联来反对本国的疑问，在主张小国国民革命为世界革命的一部分的人们，是不会有此问题发生的，在主张社会革命的人们更不应有这样的疑问，但是实际上有许多许多人没有完全了解这个问题的症结，而发生许多争论出来。如主张社会革命的中国某领袖认为中国总要保存民族的利益，而不应帮助苏联，反对此说的人以为不能以一国的民族利益来反对世界革命的根据地，在日本和德国关于中东路这样的论争，也曾喧闹一时。此外各国对无产阶级的"拥护苏联"口号，也发生无数的争论，这都是没有明白世界革命是以苏联为中心这个问题的原故。

（六）何以世界革命客观上能够解放农民及殖民地与半殖民地的被压迫民族？要明白这个道理，必先了解世界革命与帝国主义的关系，从经济上看来，帝国主义是建筑在剥削三种人之上：（a）帝国主义国家内握着生产实力的无产阶级；（b）帝国主义国内的农民，他们与资本主义的发展是有密切的关系，从资本主义的初期直至帝国主义成熟的时期止，农民群众是始终被统治者剥削的，这就是说离开了农民，资本主义不会成立。虽然原始资本的积聚一部份是由掠夺非洲的蛮民和各国相互间用海盗行为掠劫商船财宝而来的，但是主要的资本积蓄的来源是以经济商品化的方法剥削农民而来的，一方面迫令农民将其农产品如商品一样贩卖出来，另一方面使农民由市场内买进他们的需要品，这样一来，农产品的价格，因农民不知市场的行情，同时因分散各地而缺乏组织的能力，就完全操纵于商人的手上，在买进与卖出两方面都受商人的剥削。在资本主义发达后，国际商品渐占最要的地位，农产品用作原料的需要也渐增加，地主及工业资本家渐有变为农业资本家的，将小农的土地占夺，而使农民失业。这和封建时代末期大地主以权力的保有而收夺大批的土地扩大其势力那种情形，一样的是侵夺小农土地，使农民放弃土地，而有"农民离村"的现象。农民失业，对农民本身是极其困苦的，可是对资本主义反而有利，他们可不忧劳动力供给的断绝；虽然资本主义发生以来，小手工业者常被迫而变为贩卖劳力的工人，可是这样的数目不够他们的驱使，因此被压迫而离村的农民就可补充他们的需要了。在资本原始积聚的时期，农民是如此的重要，在资本主义成立以后和向前发展的当中，农民也未曾脱离被剥削的地位——虽然在表面上因有无产阶级的产生，剥削似乎比前减轻。由此种种的关系，农民在资本主义的国家是站在重要的地位，资本主义者的敌人除去无产阶级的工人，就算农民了，这就是说农民如果起来反抗，参加革命的运动，大可给资本主义致命的打击。

（c）其次为殖民地与半殖民地的被压迫民族，他们所受的剥削，与帝国主义国内的农民是一样的，不过形式不同。一个是直接受帝国主义者的剥削和压迫，一个是间接经过殖民地政府而已。此外又因其文化程度的落后与民族的不同，剥削比较容易加重，但其实剥削则一，他们的反抗自然对帝国主义的命运也能够给一个严重的打击。以上三个被剥削的阶级是帝国主义者生存的支柱，是帝国主义者利益的由来，若把他们解放出来，结果给帝国主义致命的打击，予世界革命一个大的帮助。因此，客观上世界革命能够解放农民及殖民地与半殖民地的被压迫民族。

C 世界革命的由来和经过：明白世界革命的意义和其理论后，就可以开始研究世界革命的事实是从什么时候开始的及经过什么阶段。这种研究可分以下几个阶段来说：

（一）世界革命的名称，在十九世纪中叶马克思与恩格斯的时代就发现了，不过不能说明世界革命的由来。具体来说，世界革命实际上是从 1919 年 3 月 23 日第三国际成立时开始的。至于世界革命的理论，虽为马克思与恩格斯所创立，可是不甚充分，在 1907 年上下才开始有几本著名的作品，如德国女革命家 Luxemberg（卢森堡）《资本积蓄论》及列宁的《帝国主义论》。经此两名书出版后，世界革命的理论才成熟。在第二国际时代，曾有许多关于世界革命左右两派的论争，到 1914 年欧洲大战爆发时，因德法比俄各国社会民主党要参加大战的原故，这样的争论更形强烈，结果左派分化出来而形成以俄国的党为中心的少数派，在 1917 年俄国革命成功后，遂有第三国际的成立。在 1864 年虽有第一国际的组织，1889 年第二国际的成立，但是这两个组织均没有实际领导世界革命。因为第一国际的组织很不充实，参加的分子也很复杂，实际上不过是一个宣传机关而已。第二国际最初成立的目的为交换意见，因当时关于世界革命的理论很不完备，后来虽有行动的表现，但实际上仍是讨论理论的机关。所以世界革命只是在 1917 年俄国十月革命后才具体表现出来。此前的波兰与德国的农民革命，巴黎公社的革命及 1905 年的俄国革命都不是世界革命。其次世界革命的对象国际帝国主义者，在欧战以前没有十分发展，是在大战以后才完全成熟的，这一点的事实也可以帮助证明世界革命是在 1919 年才开始的。

（二）世界革命的段落：世界革命大致是经过三个时期。虽然与资本主义发展到没落帝国主义的三个阶段恰好符合，但是性质上适处相反的地位，因为国际帝国主义是世界革命的对象，所以在第一阶段上，由 1914 年至 1923 年资本主义衰落的时候，正是世界革命爆发的时期；在第二阶段上，由 1924 年至 1928 年，资本主义复兴时，世界革命就低落下去，及至 1929 年到现在这个第三时期世界资本主义发生严重的恐慌时，世界革命就变成对资本主义直接向前发展的时期。

1. 第一时期：世界革命在这个时期与欧洲大战及苏联的成立有很密切的关系。欧战的爆发是必然而不可避免的，其结果无论是战胜与战败的国家，均受很大的影响。交战各国四五十年来所积蓄的财富，一旦被破坏无遗，从事生产的年壮力健的劳动者死亡达 3 000 万人，因此应正在创造的富力遂无形消失了，各国的经济是异常拮据，一般人民的生活异常困苦。他们为求生活的保障，不能不寻求自救的方法，于是反抗的精神日渐高涨。当未停战时各国政府为要使人民参加战争起见，政治上曾对民众有相当的让步，如允许二人享受罢工的权利及其他改善生活的要求，人民的力量因而大大地发展，革命爆发的可能亦甚强大。殖民地与半殖民地的情形也是一样，宗主国为使殖民地人民帮助作战起见，对殖民地与半殖民地的压迫曾经稍为松懈，因此人民的力量增大，反抗意识加强，反帝国主义的解放运动遂如雨后春笋似地爆发出来了。这样一来，世界革命从整个资本主义社会看来，是有发生的可能。尤其是在欧战结束以后，因战胜国间在大战时为求战争迅速达到胜利，互相借款和供给军用品，以致战后除直接因战争所受的物质的损失外，尚有年年加重民众负担的战债问题；战败国如德奥等因战败而被迫赔偿战时战胜国所受的损失，因此赔款问题也成为战后一个重要的问题。因为这种种由大战而发生的结果，各帝国主义者相互间的经济关系变为十分密切。政治因为是经济的集中的表现，亦随经济的密切而密切，结果世界革命的对象国际帝国主义成熟，而世界革命的爆发更有可能。若从苏联方面来观察世界革命的第一阶段，1917年的革命成功，实际上推动了世界革命的爆发，把资本主义内外已经成熟的条件使之变为世界革命发动的因子，同时苏联的无产阶级，为要保持他们的政权，必须采用以攻为守的政策，所以世界革命是必要进行的。此外完成苏联政权的人是主张世界革命的人，在夺取政权后，当然要实验他们的理论，因此第三国际于苏联无产政权成立后立即组织起来。当时主持世界革命者，以为西欧各国的条件已经成熟，在短期间世界革命是可以成功的，因此向中欧的德、奥、匈、意诸国努力进行世界革命工作，甚至进兵波兰，企图与德发生直接的联络，以武力助其完成无产阶级的革命。当时上述各国国内确已爆发革命的运动，可是因为世界革命当事者估量错误，未能注意德国各国人民因欧战原故，已十分疲乏，希望休息，同时德奥各国为修正派社会主义者的根据地，一般民众久已为其和平学说所陶冶，对武装暴动的方法已不接受。其次苏联本身的力量不甚强厚，国内帝制党的余孽常思异动，所以其向外发展不能成功，兵到波兰的华沙被敌击败。因此三种原因，德、奥、匈、意各国的左倾革命运动全告失败，在意大利反造成法西斯帝的政权，对无产阶级革命力量予以严重的打击。在德意志虽经三次的暴动，结果仍遭失败，牺牲无数革命力量与有名的革命领袖卢森堡与 Liebtnecht。世界革命第一期的目的，可以说是完全失败。可是苏联以攻为守的政策，无形中得到帮助。假使当时苏联不采用这个政策，苏联在1918年早已为英、法、日、美各帝国主义者攻破，德意志若无左倾的革命运动，亦可助帝国主义者围攻苏联，既成的无产政权当难维持而必致崩溃。这是世界革命第一时期的利益。因失败而牺牲若干的革命势力是其弊害。

2. 第二时期：这个时期是从 1924 年始到 1928 年止，是世界革命退守的时期。幸而在第一时期苏联采取以攻为守的政策，保持无产阶级的政权，帝国主义者因久战之余亦思休息，因此革命势力与帝国主义的势力暂时相安，保持均衡的局面。英、意、比、日、德、法诸国先后与俄恢复邦交，用意在一方面可以减少世界革命的威胁，一方面可以用产业合理化的方法，强制工农减低生活水准，来帮助恢复国内的工商业，培植力量，以谋将来推翻苏联。同时他们以为苏俄的新经济政策是投降资本主义的表示，若与之复交，可以取还俄帝政时的债务。复交当然以不帮助第三国际革命为条件。这是世界革命第二时期的退让情形。但是资本主义国家的发展甚不均等。战败国固不必说，就是战胜国中，也有因战胜而获很大的利益的。有的虽在欧战时为主要的交战国，但结果反受其害。如英吉利本为战胜国家，而且是欧战时的主要交战国，因实际上欧战的发生，原因在英德两国向外发展冲突所致；但是英国将战前主要敌人推翻后，反又造成不亚于德的敌人法国，法国因夺取德国许多富源，如阿尔萨斯、洛林的铁及鲁尔的煤，使法的重工业迅速地发展，战前英不重视的法兰西，现变为其可怕的敌国，欧洲一切统为其支配。在欧洲外，又生出大敌美国。英国国内的经济，从未有繁荣的表现，在产业合理化运动之下，各国均享受相当资本主义稳定的利益，可是英国反于此时（1924—1925 年）发生三大罢工。此外殖民地的印度，在这个时期，爆发抗英的运动，半殖民地的中国、波斯与埃及，也同样发现与英不利的国民革命的运动，使英在第二时期变为帝国主义中最弱的一环。苏俄于此时对英矿工罢工虽表同情，又因在与帝国主义让步的时候，不便直接进攻，而改为间接由其殖民地与半殖民地下手予以打击，如当时在中国积极帮助国民革命，在印度虽无明显的动作，但第三国际已做不少的工作，左派分子已有相当的活动，予英以莫大的打击。这样看来，第二期的世界革命，以守为攻为目的，已达到虽不能将老大帝国的英吉利推翻，但是已使其没落而不能恢复其战前的状况了。

3. 第三时期：这是世界革命的现阶段，与世界恐慌第三期对照来看，意义是相反的。这个时期的第一来源是接着第二时期来的，虽然第二时期是世界革命退守的时期，可是使英国永远不能恢复战前的繁荣，是其成绩。第二个来源是世界各资本主义国家产业合理化运动的终止。此时各国的经济危机完全暴露出来，虽有先后之分、程度深浅的不同，但是这次的危机却是普遍的。

这个时期的世界革命有三个特色：（a）世界革命的根据地巩固化，这就是说世界革命的势力强大化。法国因苏俄的基础日益坚固，始终持干涉的态度，1929 年苏俄破获反革命的产业党与 1930 年苏俄少数派及劳动农民党防害五年计划的阴谋，都是法国在后台主持的。可是因为各帝国主义间的利害不同，始终不能保持联合的战线进攻苏俄，同时苏俄的内部组织完密，所以破坏苏联的计划没有成功。其后因五年计划的渐次完成，帝国主义者如英、法、美、日等国从俄实行探并政策为理由禁止俄货进口，企图阻挠五年计划的实现。在五年计划的第一二年苏俄正需要外国机器之时，帝国主义的计划或有成功的可能，但在五年计划行将完成之时，这样的方法是无效的，况且各国国内情形变动，不能采取一致的行动，如意大利与西班牙两国对俄始终未持敌对的态度。意大利在世界恐慌的时候，因失去美国、英国的帮助，面临法国的重压，颇感孤立，于是与俄订立友好的条约，销售俄的商品，而供给俄以机器。西班牙自去岁革命以后，政权虽落在共和党手上，但一切政策均对俄亲善，最近且将前帝政时与英荷煤油公司所订立的契约废除，而另与苏俄签订煤油交易的新契，西班牙与苏俄的经济关系逐渐密切。英虽常敌视俄国，然因近来受法的压迫，不得不与苏俄携手，来对付法国。因此内外有利苏俄的关系，以经济来压迫苏俄之事已是不可能，世界革命的根据地遂得而巩固。兹为明了苏俄实况起见，将五年计划提纲挈领地来说明如下：

（A）五年计划的意义——若只说五年计划是苏俄在五年间振兴产业的一种计划，是不能了解五年计划的真意义的，为明白其真正的意义起见，可以分下面四段来说明：

（一）形式的意义：这是从形式来看五年计划。从形式上说五年计划不是单纯的计划。从其发生一点看来，五年计划是经过几年的调查与讨论，二次的试办，然后决定的。1928—1933 年的五年计划的前身是始于 1920 年苏俄军事共产时期告终，新经济政策开始的时候，当时列宁提出一个农村电气化的计划，表面上看来好像是多设电台使农民个个点电灯的简单计划，其实是苏俄一个总计划 Genplan 内的一小部分。这种计划虽在第八次共产党大会通过了，可是还是抽象的东西，列宁没有详细去规定它的内容，只把其中主要的加以说明。据列宁的意见，苏俄产业化与农村电气化是最重要的环节，他更严重地说是苏俄的共产党的第二纲领，如真要建设社会主义的社会，没有这纲领是不能成功的。从那时候起在莫斯科、列宁格勒与黑海附近建筑了许多电台，来试办电气化的计划。可是当时俄国因经过长期的对外战争和内部革命，经济情况是异常困苦，迫不得已采用新经济政策，来和缓农民的反抗，巩固新成立的政权，结果国外帝国主义的进攻终止，国内农民的反抗消灭，第二纲领的进行遂得而推进。但当时最困难的问题为资本的征集，于是1922 年在海牙举行讨论苏俄经济问题会议时苏俄代表力文诺夫Litvinoff 要求各国借款 30 亿金卢布于俄为发展工业之用，以分期偿还帝政时代所借的为建设实业使用了的债务为条件。但是各国因无监督的权利，不敢贸然答应借款，海牙会议遂无结果而散。苏俄因借外资不成，于 1922 年 6 月间提出自己创造资本的口号，一方面努力生产，一方面减省消费，来准备资本。这就是五年计划的第二阶段。

苏俄虽有一个国家计划决定的机关（Gosplan），但以前只忙于调查的工作，没有实行真正的一种统制经济的计划，到 1924 年时才开始试行非全部的统制，在翌年 1925 年始改行各部门的经济统制，可是因只限于一年的短期间，整个计划不能全盘规定；因之从1926 年始将一年的计划延长五年，而成第一的五年计划即从 1925年至 1930 年。唯在 1926 年，试行的结果又发现这个五年计划过于草率，同时要完满地实行五年计划，非有一个总计划不可，因此又将由 1925 年至 1930 年的五年计划加以修改和扩大，此外由Gosplan 的研究结果决定总计划 Genplan 为十五年，到 1927 年时将 1925—1930 年的五年计划改成 1926—1931 年的计划。唯经过这第二次的试办又感觉其中有许多毛病，经过严密的讨论将该计划改为现在实行的 1928—1933 年的五年计划，是在 1928 年 10 月决定，

1928 年 10 月开始的。这样一来，苏俄的五年计划不是随便规定，更不是毫无内容、不顾实际的空洞计划。

从其范围看来，五年计划与普通计划不同，是将全国国民经济的各方面包含在内，如：国民经济、财政、金融、工业、农业、运输、商业、全国国民所得、全国劳力分配、劳动者的生活水准等都被包括在内，所以五年计划的本身是科学的，而不是随意幻想所构成的。

（二）本质的意义——在上面已经说过五年计划是苏俄的第二纲领，很明显的是离不开社会主义的目标，从方法方面看来，五年计划是一个社会主义产业合理化的计划，当然不是如资本主义的那样只为某资本家本身增加利润和减少浪费，而是：（a）使生产技术改良即生产技术合理化；（b）使劳动者的组织合理化，真正从事于生产的人，若要生产增加和改良，非改良劳动者的组织不可，苏俄虽早有劳动者的各种组织，但仍未能十分良好；（c）使各企业地方的分布合理化，即是将各企业能合并的合并起来，地方不适宜的就迁至适宜的地方；（d）使交通机关合理化，苏俄铁路的建筑是很不合理的，因帝俄时代是以军事为目的来建筑铁路，如列宁格勒到莫斯科的铁路，简直是一条直线，有时该线所经过的地方，离繁盛的城市很远，于经济上毫无利益。西比利亚的铁路，也是如此。此外，铁路的管理也是十分腐败，因之苏俄当局曾在日本延请技师和工头，来改良铁路的运输和管理。（e）使农业合理化，俄国农业极其落后，生产率只及美国农民四分之一，欧洲农民二分之一，为建设社会主义社会，农业的机械化和合理化是非常的重要。（f）建立产业中心地，俄国从来没有所谓产业的中心区域，出产原料的地方竟没有工业的建设，五年计划就是要使出产煤铁泥炭及其他原料的区域变成产业的中心地点。（g）使时间合理化，照平常六天一休息的工作时间，所得结果颇不经济，五年计划是要将此改为连续时间制，即一星期内工作时间为五日，各工人的休息不是同时而是分班举行，这样的方法可以少停带机器，多容纳工人而不致有失业之虞。上面所述的是五年计划的方法，关于其目的无疑异的是为建设社会主义的基础，但必须在以下各条件之下才有实现：（a）全国经济计划化；（b）生产手段的社会化，不但是将衣食行交通各机关收为国有，而且使之社会化，即是将全国的生产高度的社会化；（c）工业大规模化，特别是重工业，只有如此，才能供给全国的需要；（d）农业的大规模或工业化；（e）全国国民即社会全员的劳动化及幸福化。只有如上面那样的实现及一般民众能有幸福的享受，才能说得上建设社会主义的新社会。质言之五年计划不是立即要实行社会主义，而不过是以社会主义合理化的方法来建设社会主义的基础罢了。

（三）政治的意义——除上述的意义以外，还有它以下几个政治上的意义：（a）把国内资本主义分子清洗去。苏俄国内的资本主义分子，是富农与新经济政策下的新商人，他们在社会上有相当的势力，可以阻挠建设社会主义的进行，五年计划本身的作用就是将他们清除，如在农业方面极力提倡集团的农业，由政府供给农具、种籽等，提高中小农的势力，减少富农的成分。在工商业方面，因实行有计划的统制，物的价格很易为政府支配，新兴的资产阶级就无从剥削民众，增厚私人的利润，结果这样的成分，就渐渐消灭了。（b）从实践上解决国内的政治斗争，苏俄自实行五年计划伊始，国内则有左右两派理论的纷歧，左派分子以为一国建设社会主义是绝对不可能的，非先迅速地破坏世界资本主义不可，如现在这样的五年计划，实在是太慢了。右派的分子以为在资本主义不能立即消灭之时，建设社会主义是不可能的，不如慢慢地把社会主义的基础巩固，然后才能谈建设社会主义的国家，五年计划的建筑未免太快了。这两派的主张曾纷扰一时，五年计划的实践和完成，就可以解决这样的政治斗争。（c）工农结合的强大化，在 1917 年十月革命的时候，曾有工业联合的口号，新经济政策也就是实现这口号的方法，惟在实行五年计划之前，工业间发生严重的问题，因农民群中，形成富农的成分，与无产阶级的政权是处对立的地位，工人政府因此受很大的打击。如在粮食一项，富农为谋增加私人利益起见，常囤积谷物，待价而沽，以致社会发生粮食的恐慌，苏俄政府曾于 1926 年间秋收时强迫富农出卖其所获，因此工业之间发生不良的关系，五年计划就是要避免这样的毛病，用农民集团化的方法，使农业生产社会化，而达到工农结合的目的。（d）国防的强化，在现代国防上，最重要的是种种新式的军备，而军事上所需要的军需品，是有赖于重工业，若重工业不发达，军备就无从充实，抵抗外侮更谈不上，因此苏俄就趁五年计划发展重工业来巩固国防，同时又因为世界恐慌的时期，乃是推进世界革命的机会，所以五年计划含有巩固国防的意义。（e）世界革命运动及外交的强化。五年计划的实行，使苏联成为帝国主义中技术发达国的主顾，因为苏俄为发展重工业计，非购买外国机器不可，帝国主义者对此一点，认为有利，其他原料国家，亦感觉五年计划的实行，是对他们有利，因苏联在此过程中需要原料来发展工业，因之，苏联与其他各国外交上地位增高。尤其是因苏联为完成五年计划起见，暂对帝国主义者让步，结果使世界革命运动强化了。

（四）经济上的意义——五年计划在经济上有以下几个意义：（a）全国重工业强大化；（b）全国农业社会化及工业化；（c）提高苏俄东部的经济，目的是使全国的经济水准提高，将人民的购买力及消费欲望增强，因须如此方能使国内成为大的销场；（d）使苏联的技术水准提高到与帝国主义各国同等的程度；（e）建设从来没有的新生产事业，如制造农业机器、汽车、肥田料、染料及电气工业等。

（B）五年计划预定的目标

甲、注意之点，在研究五年计划时对于数目字上，应有以下的注意：（一）五年计划有两种数字，一为最高限度（Maximum）的数字，一为最低限度（Minimum）的数字，这就是说在进行顺利时，则以最高限度的数字为标准，如发生障碍时，是依最低限度的规定；（二）五年计划的每年开始时，必须根据上年的成绩如何，更定数字，因此所得的统计常有差异的纷纠；（三）苏俄的会计年度是每年从 10 月起算至翌年 9 月止，五年计划年度的规定，亦按此例，但后来为便利计算起见，同时在第二年度时因铁路运输和煤的产量不能按时完成，须加两月，始达原来所规定的数字，所以在五年计划的第二年时，将原来的时间延长两月，以补不足，第三年度遂改从 1931 年 1 月始；（四）在五年计划未实行以前，所谓计划只是财政上的计划，没有将国民经济包括在内，所有的统计只是关于国家的产业，自五年计划实行以后国民经济也包括在内，因之前后的比较，常有错误，尤其是关于农业方面，所有的数字，不甚正确。

乙、国民取得与国家预算的增加。（一）国民总收入在五年计划的第一年即 1928 年为 240 亿卢布，在最后一年即 1932 年的增加至 432 亿卢布；（二）五年总计与五年间的收入为 1 750 亿卢布；（三）国家预算在 1927—1928 年度是 190 亿卢布，在五年计划之间为 510 亿卢布；（四）国家预算与国民收入的比较，在五年计划的第一年度是 25.9%，最后一年是 30.9%；（五）在五年计划当中国民收入被移作国家预算的有 860 亿卢布，等于国民收入 48%；（六）五年中用于行政、文化、教育、国防等设施，即非经济的建设为 18%，经济建设为 82%。

丙、五年计划的投资数。（一）总投资与五年计划前五年的比较。

年度	数额（单位：十亿卢布）	比例
1923.4—1927.8	25.1	100%
1928.9—1932.3	64.5	237%

（二）农业的投资比工业多，农业 24.0，工业 15.6（单位为十亿卢布），表面上看来，农业的投资虽比工业多，但实际上其增加率却不然，从其本身的比较便可明了。

	五年计划以前	五年计划以后
农业	100%	171%
工业	100%	371%

工业方面的建设具体看来，有不少的成绩，新成立的新式大工厂共有 2 490 个，其中有几十个从来所未有的新工业工厂，如电气、冶金、汽车、化学等工业，合计投资 64 亿卢布；其次有 9 个一亿五千万以上资本的炼铁工厂，1 个一亿资本的自动车制造工厂，一个 6 500 万资本的火车机头制造厂，二个 Tractor 制造厂，其他煤炭工业与毛制品工厂均已成立。

（三）预定生产结果。工业生产在五年计划的前一年为 18.3（单位为十亿卢布），五年计划最后一年为 43.2；农业在未行五年计划以前，出产量为 16.6（以十亿卢布为单位），在行五年计划以后的一年其数增至 25.8；劳力在行五年计划以前为 33.1（以十亿 Kilowatt 为单位），在五年计划的最后一年是 58.8；关于运输事业，铁路线增加二万基罗米突，货物运输数量增加 84%。

丁、五年计划的社会化

（一）从投资方面来观察，可得如下的统计：

年度	私　人	协作社	国营企业
1927—1928	43.3%	5.5%	51.2%
1932—1933	21.8%	13.1%	65.6%

观上表私人资本的经营减少一半，社会化事业大为增加，其中以农业为多，因五年计划之前农业的社会化比工业少。

戊、劳动质的改良即劳动生产力的增加。若以五年计划以前工业劳动生产力为 100，五年计划的后一年则为 210，反过来生产费的减少从前为 100，现时则为 65。

己、国民所得。若以五年计划以前每人每年的所得假定为 100

（实数为 112.6 卢布）五年计划以后则为 147，其中应注意的是人口的增加，五年计划后人口总数比以前增多一千八百万人。

庚、工资与工作时间。工资种类有二：（a）名目工资；（b）实际工资。名目工资由 100 增至 145；实际工资因物价低落，增至 171；工作时间以一般而论，均比前减少，以重工业为最多，轻工业次之，惟在农业方面则无大增减。真正无产阶级的人数，在五年计划当中，工资劳动者增加 400，全体人数为 1 100 万，至五年计划最后的一年总人数增至 1 500 万人，其比例为 100：138。反过来说在农村方面富农减少 59%，中农增加 68%。

辛、增加速度问题。在五年计划当中工业生产品每年增加 23%，国民收入增加 20%。其速度之大，实所罕见，若以 1927 年的美国为标准，苏联于五年计划完成后适与美相等，惟在 1928 年时，苏联的生产状况是与五十年前的美国相等，这就是说美国五十年来的发展，苏联以五年的时间完成之，足见其发展之速的一斑了。其原因不外乎时代的不同，与推进方式的差别，在美工业的发展乃自然的趋势，在俄则由人工促进之，若不是如此的迅速，则帝国主义的破坏贸易奏效。无产阶级的政权，早就消灭了。

总言之五年计划的完成，实有赖于人口、资本与技术三大要素。以人口而论，苏俄有一亿八千万，足够应用，可不成很大的问题；资本的来源，在五年计划开始时颇为困难的问题，惟经其数年的努力，所需资本率能筹足，以备供用，除旧有资本外（国家从 1922 年起积聚了 130 亿卢布），在五年期间资本增加 250 亿卢布，其中三分之一为旧有资本，三分之一是旧资本的利息，其余三分之一是国民收入的动员，如公债的发行，租税的增加和银行与保险公司一部份存款的移用。至于技术的问题，特别高等技术，甚难提高，惟对一般技术的提高，是甚努力促其实现，如在美德两国雇请高等技师与工头，凡数千人，于每工厂内附设学校，训练乡间的青年农民，使其有实习的机会，闻苏俄现有的中级人才数量已超过英国。据英国《经济》报（Economist）记者的报告，在五年计划的第二年苏俄已能自制机器，同美国所造的一样，不过成本高出三倍，虽然是这样，苏俄仍忍苦去使用，因为不是这样，机器工业就无法完成。

（C）第一五年计划的成绩

在第一五年计划公布之时，各国无不取冷笑的态度，讥之为乌托邦的计划，但当第二年度完成后，因其成绩比上年进步，各国就发生诧异，其后则由诧异而变为恐慌，不再认五年计划为不合理的设施，而积极的利用反俄政党在内部设法破坏，或借口苏俄实行倾销政策，禁止其货物进口，以绝其进行五年计划资本的来源，可是在世界恐慌的时候，各国生产停顿，为要解决恐慌起见，仍要与苏俄交换货物，或间接经由别国购买俄货，如美国虽颁令禁止苏俄木材进口，可是美国不能不将机器卖给苏俄，结果俄先将货售于意大利，然后再由意转美。这样一来，各国的经济封锁政策，已无由实现了。

一般看来五年计划中各重工业除铁以外都已及格，农业社会化已超过五年计划的预定，集团农业到第二年度已达到五年的规定，煤油的采发，完全采用美国的新式方法，以二年半的时间完成五年的产量，泥炭的出产也在二年半的期间完成，电气工业在第三年度达到五年的规定。其所以能够有如此的成绩，实有赖于以下的几种特殊的运动：（a）极力奖励最新技术的发明和组织的成立；（b）予劳动者以创制的机会（Labourer's initative），使他们培养发明新技术的能力，自动的觉悟是为他们自己的利益而建设社会主义而是完全处于被动的地位，其具体的方法如下：（a）自己批判，使工人自动的互相批评指出一切错误，避免再蹈以前的覆辙，而促进工业的进步。（b）社会主义的竞争。这与资本主义的竞争，迥然不同，不是为资本家私人谋成本的减少，与利润的增加，而是为整个社会谋多数的幸福。在竞争之中，各企业互相规定竞争的规则，以成本少出产多者为优胜，其获胜者，奖以金钱或某种奖品。（c）模范突击队。这是苏俄青年工人所组织的团体，当工厂生产不及格时或农场在农忙的时间，予以帮助，使其达到原来规定的目的，或渡过冗忙的时间，同时这突击队又可帮助训练农民使用新式的机器农具，因此工业与农业，更易发展了。（d）产业计划助成案，国家计划委员会所议定的计划，不是绝对不能更变的。工厂的工人如发现计划不适合时，有权提出意见，另拟所谓助成案，请求当局将前议撤回。这在五年计划过程中，实有很大的帮助，可避免一切不切合实际情况的弊病。

质言之五年计划确已完成，不过在质的方面，发现很大的缺点，各企业的负责者常因要按期或急速地达到所规定的目标起见，过于草率，对质的要素，不甚讲求，屡以劣等货品，补足数量。农业方面，也发现同样的弊病，如集团农业虽在二年期间达到五年的目标，但是一般农民仍未了解是为建设社会主义新社会基础而行集团农业，大多数参加集团农场的农民只见集团农业对他们目前有利，除此，不知其真正的意义，地方苏维埃的当局，对集团农业的运动之屡犯幼稚的弊病，以强力迫令农民加入，这样一来，质的方面更难有良好的成绩。

（D）第二五年计划的内容

苏俄全部建设的计划是十五年，第二五年计划的基础是建在第一五年计划之上，兹从政治与经济的意义上来分别说明如下：

（一）政治意义

甲、第二五年计划的政治任务是要将苏联国内的资本主义要素清洗完尽

由第一五年计划留下来的尚有一部的资本主义成分，如在国民所得之中尚有百分之十是属于私人的，未能完全社会化。农民全体中只有 60％ 加入集团农业，由此观之，苏联私有财产仍未完全清除。惟预定在第二五年计划完成后，所余的资产阶级成分，则完全铲除，一切生产手段都要社会化，虽不是完全归为国有。

乙、要将农民与工人的小资产阶级心理全部改造

纵然大部份的农民加入集团农业，但仍有小资产阶级的心理，希望个人的财产增加，不感觉其为参加社会主义建设的一员。无产阶级之中也有这样的成分，他们当向工资高的工厂去工作。因为苏俄工资，因各地物价的不同，也有差别，有时因新建设的工业成立于僻壤之区，诸多不便，故将工资提高以吸引工人前往工作。斯大林在第三年度时且将论时制工资制度改为论件制，因当时新由农村出来参加工厂工作的青年农民，达四百万人，他们技术很低，而所得的工资与熟练工人一样，结果使一部分熟练工人怠工。这样改变工资制度本为权宜的办法，在当时颇受一般的非难。

丙、将农村与都市的对立除去

农村与都市的对立是资本主义社会普通的现象，因农村设备远不如都市，农村常在都市支配之下，在苏俄国内，也有同样的现象，虽列宁曾经提出农村电汽化的计划及第一五年计划时的集团农业运动，农村与都市的对立，仍未化除，结果因物质上的差异，农村是生产的中心，都市为消费的中心。若不将此对立清除，上述的第一与第二的目的则无从实现。第二五年计划就是再使农业机械化，将各地工农两业，连合为一，换言之，尽量使农村同化于都市。

丁、将一般人民的生活水准提高

在进行第一五年计划之时，一般人民的生活都很困苦，肉类、牛乳与其他消费品都很缺乏。第二的五年计划准备发展轻工业来提高物质的水准，约比 1932 年要高二三倍。人民生活宽裕后，对社会主义新社会的建设自会更形踊跃努力进行。

戊、使全国人民一般的文化水准向上

在革命以前俄国文盲人数占全人口 30%，革命以后，尤其是在五年计划实行之时，对清除文盲的工作，甚为积极进行。红军无形中是识字运动的主要份子，因为苏联采用征兵制度，兵役之期为一年至一年半，当其在军队服役时，除军事教育与实际操练以外，尚有政治的训练，退伍后回归乡间就变为乡间的新兴智识分子，于冬季休耕时，常教导一般农民读书识字，因此近年来目不识丁的人数比前大为减少。第二五年计划对此清除文盲的运动，更为注意。其次要使文化机关普及全国。农村文化机关如移动戏场、电影院、广播、无线台等，颇为完备，在第二五年计划的规定，这种农村文化机关更要增加，以使农村文化尽量提高，此外尚有远大的目标，即是在第二五年计划期间使肉体劳动与精神劳动的区别化除，给一千多万的肉体劳动者高级的教育，将其智识提高，使人人都有变为技师的能力与机会。

（二）经济的意义

甲、第二五年计划经济上的第一要务是要完成建设社会主义基础所需要的种种条件。若能成功，苏俄则可完全自足自给，而不须依赖他国。

乙、使全国国民经济上各部门获得最新技术。第一五年计划已将农工业的技术提高不少，第二五年计划将不但是提高技术，而且获得美、法、德三国最新的技术。兹将第一五年计划与第二五年计划各工业比较如下：

机器工业在 1937 年的出产尚要比 1933 年的增加三倍至三倍半。

（a）煤油的产量（单位：百万吨）

年度	产量
1913	9.2
1931	22.3
1932	26.4
1937	78.0

如按照此定额完成，英美的煤油公司必受莫大的打击，且可陷于破产。

（b）煤的产量（单位：百万吨）

年度	产量
1913	29.2
1931	57.0
1932	90.0
1937	250.0

（c）铁的产量（单位：百万吨）

年度	产量
1913	4.2
1931	4.9
1932	9.0
1937	22.0

（d）电力的数量（单位：十亿 KW）

年度	数量
1913	1.9
1931	10.6
1932	17.0
1937	100.0

若照上述的规定完成，结果苏俄必变为世界最大的工业国，加上轻工业的发展与农业社会化的成功，苏俄将大改现观。但是能不能按照这样的计划去进行，是要看将来的情形如何，才能断定。若无外力的破坏，或意外的事件发生，第二五年计划的完成是有可能的；因为第二五年计划是以第一五年计划为基础，而且跟以前数年试验的经验，第二五年计划更加科学化而适合于现实的环境底需求。不过这次中日的冲突若结局引起日俄关系的紧张或甚至酿成武

力的战争，第一五年计划必会受很大的打击，第二五年计划当然也受影响的。最后第一五年计划的发展工业底趋向，是由西而至中部，以中部为发展的中心，在第二五年计划当中，工业的发展更往东部推进。这是与苏俄国防计划有密切的关系，因预知将来必与帝国主义者发生武力的冲突，而较近东的中部可以避免敌国飞机的轰击。

（E）五年计划与帝国主义各国及中国

一、政治上的意义：五年计划的成功自然给帝国主义者一个严重的打击。它的完成足以证明建设社会主义不是一种空谈，更不是数千年后的事情，是目前就可以成功的，资本主义学者反对社会主义的学说无形中被动摇。同时各国国内发生恐慌，民众生活是异常困苦，对资本主义的制度，由怀疑而生厌弃的心理，对社会主义社会的期望，因有苏俄五年计划的成功，更为深切。如各国工人接二连三的要求到苏俄去工作是一个证明。此外帝国主义间的冲突，更因五年计划的完成而深刻化，因他们共分苏联来和缓恐慌的计划已不可能。至于殖民地与半殖民地的人民，在帝国主义铁蹄之下，早就要谋解放，苏联革命的成功与五年计划的完成，使他们对帝国主义者不像以前那样畏惧，而解放的运动，更加猛烈的进行，现时之所以不能立即爆发起来是由于革命势力的未能充实。

二、经济的意义：在经济方面五年计划的完成，给帝国主义者更大的打击。俄国的市场虽小，但为发展工业会需要外国多量的机器，是美德两国的大顾主，可是到了五年计划的第三年苏俄已自能制造机器，需要德美两国的机器因而减少，因此德国于去年发现几家机器工厂倒闭的事实。此外苏俄的煤油，因用新方法开采，及因油池为新被开发者的原故，产量甚大，同时又因该事业不是为谋利的私人经营，价格比之他国低廉，在之俄油渐能掠夺世界市场，而成英美两大煤油托拉斯的劲敌。关于棉织物工业，苏联以前购用印度与美国棉花，但在第一个五年计划时在东土格斯坦区域辟种棉花，近来且能自织棉织物，输出小亚细亚国去，英、美、日各国的纺织工业将受影响。由此观之，五年计划对帝国主义各国在经济上实予以严重的打击。

中国虽是半殖民地，资本主义社会内的一分，但是客观上是与社会主义国站在同一战线上的，假若苏联的五年计划失败，中国受帝国主义者的压迫，必更利害；反之，若能成功，中国革命运动则较易完成。显然之理，可不待言。

经济方面苏俄五年计划的完成，可由远东的国家予帝国主义者以极大的打击，近来事实已渐能证实此言之不谬。中国所销的煤油，向来由英美两国输入，但自苏俄煤油事业整顿后，俄国煤油已推销于中国。其他各种杂货早已在东三省占有相当的市场。若第二五年计划完成后，轻工业发展，向外输出货物更加增多，帝国主义所受的影响必更严重。

以上是因世界革命第三期的第一特色而推论到五年计划，现在应归到本题。

1. 世界革命第三期的第二特色是帝国主义各国中最弱的一环由英转为美，这就是说世界革命进攻的方向在第二期为英国，到第三期则转向美国。在世界恐慌未发生以前，一些资本主义学者以为美国可以永久繁荣，但到恐慌发生后美国国内的不景气比任何国深刻化，其金融资本的独占为各国之冠，因之到恐慌时情形特别严重，此外他对外投资甚多，在欧战后长期与短期债务合计为 180 亿美金，其中投于德奥两国为最多，其次为南美各小国，但德奥两国为欧洲恐慌最强烈的国家，南美各国亦有同样程度的恐慌，这无异是美国间接将这些国的恐慌负担起来，因之美国的恐慌加倍严重。在经济影响到政治上去的时候，美国已不能像以前那样以强大的经济力量来左右世界的政治，往往因法国强硬而退让。例如关于赔偿战债问题，美虽与法谈判，但因法强硬，以致无结果而散，洛桑会议也因而延期。最近日本在东三省与上海跋扈横行，美始终不敢采取强硬化的态度。可知美国因经济上发生严重的恐慌而招致政治上的退步。

美国国内失业人数有 1 200 万人，在去岁五六月间人民举行饥饿运动，平均每日饿死 1 000 人，杀人越货，日必数起，左倾运动渐为强大。其南美的殖民地，有九国发生革命运动，虽为英美冲突的表示，但实际上受第三国际的影响，左倾运动亦甚高涨。在德情形更为严重，一般人民左倾的趋势比任何国都利害，但同时又发生高涨的法西斯蒂运动，以希忒拉为首领，第三国际对德种种运动的指导甚为慎重，因有变为意大利第二的可能。第三国际在德的工作，实际上是间接与美对抗，因德美两国自欧战后发生密切的经济关系，德的无产阶级革命运动成功，就是美国资产阶级的失败。在中国亦然，江西赤军在第三国际指导之下已渐有巩固的根据地，若能成功，亦予美国帝国主义一严重的打击。因之，苏俄虽未直接与美冲突，然间接从其殖民地或半殖民地的中国与德意志着手领导革命运动，可致美于死命，所以近传的美俄携手合作对日之说，按理是不可能的，只有为外交上的一种手段与作用，或能暂时合作以对日。

2. 世界革命第三期的第三特色是一方面向资本主义最弱的一环进攻，一方面仍采取一般进攻的方法，这样可以动摇帝国主义间势力的均衡，至少也可以向世界作一种广大的宣传，促进世界革命。第三国际正采用此政策，因为帝国主义各国正在严重恐慌的时期，同时苏联因五年计划将要完成，基础比以前巩固，若在此时不取以攻为守的政策，帝国主义的稳定对苏联既成的无产政权是不利的。因是之故，英的印度，中美洲的墨西哥，北美的加拿大，中欧的巴尔干半岛诸小国，东亚的南洋群岛，安南（今越南）和中国等地，都发现热烈的革命运动，对帝国主义者予以严重的打击。

3. 反法西斯蒂运动。上面的各节是站在有利的方面立论的。在世界恐慌之时，帝国主义的势力虽然是弱，可是另外产生一种势力即法西斯蒂的势力与世界革命力量是对立的。近来在德、日、比利时、波兰、芬兰各国，法西斯蒂的运动已到高涨的程度。其已夺取政权的是意大利的法西斯蒂党，他们的主张是要建设超阶级的国家社会主义社会，一方面反对资本主义，另一方面又反对共产主义。但事实上他们在夺取政权以后，是金融资本统治阶级的拥护者。归根到底，法西斯蒂的运动是反世界革命的，所以在世界革命进行之中，这样的障碍非清除不可，因之在德国共产派与法西斯蒂派时有武装的冲突，不能调和及互相协助。在第二时期世界革命的敌人，帝国主义除外，还有社会民主党，在第三时期则为法西斯蒂党。在中国虽有形似法西斯蒂党的青年党，可是在理论上与行动上都没有广大的作用，且无群众为其基础，一切活动都无实效。

D 世界革命将来的展望

一、先决问题

（一）测定的原则：预料世界革命的将来，是目前的要务，可是应该根据什么原则来测定呢？具体来说，对世界革命各种问题的研究，是否应经过长期抑或短期的观察来决定？再者是否应以一国或多数主要国的情况为根据？为要得到正确的结论，无疑异的应从长期来观察，因为世界革命的进展，如同一般社会现象一样是走曲线的，短时间是不足以明其真相。例如公债价格，每日必有起落，是按照当时市场的供求如何、世界情况如何来决定。如以短时间的观察而想预测公债价格的起伏，是会不正确的。同时因其起落所取的途径是曲线的，所以非有长期的观察不可。对于研究种种社会现象都可按照这个原则，世界革命亦然，当不能例外。其次从国家方面来看，各国的情形不同，有的国内革命势力很大，有的很小，有的革命的客观条件早已成熟，而有的只正在萌芽。所以只观察某一国是不够的，那么是否各个国家都要细细去观察呢？当然一般的研究也不是科学的方法，因为这太废时失事。在资本主义发展到最后阶段而变成的发展很不均等，世界革命的进展也随之而不同，所以预测其将来，非寻求其几个占主要地位的国家为研究的对象不可，如在政治与经济占优势的五大强国，和落后的殖民地与半殖民地的印度，德意志与中国，可算是在现世占主要地位的国家，因为在上述某一国革命的失败与成功，立即可以影响整个资本主义社会。若从这少数主要国家加以考察，世界革命将来的预测可有相当的把握。

（二）测定的标准：革命的本身，有其特殊的性质，不能以普通的标准来度量之，其测定的方法，可分以下四个标准：

（a）革命的高潮，即革命潮的高低；

（b）革命的危机；

（c）革命的情势；

（d）革命的成败。

关于第一的标准，是指革命的醞酿与革命空气的高低而言，革命空气浓厚时则为革命的高潮，革命空气低落时就是革命的消沉。一国的革命潮是否高低可由政治与经济两方面来看，如社会发生左倾的革命运动、同盟罢工、暗杀、拐骗与盗匪等，则表示该国的政治与经济陷于不安的状态，而革命潮是向高度方面发展，若从数年间观察所得的结果，革命潮的趋势自然可以明显地表现出来。

革命的危机又名政治危机，不过这名词已渐渐不用，因其有特殊的意义，是与经济危机对待而用，同时又可指革命以外的政变而言，所以现时普通都用革命危机一名。所谓革命危机，是指革命各种客观条件成熟而言，譬如内部发生长期的内乱，或经济上发生不能解决的纠纷，或是在一般社会组织上发生缺憾，如在世界恐慌之时，在美一方面每日有因失业而饿死的人民，另一方面资本主义组织内又无救济的机关与办法，非要以革命的手段来改革社会制度不可，但因旧有制度的反抗与阻挠，使制度的缺点保存，而不获解决，在这时革命的客观条件已具备，只得主观的力量成熟时则可爆发，故曰之为革命的危机。

革命的情势比革命的危机更为深刻化，在这时期不但是革命客观条件已成熟，而且主观方面的力量亦已充足而真正需要革命的运动。换句话说，上层的统治者不能再用其旧的方法来统治，下层的民众即被统治者再不愿在旧的统治之下过活，这时的革命已到实际爆发的程度。

在革命情势到来时，革命是要爆发的，其结果的如何，要看当时两方面斗争的力量如何，革命的成败，明显摆在目前而不用观测，但是成败可因观点的不同而有差异。例如 1905 年的俄国革命显然的是失败，但照全体来说，1905 年革命的失败，是资产阶级的失败，无产阶级反因这次的失败而增厚自己的力量。又如 1918 年德国的革命，显然的是已成功，但从世界革命的眼光看来是失败的，因为结果将革命的势力消灭，而政权移到资产阶级手中，一般民众反不如革命以前那样自由，因德在各帝国主义共管之下变为半殖民地的国家。

二、世界革命经过的本质的认识

在前面各节所讨论的，只是世界革命各阶段的特点如何，始终没有把世界革命整个的经过认识出来。兹按照上节所提出的四个标准来观察世界革命整个的过程，非如此不能认识清楚其本质。

从革命的高潮一点来观察世界革命，有两种不同的意见，一说以为世界革命是向成功方面前进，革命的趋势是一天比一天高涨，因为自从世界革命发生到现在，每个时期总有一国发现革命的高潮，在第一期奥、意、芬兰等国发生革命运动；在第二期在中国与印度爆发反帝国主义的解放运动；在第三期德意志、中国、南美各小国的革命是在高潮。其他一说适与此相反，以为世界革命自第一期失败后，现在还是在低落的地位。若从资本主义主要国家来看，世界革命确是消沉，但若从殖民地与半殖民地来看，世界革命还是高潮。为要得到正确的观察起见，应公平地将两方面来比较观察，我们的结论是，世界革命高潮事实上是有的。第一、三两个时期不消说是革命高涨之时，在第二期除中国与印度因有革命运动不成问题外，其他各国的革命空气是很消沉，社会比较安定，不过这样的安定是因生活标准减低而来的，是受压迫的安定，而不是真正的安定，其寿命是很短的，所以从整个观察起来，世界革命是在高涨的时期，比以前更为激烈，尤其是革命的根据地苏联渐能巩固其基础，第二期虽在欧洲各资本主义国家革命潮暂为低落，但不能以此为代表。

从革命危机来看，这问题与第一问题不同。在第一期中革命客观条件的成熟曾在欧洲各国发现过，在第二期中客观条件未有完全成熟，中国与印度的革命运动，不能看作革命的危机，在中国革命半途流产，印度的革命没有成熟，对别的国家没有发生影响，虽然中印两国在当时占主要的地位。第三期中自 1929 年以来革命危机在德中两国已成熟，但只是表面而已，在中国革命的客观条件虽已具备，但内部的残局始终维持下去，因此对别的国家没有发生影响。至于德国，恐慌已达至严重的程度，卜鲁宁内阁曾屡次颁布紧急命令，这表示革命危机差不多到完全成熟的时候。但其他各国的革命客观的条件未见成熟，到第二三两个时期反见减少，所以一般看来革命危机是没有长成，这是普遍的现象。

再从革命的情势看来，更明显的只有在第一时期德、奥、匈诸国曾经发现过，中国虽有，但是相传下来，而不是特殊的，对世界革命没有很大的影响，总之自第一期以后革命的情势没有发现于任何国中。关于革命的成败，尚没有研究的必要，若只从局部来看，如中德两国或有研究的可能，但整个上尚非其时。

综上所述，世界革命全体看来是在高潮阶段中，而正向危机方面发展的时候，这是世界革命现阶段的趋势。

三、世界革命的展望

甲、从一般看，在这问题中我们要看世界革命将来的可能性是什么，现在可从一般的观点上与各国的观点上两方面来观察。若从世界革命根据地的巩固化，各国革命的高潮，与世界恐慌的深刻化来看，世界革命是有可能由高潮到革命危机成熟上发展。明显地，美国内部已酿着革命的危机，其他如英、法、日诸国，虽然内部比较平稳，但因与别国有关系的缘故，社会间接使之陷入革命危机的阶段去。例如英法与德的关系颇为密切，德是正在危机的时期，英法自然不能不为其所影响，日本亦然，因与中国有关系，所以亦有革命危机的可能。

乙、再进一步从部分来看，可得几个可能性：（一）以德国为中心的世界革命危机的成熟。德国在各文明国间备受世界恐慌的影响，人民的痛苦比任何文明国利害，失业工人有五六百万之数，中产阶级在资产阶级剥削之下渐之没落下去，农民也异常困苦，全国经济的构造非靠外国资本不能维持，因此卜鲁宁内阁曾五次颁布经济紧急命令，以政治的强制力来维持国内的经济原状。这样一来德意志的革命危机客观条件的表示，业已成熟。主观条件如何？在德一般人民均有组织，国内有力的政党是共产党、法西斯蒂党与社会民主党，共产党自不待言是领导被压迫者进行世界革命，其组织的严密与实力之大除苏俄共产党以外他算各国之冠。就是法西斯蒂党虽然不是革命的政党，到夺取政权之后还是拥护资产阶级，可是因其目标是反抗外国帝国主义，他们的运动亦可促进革命运动来打破帝国主义的压迫。这样看来，革命主观的条件也是具备了。此外德国人民自十九世纪始，已有革命的训练，虽然当中曾受过修正派理论的薰陶，但无论如何，理论比他国发达，其后又经数年大战后的休息与内部经济的破产，人民斗争的情绪已达白热的高度，如现时左右两派的武装冲突是各国所罕见的现象。这样人民主观的热烈的情绪，是促成革命危机成熟的一个有力的条件。德国革命危机的成熟会影响其他各国，一方面就其地理说，与俄颇近，只中隔波兰一国，俄国随时可与之联络；另一方面就经济来说，德与英、法、美诸国直接与间接均有密切的关系，因此德的变动必予英法美各国严重的影响。

（二）以中国为中心的革命危机的成熟。自民国以来，中国从未有过好景气，革命危机始终存在，简直是一个无组织的国家，人民的民族意识又非常薄弱，例如最近中日冲突事，若在别国发生，举国上下必一致谋强烈的抵抗，然中国人民与政府始终宽大为怀，毫不介意，这就是一个明证。虽如此，革命的危机不因之而消失，且慢慢向着革命情势方面进展。具体来说，自民国以来，统治者已失其统治的能力，国内从未统一，近来与政府对立的共产党虽其内部曾发生严重的破裂，但其在赣、闽、鄂、豫、皖各地的势力确已增长。在"九一八"事件发生以后，全国青年对中国是无不感觉无出路的苦闷，而投向共产党那方面去。另一方面，因政府自始至终无应付国难的方法与能力，使一般民众对政府失望。帝国主义的日本对中国非取压迫手段不可，东三省夺取后，又来在沪挑衅，目的无非是要使中国整个受其统治。其他帝国主义对日的横行，因各有其利害关系，未敢断然采取强硬反对的态度，其后日见中国政府软弱无能，反向日表示好意，希望中日的问题早日解决，对中国不无仍用压迫的手段。中国在此外患内忧状况之下，人民的痛苦日甚一日，革命危机自然存在，而可促进世界革命的进展，这样的可能性不是无根据的。

（三）在解决世界恐慌可能方法之中，集团经济是一个方法，即由四大强国英、美、法、日各霸一方，实行其集团经济的计划。若这方法能够实现，世界革命的危机可以延长一点，但同时，革命危机与情势的程度必因之而更深刻。因为各帝国主义者互相冲突减少的缘故，对其国内无产阶级及其殖民地与半殖民地的被压迫民众的剥削，必更加利害，如日之压迫中国，英之剥削印度，美之统治南美各小国，必变本加厉地执行，如此被剥削与压迫的民众，则愈感生活的困难而谋解放。另方面在集团的力量增大时，向外发展是不可避免的，军备的扩充就随之而为必然的事实，一时减少的相互冲突不久重复发生而增多，人民负担仍然加重。所以集团经济计划的实现，虽使危机延长，但结果仍使世界革命更进一步的发展。

（四）假使在集团经济实行之下，各帝国主义者不严厉地压迫人民，只求维持现状，如美不问欧洲事情，对中日问题则采用胡佛主义（Hooverism），即是一种口头上表示反对日的跋扈，而实际上系本身力量充实时才来干涉的政策，世界革命的进行就稍为困难，革命危机就不能成熟；因为各帝国主义者一方面可以将内部恐慌解决一部分，另一方面他们在此形式上不需要很大的军备，对人民的压迫与负担就不会很重，这样一来，世界革命就停顿在革命高潮那阶段上，革命情势更难成熟了。

从世界革命看来的中日冲突的展望，中日冲突可由上面四个可能性而得到不同的结果。倘若世界革命照第一个可能性实现出来，显明的世界必有很大规模的革命运动，因为德的革命必与法的利益冲突，俄是无疑异的会援助德，而法则主使波兰、罗马尼亚、捷克斯拉夫等与俄毗连的小国向俄围攻，使俄不能直接助德，这样必然可以引起世界的第二次大战，日本在此大战中必助法而攻俄，现时事实已证明这样的趋势，英或可站在旁观的地位，但以后因法的威协，或终会联美反抗法日，美国始终与日不善，也许暗中帮助俄、德、中三国来对抗日本。这样一来，中日的问题必更严重，日本得法之助，必用全力压迫中国，英美如助中对日，世界第二次大战必不可幸免。

若照第二可能性发展下去，中国方面的推动世界革命力量必很大，但必以能抗日为前提，中国因受日本的高度压迫，人民抗日必甚利害，虽政府无此力量，中日冲突必成为很严重的问题，也许不是单纯日本对中国的问题，结果会发生两种趋势：一是各帝国主义者联合压迫中国，使日本在表面上压服中国，而成为各帝国主义者的共同殖民地；一是英美两国看见中国实力可以抗日而予以援助，中日冲突的问题变成世界第二次大战的导火线。

若照第三可能性，结果世界四大强国独霸一方，中国必为日所独占。在此形势之下，中国在客观方面必陷入完全屈服的地位，中国革命势力随之受很大的打击。但虽如此，中国革命的基础必能更加深厚，虽暂时屈服，终会卷土重来。

若照第四可能性，列强可以暂将恐慌解决而维持现状，当然世界革命的高潮必为拙顿，危机不会成熟。中日问题也会一样的维持现状，以日本主持一切。在以前讨论中日冲突问题时，曾指出四个可能性，与这段所提出的几个可能性对照起来，发现一个新的可能性即第二可能性。对于可能性转为现实性的问题，在未讨论中国政治运动现阶段这问题以前是不能解决的。

马克思经济学在一般经济学史上的地位[①]

序言

我们要想明了马克思经济学在一般经济学史上的地位，我们第一应当知道马克思经济学的界说，第二要知道它在经济学史上的地位，第三要知道它在经济学史上的意义。现在我分成三段述说如下：

第一段　马克思经济学的界说

第一节　马克思经济学的范围

马克思经济学的范围，在普通一般人所说，认为是专指马克思

①　署名陈豹隐，选自《对抗》半月刊 1932 年 8 月 15 日第 1 期，第 1～12 页。——编者

生时所著作的书籍而言，这样的说法初初看起来，固然是很对，没有可辩驳的余地，但是如果我们要仔细地去研究一下，这种说法就发现有好些不正确的所在：第一，拿马克思他本人的著作来讲，其中就有好些地方不是马克思亲自提笔写的或亲自著作的，有的是马克思自己只拟下个大纲，还没有从事写作，就与世长辞，至后日由他的至友恩格斯和其他从人替他续著完成的。于此马克思的经济学说既然不是他一手所铸成，即他的经济学里面的言论和思想绝对不能始终一致，其中的前后冲突和矛盾的地方，事实固属难免，甚者纯然和马克思的思想完全相反的处所亦不罕见，如此看来，即以马克思的经济著作为马克思经济学说范围，立足点就不大稳妥了。第二，是以马克思的经济而论，它发生的时期是在六七十年以前，在当时社会复杂的情形绝对不能和现在社会情形一样，因此他的经济学说于现在的社会情况之下考察起来，很有些地方不适合于现在的社会，固然马克思观察的深刻和推论的正确到现在还有一部学说是适合的，不过研究马克思经济学说只拿马克思一人的经济学说为范围，未免太不完备了。于是对于马克思经济学说的范围，又发生最广义的说法，他们的意思是凡认为是科学的经济学说，都包括到马克思经济学说的范围以内，这种规定乍一看也似乎很对，可是因为人人的观察点不同，注意力有异，他们虽然是站在一条战线上，而他们对于经济学说的述说结论绝难相同，因此各个人都争说自己是马克思的正统派，互相辩难，毫无底止。就是在第一时期，换句话说，就是在马克思在生的时候，谁是马克思经济学说的正统派，亦很难判定；到第二期，就是所谓第二国际的时候，第二国际的人们都以为自己是马克思经济学说的正统派；而到了第三期，所谓第三国际成立以后的人们，也是认为自己为马克思经济学说的正统派，甚而否认和攻击第二国际的人们，说他们不是正统派；蝉变到最近来为第四期，就是俄国革命以后，苏联共产政府完成，公认布哈林的经济学说是马克思经济学说的正统派；然而到了今日，又有人否认他，说他不是正统派。这种纷纭复杂的情景，真是令人目迷五色，耳迷五音，莫知所宗，因此以最广义的说法来确定马克思经济学说的范围，也有不可能。所以不能不采取折中的办法，来规定马克思经济学说的范围。就是以马克思本人和恩格斯及后来的列宁的经济学说思想为中心而规定马克思经济学说的范围。

第二节　马克思经济学说的结晶体

从上面的规定，马克思经济学说的范围，以马克思、恩格斯和列宁三人的经济学说为代表。然而他们三人的经济思想，各个人显然有很大的差别，不但如此，就以他们个人而论，其著作和思想前后也不能一致，亦有矛盾的地方。因为人是社会的动物，每受环境的配支，他们的聪明才智虽然是过人，也不能避免的。故而他们的著作和思想前后不一致，盖为环境使然，不能为他们的病。然而我们要想明了马克思经济学说，不得不于其著作中选择他们最精的一二本杰作为马克思经济学说的结晶体。现在将他们三人的代表著作写在下面。

（A）马克思的《资本论》《政治经济学批判》《剩余价值学说史》《工资与资本》《哲学的贫困》。

（B）恩格斯的《反杜宁派》。

（C）列宁的《帝国主义论》。

第三节　何谓马克思经济学说的一般特征

马克思经济学说的特征很多，现在我们只举出它的最大的几个来说：

（A）马克思经济学说为唯物辩证论的经济学说

（一）马克思派认为无论何种的学说，不是毫无根据凭空产生的，都是根据物质的背景而发生的，换句话说就是根据经济为背影的，这种结论自然是依据唯物辩证论推论出来的，而经济学说亦是意识形态之一，当然也是以经济为背影。所以马克思经济学说是唯物辩证论的经济学说。（二）谓一切的学说，都带有唯物辩证论，就是带有矛盾性的发展。详言之，就是每一种学说，都有相互的斗争，斗争的结果发生出来更高级、更新的东西，新的学说再互相斗争，再发生再新的东西，如此往复演变，从无已时，这也可以说是一切事情的天然性，没有改变的。因此马克思经济学说本身的发展，也是富有矛盾性的，决不能独逃此公例而外。

（B）马克思经济学说的历史性

在上面一小节，我们承认经济学说是物质的反映，于此我们不能不承认经济学说的演变是带有历史性的发展。如同在资本主义时代所产生的经济学说都是资本社会的反映，绝不能够应用封建制度时代的社会，而社会主义的经济学说，自然也难应用到资本主义的社会里面去，所以马克思派承认一切的事物都是带有时间性的。可是其他的学派如正统学派、心理学派等的学说，都没有认识这一点，都以为一种学说的成立，是带有永久性而没有时间性的，就是历史学派的学说，虽然承认一切学说带有时间性，但是他们所说的只是表面肤浅的，只能从历史上搜集经济的事实，做研究经济学说的参考材料，不能成为一种科学的经济学说，因为他们没有确定一种普通的法则，做研究经济学说的准绳，这不啻是否认了经济学说的历史性。

（C）批判的态度

依据上面的所说，马克思经济学说不能离开过去历史上的经济事实和现在的经济事实，因此马克思派研究经济学的态度，不是如其他学派只用主观或客观的态度去批评外界的事物，他是用批判的态度来研究外界的事物，批判的意思就是用经济史、经济学史和经济原理综合起来研究，而方法是一面综述过去和现在经济上的事实，一面用批判的态度，去批判其中的是非，完成一种正确的论著和精辟的观察。

（D）马克思经济学说是实践的经济学说

这也是依据上面所说而来，谓马克思的经济学说不是凭空发生的，而是与实在的经济事实有密切关系的，因此得出结论，马克思经济学说是能够实践的。如社会运动事实的发生，是因为资本家和金融资本家剥削劳动贫苦阶级的反映。劳动阶级能从这剥削中反映出来的社会运动的主张，才能在时代社会上成为有势力的阶级，不然不能算有社会运动的主张，只为概念的游戏。所以深切言之，马克思的经济学说是在资本主义下劳动阶级意识形态的反映，为资本主义没落期必然的现象，在此时间当中，所含有的斗争性为榨取阶级的资本家和被榨取阶级的劳动者的阶级斗争。反之，不是马克思经济学说的经济学说都是理想的凭空的而不能实践的，因为他们承认经济学说都带有永久性的。不但如此，并且马克思的经济学说是带有一种政策的，而其他的经济学说是丝毫没有的。虽然其他经济学说有的也与马克思派有同样的主张，如同德国的经济学派所主张的社会政策，可是他们的主张绝对没有把阶级的斗争和经济的事实联合起来研究。

第四节 马克思经济学说具体的特殊理论

顺从上面的秩序来说，我们知道了马克思经济学说的范围、经济学的构成和它的一般的特征，现在不能不进一步去讨论马克思经济学说具体的特殊理论，所以这一节里就要分别大致说说。

（一）平均劳动价值论

马克思的这种学说，与正统学派、奥国学派的劳动价值学说都完全不同。他们所指示的劳动价值，大体说只是社会上各个人用自己的劳动力去替资本家工作所换得来的工资即为劳动价值。因这所得的工资适与劳动者所出的劳动力相等，因此一切商品价值的构成，也以劳动价值决定。而马克思派所示的劳动价值说，乃是全人类平均的劳动和平均社会的劳动，譬如现在的美国因为实行产业合理化，平均一般劳动者的工资都提高了，就表面上看来，美国工人的待遇都很优厚，可是如果我们要从社会的劳动量看起来，知我们发觉施行产业合理化的结果，这种工资的增加反是畸形的，因为在美国一般平均社会的劳动量而降低，多数的劳动者因此失业，所以马克思的劳动价值学说是以全社会平均的劳动量为价值的决定。

（二）剩余价值说

这个经济学说可以说全为马克思经济学说上所特有的，从前空想派的社会主义者固然有的也曾想及，但是只是谈到剩余的来源，不是马克思派所说的剩余价值。马克思派剩余价值意见谓剩余价值是由于使用了劳动力后所生产出来的，因为资本家付出工资购买劳动者的劳动力，于是劳动者就替资本家从事作工，由这工作中生产出来一种新的东西，当然这新的东西已有了新的价值。可是这种东西，不属于劳动者而属于资本家，因为劳动者接受了资本家给的劳动工钱，而不能不出劳动力以补偿这劳动工钱的价值。在道理上固然是劳动的时间以劳动工钱为比，然而事实上劳动者的劳动不仅只补偿了这种劳动工钱就算完事。他们在补偿了这所得的工钱之后，并不就停止了他的作工，还得要多作几点钟的工，超过他所应得的劳动工钱的价值，就是超过了劳动工钱额，他这多作几点钟所产出来的新价值，就是剩余价值。这种理论将在资本主义经济制度下资本家的利润和资本的来源予以详尽地说明，并且将资本生产的秘密完全曝露出来，使一般广大的劳动阶级找着了许多的理解，这种学说不是正统学派们的经济学说所能说明的。

（三）平均利润论

这种学说的意思，是说工厂的厂主于他所制造的物品的成本费以外，尚加上了通常的利润。不过如在特别的情况的底下，有时候所获得的多于或少于通常的利润，这自然为常有而不可避免的事。然而我们如果从长的时间看起来，和依普遍的平均起来，则在同一的生产事业部门的当中，一切企业的利润率，大多是渐渐趋向于相等的，因此在同一生产事业部门中，就有了一种平均的利润率。不但是如此，就是在不同一的生产事业部门之间，因为彼此间有竞争的缘故，也使一般的利润率趋向于平均的方面走。这个学说在其他各经济学派虽也曾说及，不过没有彻底的说明，以致都不及马克思学派说得详尽正确。

（四）绝对地租论

在经济思想史上看起来，亚当·斯密对于地租的构成没有加以说明，李嘉图虽有地租的学说，但只是说及等差地租；他说地租的发生，是由于人们在同一面积则不同质的土地上，投下同量大的资本数目耕种，所得的收获利益发生差额，人们都愿意去耕种获利益多的土地。但是土地所有者岂肯白白让他们去耕种？于是乘一般人希望的机会向愿意耕种的人们征收租金。换句话说，谁要耕种收益多的土地，谁就出租金，此即为地租的构成。还有一层，李嘉图认为人们对于土地的使用，是先从最肥沃的土地耕种起的，等到人口增加，土地需要也加多，最肥沃的土地都被先者占尽，后来的人只得耕种较次级的土地，如此推演下去，最后要渐及于最劣等的土地，可是每当次一等的土地为人们所使用，则同一时候耕种较肥沃的土地的人们就得向土地所有者交纳地租。因为在李嘉图时或以前的社会经济情况下，每当劣等土地初被使用的时候，需要的人尚少，土地很多，可以不纳租金，就可自由地去耕种，但是要想耕种较肥沃的土地，情况就相反，因肥沃的土地已经为人占完，如果要去耕种，非纳出租金来，否则人家不肯借给你耕种的。再者李嘉图又将土地肥沃的成分分成好几等分，最肥沃的土地地租最贵，次一等的次之，由此推测最劣等的土地常常是不发生什么地租的。然而我们要知道，在现代资本主义的社会里面，无论何种最劣的土地都不能实现他的推论，因为地主们都把土地据为私有，决不肯将其中的一部分让人白白使用而不收代价的，所以李氏的学说，到现在已显然不能实行。于此我要研究这个问题，不能不依照马克思的绝对地租学说。他说绝对地租学说包括以下论述：第一，因为在农业部门中，资本的构成比起工业部门中的资本要较低级些；而农业全部资本当中，可变资本的部分在相对的关系上反占着较多的比例，所以在他对全部资本额的比例上，农业部门中颇能生产出来比较多的剩余价值来，这就是地租的源泉。第二因为土地上面有所有权的缘故，在这种同一分量的资本而需要比较多量的土地面积的农业部门，就会妨止着某种程度以上资本的自由移入，因此也就曾同时妨止它的生产物的价格跌落到最劣等土地上面的生产物的价格去，结局就会在农业部门的全体里面，保留着一种一般的超过利得，而这种超过利得，不是等差地租的超过利得，是变成为绝对的地租。自从马克思学派将这种绝对地租学说说出才将地租问题根本解决。

（五）资本积蓄论和恐慌的理论

大体上说，我们依据上面的剩余价值学说和平均利润学说可以推测出来，资本的积蓄是越积越大，结果使资本都集中在少数资本家的手里，社会上贫富两阶级显然的划分。但是这种现象限于资本的积蓄达到某种程度的时候。如果生产和消费的平衡发生了破坏，必然发生生产过剩，于是商品的生产停滞，工厂收缩，失业者增加，一般购买力也更减退：种种恐慌事实都出现。今日世界上发生普遍的经济恐慌（苏俄除外），固然其中有其他政治的种种原因，而主要的因子仍是脱不了以上的理论。虽然现在各资本主义国家都加重注视恐慌发生的问题，设立不景气观测所，聚积各国国内经济的专门人才共同研究，想解决这个难题，可是怎奈这般人才都没有彻底明白恐慌理论，以致所决定的恐慌学说只是说明一时的现象，很难预测将来的转变。因此要想解决恐慌的问题，非根据马克思学派的恐慌理论是不可能的。

（六）帝国主义论

关于帝国主义的理论，大致说是：在资本主义的国家，国内工业的发展非常的迅速，达到独占国内市场的时候，而工业的生产品仍然是不止地增加，当然国内的市场不能尽量容纳，而促成过剩的生产商品，而同时国内出产工业原料品的农业，不能够合工业相对比的发达，以致使工场中感觉到原产品的恐慌，结果资本主义的本身发生了障碍，感到无处来原料的痛苦，显示出来崩溃的裂痕。可是我们要知道，在现代资本主义下的工厂组织都是大规模的机器生产，是不含有收缩性的，因此资本主义下的资本家为要维护自身的生存起见，就不得不向国外发展，一方面寻找销售商物的市场，一方面寻找供给原料的出产地。他们这种的向外发展，显然是关乎其工业本身的生命线，故此不惜用张大的军力，以维持既得的利益。同时世界上的弱小民族，无不受到他们的侵略和宰割，都变成了他们的殖民地或半殖民地。资本主义的国家发展到了这个阶级，就成为帝国主义。不过帝国主义的理论，因为马克思学派中各个人观察点的不同，所以对于帝国主义的结论，也各有不同的地方，可是他们都一致承认这时代为帝国主义的时代。

（七）资本主义扬弃论

扬弃的意见，就是说一种肯定事物的当中包含着否定事物的性质，等否定的事物渐渐发展扩大起来脱离肯定事物的范围，成为纯然反对性质的事物，并且与肯定的事物发生对抗，但是到结果，肯定的事物和否定的事物互相调和起来成为第三者否定之否定的事物。如现在资本主义的经济组织发展已经达到成熟的时期，而非资本主义的经济也扩展得很迅速，与资本主义的经济发生直接的斗争，这种斗争的结果将来一定成为过渡期的经济组织。这种现象为资本主义的扬弃，为过渡期的经济理论或转形期的经济理论的形成。

以上所列举出来关于马克思经济学说具体的经济理论，固然尚有其他的经济学派，毫无讨论过，不过他们所说的不是偏于肤浅就是分析得不清楚，毫无彻底的见解和主张。马克思经济学派所独创的理论大有他们所不及。

第二段　马克思经济学说在经济学史上的地位

我们在第一段中所讲的是确定马克思经济学说的界说，现在要进一步研究马克思经济学说在经济学史上的地位。兹先将近代经济学史的阶段说一说：

（一）第一期　反对重商主义的时代

十六世纪末到十八世纪的初期，为重农学派的经济学，反对重商主义的时期。在十五世纪到十六世纪的期间，是重商主义的政策最盛行一时的时期，因为当时欧洲的经济状况还是商业资本的前期，这时候的商业资本在欧洲各国的政治上、社会上还没有取得相当的地位，所以商业资本的自身尚未能独立存在。可是商业资本为要谋取在当时政治上、社会上的地位计，就不能不和当时的君主国王携手，借君主在政治上的势力以施行他们的政策，发展他们的自身。至于商业资本储蓄的方法，完全依靠在不平等的交换或流通的过程上，换句话，就是用贱价的商品换得高价值的物品和用欺骗的、掠夺的、榨取的手段以谋取得多量的金银。如当时欧洲西班牙等国在南美洲换取金银即采用不平等的交换法。除此外还有凭借国家政府的武力，不顾一切，将殖民地或半殖民地的所有完全掠夺，据为己有。如英国当时用海盗的方式以取得资本，用这种方法将资本集中起来。所以这种资本的聚积和现在资本主义下的资本聚积的方法就完全不同了，因此名为原始的聚积。这种聚积的手段，并不限只用在国外，有时候在国内也一样的使用掠夺和榨取，比如国家政府每当战争发生不能不需要大批的金钱，于是商业资本者就高利贷借给政府来剥削政府。商业资本在当时的影响很大，所以后来叫做重商主义，它们意义就是只知道商业为重要，商业是生产的、有利益的。金银的聚积为国家的财富，故而当时国家政府不惜以全力保护商业的发展。

但是到了十六世纪末十七世纪初年，反抗的势力就起来了。因为①当时商业资本的聚积，业经达到满溢的时期，可以使用资本主义生产的方法，来剥削一般的劳动者；②在商业资本聚积的过程当中，商业资本者只是顾到商业上一个人的利益，没有顾及到其他部门的利害，因此一部分独立的小生产者由于受到商业资本的剥削，不能够不依靠生产生存，而日渐趋于没落，遂变成不得不出卖劳力以谋生活的无产阶级，无形中形成了资本主义的劳动后备军了；③因当时人们的智识日加增高，商业上不平等交换的方法已经渐渐不适用，而商业资本者不能不放弃这种不平等的交换方法，而采用平等订立契约，去购买劳动者的劳力，实行商品的生产。有以上的三种原因，所以商业资本家集中在产业资本家的掌握中。

然而当时受重商主义压迫最甚的要算农业，于是一般代表农业利益的学者，即后来名为重农主义者群力起来反抗，尤其在英国、法国反抗的势力更勇跃。因为英国商业资本已经成熟，法国为农业的国家。重农学派认为一个国家真正的财富不是在流通的商业和聚积的金银，而是在生产事业，但是他们所谓生产的事业和一国真正的财富是农业；只是农业为生产的，其他的工业只占辅助的地位，而非生产的。其所以特别反对重商主义者，因为重商主义的一切政策不顾及农业生产本身的兴替，只顾到多多取得币上的价值，不惜用政治上的权力来束缚其他的一切生产事业。因此重农学派对于当时的要求，唯一的是要将重商主义所有的人为政策和严苛的限制根本取消，反到自然的生产。因农业只需要平等的交换和便利的交通，无须乎政府用种种的限制，农民自然知道自己谋自身的利益，并且资本在这自然环境中，也可因此渐渐聚积起来，不劳政府的维护。以上的种种情况，固然是重农学派依据当时一般的需求起来反抗重商主义，而同时亦可说经济学基础的成立也是在这个期间。

（二）第二期　正统学派成熟的时代

正统学派的开始，是于十八世纪的后半期和十九世纪的初期，创始的人为英国的亚当·斯密，他作了一本《原富》，讨论当时的经济问题，遂开了后代专门研究经济问题的先河。再从经济史上看，当时为产业革命完成的时代或者说为产业革命进行的时代。产业革命将以前散漫资本的生产事业打倒，变成集中资本的生产事业，将以前手工工业生产打倒，变成为机器的生产。所以资本的集中愈使资本家在生产事业上势力扩大，生产的方式遂由农业的生产达到工业的生产。又因为当时的海外发展很盛，国内的原料品不感觉困难，只是需要机器的生产，一般投资者都向工业上集中，结果更加促进工业的发展。再从利润方面说，因为生产方法进步的地方，产业资本的势力非常大，可以控制其他的生产部门，所得利润也很丰厚。这种种情形反映到政治上去，发生与君主势力相对抗，结果将君主的势力打倒，变为所谓武士主义的革命。资本主义在这时反对政府，是由于这时他的对外贸易只用商品的势力就可以战胜一切，无须要政府的帮助。

在以上种种的经济背景中，产生了正统学派，他们的主张与重农学派不同的地方，只因重农主义对于生产上只注意农业一种，而正统学派得将全部门的生产事业完全注重。换句话说，就是承认工业、农业、商业等都是生产的，均应当注重。不过从注重生产事业，而进一步主张国内国际贸易的自由，请求自然的法则，则他们两派是相同的。然而正统学派学说演进的结果，成为重视工业的发展，此乃环境和时势使然，不是正统学派故意向这方面走。现在总结说，正统学派的主张，反对重商主义的，修正重农学派的，为资本主义时代的反映。

（三）第三期　社会政策的时代

社会政策的时代，可以说是从十九世纪的末年到二十世纪初的时期之中，不过在这个时期里头，经济学说的派别很多，大致说起来可分为：（1）俗流学派；（2）历史学派；（3）心理学派；（4）折衷学派。这四个学派因为他们的经济背影不同，主张和思想各有别异，本不应当放在一起。但是如果我们只从现代资本家和劳动者两个阶级对抗这一点上来看，则在这时期中，这几派所主张的社会政策，表面上都是在调停劳资两方的斗争，好使一般的经济事业不受阻碍，容易向前发展，所以将他们列在一个时代里。可是这种主张所得到的事实，完全只是为资本家方面谋利益，而对于劳动者是毫无益处的。

现在我们不妨将这四个学派的内容略为说说：

（1）俗流学派

这学派的表代者为 J. S. mill，Say 和 Ran 等，他们都自命为代表正统学派。但是我们如果只从狭义的方面去观察，则他们的学说绝不能代表正统学派，只能称为俗流学派，因为他们的经济学说不但没有把正统学派主要的学说，如价值论、利润论等发挥光大起来，反而只作表面上的叙述，毫没有彻底的讨究，因此对于当时社会上的经济机构也不能构成详尽的解析。固然这也是其时环境的关系，因为在十九世纪的时期，欧洲的经济组织已经由产业资本的阶段趋入金融资本的阶段，产业资本的势力非常的雄厚，事实上已取得统治阶级的地位，既然占有统治阶级，为保持自己的地位，绝对不愿将其中的内幕实情宣告出来，使大家周知。在正统学派的时候，因为产业资本才开始，势力尚未雄厚，所以尚须利用正统学派为自己的工具，不能不将实诉情告出来，以便他们的研究。但是现在已经占据势力，就不愿世上的人再将资本社会的内情令人解释清楚，反于己身不利，因此俗流学派在这时候既然得不着资本社会的实情，焉能将此时经济的机构分析清楚。

（2）历史学派

历史学派所以发生于德国的缘故，因为当时的德国，一切的生产事业和商品的制造都比英法等国落后，不能和他们竞争，所以正统学派的学说，如对外贸易采取自由放任的政策绝对不适宜。但是德国想发展他的产业，对外不能不采取保护关税的政策。可是当时欧洲的劳动运动非常流行，德国的工人不无受到外界的影响，而德国为要振兴产业，对于足以阻碍生产的工人运动不得不一面借政府的力量来压制，一面需要一种社会的政策来缓和工人的反抗，这是为历史学派的发生。

（3）心理学派

心理学派的特色，是应用人的心理来解释价值论，这是与正统学派，纯然不同的地方，其中主要的论点谓价值的构成，纯然以消费者主观心理为判断。这种学说的结果，成为漂渺的东西，毫无方法来确定事实，不过他们可是代替了金融资本家和坐吃利息的人们说了话；因为以一切的价值，都是以人的主观来决定，于是贫穷的人也能不算作贫穷，富厚的人也不能算作富厚，他们说有钱的人对于钱的界限效用小，所以价值小，没钱的人对有钱的界限效用大，所以价值大，如此则多少钱的比较结果都是一样的，于是对于解除金融资本家坐吃利息的和出卖劳力的劳动者所发生的冲突，又得了一层的解释。但是他们同时对于社会上人们经济的不平等也主张采用社会政策来解决。

（4）折衷学派

折衷学派的学说，是将正统学派和心理学派两派的学说折衷起来而成的，又称为新英美学派，代表的人物有 Gide 等。发生是在十九世纪的末年，因当时欧美产业的国家产业资本已将变为金融资本，而踏入了帝国主义的向上期。在此期中，金融资本家在他们的国内已成为独占，生产事业已达极点，没有再发展的余地，同时社会上的劳动运动方兴未艾，他们为本身的生存和缓和劳动运动起见，就不得不向海外发展。可是向海外求发展，绝不是如同在国内一样的容易，乃不能不凭借武力强占殖民地或用和平的手段与他国共同瓜分殖民地（因在最初期间，世界上可以占领的殖民地尚多，而当时争夺殖民地者又少，所以比较容易获得），因此他们得将大量的过剩商品输出，国内的生产事业更可进一步的发展，同时失业者也可以因此减少，社会运动可借此缓和。所以成为小康的时期。但这时期最受利益的，为工人贵族、独立生产者，故又谓帝国主义的向上期。讴歌这种情况的，就是折衷学派。他们一面鼓吹国内生产事业的扩张，好多多输出商品，使国家更加繁荣；一面奖励劳动者努力生产商品，于己身也有光荣。同时也注意到改良劳动者们的社会政策。这派所主张的理论，比较其他各派皆善，在日后成为一切社会政策的基础。

（四）第四期　统制（计划）经济学派

统制经济学派的发生，是在欧洲大战以后一直到现在，因为统制经济学派里的经济学者们都是只注意于现在经济事实上实施的计划，而不注意原则原理；所以称为统制经济学派，又名计划经济学派。现在我们将其中主要的经济学者略举出来，就可见一般了。

（1）瑞典的学者 Cassel

他是国际联盟中的经济专家之一，主张国际间的妥协和调和国际间的价格问题。因为自从欧战以后，以战债赔款的关系，殖民地的革命问题，最新式工业的设置问题（最新式的工业，如人造丝、人造化学染料等，合起来称为化学工业，这种工业的设置，不像其他的轻工业、重工业，只要在原料丰富的地方就可设立，这是要设在工业制造已经发达的地方，如欧洲、美国才有可能性，因为除原料外，尚要精美的技术和完全的设备，绝非产业落后的国家所能的），使欧洲各国间的经济关系比较大战以前特别的密切了，可是要使国际间经济密切，必须各国的利益趋于一致，能使利益趋于一致，只有价格的问题。所以 Cassel 谋划统一国际上的价格问题。换句话说，就是统一各国间的货币价格问题；因为欧战以后，各国的货币极不安定。这是使各国的国际贸易最感苦恼的事，因此非使国际间的货币价格趋向一致不可，结论主张各国恢复金本位制，以这种价格作为统治国际间一切的中心。

（2）英国的学者 Keynes

他在欧战以前已颇享盛名，及至欧战以后名声更大。他认为欧战以后的世界各国经济的组织，当另有一个新的机构，这种新的机构，是用人为的，能将现在经济的事业，更好的向前推展，他对于欧洲的赔款和战债问题，谓如果不能根本解决，于欧洲各国的经济状况，绝不能够恢复战前的繁荣，这是他自从巴黎和会一直到现在，始终一贯的主张。在当时经济家、政治家都全注意于战后经济事业的恢复，没听信这种言论的人非常的少，可是到了今日，世界各国都发生了经济恐慌，对于 Keynes 的言论，才渐渐的加以注意，如美国现任总统胡佛主张停止德国付出一年的赔款，以谋解决现在的经济恐慌，就是采用 Keynes 的意思。

（3）德国的学者 Schumpeter

他是德国里奥国学派的代表者，在目前经济学说上占有很重要的地位，他对于市况循环理论（Kanjunkture），有特殊的见解，在欧战以后，德国、奥国因为要急谋解除经济恐慌的问题，所以对于市状循环论，都加重视，他在德奥两国因此更占有特殊的位置。1922—1924 年，德国国内实行产业合理化的运动时，他对于施行的方法也有点相当的贡献。他虽是根本属于心理学派，而他主张的一切生产事业，都要有组织、有计划，并且主张有组织、有计划的产业合理化，很快的施行到各产业部门里去，紧接着扩充到国际间去，使国际间的一切经济问题，都成为合理化。

（4）美国的经济学者

美国的经济学者，多是折衷学派，因为欧战以后，美国的产业界，早已施行了产业上的结合，所以美国的生产事业，方蒸蒸日上的繁荣，这派就是讴歌这种繁荣的，如 Fisher 说：只要美国的政府，对于美国现在的一切生产事业，能够施行种种有节制的政策，则美国前途，可以永久的繁荣，绝不致于没落的。这种主张，其他数理学派的意见，也是如此。又有人主张只要美国能施行产业合理化，或有组织的、有计划的统治一切生产事业，恐慌就不会发现的，可是从 1928 年来，美国经济大恐慌的事实，证明他们的言论和主张，完全且误谬的，这不能不说他们是失败了。

其次是美国现任总统胡佛（Hoover）的主张，胡佛是政治上的人材，而富有经济的才干的人，因为他对于经济上有非常大的手腕，并有很大的成功和贡献，他这次被选举为总统的原因，就是因为美国国内的大资本家已经观察出来，美国不久的将来，一定有经济恐慌的发现，所以举出他来，想依借他的才干，来解决未来的恐慌。他作了总统不久，美国的经济恐慌果真发现，于是他大施展他的经济手腕，谋解决经济的恐慌，但是他（a）对于美国国内各种产业股票的跌价，毫无方法来解救；（b）对于国内劳资的斗争，想借用扩充商品销路的方法，以维持工厂的生产，好减少失业者的增加，以和缓他们的对抗。可是国内的一般消费者消费量的减少，和国际上关税壁垒的森严，商品业已无法销售，所以扩充销路一途，也未见收效。（c）农业上生产过剩的恐慌，想用政府的力量，大批的收买农产品，使市面上农产品因之减少，价格趋于稳定，则农业的恐慌，可以解决，但是结果仍然无效。（d）胡佛上面的三种计划，都归于失败，遂为美国的经济恐慌，不是只限于美国经济的问题，而是世界经济的问题，要想解决美国的经济问题，只从美国一方面着手是不行的，非先谋解决全世界各国的经济恐慌不可，但现在国际上最足以扰乱世界经济的，就是战债和赔款的问题，因此胡佛想用延付赔款战债的办法，以谋稳定世界的经济，结果亦是无效。（e）胡佛因战债延付的办法，仍然行不通，于是想这一定是因为世界各国金货偏在的缘故；因为金货偏在的影响，使没有金货的国家，对于商品的购买力，一定感到缺乏，所以主张用世界金货重分配的方法，以谋恢复国际间的贸易，好稳定各国内的经济，但是这种金货偏在的原因，如美国、法国金货的集中，不仅仅是经济上的原因，尚有种种政治上的原因，因此胡佛所提金货重分配的方法，也是不能收效。虽然胡佛的种种计划，都没有见效，可是他是经济的实务家，是有计划的经济学者，是不能否认的。

再次为 Gisziy，他是现在世界上预出风头的一个人，又为现在研究经济恐慌论的第一人。他曾经著作了许多的书籍。他的见解可以说是汇聚了前人所有的关于经济恐慌的学说。对于现在世界的经济恐慌的意见，大致是说：现在世界的恐慌，固然由于各国经济的不平衡和金货的偏在，而实际上的原因是国际间没有一种统一的计划，因为各国在国内政治上，各有各的统一统治，国内经济上各有各的有组织的生产，所以国内的恐慌发生，容易制止；而国际上则从没有统一的组织，一旦国际间发生了恐慌，当然不容易制止，因此现在应有国际的统治。他的方法是设立世界的五年经济计划，但是恐怕这种计划，很难于见诸实行。因为每行一种事业，不仅是只靠一种计划就能实行的，尚须有绝对的统制力量，国际没有这种统制的力量，实行决非易事。

（5）奥国的学者 Spann

他是全体主义的经济学者，（a）他不赞成自由主义，因为自由竞争的结果，令产业上发生大吞小的现象，无产阶级日渐加多，致使社会上的安宁，更无法维持；（b）对于独占主义，虽然能较各自由主义的态度好些，但认为独占是握有权力的，能计划策略的，这种主义仍为出于少数人，这些人们，只知道为自己谋利益，绝对不能顾及到大多数的人们，为大众谋幸福；（c）他对于社会主义所主张的；"各尽所能各取所需，认为在事实发展上是不可能；他说社会不是一个个的原子，而是整个的，要想使每人得到满足的，那是如何可能？因此他主张全体主义，意义是，以国家为一个整个。组织一方面承认各个人在整个全体之下，可以自由的发展，在其他一方面，认为全体的发展也要将各个人都发展起来。详言之，就是一个整个的国家全体，一切的生产事业，都应当有一定的组织，有一定的计划，还须有一定的节制；而在这三种情况的底下，来发展各个人。同时各个人呢？即各安他的本分，在一定的节制底下，过他的生活。

（五）第五期　科学的社会主义经济学派

我们将科学的社会主义经济学派放在第五时期，不是从时间上来规定的，因为从时间上：①科学的社会主义经济学派，在马克思发表《资本论》的时候，已经就有了，又同时和其他的经济学派，特别是正统学派，发生密切的关系，而受其影响很大；②科学的社会主义的经济学是起来反抗以前空想的社会主义经济学派；③科学的社会主义经济学派，不能只指马克思、恩格斯，而后来列宁、卢森堡、布哈林、Varga 等都是的，所以时间上不能列在第四期之后。

因此第五期的科学的社会主义经济学派，不能按照时间的程序来看，要等以前的四个时期，并列的去看。不过自从欧洲大战以后，苏俄社会主义的存立，一切措施，都是向着马克思的主义方面走，且非常的顺利，各资本主义的国家，则大不然，国内即劳资的斗争，日盛一日，其他种种经济问题和牵制着的政治问题，引起世界经济的恐慌（苏俄除外），都无法解救，这一些的事实，都是马克思经济学派的理论和预测，确实的加以证明，所以科学的社会主义经济学，虽然是发生的时期非常的早远，可是为彼一般经济学者，一般政治家和其他的人们，所公认为有价值的经济学说，即是从最近才有的。因此而将他放在第五期。

（六）第六期　过渡期的经济学派

以前拟研究的经济学，是专以资本主义的社会现象为研究对象的经济学，现在在所说过渡期的经济学派，内容是包含着资本主义的经济学和社会主义的经济学的成分，因为现在的时代，尚不能一直的就实行社会主义的目的，因此发生过渡期的经济学派的学说，如现在的苏俄，从实行新经济政策到 1928 年的五年计划，都是这个学派的学说，所以将来世界上任何国家，要实行社会主义化，必定要经过这个时期的。

第三段　马克思经济学说在经济学史上的意义

在前两大段中，只说明马克思经济学说的界说和在经济学史的地位，现在再进一步将在经济学史上的意义，也加以说明，作为本篇的结论。

（一）马克思的经济学说，是将正统学派的学说，用科学的方法，全成起来的。（a）因为其他的心理学派、历史学派、折衷学派和俗流学派，却将正统学派的一切学说曲解了，马克思派才行纠正过来；（b）就正统学派的学说来说，大体上他们的趋向尚为正确，因在其时，正为重商、重农两个主义都行没落的时期，而为资本主义生产方式开始的时期，正统学派的学说，是反对重商主义修正重农主义，开导资本主义的经济制度，向前进展，所以尚带有革命性，马克思的经济学说在时间上，确与正统学派不甚相含接，可是在精神上即非常密切。因为马克思经济学派的发生是资本主义的没落期，和要促进实行社会主义期的学说，也与正统学派当时一样的；（c）并且马克思的经济学说将正统学派的学说，都继承而大成之，如利润学说、地租学说、剩余价值等经济主要的问题，都发挥得很尽致。

（二）马克思的经济学说，对于现代的经济组织和其他社会组织的不良，主张根本铲除，从新用新的方法，再来组织一切，换句话说，就是要打倒资本主义的势力，变成为社会主义组织的社会，并且是根据劳动阶级的利益，替劳动阶级寻谋出路，所以马克思的经济学说是为农工阶级作工具，而自身带有革命性斗争性的学说。其他如俗流学派、历史学派、心理学派、统制经济学派的经济学说就不同了，他们对于现代经济组织的缺点和社会上种种的不平等，只是主张用改良的方法去救济一时，所以这种学说，只能认为弥缝一时的经济学说，只是代表资本主义的经济学说，毫无革命性和斗争性的作用，故此他们无可异议的不能解决现代的经济问题，就是正统学派也不能脱离这种情况，其与马克思派根本不同的地方亦即在此。

（三）马克思经济学说是代表革命的农工阶级来与社会政策派计划经济学派等相斗争，打倒他们弥缝一时的经济学说，建设为一般劳苦大众谋利益的社会。

（四）马克思经济学说是代表有革命性阶级，来反对修正派的马克思经济学说的，因为马克思的经济学说，除了和资本主义的经济学说斗争以外，而马克思经济学派的内部，也因为研究的立场和观察不同，所以主张也有差异，互相之间，就发生辩驳和斗争，但这种斗争，不但不是坏处，且是使马克思经济学说真实的意义，更加明显和深刻化，而且苟无辩论和斗争，马克思的经济学说也不能达到今日状况。

（五）马克思的经济学说是完成了资本主义的经济学理，同时又将资本主义的经济本身，完全否定。

（六）马克思的经济学说，将资本主义经济下的经济学主张，变为过渡时期的经济学。

（七）马克思经济学说上的种种经济法则，将来对于社会主义的实行上，收到如何效果，这是不能预测的，不过大体可以知道；社会主义组织下的社会，对于经济上，是有整个计划的经济组织，是以全部社会的幸福为目的的，现在各资本主义的国家，施行产业合理化运动的结果，只是替大资本家增加了很大的利润，而一般的劳动阶级毫没有受到利益，并且地位反较以前更劣更痛苦，更不稳定，反之，苏俄施行产业合理化的结果，情况就大大的不同了，他是有大规模的计划，以增加全体人们的利益为目的，由此可以知道现在资本主义的经济组织，也有的可以用到社会主义的经济组织上去。换句话说，即将来社会主义的经济现象，也含有资本主义的经济现象的成分，由此可证明现在马克思的经济学说，也可以成为将来社会主义的经济现象下的经济学说一种的媒介。

产业合理化①

序言

I　欧洲战后，社会一切组织从崩毁的境地，渐渐地达到健全的地位。在这种过程中，社会上各种组织异常发达，各种现象也呈现复杂的状态。为要求解决一切复杂的紊乱的状态，因之近来各国如日本、德国、比国等进步的大学里面，都设立特殊经济问题研究之。故特殊经济问题之设，其因有二：（1）近来经济学研究日进；（2）社会之经济组织日益复杂，需要日增。故一方为研究的必要，一方为社会需要。此科目中分：

（一）经营经济学——来自日译，即私经济学，与国民经济学相对峙的。它是站在个人的观点上，去经营一切事业。换言之，也就是站在个人的立场，以私人企业的眼光，去研究经济问题。

（A）企业形业形态论——欧战后，各种不同的企业互相联合，

① 署名陈豹隐，选自《对抗》半月刊 1932 年 9 月 1 日第 2 期，1～41 页。本文与发表在《北大学生》上的同名文章文字差异较大，故一并收入。——编者

组织成一个团体，去经营一切事业，这种形态发达，社会上越加显出复杂的形态。单人、股份、合办、公司联合均为这种形式，又如煤、铁等联合为又一种形式。

（B）科学管理化——欧战后，各国的各种生产机关几至崩毁，各种企业受了沉重的打击，一切营业上现出疲劳的形态，生产不如战前之发达，失业工人当时俱增；为整顿一切工厂、农厂之生产，不得不采用科学管理法，以求自救。北大从前以 Taylor 的著作为课本，但他只说到工厂，实则今日农场亦行科学化。

（C）分配论（Distribution）——此与普通分配论不同。此关于市场的种类考察市场之办法，即财货生产后，要达到消费者的手里，中间必经过种种手续，配给的目的，是货物的所得，不是分配的所得。

（二）国民经济学——又分：

（A）合作社——欧战前固有人研究，但欧战后日盛，且内容日与前亦不同。发生于英，传布于德美。其最初目的在免除商人的剥削和榨取。因农场生产之货物与市场卖价相差远，盖所有权之转移，多经过商人之手，即贵一部分也。如农业品从生产者到消费者之手，较原价要贵数倍。为免除此种剥削起见，于是有合作社之组织。最初为消费合作社，即直接与生产者接洽。后有信用合作社，办银行，出借款项。更进一步而有生产合作社，经营生产，但非以谋利为目的，而为自己消费。欧战后，苏俄更将生产范围扩大，以生产为目的，改良生产工具，即采用新式农具、化学肥料、选择种子等，使农业工业化，换句话说，即农业工人化。这种运动在苏俄日益猛烈，各大学专门有教授研究。

（B）物价（Price）论——欧战时，各国忙于军事之应付与军需品制造，于是各种日常需要货品的生产非常缺乏，因此物价的高涨至令人难以想象之度。于是由王家公布最高最低的物价标准，限制执行，后由法律限制，又渐变为国家经营企业。物价在经济学上是一个未定的问题，最复杂，最难解决。欧美古今学者的见解极不一致。物价在理论上是未能解决，然实际上又非常需要，于是各国大学对于物价论都特别提出研究，使它在经济学与货币论、银行论一样重要了。

（C）产业合理化——最初只注重技术方面，如研究机器设备，与上所谓科学管理差不多。后来不但在生产合理化，就是在消费与企业联合上也采取合理化的办法。一方面采用最低的生产费达到最高生产额；他方面提高劳动者生产能力，同时提高劳动强度。如美国汽车大王福特（Ford）就是利用合理化而成功的。大战以前，他那汽车公司的生产部门分为三四十部，欧战后就达到一百十部门之多。如生产要标准化与大量经营。福特于汽车之外，还经营许多钢、铁、橡皮等工厂（凡与汽车有关所应用的东西都设有工厂自己制造），且互相连络。因此，制造不但迅速，且成本低廉，就是工人工资多，工作时间少，而收获仍见丰富。故产业合理化便成世界重要问题。

福特合理化：①使各种分业合理去生产；②只生产一种物品；③增加工人工资，只许工人作一种事业；④经营与汽车相关连事业。

（D）市况论（景象循环论即恐慌）——最初发生于德国。因为欧战告终，和会签字，德国的重要生产区域均为外人所占领，并且要赔大批的借款和大批的债款。所以到了 1923 年，经济的困难达到了无法救济的地步。"景象循环论"，这个名词是日本应用的，在中国可译作"市况循环论"，就是恐慌的意思。工业资本家采用机械大量生产，在自由竞争、无政府状态生产。生产过剩，市场堆积，一般人购买力缺乏，不能销售，于是工厂停工，工人失业，恐慌乃起。在此恐慌时期，大企业兼并中企业，中企业兼并小企业。堆集物或腐烂，或毁灭，而企业之生产亦不取尽量生产，于是市况渐次恢复。生产以市场之需要，而竞争又渐大，恐慌又起。市况好坏，成了循环的形式，而且有一定的时间，所谓周期。这种形式，就谓景象循环。景象循环论即研究此种情形发生的原因，与探讨消灭周期恐慌袭来的方法。所以市况论带计划经济组织（改良生产之无政府状态）的意思。

（E）独占论——包括资本集中与托拉斯等。因事实上自欧战后，各国的资本集中和加大，较战前为甚，德国特别呈现这种现象。德国学者极力研究使用方法，对于使用集中和加大的资本得到很好的结果，于是引起各国学者也极力去研究的现象。

（F）帝国主义。

（G）人口问题——当国民经济学尚未形成以前，Malthus 曾著书讨论，然人不甚注意。欧战后，又成为重要问题，如过剩人口与工人失业问题。欧战前，这种问题是放在统计学内的，而今因事实的需要已经成了独立的研究科目了。

（H）……

Ⅱ 讲授大纲：

A 生产合理化；B 独占问题；C 市况论；D 目前世界恐慌。

第一章　产业合理化（Rationalization of Industry）

参考书：

1.《产业合理化》　小岛精一著，商学会选。

2.《产业合理化的诸问题》　不破论三编译（内容多采自第三国际，俄德较多）。

3. 德文 *Ermansky*：*Die Theoric und Oarcexis der Rationalizierung*（此书关于美德合理化之组织及方法甚详）

4.《产业合理化与社会政策》　协调会著（日本社会民主党材料，根据英国劳工党）。

一、意义

可分下列几项说明之：

（1）历史

"产业合理化"这个名词是 1923 年发生的。欧战后，德国一方割地赔款，他方又生产濒于危境，国内经济状况紊乱不堪，直到道维斯的计划实现后，美国以大宗款项输入德国，于是国内经济现出安定状态，渐渐走上轨道，而德国实际上已经变成美国殖民地了。德人自知受各国之监视与担负重大的赔款，如不赶快自内部整理，决难发展，乃高唱"合理化"的口号。即希望用同样原料、劳力、时间，而所得比别国多且品质优良的货物。换句话说，即将生产过程中的种种不合理的浪费去掉。其实名称虽生于德国而事实上却发生于美国。所谓 Taylor 科学管理法，实际即生产合理化。美国工程师协会首先提倡 Taylor 科学管理法。作一种 Elimination of Waste 的运动。主持者即美现任总统胡佛（Hoover）。美国所以提倡省俭之原因有数项：

（一）工作多而工人不努力，故生产力小。

（二）生产之间断，实用机械而不继续生产，时作时辍，较欧洲为尤甚。

（三）生产上之限制。资本家为避免竞争起见，对于生产上加以相当限制。这样对于资本家是有益的，因为生产少，价格不至跌落，日英间又无竞争，可是对于机械生产上浪费的损失却是很大。

（四）机械工人之损失。第一因为工人使用机器不甚熟习，且不甚注意，故常弄坏机械或将工人伤损。

据工程协会调查的结果，谓当时美国的生产，若行 Taylor 科学管理法，可多一倍以上的生产品。胡佛对于这种运动非常努力，继续进行，未尝稍懈；于是产业合理化的意识，渐次普遍世人心目中。欧战期间，美国得到很好的机会，生产的发展，资本的增殖，一日千里；可是生产的浪费亦随而俱进。欧战告终，美国业已觉悟，于是此运动遂复酝酿。至 1923 年以后，德又有产业合理化的呼声，于是产业合理化运动便成世界重要问题了。在 1923 年，德国只有口头宣传；至 1924 年将见诸事实；1925 年成立机关，名为"国际经济化管理局"，每年经费 200 万元，以供学者研究办法。渐次实行，结果很好，各国均次第仿效（如英、俄，日本前年滨口内阁甚注意，以市况不好，竭力设法整理）。于是 1928 年，德国便成

255

了世界合理化的中心了。事事落后的中国，对此尚无表示，只《申报》与《新报》曾有程振钧（栽花）君之理论文字①。程君特赴欧洲考察合理化。此由个人之提倡，或能普遍也。俄国之基础与人不同，亦采用合理化，可见其重要矣。德美二国对于合理化最有关系，故各国学者研究此问题者，皆去考察此二国情况。

（2）内容

各国虽皆仿行，而内容极不一致：

（一）美国式。美国资本已集中，故实行单一产业部门的合理化，只在一种产业里去实行种种的合理化，以求免除原料的浪费，生产力的虚掷，总之使工厂一切行为以合理化之原则进行。如福特汽车公司。换句话说，即注重技术与组织方面。故美国合理化或谓为技术生产合理化（Rationalization of Production）。

（二）德国式。德国资本尚未集中，无美国之大资本家企业家，故不能注意技术与组织方面，只注意各产业间的合理化。因各种产业有的是进步，有的只维持旧状况。如采矿，现代采矿事业非常发达，应用种种新式方法，然各国制铁厂仍是应用旧方法，这种状况，极不合理，而多用种种原料和工资，所以必设法使之合理化。各种产业之间的合理化，才是真正的合理化。此外尚求企业合理化、资本合理化。总之，德国是资本合理化。

（三）英国式。英伦产业合理化提倡较后。因为资本家之一切

———

① 参见程振钧《实业合理论》，连载于《申报》1930年9月10日第十六版、11日第十二版、12日第十六版、15日第十六版、16日第十六版。——编者

产业必须于劳资合作无纠纷谋妥协之条件下，始能发达进展，也只有保障双方的利益始能达到合作之目的。这是因为英国劳工党始终以产业自治之精神，把资本的弊害去掉，不用革命就能达到好的地步。故英国合理化是想达到产业社会合理化的目的。即是求各种事业的组织工人都有参加权利。这种合理化，是社会的合理化。换言之，即各种产业社会化。

（四）苏联式。苏联是一特殊国家，他的政权为无产阶级所有，他的经济组织有特殊的形态。他所注意的合理化是生产的合理化。他的目的是工资增高，生产设备完全，原料及劳动的节省。总之，即将生产力增高。

（五）国际联盟式。前几年曾开国际财产经济等会议，提出合理的问题，希望想法把各国产业间不合理的地方使之趋于合理化。因为第一，各国为垄断市场，拉拢顾客，售过剩货物起见，于是竞争甚厉，把物价跌落很低，大家都受损失，此后应协调起来，国际资本联合起来，便可避免无味竞争。第二，欧战后，各国都发生一种"自给自足"的运动，就是本国必需品，总要自己生产培植起来，也要自己生产。像英之农业，法国的煤油，都是苦心经营，不遗余力，这才有这样结果。将来一旦战争发生，不受限制，对于该国是有益的。可是在经济都是很不合算。像日本的铁工业，外面看着很兴盛，可以与英美比伦，其实每年赔钱很多，政府宁肯津贴，不愿舍弃此事业。像这些在政治上必须而经济上也不合理化，国际联盟很想努力改革，实行"实际分业"，而到底无效，此外各国度量衡、货币都不一致。

此上五种可归纳为以下数种：

（a）生产技术上合理化。如采用新机械。

（b）生产组织上的合理化。各工厂间的关系或劳力工厂之组织，分业精细，工作便利，实行"分红"制度，工人努力作工。

（c）生产经营形态的合理化。大规模之经营较好，如何设法使诸小企业联合起来，不同的企业如何联合，而能使生产上更为合理，如何统治而免竞争。

（d）产业统治的合理化。用国家政治力量或利用金融政策将全部产业统治起来，使之基础巩固而在一定步骤下进行。

（e）国际问题之合理化。把竞争冲突的事件设法避免，俾配合价格等在协调之下进行。

总之，在这五种不同的情形中，以最简单的话来说，归根到底就是"劳动的合理化"。避免浪费劳力，使一切劳力尽量发挥，劳动生产，循序增加。

（3）合理化之社会基础

劳动合理化并不始于二十世纪，在十七八世纪已有了。英国产业革命，把家庭手工业制度变为工厂手工业制度，手工生产变为机械生产，把不以交换为主要目的的生产变为以交换为主要目的的生产。把分散在家中的劳工者集中到工厂，协力合作，效果一定增大。以机械代手工，一定节省劳力。产业革命既不只推翻家庭手工业，且合理化，增加劳动力，那么可见现在提倡的合理化不是新的了。但是我们观察事物，绝不能仅看它的表面现象，把握它的表面形态，必须探讨它的内容、实质，考其因果关系。故1925年各国所盛行的劳动合理化必然有它的背景发生存在的理由，即所谓社会的基础。关于合理化有二种：（一）资本主义产业国家合理化之社会基础；（二）社会主义国家产业合理化之社会基础。

（a）资本主义国家产业之合理化的社会基础

要想知道它，必须先明白资本主义的现势，如何自欧战到目前国际资本主义，经过了三个不同而连接的阶段：

（甲）第一期（1918—1923 年）为资本主义的危机期。

（乙）第二期（1924—1928 年）为资本主义的安定期。

（丙）第三期（1928—现在）为资本主义的恐慌期。

所谓合理化，便是第二期产生出来的。

欧战结果，欧洲各国把生产组织完全破坏，社会上一切交换机关也呈现崩坏现象。甚至中欧中立小国受战争的影响而完全停止生产，至于军事区域更不堪设想了。故战争结束，俄德生产机关和交换机关无法维持，亦无力维持，经济紊乱，达到极点，于是发生恐怖之革命。俄国由政治革命变为经济革命，继由经济革命转变为社会革命。旧有的经济组织和政治组织被完全推翻。德国革命比俄缓和，欧洲各国均无力维持经济的组织，可怕的经济恐慌布满全欧。美日看着欧洲各国的经济的恐慌，不愿投资以维持其安定，于是全世界的经济组织现出恐慌的形态。于是欧洲各国如巴尔干半岛及土耳其、意大利等的革命都爆发起来，资本主义的经济既不能恢复又不能维持现状，资本主义的国家渐次形成不能沟通的现象，于是有爆发全球资本主义的恐慌的趋势（1921—1923）。美日不得已，遂投资以接济之。如德之道威斯计划（Dawes Plan），设立银行，在1923 年后在英法投资很多，恐慌方渐渐减少而入安定时期。

在当时救出危险者为滥发纸币（Inflation）。不过当时人不明白，后来才明白。欧战期间，军费浩大，无以维持，乃滥发纸币，较平常多几十倍，而无准备金。在战争时，人以为战争结束，当有办法，人民即为爱国热诚所笼罩，乃勉强忍从。可是战争停止，那国对于财政没有办法，于是又发纸币又不能兑现，于是物价腾贵，人民生活益形艰难，在当时成为普遍现象，甚至如俄亦然。平时俄九卢布（值中洋九毛）可换半个美金，后须 5 000 卢布才能换半个美金。德到 1923 年，纸币的价格跌落，5 500 马克买一个鸡蛋，茶叶每磅须从 150 万到 200 万马克。英国表面还可维持，实际上也跌价不少，法意亦然。因此人民生活痛苦不堪。尤其是食利息者，有由富而降为赤贫者。至于工人靠每日劳动以糊口者，倒可安心度日。但大资本家却很有利，其故有三：

（甲）剥削工人工资。——纸币膨胀，物价腾贵，结果工资减少。虽然有时增加工资，但增加之数决不能赶上物价腾贵之数，况且当时团结的工人哪能与资本家要求增加工资呢？

（乙）债务减轻。——产业资本家对于国际贸易很多，当货币落价时，便用此还债，尤其是分文不值的股票。大资本家收集起来以偿还公债，实际上并没出多少钱，以前的债便清了。

（丙）吞并小资本家。——小资本家的贸易范围很小，而大资本家都至国外，小资本家在纸币跌落的变动中多亏本停业为大资本家吞并，大资本家在国外买原料、出工资都是纸币计算，如果销售货物于美亚，便以金元计算，因此可以降低价格与亚美竞争，故在欧洲危险期中而对外贸易还是盛兴。至 1926 年法亚还继续着。德国到 1925 年才把 Inflation 改变，但是到 1928 年时一般人生活非常困苦，而大资本家却不少，如 Stiennes 成了空前大资本家，资本集中，于是小工业、小商业愈渐次消灭，为大资本家并吞。

产业大资本家剥削工人的工资，减轻从前债务，吞并小资本家，于是各国资本在无形中渐渐集中，如德法之资本向来不集中，在此时亦集中。

当 Inflation 达于相当限度，不能维持下去，人民痛苦，不能再忍受时，可是资本业已集中，于是各国业务一般的紧缩——货币的紧缩，实行 Deflation，安定货币紧缩政策，以改良货币，纠正滥发之弊。此时已入二期，所谓安定时，也就发生合理化时。因为当 Inflation 走到绝路时，不得不设法使经济继续进行发展，于是就采用合理化，使集中的资本向安定地方走。但如果没有特殊的运动或新奇的名称，不足以引起人之注意与服从，因此遂提出合理化的口号以恢复战后的经济困难，其实是资本主义虽已找他自己的出路，在这种情形下，产业合理化就成了重要现象。

（b）社会主义国家之合理化

采取这种办法的国家，现在只有苏俄。何以苏俄也提出产业合理化呢？他也自有他的社会基础。自欧战至今，苏联经济状况可分三期：

（甲）1918—1921 年，为生产破坏时期（战时共产经济时期）。

（乙）1922—1928 年，为新经济政策时期（在经济立场为经济恢复时期）。

（丙）1929 年至今，为新经济政策时期（经济建设时期）。

（甲）共产经济时期。

在共产经济时期，俄国社会现象，无论在政治上、经济组织上，都是紊乱不堪，现出使人害怕的恐怖现象。兹略将这种紊乱的现象的背景和恐慌的理由，简单述之。

1. 报复心理——在战前和战时，无产阶级的生活痛苦到了尽头；战后无产阶级得了政权，对于生产机关只有破坏，用报复手段造成社会恐怖。这种经济恐怖是不得免的，是过渡时必有的恐怖。

2. 巩固政权——当反革命势力高涨，所谓托罗斯基率领的红军为数既少，又无纪律。故为巩固政权，维持政权利，不能不扩张红军，收所有的生产机关、生产手段，以供红军之需，于是人民发生恐慌。

3. 当时有几个特点：（1）将一切生产者（主要者为农人）的剩余生产完全收归私有。（2）限制交易，甚至禁止交易，由政府实行分配。但是政府常常分配不均，于是饥馑发生，在 1920 年达千万左右。与军事有关者，如铁路、工厂则勉强维持，与军事关系轻者，如矿山等工厂，都停止了。苏俄国民在这种情形下，比欧洲人民痛苦多了。然他们选择忍受以待最后胜利，因为若革命失败，则农民已得之土地又要丧失。到了 1921 年，反革命的势力日减，于是农民起来要求自己占有剩余生产，政府承认，于是恐慌告一段落。

（乙）新经济政策时期

1. 取消征发（没有剩余生产），只征收百分之十的现物税。

2. 二十五人的小资本的农工商的团体在一定限期，可以自由设立（战时二十人以下都不许）。

3. 大产业可以让给私人团体去办理。

4. 把对待商人的行动放松一点，仅在商业资本上加以限制。

5. 利用 Inflation 的政策。因为怕只行新经济政策遭于失败，于是又采用 Inflation 政策，由国家多发纸币，一方增加国家的财富，一方使私人资本不致集中，也是限制私人资本的增殖（苏俄之 Inflation 与他处不同即此）。

（丙）新新经济政策时期

1. 限制滥发纸币，使国内货币价格安定和统一。

2. 承认全国小资本的农工商团体，范围扩大，人民生活安定，生产力增加。

3. 1928 年各资本主义国家实行合理化，都极力找市场，以扩销自己的商品，英、美、法等国想用经济的力量使苏俄屈服在他们下面，于是俄国也决定用五年计划抵抗。

a. 极力提倡农业上的生产品，以供农民的需要。

b. 谋得外国民众的同情，增加工人的工资，减少工作时间。

c. 极力提出增加全国民的剩余价值。

新经济政策可分二期：1922—1925 年为新经济政策，1925—1928 年为新新经济政策，其区别只在 Inflation。

到了 1925 年，取消 Inflation 政策，对于商业资本限制又放松了许多，将私人企业范围扩大。譬如从前许有二万卢布的资本，而今许有四万；从前不许过二十工人，而今可以过二十人。

在新新经济政策的时代的生活状况较诸欧洲尚是不明，然比战时自好。因物质生产增加，分配也较多，而且农工业生产也超出了战前的水准，虽然有许多种类远未恢复，苏俄对内到此已经可以维持，渐图发展。可是外来的压迫又使他困难起来。第一，欧洲资本主义的国家在第二期末（1924—1928 年）（资本主义安定期）都采用合理化，生产骤增，苏俄成了大市场。第二，英国在政治上与苏俄绝交，美国在经济上压迫，使其屈服，俄国不能不提高农民生产力（苏俄出口多农品）以与资本主义国家抵抗。第三，苏俄以援助弱小民族援助无产阶级号召，使资本主义国家陷于紊乱，而减少压迫，但是本国国民虽把握政权而其生活并不怎样好（实际还不及其他国家），如果博得弱小民族与无产阶级之同情，必先使本国民众的生活向上。第四，苏俄采用新经济政策的结果，农产品如小麦的生产，不但够本国吃，且有余剩向外推销。但是各国均有保护关税，Dumping 跌价，于是不得不想法提高生产。有此四因，苏俄也采行了合理化的办法。苏俄所设五年计划，不在增加利润，而在增加剩余价值（利润由劳动者之剩余价值得来）。社会主义的国家没有剥削，取消利润，使其变为全体国民所共有剩余价值，增加全国之富力。剩余价值多，工人工资可以提高，时间可以减少，苏俄设五年计划在维持私人资本之安全为末，增加剩余价值却以巩固社会之建设为目的。

（4）合理化之目的及种类

合理化因目的不同，可分为两类：

（A）资本主义国有产业合理化，目的在增加利润，巩固个人资本。

（B）社会主义国家产业合理化，目的在增加全国剩余价值和全国民之福利。

二、合理化的实行方法

依前段的结论，产业合理化有两种不同目的：资本主义的合理化，目的在增加利润；社会主义的合理化，目的在增加剩余价值。

然利润与剩余价值差不多是一物，至少利润亦为剩余价值之一部。故资本主义与社会主义者之合理化相同处很多。

资本主义合理化的方法

资本主义的合理化，目的在多得利润，而利润在经济学上是剩余价值之变形，即"转化物"，故利润增加即剩余价值增加，因此资本主义者之合理即剩余价值生产之合理，亦即生产物品时的合理化。

剩余价值的增加，在马克思的经济学里有一定的学理和计算方法。如资本家用货币在市场里买得劳动者的劳力，劳动者所得的货币即工资，这种工资是以能维持工人的生活及其家庭的生存为标准。结果工人的生产物的价值，总要比工资大，资本家才能得到剩余价值。以剩余价值里减了一切的生产费用，才能得到纯的利润。生产剩余价值有五个方法：

1. 延长劳动时间。资本家和劳动者在市场里买卖劳动这种商品时，所订契约为八小时，后来延长二小时，工资速度等仍旧，此二小时生产物的价值是为剩余价值。此种为绝对的剩余价值。

2. 减少工资或减少劳动者的人数。劳动者之工资便是劳动者最低的必需，如劳动者的必需生活资料一日为一元，则减少一毛，在节约之下尚可维持。

必要劳动时间
产生工资的必要

由此可知工资减少，剩余劳动时间加多，而剩余价值亦不增多。关于减少工资尚可用间接方法，即多发纸币，使货币之实质减轻，无形之中，工人的工资减少。

265

美国福特 Ford 汽车公司减少工人，增加工人工资；不过工人减少，虽少数工人工资增加，实是全部减少。

3. 劳动工具（手段）的改良。使用机器可以代替人力，所以在各种产业上，所有个人劳动力增加，结果便是工人人数减少，换句话说，即是劳动工具改良，便要使许多工人失业。在手工业时代，每个人只能使用一架机器。现在美国工人一人能使 16 架，日本工人一人能使 14（或 6）架，中国工人一人能使 3 架。而生产品能在同一时间内较前多产数百倍。使用机器，能使工人人数减少，同时又能使生产物增加，生产物增加，就是剩余价值增加。

4. 劳动组织改良。在同样的工厂，同样的时间，并使用相同的机器，劳动组织良好的工厂所产生的物品绝对比劳动组织不好的工厂的生产物为多。如工厂手工业即比家庭手工业时代所得生产物特别多，因工厂组织好，分工能使工人专心，技术精进，机器分配适当，时间节省，所以组织改良，亦可增加剩余价值。

5. 劳动生产力（性）之增加。在一定时间内，使工人（劳动者）特别集中精力，努力工作，一点也不偷懒，亦可增加剩余价值，这好像与劳动工具改良及劳动组织改良相仿，其实这三项的实质绝然不同。机械生产使必要劳动减少，用改良劳动工具与劳动组织的方法把剩余价值的部分配在劳动生产物上去，使价格降低以使与同业竞争。那一部分则归于资本家，就是增加劳动生产力而工人的工资仍不增加，由此多得之剩余价值仍然是资本家的特殊利益。所以使劳动者尽量劳动较诸改良生产工具与劳动组织尤为重要。所谓产业合理化，便是要劳动者特别努力作工以增剩余价值，达到多得利润的目的。

利润是剩余价值之一部分。产业资本家所得的剩余价值，不能独吞，必须分一部分与商业资本家。但是产业资本家与商业资本家分配剩余价值须有一定比例。现在产业资本家利用合理化的分配方法分配既得的剩余价值时特别多得一点，其方法大体不外：

（a）用种方法把同种产业压倒，自己多在市场或达独占的目的。

（b）减轻其他产业资本家对于自己之压迫而稍受剥削。例如 Ford 汽车公司自己种胶制皮，自己筑铁路，从事运输。

（c）想种种方法，使自己达到独占的目的，使生产物带独占性，其方法不外联合成 Trust、Cartel，把自己的生产品变成独占价格。

正当价格＝生产费＋平均利润

独占价格与正当价格不同，它可以任意提高或降低，使一切的消费者无法反抗与抵制。大半独占价格都是从竞争价格来的，因为必须由竞争压倒同业始能达到独占的地步。当然独占价格包含利润是最多了。

6. 大资本经营。此是用间接方法取得剩余价值。前者皆直接从劳动者身上取得剩余价值。此不出上面（a）、（b）、（c）三法，以大资本压倒同业，再以独占价格取得多量剩余价值。

7. 转化的经营结合。经营的结合，即是使各个人经营各种同类的事业，在这种无政府的状况里，为免除种种害处起见，就是大家互相结起，由无政府的状况里变为有组织的，在这种有组织的状态里，剩余价值能格外多生。

8. 金融的组织。产业越大，生产物越多，产业的危险性越大，倚赖金融组织的扶助也越切，所以社会里的大产业多参加金融资本的组织，而减少其本身的危险性。

9. 企业的联合（企业形态的变动）。社会上各种不同与相同的企业，常发生种种无利的竞争，如若在生产上、销售上……有相当的联合，自能得到多的利润。

10. 国际的竞争（分业）与联合。国际的产业联合，一方面是谋增加利润，他方面是谋压倒竞争敌人。如德法的煤铁业的联合，其目的一方在得高度的利润，他方都是谋压倒英国的煤铁业。国际的分业，即是相当的国际贸易的增加。竞争的进行与扩大，使产业资本家的联合超出了范围，如德法世仇的国家也联合了，白里安提议欧洲联盟就是经济上的联合，这种超出国界的联合，在经济上是必须的，因为要想抵抗其他同业的竞争或多得利润，舍此莫由。国际的企业联合当然免不了帝国主义的互相冲突与竞争，起首不很露骨（如美德电汽公司之协定与美英荷之煤油协定），但是结果依然要互相竞争冲突。

（Ⅰ）劳动时间的延长

工业进步的国家，工人团结力很大，劳动时间的延长和减少工资都难作到，不过实际上欧战后，这两法确实作到了些，如英国的矿工为求减少工作时间而总罢工，结果非独未减少工作时间，反增加一小时，德国在战前为十一小时，现在却改为十二小时，美国也略为增加，Ford 汽车工厂全部工人工作时间减少，然他却运用增加劳动生产力的方法（增加劳动强度）去补偿损失。

（Ⅱ）减少工资

日本与德国在合理化期间，在名义上不但很少减低工人工资，并且有一小部分增加工人的工资。其实在实际上是减少了工人工资，尤其利用减少工人增加工资方法，使失业者日多一日。英国平常失业者约 700 万，日本则 300 万，在合理化期间工人失业的继续增加，便是证明全体工资是减少，增加是小部分。

（Ⅲ）劳动工具改良

各国均注意劳动者的生产工具，也均努力改良劳动的生产工具，以求减少原料而增加生产额。最主要的有三种方法：（a）动力改良；（b）机器改良；（c）化学化的工业。

（a）动力改良：数十年前，各国最重要的动力为煤，现在各国所有的动力，不单靠煤，而重要的为电力。德国在 1907 年使用电力为动力不过 100%，到 1925 年则为 664%；美国 1919—1925 年使用电力为动力已达到 600%。此外用煤油的颇多。因各国海军商船多燃烧煤油。德国商船 Breslace 重约 5 400 000 吨完全燃烧煤油。英国定于 1931 年成立 650 000 吨的大船以与德国对抗。此外用煤气（即瓦斯）的也不少。电力、瓦斯、煤油的益处有热度大、面积小、速度强，当然影响劳动者生产力。

（b）机器改良：先前使用机器，以人为主体，而机器为附属物品，现在以机器为主，而反以人为附属物品，在生产合理化的进程中，必使机器使用达到自动机器化的地步，以前使用机器的种类有限，而在产业合理化时代使用机器的种类物特别多；以前使用机械很普通、简单，而在合理化时代，使机械特殊化；以前使用机械的生产力很弱，在合理化时代使机械的生产力强度化；以前使用机械只能向上下左右移动，在合理化时代，必使机器回转运动。换言之，即是能在工厂到处移动，皆节省劳力、增加剩余价值的妙法，故失业者日多。

（c）化学化的工业：二十世纪之工业进步，使人惊异，而尤以化学之进步为最，故二十世纪之工业乃化学之工业也。以前工业上所用的原料多为有机物，现为无机。如以前建筑工厂及其他各种建筑物，均用木材及其他天然物品，今则用人造物品，如三合土等。将来人造煤油，可代替天然煤油。化学装置工业，会代替机器的装置工业。例如熔铁，从前专靠煤的动力，现在则用电力法熔化，可以省费用与时间。制糖，先前用机械榨取，现在则用溶解法。漂白法，从前用日光，现在则用纯粹人工方法。化学工业将来必代替机器工业，故化学工业发达亦可增进剩余价值。

1. 标准化的意义

（Ⅳ）劳动组织的改良，即生产的标准化 Standardisation，定型化 Typisierung，规格化 Normalisierung。标准化又名单纯化。Simplication 是美人的称谓，法人则谓为 Typisierung，此指全部；如指部分的，则称 Normalisierung 或 Normung，Vereinheitlichung 亦为单纯化之意。

生产合理化的制度下面，为免除劳动力的浪费，同时为求生产品精细和劳动时间的节省，因此对于一切生产事业，不得不力求标准化。例如钢铁业，现在全世界的铁轨差不多全世界所用的都是一个样式。（除了几个例外，如俄特大，日特小。）次之如建筑桥梁所用的铁条也都是一样的。为着要达到这种目的，故对于劳动组织不得不力求改良了。

2. 标准化的历史

标准化的运动，是发源于 1899 年美国的材料协会会议，这次会议对于生产的规定有许多议案。美国实行这种计划，得到很好的结果，生产上得到很大的进步，于是英国也就实行生产标准化。标准化这种运动在欧战时特别盛行，盛行的原因，因战争进行很猛烈时，各国壮年劳动者差不多都在前线服务，后方一切使用劳动力的工作，尤其是军用品，完全依赖老人、幼童及妇女去作，因此一切生产品不得不规定一种标准。既有规定的标准，一切生产品只按照规定标准去作，就可以得到许多利益，例如美国的动机，在战前有数十种样式，在战时仅只有四种，战后不特军用品按照标准化，而一切日用品为尤甚：（1）限制商标，战前商标都是自由制定，全不受政府的限制；（2）废止旧商标，战前商标自由制定，种类极多，战后政府对于商品不良的商标废止不用，对于新添的商标，条件特别加以限制；（3）重新制定商标，在标准化的制度下面，对于工业生产品，商标的重要特别显著。

欧战结束，欧洲各国经济组织紊乱不堪，经过此时的骚乱，渐渐地由危机时期达到安定时期。标准化运动的动机有二：（1）资本、企业的集中；（2）政府的力量增加。一切产业得到两种势力的补助，大多数的产业都落在少数人的手里，小资本家不得不屈服在大资本家的势力下面，又加政府实力援助大资本实行标准化，致小资本家在无形中消灭了。

3. 标准化的利益

实行标准化的利益，可分四项来说：（1）能得到大量生产额，劳动费省，即可得到剩余价值。（2）无论何种生产机关，若将生产额的种类减少，一方面可以减少生产物品的贮藏的设备。若是更进一步来讨论，无论何种生产机关，生产的物品的种类越少，所用的机器种类也越少，同时机器的修理费也越少，一切的簿记的费用也减少。（3）凡生产机关实行定型化，则工人浪费的时间可以减少，机器的浪费也可以减少，同时停止的损失也减少。实行定型化一方面可以减少无益的损失；他方可以达到资本周转速度的增加。（4）生产定型化可以改良各种工业上的器具，同时得到技术的进步，这是什么人都不否认的事实。因使用机器简单化，工人与工程师能专心于机器的改良，能得到许多的发明，机器使用简单化，一方能使资本家的集中，他方面又能使机器精巧。例如美国福特车工厂的穿洞法，能一次穿洞四十九个。总之定型化对于机器的发展有很大的扶助。

不过在生产的定型化的下面，也有许多学者反对此制度的不良。最著名的为德之 Bucher，谓生产定型化不独不使机器发展，仅使机器不能得到发达的机会，结果必成中世纪的 Guild 制度。英之 Pigon 谓生产标准化必阻止机器的进步。总之现在各国之实行标准化，其目的不在求机器之改良与进化，而是在个人利润的增加。在 Deflation 的时候，社会上所有的硬币不能适应社会的需要，在这种情况之下，唯一的出路，就是求固定资本减少、流通资本增加，在无论何种产业上，固定资本减少，流通资本增加，自然得到大量的利益。

4. 标准化的势力

自标准化运动布满全世界后，各国企业家均注全力于这一点，标准化的势力现在支配全世界的产业。尤以美国为最著，略将美国的企业情形述在下面：

a. 美国

物品名	标准化前种类	最近	减少率
磁 砖	66	4	44%
铁 床	28	4	95%
瓦	44	1	98%
锅	130	30	90%
牛乳瓶	78	4	47%
锻铁工具	665	351	47%
洋铁器具	1 819	263	85%
仓库样式	1 000	15	15%

b. 德国企业家对于标准化特别注意，在战前就有机器定型委员会的组织，到1926年才大规模的运动，现在德国一切企业差不多都走定型化的道路。

c. 日本在1920年就有全国工商业品定型委员的组织，日本对于定型化的运动虽努力发展，但没有详细统计，进步到了什么程度，不能有确定的概念，可是日本的学者们和政府及企业家还努力实行定型化运动。

（Ⅴ）劳动者的能力尽量使用，劳动强度增加：增加利润方法，除了上述以外还有使劳动者在一时间内工作，不能得到分秒的休息，在强度工作状况之下，自能产生多的物品，换言之，即是能得到多量的剩余价值，劳动强度的增加。

a. 机器改良：这种机器改良的方法，与一般的机器改良不同，一般的机器的改良，不管劳动者对工作用心不用心是完全没顾及的，但是在提高劳动强度下面，机器的改良，即是使劳动工作强度增加，也就是使劳动者非专心一意去作工不可。在机器强度化下面，极力注意机器的配支，务求达到极适宜的配支，使劳动者在同样的时间下面，能管理多数的机器。

日本在 1924 年到现在五年间全国纺织工人的平均计算比例如：

年度	一纺织工人管辖的纺织机的比例数	一织布工人所管排数的比例
1924	100	100
1929	126	149

在 1924 年办理 100％的，1929 年增为 126％；管 100％织布机的，1929 年增为 149％，纺织机增加数目为 26％，布机为 49％。

在合理化制度之下，机器的使用行到很好的结果，利润增加的程度也很高。不过机器的改良、强度的增加，劳动者的危险性也随之增加，同时因机器的改良、强度的增加，劳动者的数量不得不减少，结果失业工人的数量也就随之增加。

实行合理化的结果，生产物突然增加，于是供给过于需要，而发生生产过剩的恐慌，因生产的发生过剩的恐慌，于是发生货物出售的竞争，结果利润得实现。

b. 流通传送带（美）、流通劳动（德）：美之流通传送带发于福特厂。从前作汽车，一厂专造车轮，一厂专造机器……这个工厂作好一件物品，同工人送至他厂，多费工人的时间和人力；现在每个工厂专作一样东西，分工非常详细，时间非常短促，一部分作好后，即用传送带传送，不用工人。

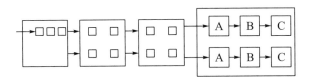

德国的流通劳动，不仅使机器传送物品，并且还使劳动者不间断地工作。

c. 差别工资制度：此乃 Taylor System 制度的一种。Taylor System 科学办理法可分四部说。Ⅰ 企业管理部分的分化：如财务部分、决定部分、工务部分的分设独立，与普遍企业上董事会等总合团体的组织不同。其目的在求能率增高。Ⅱ 劳动组织上的水平化及垂直化：在普通的工厂制度，工厂的管理者可以直接对于工人命令；今则不然，技师只管工头，不管工人，是一层层地推下去，是为纵的管理法（垂直化）；此外还有横的管理法，技师与技师间，工头与工头间，工人与工人间，都有完美的组织（水平化）。因此对于工人的管理特别严，无法休息，因此能率增加。Ⅲ 指示表：每个工人面前，有一张单纯的纸片，指示简单的工作方法及内容，其目的在使工作结果大致相近，使工人机械化及工作标准化。Ⅳ 差别工资制或分红制：此乃不以工作时间的长短为标准，而以生产物品的多寡为标准；有工人工资不增加，而以全工厂生产的生产物品的剩余价值的一部分给工人。总是计件的，看成绩的。此种骤视之似乎公平、合乎劳动者之全收权，不过害为最著的一种制度。因一方增加劳动者的负担，他方使劳动者彼此发生竞争，结果使劳动者的体力和神经未到老已衰矣。

d. 产业社会化：从狭义说，是与劳动社会化相对的；从广义说，则包括劳动社会化。简言之，即社会化。此法即社会主义者，特别是第二国际所主张者。1920 年第二国际在日内瓦开会发表宣言，主张社会化。大意谓社会化是要在全民众的要求的满足上面的必要的一切产业和劳动，从资本家的所有和统制，变为社会的所有和统制；即是说，在现代生产下，资本家以利润为目的，不免有生产上的浪费和分配的不均，因之必须改革。Ⅰ在资本主义制度之下，有许多不合理的消费，同时生产也不能达到最高的能率。在产业社会化的下面，一方使生产能力达到最高度；他方使一切分配大的境地。Ⅱ在资本主义的进程中，劳动者是属于少数人的；产业社会化的目的，是想把属于少数所有管理的劳动力，改为社会所有。Ⅲ在资本的进程中，一切的工业都属于少数人的。在产业社会化是想把少数所管理的工业，改为从事工业者的全体来管理。因此第二国际的议决，大规模企业如铁路等须由国家管理；都市的煤汽、电灯、水利等应由地方团体管理；日常用品应由民众团体管理，如工会、合作社等管理方法统制及监督经营，前者属于计划，应由国家管理；后者属于实行，应由政治无关的团体，如工会、资本家协会，或由工人、资本家、生产团体代表、运输团体代表及专门学者共同组织团体管理。社会化主要目的在使工资奴隶变做纯粹的自由生产者。此种社会化原为资本家所反对的，因为资本家最反对的就是产业国有化，及工人共同管理。但战后资本家反极力提倡社会化，此种矛盾自有原因在：（甲）社会化实际上不易实现，尤其是到了资本集中后的安定期，资本家更不易蒙受损失。（乙）合理化的实施，须利用工会。工会组织在战后势力猛进，尤是在英法德意。英在战前，工会数目为 400 万人（1914），1918 年增为 670 万人，1920 年 850 万人，机器工人战后由 500 万增为 10 亿。团体契约件数从 1913—1926 年由 11 000 减为 7 500 件，人数由 160 万增为 110 万。故资本家知工会势力之不可侮，乃改为利用。利用工会之利益：（a）在雇用工人上可节省浪费，工资虽然增高，同时能率也提高，工人购买力大，劳资个人争议减免。（b）由工会统制，则工人技术方面可以分配于适当工作，技术可以进步改良。（c）除去劳动者对于资本家的不满，使工人发生一种提高生活程度的幻想，因是安心工作，有顾到国民经济利益的意识，结果工作能率提高，利润目的可达。

社会化实行方法：（a）英国 Birmingham 的方案：由劳资双方设一经济会议，其目的有二：一、可使劳资双方收入增加。二、使国民经济有完善的组织，方法将英伦银行以次五大银行收归国有，以司会议计划的实行，换言之，即用银行支配办法实行合理化。（b）Cole 的方案：①炭煤等矿产收为国有。②由劳动团体（国家方面或参加一部分）经营管理。③由政府监督，国家统制。④由政府设专门委员会讨论一切生产上的技术。⑤由政府设中央委员会，管理关于贩卖组织、国际关系等事宜（To sale），不要劳动者参加。（c）世界产业和平运动（Mond-Turner）方案：Mond 为英大资本家，Turner 为一工人两人想把劳资之争承久解决，而达产业和平发达。根据此案，1925 年召集产业会议，其重要内容：①劳动条件全部规定。②用劳资合作解决一切失业问题。③社会化后对于技师、工人、资本家利益应明何分配。④产业合理化中之技术的改良。⑤产业合理后财政上之运用案。（银行支配法）⑥国民产业合理化之组织化之组织。⑦国际经济问题。⑧一切劳动者健康教育问题。这种会议，只是英国产业本身的进步，从这次会议，资本家承认劳动者有参加产业组织的权力，使英国的产业团体由劳资合作来管理。此案虽不能达到整个实行的权力，至少可以指示英国产业之出路的倾向。（b）德国 Hilferding 方案：均主张用社会化方法解决产业问题。

（Ⅵ）大资本经营：前五种为增加剩余价值，后五种为增加剩余利润（Surplus-profit）。然就一般来说，每一资本家都希望得着平均利润，并有希望平均利润，即剩余利润或超出利润。得此超出利润之法有三种：（1）大资本打倒小资本，剥取小资本之利润。（2）产业资本家想剥取商业资本家应得之利润。（3）产业资本用金融资本统制方法并得银行资本来的利润。大资本经营能得超出之理有二：（1）技术方面；（2）暴力压迫。

（1）技术方面：

a. 大资本可以利用最新式的机械，最大的装置，较用旧式机械，小装置方便得多，可增加能率。

b. 可使劳动者机械化，使劳动工作简单而有继续性。

c. 可使原料及生产品等保管、存储等费用减少。

d. 可利用废物做别项副产品，如煤屑的利用，可造煤汽、颜料及沥青（机器油）等。

e. 可得金融上的便利，即资本愈大，金融上的周转愈灵活。

但大资本无有不便处：

a. 经营管理上不易。

b. 大装置虽好，然有新发明时，因旧的所费资本太大，不易更换。

c. 大资本生产物品较多，易生恐慌，在停顿时与小资本所受影响尤大。

（2）暴力压迫：

a. 小资本不敢同大资本竞争，但大资本者常故意挑战，进而加以致命打击，所怕者，小资本者的哀求。

b. 大资本者给贩卖者以利益，使彼不代卖其他同业物品。如前英美烟草公司之压迫南洋兄弟烟草公司者是。

c. 大资本者能用最大广告宣传品以发挥他的势力。

d. 垄断原料，使小资本家无法购买。

e. 大资本家在交通方面得到特殊权利，先运大资本家的物品。

f. 操纵政治，大资本家运用政党，决定政策，利于大资本家，压迫小资本家。

由此观之，大资本家对于小资本家的压迫之强暴，较之对劳动阶级更甚，因对于劳动阶级尚有自由契约，根据上述二种理由，大资本家剥削小资本家，剥取超出利润。

实例　1907—1925 年德国大中小经营调查

经营规模	1907 年		1925 年	
	经营数 （单位：百万）	从事人数 （单位：千人）	经营数 （单位：百万）	从事人数 （单位：千人）
小经营 （1—5 人）	1.619	2.8	1.614	2.8
中经营 （5—50 人）	160	2.3	206	2.9
大经营 （50 以上）	25	4.7	33	7.0

此为法国最确实之调查，可见大经营增加之人数由 4.7％ 至 7％，增加的数目，差不多达到一倍的程度。如果以千人以上的经营为大经营，则统计如下：

年度	经营数	从事人数（单位：千人）
1907	504	1.176
1925	892	2.017

除德国方面的统计外，还有美国方面合理化前后的统计：

美国工人数方面的经营调查

年度	每一产业工人平均人数
1849	7.8
1869	8.1
1889	12.0
1899	22.7
1909	24.6
1914	25.5
1919	31.4

动力方面的经营调查

年度	每一经营单位动力的马力	生产量（＄）
1914	126	135 000
1919	137	288 000
1927	203	326 000

每年生产量百万元以上的经营调查

年度	每年生产量百万元以上在总产额中的百分比
1904	38％
1909	44％
1914	49％
1925	67％

（Ⅶ）特化了的经营结合：普遍产业资本家与商业资本家的区别关系为：（a）两者均在取得利润，商业资本家的利润，乃由贱买贵卖而来，这种取得利润的方法可说是用欺骗的方法得出的。我们若是承认一切的价值均在生产时决定（生产时至多能加一点运费），那么商人所得好得的利润，就是用欺骗得来的。但从经济学上说，商人的利润果从期骗得来，则不能存在。照经济学者言，普通的生产价格，乃由 K（资本）＋P（剩余价值），但 P 包含（产业资本家的利润）H（商业资本家的利润）。不过产业资本家出售物品于商业资本家时，乃先将生产价格中的商业资本家的利润部分扣除，这种利润至商业资本家办理才能实现。因此，产业资本家所得的利润，必定要物品售出方能得着。两者得利润的方法，是相反的。商业资本家由产业资本家贱买，必多剥得利润；产业资本家贵卖于商业资本家，则多剥得商业资本家的利润：终是冲突的。（b）因为冲突，所以有了特化的经营。在未行产业合理化时即旧式的结合；到了合理化后，才特殊化了，叫作近代的结合。即多种产业已经特别化了后的结合，譬如实行部分工业，如 Ford 汽车之分工，此为生产标准化之结果，是为新之特色。部分工业可以增加能率，实行大

量生产，但是贩卖上不能不受商业家之掣制。如一时不能销售，必须停工，于是将特殊化联结起来，在贩卖上得便利。如

旧式（正）
近代（反）　与辩证法相同
特化（合）

如此不但可以避免商人掣肘且可得超出利润。结合之种类很多，如水平之结合（相近的部分为轮轴等）、垂直的结合（自原料至汽车之各阶级间之结合），然其意则一也。

商业资本家亦可利用此种办法以行抵制，百货商店 Department Store 应有尽有且带产业自制，如吃饭。一切可卖者均收买，一切物品大量购进，其售能较市面之价品低。最近如法日各国非常发达，使中小商业破产。直接既不能分产业者利润，大量收买，仍用密法，有一部分物贱，一部分贵，2/3 买者任意选择，物有定价，不减价，1/3 二价利用顾客之心理，于是中小普通商店倒闭者日多。

（Ⅷ）金融统制的方法：产业资本家对于生利资本 Interest-Bearing Capital（如银行等以货币形态贷出）的（利润）剩余价值之一部分（生利家应得者）剥削过来。

关于利息学说很多，利息学说之起源与性质很难断定。利益之发生借钱之人收钱借为产业资本家利。

产业资本家用金融统计方法剥削生利资本家——贷款资本家——的一部分利息，生利资本（Interest-Bearing Capital）。要说明这种办法，必先说明 Interest 的历史，利息的起源各说的纷歧。金融资本家把货币资本借给产业资本家，使产业资本家使用货币的价值，货币在金融资本家手里，只有潜在势力，有剥削价值的可能，

金融资本家实现这种潜势力后，取消一切利润的一部分，这就是货币使用价值，产业资本家在金融资本家的手里借来的货币，还得依据契约，而付一定的利息，这种利息的产生，是产业资本家使用价值而生产的，所付的利息是产业资本家所得的剩余价值的一部分，绝对不是剩余价值的全部，产业资本家的地位在社会上有一点，可以少付一点利息，低时多付一点利息。

产业资本家实际剥削金融资本家的方法：

（a）英国

1. 英国的产业有长久的历史，有很巩固的基础，产业资本家受金融资本家的压迫而缩小。

2. 战后欧洲首先恢复金本位的英国，因此 Inflation 的势力不大，不能从中操纵一切，只能显明地去操纵。昔时的惯例，牺牲金融资本家的利益，而去巩固产业资本家的地位和事业，英国的 Inflation 势力小，产业资本家所担负的利息太重，欧洲大陆各国因 Inflation 的势力大，反将利息整个消灭，英国在这情况之下，不得不先将昔日惯例废除。如 Lancashire Cotton Corporation 棉业连合会发行新的股票，对于原来的债务也用新的股票去偿还，对于利息则等到新的产业得到利润时才付，这种情形明明是金融资本家利息灭去。

（b）德国

1. 德国的产业的压迫很短，一切的基础也不十分巩固。

2. 要购置新的工业设备，则需要大的货币量，于是与金融资本家关系更深。

3. 德国的 Inflation 的势力很大，货币的价值增加。如（硬货）产业资本家利用这种机会，将负债清偿并收回股票。结果产业集中，因此产业资本也集中了，遂操纵了金融的势力，并将产业资本变为金融资本。

4. 组织方面：银行的组织，设立买卖股票所，投资信托公司，同时又在国内各地设立交易所。

5. 活动方面：操纵一切债票、股票的价格，结果使大多数的资本落到金融资本的手里，拟制资本的方法；如设立人造丝工厂或公司，在公司未正式成立以前，金融资本家就极力把股票的价格抬高，必使实价高于面价，到公司成立后，于是就公司整个的卖给他，在这种场合上金融资本家已经得到很大的利益，结果必是投资者受很大的损失，而金融资本家得到利益，实行就金融资本家对投资者一种严酷的剥削。

（Ⅸ）企业形态的变动

企业形态有许多种类，个人的企业、股份公司等。在产业合理化的时代，企业家利用种种企业形态，与别的企业竞争，换一句话讲就是许多小的企业联合起来，去压迫别的企业，或者许多同类的企业联合起来，去压迫别的同类企业。

A 股份公司

股份公司在 1913 年的时候，英美两国已经盛行，欧战结束，盛行于全世界。

例如德国

年度	股份公司数目	法定资本（单位：十万马克）
1913	5 486	17.4
1925	13 010	19.1
1927	11 966	21.5

例如美国

年度	股份公司的生产量	个人生产数量	其他生产数量
1904	73.7%	11.5%	14.8%
1909	79%	9.5%	11.1%
1914	83.3%	7.9%	8.8%
1919	87.7%	5.7%	6.6%

股份公司的增加，在世界上已经成了普遍的现象，其增加的原因有下列的几种：

（a）Mobilization of Capital

（b）操纵红利：企业家想吸收社会上一般的小资本而变为自己的资本，因此他们给股份的红利比普通一般的较高，1916 年美国有 24 个大公司，有工人股东 3 254（万为单位），资本 430（百万为单位），U. S. Steel co. 有工人股东 54 000，资本为 107（百万为单位）。在上面这种情形里，就可以知道股份公司吸收小资本的势力，因此它的金融在社会上的周转非常迅速。

A 股份公司的信用，比较别的企业巩固。

B 人的结合

在现在这种产业合理化和财政资本的时代，人的结合，在企业上有很大的势力。如一个企业家同时为许多企业家的经理者，没有托拉斯的名义而有托拉斯的实力。Trust 在美洲曾一度被政府禁止，是民主党的首领 Wilson 为总统的。欧战后，不用法律上的名义结合，而用人的结合，这是企业上一大变动。例如美国 G. P. Morgan 除在本公司为经理外，还在 38 公司里占有 63 个重要的位置。德国之西门子在 1925 年的时候，在德国的企业界里占有 328 个董事的地位。

C 独占的结合

（a）Betielung

（b）Cartel 类之 Betielung 更进一步，能把市场上的竞争价格变为独占的价格。

（c）Syndicat 除各个公司单行组织外，还有一个共同的组织，这个机关可以指挥一切加入这种组织的公司。

（d）Trust 不但能指挥一切参加这种组织的各个不同的公司，并且还能融化公司。

它们组织方法有横的结合和纵的结合。即是凡是相同的产业都结合：纵的结合，凡是原料有关系的产业门部结合；纵横的结合，凡与产业门部有关系的都结合起来，以达到独占的目的。

这种结合的结果，一切生产品的价格，都由竞争价格而变为独占价格。因此一般中产阶级和劳动阶级愈受压迫，从德国的情形就可知道。

德国砂糖　　　　　　　　　（单位：金马克）

年　度	输出价格	国内批发的价格	柏林零售价格
1926	16.78	21.66	35.8
1927—1928	13.99	20.95	30.0
1928—1929	13.29	20.59	

从上表看来，我们可以晓得，生产品在国内的价格要比在国外的价格高一倍有余，这种现象的产生，必定是国内企业的结合，独

占价格在国内的造成，同时还要提高关税以阻止外货的侵入，而保护国内的产业。

德国工业原料及半制品的价格（设 1925 年的指数为 100％）

年　　度	国　　内	国　　外
1926	97.4％	91.3％
1927	97.2％	81.7％
1928	99.1％	90.2％
1929	101.2％	86.1％

国外生产品的价格渐渐减下，结果必使国内工业受最大的损失，在国外的损失，必在国内来补充，才能使工业继续下去，因此国外价格愈低，国内价格愈高。

农业的凋敝

在普通一般的社会情况里，工商业可以统制农业，城市可以统制农村。在合理化的时代，农业受工业的压迫更深，压迫的方法是使农产品的价格低落，对于农业借贷的利息提高。在合理化时代，一般人受独占价格的影响，人民购买力大减，结果国内的市场范围缩小。德国最为显著，1928 年美国也发现这种现象。但是国内市场尽管缩小，而人的生产率却较前增大，全部资本也较前增大。生产与消费不平等的现象，日益显著，因此产业的恐慌在世界上一天一天的紧张起来，结果各帝国主义者只得向半殖民地和殖民地去竞争，国际竞争就从此产生出来。

（X）国际竞争的方法

在合理化时代和战前的竞争不同。战前为输出商品、资本输出、在国外设立工厂，在合理化时代则有五种不同情形。

A 殖民地：殖民地是供给本国的原料，同时亦是本国的商品消费市场，结果殖民地受原料与工业品的剥削。战后殖民地的人民，得到政治上的一部分自由，经济上也有相当的进步，就可能用以前的老方法。现在只能用金融上的方法，去操纵一切政治上和经济上的行动，使殖民地的资本家整个被独占吞并了。不过在表面资本家仍然存在，实际上则完全消灭了，结果殖民地工业化的势力完全成为幻想。

殖民地的工业实行合理化后，人民的购买力也随之减少，生活自然因之困难。印度自实行工业化以来，印度人民的购买力减低，我们在印度织物原料消费表里就可以看明白。

织物原料消费　　　　　（单位：百万码）

1910 年	3 010	1916 年	3 410
1911 年	3 180	1917 年	3 110
1912 年	3 400	1918 年	2 860
1913 年	4 050	1919 年	2 860
1914 年	4 110	1920 年	2 290
1915 年	3 450	1921 年	2 860

棉织品的消费统计　　　　（单位：百万码）

1913—1914 年	1 360	1926—1927 年	4 046

从上面这两个表里，我们晓得印度自实行合理化后，人民的购买力一天一天地低减下来，可是人民的劳动工作反增加了，而且工

人的工资仅仅只能维持原状，在交通方面的工人工作的时间延长，
而工资亦反减低。在孟买的工人生活，据英劳动调查报告，如狱犯
的生活一样。可是孟买工人的工资比内地工人的工资高得多，由此
可证明内地工人的生活比狱犯还要次一等，其生活的困难和穷苦可
想而知了。在下面这个表可以知道殖民地一般人民生活的困难了。

原料与完成之间的价格差率 （指数表以 1913 年为 110）

	美国输出品	英国输出品	印度输入品	阿根廷输入品
1921 年	+27	+42	+69	+39
1922 年	+22	+32	+27	+62
1923 年	+11	+28	+31	+52
1924 年	+11	+22	+17	+36
1925 年	+1	+17	+4	+17
1926 年	-4	+25	+12	+57
1927 年	-5	+21		

表内的数目字是表示完成品与原料品价格之差数。

殖民地与母国的完成品与原料价格差别如此之远，从这差别的中
间，我们更可以知道殖民地的一般人民被资本主义者剥削的深刻化了。

在下边的表里面，殖民地与母国的工人的工资之差别是怎样的
差别，在这差别中，我们可以知道殖民地的劳动者被剥削的程度是
如何的深刻。

据 1924 年的报告以美元为单位

地　名	工作时间	熟练劳动	不熟劳动	妇女	童工
美　国	8 小时	210～290		160	
印　度	10～14	36～68	25	16	12

续表

地　名	工作时间	熟练劳动	不熟劳动	妇女	童工
埃　及	11~12	46	23	15	
荷　兰	8~9	260~320	160	120	
荷属南洋	8~14	32~60	10	10	
德　国	8~11	90~170	65	50	
德属非洲	8~10	90	25		
美　国	8~10	500~1 000	222~440	170~300	
美属爱尔亚丁	8~9	200~400	120	80	
墨西哥	8~9	150	75	60	
巴　西		110~150	60	30	

1924 年英国、日本与中国工人的工资的比较

国名	纤维工业		工资（单位：美元）		
	工作时间	织品	纺工	女织工	童工
英	8~9	200	320	100	60
日	9~12	65	——	40	
中	10~14	25~35	20	10	

　　工资的多少，是工人必需生活的基础，以工资的多寡可以晓得人民的生活高低，同时也可以知道人民的购买力强弱，我们把殖民地的人民与母国的人民工资比较一下，更可以晓得殖民地一般人民的生活的恶化。我们再把中国人与欧洲人、与日本人在同一工厂作同样的工作的工资相比较：

	监督	熟练工	不熟工	女工	童工
欧人与日人	580 美元	90			
中 国 人	170	40	25	12	10

在同样的地点、同样的工厂作同样的工作，而工资的差别有如此的大，殖民地的劳动者被剥削是怎样的深刻。

B 半殖民地

半殖民地与殖民地不相同之点，就是各帝国主义者在经济上和工业上的操纵比较小一点，因此各帝国主义者在半殖民地的经济力量，有的向上进，有的向下退，彼此竞争异常剧烈，因各帝国主义者彼此竞争，半殖民地的经济发展也发生向上进和向后退的结果。

美国输出在各国的比例表

国别 年度	印度	荷属 南洋	中国	澳洲	南非	巴西	埃及	爱尔 亚丁	加拿大
1913	2.6	2.1	6.0	13.7	8.8	15.7	1.9	14.7	6.0
1926—1927	2.7	6.5	16.4	27.6	15.3	28.7	4.7	27.7	64.9

英国输出在各国的比例表

国别 年度	印度	荷属 南洋	中国	澳洲	南非	巴西	埃及	爱尔 亚丁	加拿大
1913	64.2	17.5	16.5	51.8	50.4	24.5	30.5	31.0	21.3
1926—1927	47.8	15.1	10.2	43.4	42.8	21.2	19.6	19.3	16.8

日本输出在各国的比例表

国别 年度	印度	中国	荷属南洋	澳洲
1913	2.6	20.4	1.6	1.2
1926—1927	2.1	24.4	11.0	2.9

德国输出在各国的比例表

国别　年度	印度	中国	巴西	埃及	爱尔亚丁
1913	6.9	4.8	17. 5	3.8	16.9
1926—1927	7.5	4.0	10.6	6.3	11.4

由各种殖民地输入各国的比例表

国别	年度	印度	荷属南洋	中国	西巴	埃及	爱尔亚丁
美国	1913	8.9	2.2	9.3	32.3	7.9	4.7
	1926—1927	11.2	14.1	17.3	46.2	14.1	9.1
英国	1913	23.3	17.5	4.1	24.3	43.1	24.7
	1926—1927	21.0	15.1	6.3	21.2	39.6	35.4
日本	1913	9.3	5.8	10.3			
	1926—1927	13.6	5.3	24.3			
德国	1913		10.8	4.2	14.0	12.8	12.0
	1926—1927	7.1		2.1	10.4	7.5	10.4

C 附属国

附属国的特色：（1）工业不发展；（2）没有国家工业家资本家，只有大地主，同时握有国内政权者，为国内大地主；（3）农业、矿业及新的企业，均为帝国主义的资本家所握有，本国只有轻工业而为帝国主义者的机器消费场；（4）没有整个的民族联合起来反抗帝国主义，地主们依赖外力来巩固政治上的地位；（5）人民被帝国主义者削剥程度，较殖民地还要尖锐化；（6）革命运动不是纯粹的，而是借着甲的势力去打倒或反抗乙的势力。

D 欧洲的殖民地

欧洲殖民地的特色，工业非常发达，可以说完全工业化的国家。这种殖民地与上面所讨论过的殖民地不同，这种殖民地叫作企业殖民地。金融帝国主义者对于这种工业化的国家不是把它当作商品的消费场，而是以金融的力量去操纵它所有的企业，使它所有的企业全部的命脉依赖它的金融力量，表面看起来它是独立的，可是实际上它是居于附属的地位，一切企业的发展非依赖它的计划去实行不可。美国到了合理化的末期，一般利润不能维持，可是实行合理化大部分是美国资本家的，美国资本家不能得到利润，而在德国可以得到一种利润。我们晓得美国利用金融的力量去支配德国的工业，这种现象即是大资本家支配小资本家。但是这里有一种矛盾的现象，即是美国在德国取回的是商品，不是原料品，发生这种矛盾现象的理由，就是美国实行合理化后，国内市场特别扩大，一般人民的购买力特别高。总之被别的国家用金融的力量所支配的国家，我们叫作企业殖民地。

（A）企业合理化的特质

1. 殖民地实行合理化，在工业上提高劳动者工作的强度，能得到高度的利润。

2. 在工业上的国家，可以实行最新工业——新的化学业、人造丝、飞机、汽车……在经济的观点上，最新工业固定资本少，流动资本多，能得高度的利润。

3. 大资本家可以支配小资本家，这是战后的特色，德国的资本与美国的资本相比较，德国的资本实在小得多。在经济的场合上，德国无论怎样是逃不出美国的资本势力范围，利用大资本家可以夺取小资本家的利润。

美国对外资本输出的统计

年度	欧洲	加拿大	南美	亚洲
1922	28.1％	25.9％	29.4％	16.6％
1923	22.8％	29.7％	29.3％	20.3％
1924	49.14％	136％	14.9％	12.8％
1925	51.8％	12.7％	18.7％	5.9％
1926	44.0％	17.5％	30.0％	4.0％
1927	41.0％	19.2％	22.0％	4％
1928	47.0％	16.7％	23.2％	6％

美国在 1924 年共输出资本 1.005 元（百万为单位）；1925 年为 1.095 25 元；1926 年为 1.155 元；1927 年为 1.587 元；1928 年为 1.325 元；总计为 6.157 元。从上面表里可以晓得美国输出是向着工业发达的国家进攻，而去剥削特殊利润。

（B）国际间企业的结合

Ⅰ重工业

在现在的经济组织情形之下，轻工业在国际的联合还没有，换言之，即是轻工业还没有国际的托拉斯。因为轻工业只以本国的市场为中心，国际的消费比较国内的消费少。

（a）煤油

煤油为现在工业上的重要燃料，如飞机、新式兵舰、大商船……均以煤油为必需的燃料。从前烧煤油为外燃烧机关，现在而为内燃烧机关（Diesel machine）。内燃烧机关比普通蒸汽机关力量大得多，不但在经济上得到利益，就是时间上也得到很大的利益，因为它的力量较之普通蒸汽机关五倍有余。在军事上，煤油占了很重要的地位。

现在新式大规模的农业，多因为自动车 Tractor machine 这种内燃机器，不能用煤作燃料，只能用煤油作燃料，这种机器的速度，较普通机器要快得多，平日二匹马一日只能耕十亩，若用 250 马力的内燃机器，则一日可耕二百亩，故大规模的农业均采用内燃机器。

在渔业上，现在多用飞机去调察鱼群的所在地，因用飞机一方面节省时间，他方面又能调察很宽的面积。在下网时用 engine，若用普通一般以煤为燃料的蒸汽机，则费时很多又不敏灵，若用煤油为燃料的内燃机，则省时又敏灵得多了。

在商业上，一般商舶采用煤油的内燃机很少。可是商用飞机多采用内燃机，而以煤油为燃料。煤油除了军事上占重要地位外，而在商业上、农业上、渔业上均占重要的地位。在欧战时德国的潜水艇、飞机之失败，均是由于德国缺乏煤之供给。

战后世界各国，均极力谋取煤油田的采取权，没有煤油田的国家，均拼命地夺取煤油田。意大利想在非州发现煤油田；日本与俄国订立通商条约，其目的就在取得华太岛及其他处所有煤油采取权。日本在华太岛取得的煤油没有出售，完全归海军部积蓄在一起，以备战争之用。英美虽有许多煤油田，但是已开采煤油田，它的产量会一天一天地减下去，所以英美的煤油 Trust 均极力想在别的地方弄得采取权。因此英国①的 Royal Dutch co 与美国的美孚公司竞争得非常利害，现在美孚占了优势。其原因是与苏俄协商将苏俄的出产用美孚名称出售。到 1928 年，英之 Royal Dutch co 也与苏俄联结，订立协商的条约，取得苏俄之煤油用 Royal Dutch co 的名称出售。现在英美两国下的 Trust 协商联合以抵俄国；但是苏俄自实行大规模生产后，励行五年计划，煤油的产量增加得非常之快。

（b）铁

铁是重工业的基础，各国均极力向各产铁区域去夺取铁的采取权。普法战争的原因，大部分是德国想取得劳兰的铁。日本向中国的侵略不肯放松原因虽多，想在中国取得铁的采取权也是一个很重要的原因。在现在工业化的世界，没有铁的国家均极力想在国外夺得铁的采取权。

战前美国的钢铁产量，占世界总产额 24%，欧洲的钢铁产量占 46%。到战后钢铁产量大为变动，美国占世界总额 25%，欧洲占 42%。

德国的钢铁 Trust 的铜铁产量，在国内占 80%；英国没有整个的 Trust，仅有三个并立的公司。战后美国的铜铁 Trust 的势力向欧洲进攻。在 1926 年，德、法、比等国铜铁 Trust 联合成一个国际 Trust，以抵抗美国的铜铁 Trust，但是仅到 1930 年就完全瓦解，仅留有半制品一种妥协，结果还是美国占了优胜。

Ⅱ交通业

海上航业在战后，各国企业家都通过国家的 Trust 来竞争。

---

① "英国"原文作"美国"，据文意改。——编者

1928 年世界的船舶的总吨数为 6 500 万吨，吨数量多的为英，次为美、日、意、法等国，可是英国只有六个 Trust，占了英国总吨数 43％，美国三个 Trust，占了美国大部分势力，法仅一个 Trust 的竞争，而单个的 Trust 不能存在。

（C）资本主义的农业生产

1. 树胶　特殊的农产物可以用 Trust 竞争。树胶到了现在整个地变成资本主义的农业生产品。树胶之所以能够变为资本主义的农产品，是因汽车事业特别发达的结果。近来树胶变成资本主义最猛烈竞争的东西。可是树胶的大部分是英国生产，英国的产额占世界总生产量的 64％；但美国为世界之最大的消费者，其消费数量占世界总产额 93％。美国近年来利用废弃不用和旧的树胶，一方又用大量资本培植树胶树，因此英国的树胶业受了很大的打击。

2. 砂糖　在战前砂糖有由小资本变为大资本的趋向，到战后，整个的变成大农业的生产。砂糖的产地与出售地现在成为世界的最大竞争。砂糖的原料为甘蔗、甜菜，战前甘蔗为 55％，甜菜为 45％，战后甘蔗为 65％，甜菜为 35％。消费最多的为欧洲及北美，而欧洲所产之糖仅供自己之需要，有能力竞争者为古巴、印度与爪哇三处。表面上为这三处之竞争，实际上为美英资本家之竞争。因为砂糖之竞争而连及甘蔗栽培地之竞争。美英之竞争，美国得到胜利，全世界糖的总生产量为 200 万吨，古巴占世界出售额之四成，1927 年美国资本家提议组织国际笛卡耳，英国资本家反对，未能成功，因此这竞争继续存在。

3. 棉花　棉花的重要比较于树胶更为利害。棉花为纺织业的基础，又为人类生活的必需品，印度、美、埃及、中国、巴西五国占世界总数为下表。

年度 \ 国别	美国	中国	印度	埃及	巴西
1927	64％	5％	14％	5％	1％

其他各国仅占总数 9％，而世界实在的总产量为 28 000 000 亿（约 13 384 000 000 磅）。我们虽晓得各国竞争如何，就要考察各国输出数如何，在战前美国输出到欧洲的占欧洲的棉花数为 8％，战后美国输出移到日本，而不在欧洲，美国的输出较之战前略略减少，而印度、埃及在战后大为增加，埃及输出到美国的为 50％。1925 年国际的总产量为 26 310 000，美国的输出为 50％。我们分析的结果，棉花的竞争也为英国、美国的资本家竞争。

4. 麦　麦在世界的实际产量，要想得到确实的统计，实在很难。现在只得从输出方面来研究。1927 年美国为 237 239 422 000 Quintal（1＝100 Kilo），俄为 203 855 000 000，加拿大为 119 757 122 000，其次为法、爱尔兰丁、澳洲。产量与市场的势力不同，产量多而消费多，则市场上的势力小。欧洲的产量占全世界总数 50％，而消费量又占世界总数 50％，所以每年非从外国输入不可。世界上输出量大的，如加拿大、爱尔兰丁、澳洲，加与奥，为英国资本家所支配，爱尔兰丁则为英美在竞争的场合，可见小麦没有国际的 Trust。

5. 烟草　1927 年全世界的总产量为 1 500 万 Guinta，而美国占 5 410 000 Guinta；苏俄占 144 000 Guinta；其他各国占其余数之三分之一，可是在全世界烟的市场的势力，几全为美国所支配，支配的方法：①把持烟草的原料；②大量地投资于原料地。

6. 茶叶 在十九世纪末叶，日本与中国在国际市场上占重要的地位，近年来仅供给本国的用途。战后英国的茶叶在市场上占很重要的地位，可是英国的茶叶的出产地，不是英国的本地，而在它的属地，1927 年的输出为印度、锡兰、台湾。现在国际市场上的茶叶贸易为英国所支配，而日本尚勉强可以抵抗耳。

7. 化学工业 现在国际资本的结合，化学工业已经占了很重要的地位。化学工业在国际上占很重要的地位的德国为 I. G. Trust，英国为 I. C. I. （Industry Company of Imperism），瑞士为 Basel，英国为摩根 Trust，而压迫欧洲的 Trust。1929 年德国的 I. G. Trust，欧洲大陆的化学工业组织一个国际 Trust，这个 Trust 的力量，可以压倒英美的 Trust，英美的 Trust 又有联合的趋向，以谋抵抗。

8. 火柴 火柴 Trust 最大的为瑞典，表面上占世界火柴产量的 63％，实际上还不止如此。它一方面尽量的收买各火柴公司的股份，差不多全世界的火柴公司没有不有它的股票的。可是它的后面背景就是美、瑞典、荷兰三国资本家的结合，所以它已成全世界的 Trust。

9. 电气机械 战后电气机械在商业的竞争极为剧烈。在战前德国的 A. G. F. 与美国 G. E. 把世界的市场分配了。战后有了变更，在欧洲方面，各国组成国际的 Trust，英国有部分参加美国的 G. E.，现在它们的竞争场为亚洲，G. E. 比较 A. G. E. 的势力大，而 A. G. E. 的股票投资权有一部分为 G. E. 所买。现在国际上的电气机械的市场为 G. E. 所支配。

10. 摩托车 摩托车的生产地为美、英、法等国，美国生产最多，1929 年全世界生产的数量为 5 203 000 辆，美国占 88％。美国一部分为自用，一部分为输出国外的。英法等国生产的，大部是奢侈品，故而自用的反购自美国而自制的输出外国。美国的汽车整个受福特摩根的支配。两个 Trust 不以商品输出而以资本输出，在外国没有分厂，以免除关税的阻碍，因此两个 Trust 的势力可以征服全世界。

11. 人造丝　人造丝变成大规模的生产，在战后才实行的。设 1918 年的生产指数为 100，则在十年内有下列的现象：

年度	生产指数	年份	生产指数
1918	100	1924	388
1919	125	1925	521
1920	141	1926	927
1922	183	1927	751
1922	224	1928	945
1923	273		

人造丝能如此速度的增加，其理由为性质好、生产费低，天然丝总要受天然的限制，而人造丝不受天然的限制，因此大资本家都愿意投资在这种工业，大家竞争技术的改良，而此生产费更为减低。现在世界上人造丝为美德竞争，将来不是德国征服世界就是美国。德国因化学工业的进步而以技术胜，美国则以资本胜，现在还在竞争之时，胜败尚未能断定。

12. 金　金在经济现象上有特殊的地位，但它的生产地极不普遍，现在世界上的产金地几为英美资本家所独占。从下面这个表里我们可以明白：

全世界金的生产量（以 1 F Kilogram 为单位）

年度	1904	1915	1921	1922	1923	1926	1927
全世界的总产量	12.760	22.839	16.067	15 524	17 760	19 567	19 460
英国的总产量	5.883	14.425	11.294	10 558	12 516	13 704	13 810
比例数	48.13％	63.16％	87.05％	97.970％	70.48％	70％	71％

除英国外，其次产量最多的为美、苏俄、墨西哥等国，但是俄国也除外，因俄国的经济组织是特殊的，在全世界经济组织上它有特殊的地位。因此全世界的产金地不是英国资本家所占有就是美国资本家所占有，世界产金地为英美所霸占，金之竞争即为英美资本家之直接冲突。金之最大用途，为铸成货币之用，因此各国政府都极力积蓄现金，以备战时及安全金融之用。在战前各国都是实行金本位，战后各国都是表面上行金本位，实际仅为金汇兑本位（金核本位），在国内一切商业上的交换都绝对不用金，只在国际贸易上和债务上用金。金核本位（Gold kern standard）不用金币只有金块，金汇兑本位仍是用金币。战后金在货物上的用途稍为减少，但各国均极力积蓄现金，以备在战争时之用，因此列强遇现金均极力夺取。现在金之竞争，近年来非常猛烈。

下表的数目包含政府财政部及中央银行（以美金 $1 000 为本位）：

国别 年度	美	英	法	德	意	西	荷	阿根廷	日
1913	1 240 420	170 245	678 856	278 687	256 476	786 800	60 898	256 126	64 763
1914	1 206 487	428 221	802 894	498 508	269 584	110 444	83 663	241 539	64 063
1917	2 520 156	422 549	639 682	752 768	206 721	369 392	280 687	288 020	220 981
1918	2 655 895	522 632	664 017	538 801	202 403	430 072	277 166	304 466	225 821

续表

国别＼年度	美	英	法	德	意	西	荷	阿根廷	日
1922	3 505 551	751 597	708 403	227 436	217 284	483 278	235 880	422 524	605 078
1923	3 883 995	754 479	707 479	111 274	215 697	487 841	233 826	406 495	600 194
1924	4 040 067	752 053	710 374	180 939	218 825	489 292	202 854	413 876	585 238
1925	3 985 397	703 482	711 106	287 763	218 825	489 631	178 080	450 572	575 788
1926	4 083 380	755 421	711 106	436 235	222 732	493 487	266 231	450 553	661 810
1927	3 977 181	741 698	954 000	444 185	239 177	502 484	160 726	529 154	541 739
1928	3 746 111	749 767	1 255 500	650 127	265 732	493 900	174 692	607 353	541 218
1929	4 200 000	780 000	2 000 000	520 000	280 000			730 000	420 000

我们拿 1913 年与 1928 年相比。世界上没有哪个国家的积金不是向上增加的，增加最多的为日本。现在我们设 1913 年的指数为 100，则 1928 年的指数实可惊人。

年度	1913	1928
英	100％	340％
美	100％	190％
法	100％	184％
德	100％	133％
意	100％	
西	100％	436％
荷	100％	186％
阿	100％	137％
日	100％	733％

各国想谋增加金的积蓄，一方不用纯金本位，其谋增加金的积蓄的原因在战争时用现金在中立的国中购买必需品方便得多。现在

世界上积蓄现金完全的目的想在政治上支配或操纵别的国家，若现金积蓄得多，在政治上就能占绝对的优势，意大利变法之种种威吓，就是因法国政府的财政部和法兰西行积蓄多量现金的原故。

法国现金积蓄增加得快完全在 Deflation 的时候，当时法国货币稳定，因此流在国外的资本都渐渐地收回，而投在国内各种重工业和轻工业，有人说法国积金增加之快，是得到荷兰重工业发达的机会，出口货物增加，现金随着深入。又有人说，法国恢复金本位，将法郎的价格视得很低，使法郎的价格得永久固定，各国资本家都以为有利可图，都极力收买法郎，法国因此得吸收外国的现金。总之法国吸收现金的方法是用货币。

美国用人为的方法吸收现金。世界各国实行合理化时采取 Dumping 政策，国内市场都因之缩小，美国国内市场反一天一天地扩大，美国股票的红利增到百分之十以上，因此交易所将股票的价格提高，各国资本家以为有利可图，均极力收买美国股票，美国乘此机会尽量积蓄现金。

美国的国际 Cartel 的目的，与普通 Cartel 的目的不同，它纯粹压迫和剥削半殖民地和殖民地，它和国际银行在欧洲共同剥削战败国。金在国际上没有国际的 Cartel，可是有了信用上的 Cartel。

社会主义的合理化的实际方法

A 一般社会主义合理化的实际方法

B 苏俄（过渡时代）社会主义合理化实际方法

——一般社会主义合理化的实际方法：

现在世界上还没有真真的社会主义的合理化的国家，所以首先讲一般社会主义——理想的社会主义合理化的实际方法，最后再来讲半社会主义——苏俄合理化的方法。一般社会主义合理化的目的，主要如下：

1. 用科学的方法去改良生产技术和劳动的组织。

2. 一般人民不是被强迫去作工，是人人都乐意去作工。

3. 要想真正满足人的欲望，必使人的生活提高，知识增加，使劳动者的教育得适应的程度。

4. 减少劳动者的工作时间，以求一般生产率增加。

5. 免除不卫生的工作，极求节省时间与劳力、经费。

以上这种理想，决非现在资本主义下所能施行得出来的：第一，因为现在一般产业为私人所有，私人所利用，绝不是为大众谋利益的；第二，现在一般有钱的人都成了寄生生活者，决不愿将他自己的利益抛弃。因为这种缘故，所以不能实行。就是号称社会主义的苏联也还不能，只不过是过渡期的产品罢了。

——苏俄社会主义合理化的实际方法，分

（a）新经济政策时代

（b）建设时期

新经济政策时期的方法，可将其重要之点略述如下：

（1）产业机关的本身合理化：无论在哪个时代，产业机关的组织是随着生产的进化而进化的，不过以国家的生产机关是和人民的产业机关没有关系而分立的，不能衔接在一起，国家的产业机关不能代表国民经济的组织。在这种制度之下，真正的国民经济不能实现，因此国民经济遂成了牺牲品。战后苏俄的国家产业机关实行本身的合理化，而组织国际劳动委员会，从这种组织里面而产生国家计划委员会（Gos Plan），现破坏时期，这国家计划委员会只作全国经济调查之工作，新到经济政策时代，计划一切善后的改良组织，这种国家计划委员会也脱离政府而独立，客观的性质比较大，所以它的计划和调查的结果比任何国家对于产业上的计划和调查来得详细和周密。它的最重工作有下面几点：

（a）电气计划；（b）农业经济组织的改良；（c）交通事业；（d）印刷和国际贸易；（e）财政计划……①

（c）交通事业：在恢复时期，苏俄因各帝国主义的压迫，断绝粮食的输入，同时本国又是不好年岁，于是发生粮食恐慌，但俄国因恐怖时代全国交通破坏不堪，在这种严重之下，苏俄当局能在短期内将这种恐慌弄好，实在是 Gos Plan 的功绩。

（d）印刷和国际贸易：苏俄在恢复时期，能即刻将印刷业恢复原状，企业依着 Gos Plan 的计划，它的国际贸易能在国际上得到胜利，完全是 Gos Plan 有整个的计划和详细调查的结果。

（e）财政计划：一般国家的财政机关，是在国民经济之上，而苏俄的财政机关却在国民经济之下；一般国家的财政机关支配国民经济，而苏俄却受国民经济的支配。苏俄已竟将财政和金融集在一起，有严密的计划，对于国民经济有很大的利益，一般国家则反之。

现在世界上的国家，除苏俄外，没有一个能实行产业机关本身合理化的，德国有产业机关本身合理化的计划而不能实现。

（2）全国的产业实行集中的统制

---

① 此下似应依文分述（a）（b）（c）（d）（e）各点，然而原稿上（a）（b）二点付缺，此下紧接（c）点，不知是怎么一回事。——原编者

全国产业实行集中的统制，因产业机关本身合理化的结果，在一般资本主义资本都有集中的趋势，不过这种集中是间接的，而不能统制一切资本。苏俄因为 Gos Plan 的详细调查和计划，而加以产业机关本身的合理化，所以它能统制一切经济现象。在这种集中统制之下机器的改良，技术的发明，而容易社会化，资本主义的国家则反是。生产标准比在中央统制之下，对于燃料有详细的调查，使动力得到适当的分配，资本主义的国家则反是；在中央统制之下对于生产物有整个的计划，使产业的恐慌相对减少。

（3）产业国有化

苏俄对于基本的重工业都归国家，但轻工业尚不能为国有产业化，苏俄基本产业归国家所有的已经达到58％，铁路事业和国外贸易全部为国有，交通和通信机关也差不多完全归国有了，农业为40％苏俄实行产业国有，使其工业发达。半社会主义的国家，实行国有产业的方法，其目的就在统制全国的产业，而使人人有工作的目的还在其次。

（4）生产机关互相关系

在一般的资本主义的国家，经济组织的现象都有 Trust 与 Syndicate，俄国的经济组织也有这种现象，不过它的目的不同，在一般的 Trust 与 Syndicate，以得最大的利润，而苏俄的目的则在谋国民经济的发展。同时苏俄的 Trust 与 Syndicate 的组织政府极力提倡，其目的是求补助中央统治的不足。1923 年苏俄全国除煤池与煤炭外，有 380 个 Trust，其中有 170 个 Trust 只有五百人。他们这种结合，是产业本身的结合，互相结合之后要报告国家经济委员会。经济委员会不干涉这种组织，只求明了这种内容。

市场上商品的价格、原料的价格都有互相的关系者，Syndicate 之间虽有竞争，对于这种竞争，Gos Plan 有判断的权力，不过这种判断总是根据不妨害国民经济的原则为标准，结果国家监督的力量渐渐减少，而独立性渐渐加多，不致变成像一般国家的国有产业的现象。而这种 Trust 及 Syndicate 的进步，不是国家的产业，而变成国民的产业。

建设时期一切进行，都是有计划和有组织的，五年计划的基础的理由，是对于资本主义的合理化的反抗，而树立社会主义的经济基础。今将五年计划要点略述如下：

真正的合理化，即是要求一般民众的生产力增加，使一般民众的生产向上。资本主义的目的是在剥削别人的利润，五年计划是想压倒资本家的利润，使剩余价值社会化，整个归国民所有，用去建设社会事业。俄实行五年计划后，人民生产力增加，剩余价值达到社会化，其实行的手段如下：

（a）改良技术和劳苦组织：其目的是谋劳动者的生产力增加。

（b）工会活动的合理化：在资本主义生产制度下面，工人纯粹是客体的，在俄则为主体的。苏俄想达到合理化的目的，必先改良工会，使工会不走向自利的方向和官僚化，而以首先将工会本身合理化。

（c）地方产业合理化：小产业的组织不良，无论在什么时候和地方都要受资本家的剥削和压迫，同时对于劳力、原料及各设备都有很大的浪费。要免除上面的害处，只有小产业的本身合理化，国民经济的发展才快。

（d）交通机关合理化：帝俄时代，对于交通事业，完全以军事为中心，所以（铁路的建设都是直线的）有种种不合理的害处，同时交通机关的本身有许多不经济的地方。现在为补救这种不好的现象，只有使交通机关本身合理化才能达到这种目的。

（e）农业合理化：农业合理化的方法，首先除了原始的生产方法而改为新式的生产方法。从前俄国以同样的土地，生产的数量与德国相较为其 $\frac{1}{4}$。

农业合理化的方法：（1）技术；（2）经济。

（1）技术：在技术上的进行，第一是采用机器，其次是种子的选择，使用化学肥料，耕地的整理，农业所产物——牧场等——的改良。

（2）经济：在经济方面，采用集合的方法，苏俄在革命时代，对于农业有三种方法，即私人耕种、国家耕种和协作社，而在合理化时期将这三种形式扩大，不但奖励协作社，且奖励农业集合，而给以种种特权，其目的为将独立小农减少，而变成大规模的生产，在五年计划中利用小的结合，而将富农打倒，故经济上的改良，比较技术上更为重要。

（f）时间的合理化：在一般国家都有日夜的现象，市况好的时候，有三次工作的现象。五年计划的方法比较更进步了。在五年计划中，有二点非常重要，即苏历和继续生产制。

（1）苏历：苏俄在未革命以前，是同世界各国一样的，而行希腊式的日历，革命后将年历改变，每月是三十日，分为六星期，余下五日作国大休息日：正月二十二日（列宁生日），五月一日、二日，十一月七日、八日，共五天。

（2）继续生产制：首先把全国的各种产业分为五部分，劳动者也分为五部分，轮流休息，结果机器浪费的时日少，夜工制所以免除。实行此种制度后，全国所用的劳动增加二成，生产品增加14％，劳动者的生产性增加2％～6％，可以减少工人的失业。

结论

合理化的结论，我们根据上面的种种事实分作三段：（1）资本主义的合理化；（2）苏俄的合理化（从资本主义到社会主义过渡时代的合理化）；（3）产业落后的国家的合理化。[①]

Ⅰ 资本主义的合理化

我们根据上面种种的讨论，在资本主义的合理化的进程中，可发生下面十五种结果：

（a）生产能力的增加：自实行合理化后，全世界的产业虽不达到全部的增加，而确实达到局部的增加。例如德国的重工业如铁工业：

（以百万吨为单位）

种类 年度	生铁	钢	铁丝板
1924	651	820	681
1925	884	1 016	854
1926	803	1 028	854
1927	1 092	7 360	1 072

---

① 关于"产业落后的国家的合理化"，后文并未论及。——编者

在上面表里，从 1924 年到 1927 年生铁增加 66％，钢增加 65％，铁丝板增加 57％。

年度	煤炭（以百万吨为单位）	挖煤工人的统计
1924	94.12	389 115
1925	104.10	399 624
1926	112.11	388 757
1927	118.02	374 097

在上面表中我们晓得，煤的产额一天一天的增加，可是工人则一天一天的减少，这显然是表示工人的生产性增加，非止德国是这样，世界各国都有这种趋向。

（b）必要劳动减少：工人的生产能力增加，劳动时间必然减少。机器的改良能在特定时间内增加生产品，提高劳动的强度，在同样的时间内能增加生产品，因此技术越高的工业，劳动必定越减少得多。

（c）生产的进程特别增加：生产越进步的国度，生产的进程越需要得短，在合理化下面，这种现象越加显示得出。

（d）熟练劳动减少：在工业发达的国家，生产手段自然是非常发达，因此所需要的劳动者，自然也不一定是熟练劳动者。在合理化的下面，这种现象的显著，所以自实行合理化后，熟练劳动者的需要更加减少。

（e）劳动力的价值减少：劳动力的价值是用工资表示出来的，可是工资在理论上是表示必要的劳动时间，所以必要劳动时间减少，即是工资的减少，因此劳动力的价值在无形中即减少。以德国为例，并设定 1913 年劳动力的价值指数为 100：

年度	熟工	不熟工
1924	83	90
1925	93	99
1926	91	98
1927	92	98

英国在合理化时，平均每星期的工资增加 25％，可是物价平均增加 69％，表面上工资虽然增加，实质反而减少。意大利在合理化之下，工资表上增加，实质也一样的减少。

（f）失业工人数目的增加：在合理化下面，工人的失业是慢性的增加，这种现象是很普通的。美国在表面上它的现象是很好的，可是它的失业工人至少有 300 万到 700 万，这种现象使美国社会上和经济上增加了很大的危机。

（g）工人害病者的增加：工人的身体和生命，一方面要受天然的损害，同时他方还要受工作上的危害。自实行合理化后，这种事实更加加多。例如德国的酿造业的工人和煤工业及地下工业：

年度	酿造工业的病人	煤工业	地下工业
1924	5.87％	8.26％	10.36％
1925	6.83％	10.06％	14.49％
1926	7.51％	12.68％	15.02％

（h）劳动者心理上的影响：

1. 一般工人互相之间的区别趋于平等。

2. 一般工人的依存和团结性较前大有觉悟。

3. 一般工人非常感觉工厂生活的枯燥，反抗的精神更加增加。

4. 劳动的强度化，稍年老的工人不能生存，工人失掉自信性。

5. 工人手艺的尊严完全失掉。

（i）使用工人的增加：全部无产阶级构成的人，发生很大的变化。从前使用工人（即管理者）很少，而劳动工人很多，在合理化制度之下，使用工人却增加，而直接从事劳动的工人反一天一天地减少下去。

（j）一般人的购买能力减少：各国国内的市场缩小，一般人缺乏购买力，这是因一般资本家都想在国际市场上得着独占权利，而行减低物品的价格。但是他们想补上这种损失，于是在国内将货价提高，结果使一般民众缺乏购买能力。尤其是工人因实质工资减少，购买能力更加减少了。

（k）资本有机构成变高：资本有机构成变高，或使可变资本减少，不变资本增加，因此社会的平均利润在无形中减少下去。

（l）因平均利益减少，资本家一方想维持自己的产业，同时又想把自己的利润增高，要达到这种目的，只有牺牲别人的利润方能实现，例如产业资本家使金识资本家的利润减少。

（m）同业资本家加大生产量：同业资本家相互之间增大生产量，因为生产品增加，生产成本可以减少，在这种情形之下，大资本家可以压倒小资本家，因此在市场上发生最剧烈的竞争。

（n）国际竞争：各国资本家都想在国际市场上得到胜利，结果大家都采用 Dumping 政策，将国内市场缩小。

（o）Dumping 政策的结果：各国资本家采用 Dumping 之后，结果使工人的工资和生产费减低，在这种情形之下，物品的价格应行减低，可是在国内的物品的价格不独不减而反增高致发生恐慌。

（p）世界恐慌：资本家都利用大量生产的方法，使生产与消费发生极不平衡的现象，这种现象一方虽然是由大量生产的结果，可是最重要的原因还是世界各国的民众贫穷化所致，因大战结果，各国国民经济组织都达破产的境地，同时各殖民地及半殖民地因列强压迫的结果发生民族的革命致经济组织破产，而缺乏购买的能力；各列强国又因国际市场的竞争，而采用 Dumping 政策，使国内市场萎缩，结果发生世界恐慌。

从以上各种分析的结果，合理化变成了不合理化。生产力虽增加而一般人民的生活水准减低，失业者继续增加，合理化的主要目的以国民经济的全部为目的，结果合理化不能达到。你们看看下面的四个特征就可以明晓了：

1. 同样的产业与不同样的部门发生许多无益的竞争，同样的产业问题也发生这样的竞争，加入 Cartel 的对于不加入的，加以种种的压迫在农业方面特别表现明白，同时加入 Cartel 的产业部门也发生这种现象。

2. 生产品的数量，在合理化的下面，总产额的实增加，可是消费额不能同样的增加，到了合理化的末期，消费额反日见减少。我们晓得消费的大部分为工人与农人，因一般的生活水准减低，国内市场缩小，消费总额减少，使扩大再生产不能继续下去。

3. 合理化的原来目的，想把劳资的阶级弄到平等的地位，而使劳资阶级的斗争在无形中消灭，达到劳资合一的效果。但是在实际合理化之下，而工人对于自己的生活和地位更加不满，大部分的工人越加左倾。

4. 合理化的目的，想达到国际上的真真分业，在未行合理化时，国际上发生许多无益的斗争，而实行合理化，使得国家间的自由竞争免除，而成独占，实行国际分工，使各国的国民经济完全建设在相互的上面，但是到合理化的末期，国际的经济竞争非常剧烈，在半殖民地及殖民地的市场上及政治上的竞争也现剧烈的现象。实行 Dumping 政策后国际分工已成幻想。

合理化的初期，的确使破坏的经济恢复，衰弱的资本主义现出繁荣的状态，但是只是暂时的，到了末期，经济的机构资本主义的经济的繁荣不能维持，生产过剩的现象更加显著，结果发生 1929—1930 年的世界恐慌，经济组织发生变化：（1）慌忙发生得慢；（2）实业与工业同时发生恐慌；（3）恐慌及一切物价不是全部的低落；（4）金融组织不破坏。

Ⅱ苏俄合理化的结果

苏俄合理化可分作两部分：（1）五年计划以前；（2）五年计划以后。

甲、恢复期的合理化的效果（五年计划以前）

实行新经济政治后：工农业的生产确有很大的增加，下列表中表现得很明显：

1. 工农业生产的总数（单位：战前十万万金卢布）

年度	总数	农	工
1913	19.8	12.8	7
1921—1922	8.2	6.2	1.9
1922—1923	11.1	8.6	2.5
1923—1924	12.3	8.9	3.4
1924—1925	14.5	9.5	5
1925—1926	18.2	11.3	6.9
1926—1927	19.8	11.9	7.9
1927—1928	22.1	13.2	8.9

2. 工农的比量

年度	农	工
1924—1925	67.4％	32.6％
1927—1928	59.8％	40.2％

3. 苏俄生产的恢复，不但恢复原来的状况，并且使产业工业化。

4. 生产手段的工业（重工）、消费手段的工业（轻工）

年度	重工	轻工
1924—1925	41.6％	58.4％
1927—1928	45％	55％

5. 生产手段的增加，是表示工业的固定生产分子作社会的与私人的，大的生产为社会化的，中小的为私人的，社会化的下面各种工业向集会的方面。

社会主义生产的对于总生产的百分比

年度	雇用工人	总生产数	投下资本
1924—1925	80%	30%	44%
1927—1928	81%	40%	95%

从前苏俄的资本，是没有积聚的，可是到 1923 年积聚到 1 291（以十万万卢布为单位）。

6．城市

工人所得，在 1924 年每人每年平均为 570，到 1927—1928 年为 843，工人的生活的确是向上的。

7．城市工人的生产能力的确增加，在 1924 年每人每年平均生产力为 1 700，到 1927—1928 年为 3 000。

8．电力　大的电力场所，在 1924 年总计只能产生 40 万万 KW，到 1927—1928 年增加到 190 万万 KW，增加数差不多到五倍。

9．燃料　燃料需要的增加，就是间接地表示工业的进步，1913 年为 480（单位百万吨），1924 年为 230，1928 年为 500。

10．工资　以战前的指数为 100：

国家	1927—1928 年
俄	134
美	130
英	103
法	熟　108　不熟　93

从上面的比较，工人的所得，苏俄工人的所得较英、美、法都高，苏俄以战前工作时间为 9.5，1924—1926 年为 6.5，工作时间的减少是合乎合理的目的。

劣点

1. 剪刀问题

在这个时期内，工业品的价格特别高，农业品又特别贱，可是俄的农产品与别的国家一样，而工业品却特别高，这种特别问题，在政治上发生很多的纠纷，五年计划实行后此种问题还没有得到完全的解决。

同样物品的价格与别的国家比较

国家	俄	英	美	法
全部同样工业品	100％	45％	37％	34％
铁	63％	——	38.4％	39.8％
铁板	17.5％	——	85％	61.6％
煤炭	13.7％	——	4.8％	6.9％

2. 一般消费品的缺乏

在剪刀问题正剧烈的时期，农民都不愿将自己的物品出售，因此致城市住民缺乏食品，致政府派人到乡间去强制买来，以供城市住民之需要。

3. 失业工人，1922 年为 100 万，到 1926 年为 600 万以上，不能实现合理化的真正目的。

4. 不受国家财政补助的资本 134 万，受国家补助的为 94 万，到 1927—1928 年不受国家补助的为 131 万，受国家补助的反变为

410 万，不能达到独立的目的。

5. 输出太少。苏联在 1924 年与各国通商输入品多为机械。输出品不增加，这种现象是表示产业停滞的象征。

乙、五年计划中的合理化的结果

五年计划的内容：

（A）五年计划的意义：五年计划不仅是一种计划，且与普通资本主义的计划纯粹不同。在资本主义的经济组织里面，是没有组织和统制的，所以全国的经济组织是散漫的，因此在资本主义的国度内的计划，只能叫作一种预计，可是五年计划是对于全国经济有整个计划的，并数年详细调查的结果，使全经济有组织、有统制，不是资本主义的预计。

五年计划最早发生在 1920 年，在这年通过全国电化案，在这时正是内忧外患之时，当时执政者认为经济没组织，国家的基础不巩固，故通过这种重要议案，想在全国重要的地方建设电台，而实现电化，但无好的结果。1924 年有复兴计划，不过此计划是单个的，1925 年把全国的生产机关都联合起来，有整个计划，但只是一年的，不是长期的。1926 年由 Gos Plan 实立五年计划的草案，1927 年又继续实立草案，1928 年才完全成立由政府执行。

原来五年计划有两种方案：最高的、最低的。其进行的方法，欲先一年来决定后一年，不是固定，而是有变动性的，目的五年计划是十五年计划的试办期，也是它的三分之一。

（B）五年计划的目标：（a）五年计划的目标，第一使苏联全国的工业与先进国在同样的水平上面（使农业工业化），社会主义的实现，全靠一般产业工业化，苏联的重工业，非常的幼稚，苏联要想变为社会主义的国家，所以首先发展重工业，在五年计划生产工业的投资，比较轻工业多得多。

（b）农村社会化

农业的性质，根本是分的，不是联合的，因此农人的性质，是个人主义的，不是合群的。苏联土地宽大，农人没有联合，所以农业不是集约农业。因此在 1920 年的电化议案，有一部分关于农村的方面，其目的即是使农人知道经济不是单独个人能存在的，要与别人发生相互关系才能存在。

协作社一般国家都有，其主要目的即在自救，而免除商人的剥削。可是苏联的协作社，其主要的目的是要使农人知道人类经济生活是相互有关系的。

苏俄为要达到农村社会化，一方极力改良技术，在耕种方面用机器、马锄，在收获时亦使用种种机器以整理之；一方是经济组织的改良，政府将协作社的法律加以改正，而实行 Collection of Economic 的制度，由数家集合起来去购买耕种机，机器是很廉价地出售给这种团体；同时政府还备有机器租给农民，租金也特别低廉。经济的改良是根据技术的改良产生的，因技术的改良使一般农人不得不走向集合方面去。

（c）防卫国防

苏联现在还没有全被列强承认，所以苏联随时都可以与资本主义的国家发生战争。第一次世界大战给人类的教训，只有重工业发达的国家才有胜利的可能，五年计划首先注重重工业，间接的目的就是使苏俄能防卫列强，而能生存。

（d）提高东部的经济

苏联的东部经济较之西部实在是落后得很，成一种极不平衡的现象，要使苏联社会主义化，非使全国工业在一个水平上不可。同时提高东部的经济，使西部的生产品得到相当的消场。

（e）农工结合强度化

苏俄的农工有脱离的倾向，这是革命后政治上一大危机，自实行新经济政策后，农工又联合起来。未实五年计划以前，农村市场的社会化，实行五年计划后，由市场社会化变为生产化，因这种原因农工的联合益行强度化。

（f）世界社会主义

社会主义的实现，完全建筑在工业，所以工业的发展是实现社会主义的基础。战后对于社会主义的实现，有二种主张：（1）社会主义化不一定在工业发达的国家，工业落后的国家也能实现。（2）社会主义的实现，只有工业发达的国家，才有实现的可能性。

（C）原案的内容

（1）投资的数目

在五年计划中资本如何分配，很难得到真确的数目，我们把投资比较一下，就可以晓得它的资本的确增加了。

年度	总投资（单位十万万卢布）	工	电汽	运输	实业
1923—1928	26.5	4.4	0.8	2.8	15.9
1928—1933	64.5	16.4	3.1	10.0	232.0

五年计划以前与五年计划苏俄全国资本的变动：

年度	总资金（单位同上）	工	电化	运输	农	街市房屋建筑	其他
1923年10月	70.15	9.81	1.01	11.56	28.56	11.97	6.97
1933年10月	127.78	29.12	5.31	22.01	38.89	15.25	17.2

增加的比较数以 1927—1928 年之指数为 100，则 1933 年之比例如下：

总资金	工	电化	农	街市房屋建筑	运输
183.3	302.9	523.8	132.4	151.9	172.6

上面表里我们可以晓得五年计划是整个的，首先注重生产工业和电气。

五年计划完成后，全国资金的构成比例（设总计为 100）：

年度	工业	电化	运输	农	街市住宅	其他
1927—1928	13.6	1.4	16.7	41.0	17.1	10.2
1932—1933	22.5	4.0	17.1	29.6	12.6	14.2

在上表里五年计划的完成，农业资金减少，工业和电化特别增加，五年计划完成后由农业国变工业国。

一般经济机构能力的配布比例

年度	总数实数	消费	配布	生产
1928	70.15	42.7	18.0	39.3
1933	127.7	35.0	20.5	44.5

（2）生产结果的预定，可分为数段来说明，首先说明工业，次说明其他种种工业，再分为数段。

年度	总价格（单位十万万卢布）
1928	18.3
1932—1933	43.2

重工业生产部门的增加的比例为 235％，轻工业部门为 144％，以 1928 年的指数为 100，重工业为机械，轻工业为织品、粉……

年度	农业总生产额
1928	16.6
1932—1933	25.8

将五年计划以前与五年以后相比，则生产价格增加一半，耕地面积亦增加 20％。

动力生产方面

年度	总计实数	动物力	小商业	农	运输	制造	电力供给所
1927—1928	33.1⎫ 58.8⎭ 指数为100	58.0	3.0	2.2	12.0	17.5	7.3
1932—1933		38.1	2.7	5.8	10.0	16.3	26.4

在上表里可以明白动力来源发生变化，动物力减少，而电力增加，由此可以晓得苏联日趋于电力化。

消费方面

年度	总实数	工	运输	农	小商业	其他	损失
1927—1928	33.1%	19%	12.5%	58%	3.1%	2.4%	2.8%
1932—1933	58.8%	28.2%	11.8%	41.7%	3.6%	3.4%	5.%

全部动力增加，在消费方面工业增加，而农业方面减少。只就电力一种来讲，1927—1928 年为 50 亿 KW，到 1932—1933 年增加到 220KW。苏联的电力增加虽快，可是同别的工业相比还是落后。1927—1928 年美国为 1 260KW，意为 135KW，Canada 为 176KW。

运输　五年计划以后铁路增 2 万 km，货物运送量比五年计划前增加 84.7%。

（3）社会化的倾向

五年计划的目的不仅求生产量的增加，而在求个人的生产变为社会化。

社会化的投资与非社会化的投资的比例

年度	私人企业的投资	协作社	公企业
1917—1918	47.3%	1.7%	51%
1932—1933	31.1%	5.3%	65.6%

与总资金的比例

年度	工资劳动者数目	投下资金	基础资金	农生产	工生产	电力交易
1927—1928	82.1%	56%	51.4%	1.9%	86%	86.6%
1932—1933	85%	75%	63%	11.5%	95.8%	89.6%

社会化与非社会化的比例

年度	谷物收获类	市场用谷物	农业生产总额	市场上用农品的总额
1927—1928	2.3	7.2	1.7	4.5
1932—1933	14.6	38.2	12.0	20.1

共用农业

年度	协作社	零用品	农民加入协作社
1927—1928	19.4%	60%	37.5%
1932—1933	53.8%	78%	85%

乡村与城市加入协作社的社员（以百万为单位）

年度	城市	乡村
1927—1928	87	13.9
1932—1933	105	31.8

在周围 15km 的场所，设一耕种机器借出所，每一机器借出所备有机器 100～300 架，租金低微，同时政府派有工程师指导农民，遇机器损坏时，并帮助农民修理。机器对于农民的效果较之美国有四倍余。在五年计划内，拟在全国设立 1 000 个借出所，备机器 20 万架，并且全部机器均为自己制造品，机械预约卖给农民，由政府办理，价格低廉。五年计划第一年有五百万家预约耕种机，对于农人经济的援助不用信用银行，而用预备机器借出所。

（4）国民所得的变动

国民所得以全国人口的每个人所得为基础，但是这种事件非常

复杂，难得到详细的数目，从五年计划以前的指数为 100，在五年
计划进行中则为 147，在下列表里可以看得出来：

工业劳动者	68%
工业以外的劳动者	25%
Bourgeois	减 47%
全体的农业人口	增 63%
农业劳动者	88%
一般农民	40%
农民全体	40%

国民总所得中的比例

	1928	1933
工业劳动者	33.2%	37.5%
工业以外劳动者	6.7%	5.3%
Bourgeois	2%	0.3%
全体农业人口	41.9%	43.9%
农业劳动者	2.1%	2.5%
一般农民	49.9%	45.2%
农业全体	52%	47.7%
业余社会所得	6.1%	8.8%

就全体方面言之，据以上情形固属于增加，但据分析一点观
之，观其差别则趋向于工业之增加显然可见。

所得的来源，可以分作两种来看，一种是由社会化的所得，一
种是非由社会化的所得。苏俄 1928 年以前，他们从社会化的所得，

只占了 3.55，但是自从施行了五年计划之后，所得的来源由社会化方面的所得，增加为 67%。

（5）阶级构成的变化

阶级构成的变化，为苏俄五年计划上最主要的部分。我们根据五年计划中的规定，关于工业方面，预定雇佣劳动者增加为 400 万人，此中对于矿业上工人原设为一百分，现在增加为百分之二百，就全体人口预定增加 1 800 万中（工资劳动者增加 400 万），这现象是表示向工业方面走去。关于农业方面，农业上的变动在五年计划以前我们用贫农、中农、富农与现在来相比较，中农比较以前增加 69%，贫农减少 2%，富农减少 2.9%，由此可以看出中农势力的增加。

（6）苏联五年计划的发展速度如何，以五年计划前与此五年计划相互比较。

先以各国间各所得的比较列表如下（以 1913 年时所得为 100）：

种类	煤炭		钢　生　产		棉衣消费量		铁路积载量	
年代	1928	1933	1928	1933	1928	1933	1928	1933
美	99.9	105.0	146.6	182.0	117.1	127.0	131.6	138.0
英	82.7	87.0	111.2	118.0	67.9	71.0	75.4	79.6
德	107.2	123.0	123.2	157.0	101.0	112.0	109.6	115.0
法	107.4	152.0	134.8	189.0	101.0	112.0	126.4	126.0
全世界	100.4	112.0	145.0	170.0	111.3	123.4	——	——
苏联	119.0	230.6	197.8	195.4	105.1	181.0	113.7	190.0
	258.2		244.9		198.3		211.9	

由上表看来，知道苏联工业发展的速度比较其他任何资本主义国家为速。

就苏联本身方面的比较：工业生产品每年有 23％的增加，国民的所得每年增加 12％，此种增加的速度就非资本主义国家所能追及的，且今日苏俄之五年计划中的工业化由各方面状况去观察，适等于美国用五十年的光阴所得的结果相等，电气工业化的进展与美国现况相符。其所以发展速度若斯之速的缘故，不外如下几种：（一）欲想达到社会主义的目的，非经过全国工业化的程序不可；（二）为巩固全国国防起见，亦非迅速地展进工业不可；（三）想避免资本主义国家的包围，则一切事业非超过最进步的国家不可。

五年计划的成功有可能性否？现在可能的方面的理由有：（一）从资本上的可能（因现所投下资本较以前增加二倍半，为 250 万万卢布）。由五年计划的本身上观察，用第一年所得的结果所得的资本，以一部分充作第二年的资本，以工业为例，即将工业上所投的资本含有三部分的性质，一部分旧有的资本，一部分是旧有资本行了合理化以后所得的结果，一部分是靠五年计划第一年末了其中所产生的新资本。推广言之，一切生产事业上俱行减少无味的浪费，增加生产速律。此外如用租税的征收、公债的发行、储蓄银行的设立，都足以增加资本的可能与效律。（二）从技术上的改良。从技术上言之，苏俄政府颇能聘用外国人才，如德国的技师、美国的技师，最高的有 350 个人，他一方普及劳动的学校成绩颇为优良，又促进中等职工技术的进步，又设立劳工技术短期养成所，都是于五年计划的进步甚为适合。（三）从经济问题的观察。如要机械的制造与从外国购买，政府比较其耗费谁为经济，多数主张以购买外国机械为宜。谓购买外国机械，目前虽有令金钱外溢的趋势与价值昂贵的亏，但为目前的应用与急需起见，不能不忍气吞声。然不过其他种种，如关于国际问题等的设置，此乃有关国运盛衰者，则以自制为宜。

（7）五年计划所注重的目标

苏俄五年计划里头最主要的目的在趋重工业方面，而工业中以重工业尤被重视，重工业中以煤铁燃料品、电气为主，尽将人才、资本集中在这方面。

（8）五年计划中工作时间与工资问题

全产业平均每日劳动的时间

年度	时间	年度	时间	年度	时间
1927	7.71	1928	7.54	1929	7.36
1930	7.23	1931	7.01	1932	6.86

其中减少最多的为燃料产业，在 1927 年为 7.23，至 1932 年为 6.86 小时。时间所以减少的缘故，是因为机器应用的增加。

五年计划中工业劳动者的名目工资增加 45%，实质工资增加 371%，如果完成五年计划后，则名目工资与实质工资可以超过巴黎与柏林，可以与英伦相颉颃，但与美国比较，则有逊色。

失业问题已成过去，因近年以来，苏俄工业的发展，不特男工需要告急，甚有欲增加百万妇女从事工作的宣传，由此可知工人殊为缺乏问题，五年计划前失业人数为 250 万人，从五年计划施行后，则日渐减少。

（D）苏俄五年计划实现上的努力

五年计划的实行规模过大，前途渺茫，因此有许多人以为其实在为梦想为不可能，但据最近两年来努力实行的结果，有以下相当的成绩：

（1）劳动品质的向上。苏俄劳动品质较欧美国为恶劣，这是无可讳言的，以要想实行五年计划的缘故，不能不将劳动品质加以改良不可，为（a）使工业劳动性增加 11％；（b）使一般生产费减低，特别是工业方面减少了 35％，建设工业减少了 51％，农业方面则将农业收获率要增加 35％，这种进行，是要欧洲用百年进步的结果由五年内来实现。

（2）劳动者自己的创意（laborers initiation）。这个意思，就是要使作劳工的一般工人都要自己去了解五年计划本身的意思，与自己所处的地位，使工人人人自己知道去努力工作，方法为：（a）自己去评判所作的工作；（b）社会主义生产性的竞争，就是在同一企业者订立一种契约来相互竞争，竞争胜的产业机关则给与奖励，但此种竞争为生产性的增加，而非只因利润的增加；（c）模范工作的队组织（又名突击队）就是在工厂内的少壮青年人由数十人或数人，各个组织一个团体，从事自己勉励工作增加，团体间互相竞争；（d）产业财政计划助成案，就是令工人们关于他们自己工作的部分有什么发明或改良的意见，可以自由发表，提给他们的上层机关，他们的上层机关再将他们的意见很缜密地研究，将理论与事实两相符合，定出计划来复交给下部去实行。

（3）连续生产的方面。（前面已详言，兹从略。）

（E）五年计划实行的成绩如何

甲、五年计划的成绩

（一）五年计划实行第一年的成绩　实行的第一年成绩关于一般工业品计划上预定指数为 21.4％，而实行的结果增加到了

23.14％，其中特别是重工业增加到36％；投资的数目预定指数是100％，而结果为102％；劳动品质虽然预定指数17％，只达16％，而效果也就不小了；关于一般工业的生产费预定指数6％，现为4％；至于农业方面，关于国家经营预定为17％，而现增加为27％，集合农物定为137％，但事实证明增加为209％，总生产数设以前为100％，现在为240％。由上观之，五年计划第一年实行的结果已斐然可观了。

（二）五年计划实行第二年的成绩　因为第一年实行的结果，出乎预料之外的缘故，所以关于第二年的数字就发生了变更。（另将原来第一年与第二年的比率数与第二年比率数的变动分列于下）

原来第一年与第二年的比率数		实际第二年比率数的变动	
总生产额	20.2％	总生产数	32.0％
生产手段部门	23.5％	生产手段部门	45.0％
消费品生产	17.8％	消费品生产	22.5％
劳动生产性	13.3％	劳动生产性	25.0％
劳动工资	5.4％	劳动工资	9.1％
生产费	7.5％	生产费	11.0％
投下资本数	2 290百万卢布	投下资本数	3 583百万卢布

（注）预定工业方面投资为44.8万万卢布，实际只为37.3万万卢布，为原计划83％，但其中重工业则已达到目的。

第二年实行的结果：全部生产额较第一年增加了24.2％，其中煤增加了17.6％，煤油为26％，铁为24％。

所得结果比第二年预定计划则不足，若比原来计划书所规定的数字则仍超过很多。

生产费预定减少 11％，而事实为 7％。

劳动性预定增加为 25％，而事实只为 13％。

关于农业方面，其成绩较工业成绩为佳。

国营及集合农物所耕的土地为 43 百万 Hectares，全农场面积为 130 百万 Hectares，所以有近 1/3 的耕地已经实行了社会化，照五年的计划，在最后一年方为全面耕地的 13.4％。现在两年实行的结果，农业社会化的容易出于预料之外。以耕地论，第二年比第一年增加了 39 百万 Hectares，农业生产物第二年比第一年增加了 22％，比预定 11％已有增加，且第二年比第一年出于农业社会化的数量增加一倍。这种急速增加的原因不是农民本身的自觉去努力工作，纯乎是由于外力的压迫，使他们不得不去干。他们加入集合农物的原因，就是受逼的表现。但是农业出产品方面虽是增加了不少，可是农业副业的成绩确是大差而特差，这是农业的缺点。

工业上呢，则使一般劳动者的生活成为流动的，毫不固定，又无手业方面，关于煤炭业的成绩最差，生产能力不足，够不上五年计划的要求。

总而言之，第二年的结果较第一年为差，但较第二年原定的计划相比则成绩为佳。

（三）五年计划实行的第三年成绩（中间年度）

五年计划自从 1929 年实行以后，全国生产事业渐渐趋向于工业化，于是将中间年度改为正月起，就是将在头一年度未完毕的工作加上中间年度，换句话，就是加上二个月将它完毕。

乙、五年计划成绩的意义如何

（一）以工业与农业的比重

年　度	工　业	农　业
1926—1927	68.8	31.2
1927—1928	71.2	28.8
1928—1929	72.4	27.6
1929—1930	76.0	24.0

以上现象以工业化的增加为最重要。

（二）就各部分分言之

就工业方面：如照第一、二两年所行的成绩来看，则五年计划的工程可以用四年的光景就可以实现。煤炭与煤油三年就能完成，机器建设三年内亦能实现，电气工业二年中即占原来全部计划的56％，农业机器三年可以成功。

关于农业方面：由农业社会化方面言之，三年工作将五年预定计划完成，集合农业则两年即全部实现，所耕种的面积较Argentina为多，实行第二年年末全耕种地比加拿大为多，如加入集合农业耕地面积，等于法意两国耕种的面积。

第三年的预定额，就大体言之，欲将第四年、第三年于一年中完成。

国民全所得比较第二年增加35％，实际的数目字为490万万卢布，工业生产额增加45％（较第三年原计划增为79％），重工业为90％。

劳动者数目增加为10％，劳动者的劳动性增加28％，生产的费用减少为10％。

农业方面：全国农业之半成为社会化，全部面积增加为 900 万 Hectares，农业机器的贷借机关为 1 400 个，所有总马力为 98 万马力。

畜牧业：母牛增加 20 万，羊为 440 万。

运输业：原定计划五年之末为 2.8 亿吨，理为 3.3 亿吨。

雇佣劳动：原为 1 400 万，第二年成为 1 600 万。

工资：工业工人 6％，运输工人 8％。

在实用继续生产下，第三年大概国家统治下面作七时者增加 98％。

第三年预定数目能否实现？因现在进行中，无从知之，且现遇全世界经济的恐慌，其进行上不无受打击，但各国又日谋出路，其影响也许有利于俄国，也未可知。

末章　资本主义合理化与社会主义合理化的比较

因为在前几章已经具体地说过了，所以在这章里无庸再详细去说，徒废笔墨，今只将最大的差别作抽象的比较。

（一）真正的产业合理化，资本主义国家不易实现，而在社会主义国家则易于实现。

（二）资本主义国家虽有金融统治的制度，但因为操纵在少数资本家的手里，只为各自资本家谋利的机关在全国中金融统治不能统一，但是苏俄的金融统治权操在国家政府手中，对于全国如臂使指，运用非常灵敏，所以比资本主义国家为优。

马克思哲学的基础和在一般社会科学上的地位[①]

现在一般人都承认马克思的经济学说，是带有唯物辩证法和历史性的特色，然而我们要求知辩证法和历史性的来源，不得不从哲学推测，于是在未明了马克思经济学说以前，非得先知道马克思的哲学基础不可；然后进一步，才能说明在一般社会科学上的地位。现在我们先提明其中的大纲目，分写于下：

（一）哲学与科学的关系；

（二）马克思主义经济学与马克思主义哲学（辩证唯物的哲学）的关系；

（三）马克思主义经济学说的基础；

（四）马克思主义经济学说与其他社会科学的关系。

在未依次讨论这四部分以前，先附带将有关于本文的书籍介绍于下，以作深求的参考。

1.《社会科学讲座》——河野密

2.《马克思主义经济学的基础理论》——河上肇

3.《依里的哲学》——Luppol

4.《史的唯物论》——Boukharin

---

① 署名陈豹隐，选自《对抗》月刊 1932 年 9 月 15 日第 3 期，第 1～8 页。文后注明"待续"，未见续作。——编者

5.《马克思经济学体系》——Karl Marx

6.《史的一元论》——Plekhonov

7.《反杜林论》——Engels

8.《自然辩证法》——Engels

第一节　科学与哲学

（甲）科学与哲学的界限

科学与哲学的界限，虽不是这问题所应讨论，但为要明白科学与哲学的关系，就不能不先知道它们的界限：

（一）从本质上，科学与哲学在意识形态上是一致的

在宇宙的位置上，科学和哲学是属于同一的东西，即同是"观念形态"（Ideologie）的反映，而观念形态又是社会经济关系反映出来的人类社会心理。人类社会的心理并非散漫，而是有整个体系的，我们为其详细地去分析社会的心理，则从个人方面讲，各个人的思想地位不同，而各个人有各个人的心理；从阶级上讲，各阶级有各阶级地位的不同，而各阶级有各阶级的心理，如贵族有贵族的心理，平民有平民的心理，资本家有资本家的心理，劳动者有劳动者的心理。虽然这些零碎的心理，是与社会上整个观念的心理，互有密切关系的，是可以完成一个体系的，同为一般的"观念形态"。不过这种"观念形态"不是始终不变的，它是随时代流转的；一个

时代有一个时代的社会，而一个社会有一个社会的"观念形态"。

"观念形态"可以分作：哲学、科学、艺术、宗教四大部门。四大部门固然各有各的分别，然而从人类社会心理上的反映观，则为一个整个的。故此科学与哲学在观念形态上是一致的，犹如贵族有贵族的观念形态，平民有平民的观念形态，而都是由于经济的反映来的是一样，在本质上不能否认它们不是一致的。

（二）科学在意识形态上的意义

（a）科学与艺术的区别

艺术之中，是以感情为中心的，如文字、音乐、建设、跳舞等，都是人类情感的表现。就是：艺术家能将过去的一切人类情感再表现出来，使其成为社会化，给同时的人和后人同可受到的感觉。然实际上艺术家也是社会感情中之一，换言之，艺术家也脱不了社会的感情，在客观上很可说是社会的造成的抽像的创造品。

（b）科学与宗教的区别

宗教是以理想为中心的，因为在宗教的历史上，凡是人们遇有智力所不能解释的问题，而即发生了怀疑和恐怖，于此就用理想上的解释，去解释人们的一切怀疑和恐怖，如古代的拜物教、一神教，都是如此的。现代的宗教也不能有了例外，即近代科学进步，人类智识的范围日渐扩张，而那只凭理想的宗教范围，不能不成反比例地渐渐缩小，但仍以人类智识进展的有限，遂使宗教的理想到现在依然有存在的势力。又因为宗教在各个时代，常是作为人们的工具。例如在古代的神权时代，中古的封建时代，都是借着宗教的力量来管理人民。在资本经济的初期，在政治上是封建制度的没落期，在经济上是商业资本进入资本主义的初期，在当时宗教的势力仍可说是余威犹在，宗教本是束缚自由和一切行动自由的。及至资本主义的经济成立，为发展其本身计，就不能不排除宗教。但是到后来，资本主义将君主政体打倒，资本主义的经济在社会化上已占有很大的势力——民治的成功——的时候，不但不再排除宗教，反而信仰宗教了。虽然他们这时期的信仰并不是真心诚意的信仰，而是想利用宗教来统治国民的思想的。

（c）科学包含技术（技术为应用的科学）

从上两段，我们可以明白了艺术和宗教的意义，现在再进一步地来认识科学究竟是什么。科学是以智力为中心的一种意识形态，因为人类是有理性的动物，他应用理性的结果，在劳动上，是时时刻刻地计谋减少自己的精力，于是本能从无意识中实现。盖以一切动物皆有自卫的本能——即反射的本能——而高等的动物，不但有反射的本能，且更能运用自己的意识作为主动的行使本能；人类除了有主动的行使本能外，尚有预先的意识形态，此预先的意识形态即为理智，即为预测。换言之，就是人们要预防本能的滥用，而应用智力去预测一切的事物，预测之后，始去用最少的精力，以达最大的目的。如经济学所说的以最少的劳费得最大的报酬就是这个意义。

科学的中心目的，是以使人类节省精力，而同样能达到目的为目的的；科学的方法如：（1）认识各种的现象；（2）遇有共同的现象——即因果关系法则——则推测其结果同否；（3）以自卫的本能，实用在事实上，成为一种有意识的行为，以达到自己的目的。这就是科学。但这是抽象的，这是社会心理体系的一种，是与人类生活有直接关系的科学。

（三）哲学的意义

哲学不依赖感情的，它是依赖智力的；上边已经说过"科学是以智力为中心的"，于此哲学与科学岂不成为一样了吗？所以现在我们就要研究科学与哲学毕竟有没有区别。

（a）从前的人多以科学与哲学的区别，只在精粗的一点上——大体的、粗疏的为哲学，精细的、分科的为科学。所以都认为科学愈发达，则哲学的范围愈狭小。他们说：只要是科学发达到极点，则哲学即无能存在。

（b）同时还有以为科学的分科虽精，如现代的化学愈分愈精，而于它本身仍有缺点，如科学分科盖有一定的界限，在每一分科之内，只能看到它本科中的一部分，而不能顾到科学的全体：于是科学愈发达，而愈有综合的必要，即是非将一切科学联成一个体系不可。当这种结合的工作，则即非科学本身所能为，而不能不依赖哲学，到那时哲学将成为综合哲学，哲学成了科学的结论。

（c）马克思主义派承认科学虽然进步，而哲学仍然可以存在。可是他们所承认的哲学存在，与上两种的说法都不同，因为研究科学的方法论上，对于物质是什么，量是什么，本体是什么，时间是什么，精神是什么，现象是什么等，研究科学的是要先明白的，然而这也是哲学中的问题。因此马克思主义派主张在科学以外，仍有哲学的方法论存在，如推理的法则、因果的关系论等。所以科学愈发达，则哲学的方法论也愈随之进步。科学虽为实验的，但也须有一个先决条件，就是"一切科学的基础观点"。基础观点即是人类的智力，所以人类的智力进步和改变，基础观点也随之进步和改变。如从前在物理上都公认物质不灭的学说，及现在以物理知识的进步，这学说于是发生了动摇。由此我们承认科学的基础观点方法都是哲学的；而科学成为研究现象、发现法则、实现法则的了。

（乙）科学与哲学的关系

（一）科学与哲学的界限的普通说法

（a）自然科学家的说法

这一派认为科学与哲学居于相反的地位；他们说：科学为精细的、确定的；反之，哲学为不精细的、不确定的。因为科学是注重于观察、实验和检证的方法，哲学则是注重于思辩的方法，为混沌的、不确定的。自然科学派之所以轻视哲学，自认为明确的理由，亦即在此。

（b）哲学家的说法

这一派中，在现代大概来说最占优胜的，要属于 Rickert 的文化哲学派。他们说：无论何种科学，无论它（指科学）发达到什么程度，都不能够离开思辩或思考的，纵是自然科学家，也是同样地离不开哲学的；盖以自然科学上的现象，很有些非用哲学上的方法来观察，是无从知道的。又如经验论，在主体的外部易知，而于其内部则很难断定，这不能说不是自然科学家的未研究所然。于是自然科学家的知识，究竟是否正确，则即成了问题。于此则在科学的前题，少不得有哲学的研究，而科学成了永远离不开哲学的科学了。

（c）社会科学家的说法

这一派内中又分作"新社会科学家"和"旧社会科学家"两派。我们在未说到这两派对于哲学的观察以前，先将他们对于社会科学的法则说一说，如下：

旧的社会科学家对于社会科学的法则，是完全跟随在自然科学家的后边跑；他们承认自然科学是进步的，社会科学是幼稚的；他们说社会科学自身无须有法则，只运用自然科学的法则，改进社会科学即可，所以成为科学的一元论。

新的社会科学家对于社会科学的法则，是认为社会上的一切现象，概为特殊的现象，不与自然现象相同的，那么解决社会现象的方法，也须有特殊的方法，自然科学的方法，无疑不能应用。于是这派研究出来的法则，绝对不能与旧的社会科学家相同，而且同样的与自然科学派的法则，也是完全不相吻合的，于是成为新的社会科学说。

至于这两派对于哲学的观察是——

旧的社会科学家对于哲学的观察：这派人们的社会法则既与自然科学派同，于是他们对哲学的观察，也自然而然的和自然科学派取同一见解，就是也承认科学与哲学是立于相反的地位。

新的社会科学家对于哲学的观察：新的社会科学家除了应用自然科学而外，尚有他的社会科学特殊法则，并且在相对的范围中，还得要依赖哲学。

（d）马克思主义派对于哲学的说法

这一派的说：不论科学有什么发达，而哲学总是有它的相当范围存在，因如：（1）哲学为研究普遍的思维；（2）基础的人生观不能没有科学的内容，将来演进不论是变小或变大，而俱脱不了以哲学为概论的基础。此即是这派与新社会科学派意见不同之点。盖以新社会科学家认为科学尚不与哲学离开的，是哲学由科学发达而发达，哲学只有它相当的范围；马克思主义派则是承认，科学与哲学互有相当的依赖。

（二）马克思主义派对哲学与科学的体系关系

对于这段的说明，最好是用这个表解如下：

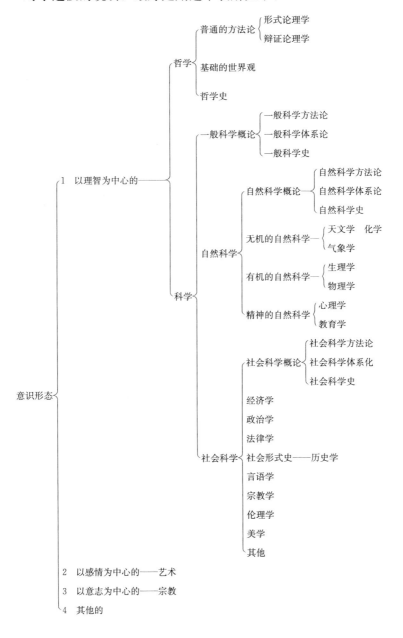

现在我们将上面的表，作个批判的解释，如下：

普通的科学家只注重科学上对相的中心，如：（1）将科学分成了精神科学与自然科学，为两相对立的，但这样的分法是不对的；（2）将科学划为具体的与抽象的分类，这种分类办法也是不对的；（3）将科学分为先验科学与经验科学两类，这是同样的不对。但是我们在上所列的那个分类表，对于这三种缺点是没有的，而且同时有下面举的四条长处。

（1）所有分类的方法与分类的内容，始终是一致的，前后绝对不相矛盾的。

（2）各科学间的关系，均可借此表解说得很明白。

（3）哲学与科学间的关系，也可以借这表加以说明。

（4）以前的人们对于科学的目的，有的说科学是寻找一切事物法则的器具；又有的说只要能将一切事物理成有体系的、有条列的，就是科学；除此之外，还有主张从这两种意见折中的。然而我们从上表的推察，很可以明了各科学间的目的有差别，而不是各科学间的性质差别。

（三）马克思经济学派的眼光，看社会科学与哲学的关系

社会科学是研究社会上一切现象的科学，社会上最重要的现象，概无过于经济，这是谁也不能否认的。断然地可以说经济为社会上一切的基础，所有的种种上层构造，完全建于经济基础上边。所以社会上的经济，非发达到相当时期，不会有政治、法律等的设立。因此经济学可以作为社会科学的代表。那末哲学与社会科学的关系，和哲学与经济学的关系，同是一样的密切了。于此研究经济学，如不先研究哲学上的方法，是不易达到目的的。

第二节　马克思主义经济学与马克思主义哲学（辩证唯物论的哲学）的关系

（一）马克思主义经济学的哲学基础

依前面所列的表，考察的结果，科学与哲学互有不同之点，于此哲学与社会科学的关系，亦非普遍的，而只是一部分的。所以马克思主义经济学中，所含带的哲学色彩，也不是一般的而同是一部分的，亦可说马克思主义经济学的哲学基础，就是唯物辩证论的哲学。然而由此则又引出了许多麻烦，就是马克思主义经济学何以能在哲学上建了基础。要想明白这个问题，则非先明了唯物的辩证论，是不为功的。

（二）什么是唯物辩证论的哲学

（a）唯物辩证论的哲学解决的困难

唯物辩证论的哲学解决的困难，其原因有：（1）在哲学上的派别非常多，非先彻底地认识了哲学本身，而无从明了唯物辩证论的哲学；而真地要想彻底地去研究哲学的派别，亦不是短期间可能的事，因此要认识唯物辩证论的哲学，不能不有些困难阻梗。（2）就哲学中的"唯物哲学"推论——这样范围却是小得多，但是也有相当的问题，就是"唯物哲学"这个名词尚未有确然不移的定义。有主张经验论的，有的——如马克思派——主张彻底唯物论的。这样莫衷一是的，自然也不无困难。（3）纵就辩证法的本身而言，于这问题的解决，亦不能毫无困难。"辩证法"这个名词产生的时期很早，如在希腊罗马时代，大哲家苏格拉底、柏拉图就使用了这个名词，不过直到了德国的大哲学家黑格尔才将辩证法的学说集了大成。可是黑氏的辩证法学说，是唯心论的辩证法；及至有了马克思的辩证法，成为唯物论的辩证法：这就是辩证法本身前后不同之点。那末纵就其本身，也是歧道纷纭，既有上云种种变动，对于这问题即颇感不易解决，且又因牵涉的事实过宽，以致很难以利用事实证明。

（b）对于唯物辩证论的哲学，一般的误解

既有上云种种的解决困难，当然一般人们对它的解释，要生出许多误解，如：（1）认为形式论理学与辩证法为对立的，殊不知这两种学说是互相为用，可以统一的；（2）认为唯物的辩证论是由辩证论与唯物论综合起来的；（3）认为这是论理学应负的责任，因为一般人误将论理学只视为形式的讨论，而未将论理学从事实去研究，结果使论理学成为空泛的；（4）认为辩证法的含义有论理形式上的唯物辩证论、认识的、宇宙观的、历史观的、行为标准的。这五方面的含义，普通一般人们都没有对各个方面加以发挥或分别观察。

（c）如何克服唯物的辩证法上的各种困难和误解

前两段已竟说明唯物的辩证法的困难和误解，现在我们不得不从事克服这种困难与误解，对于这档子工作，只有用批判的态度和辩证法的形式。现在逐条分析如下：

（1）理论形式的辩证法。辩证法克服了形式论理的因果性，把握了较高的必然性。虽然辩证法并无否认形式论理，只是在克服了它之后，而又建设更高的必然的因果性而已。辩证法对于形式论理的克服与把握，可以分作下边数段：

①克服孤立性，把握关联性。形式论理根本上为孤立的，如它思维方法的同一律——如甲为甲；矛盾律——如甲非甲；不容中律——如甲或是甲，或非甲。这种方法都是将一切互相有关联的事物，分作一部分一部分的去看的。换言之，就是从大同之中寻找相异之点，所以研究的结果只能明了一切事物的一部分，而不可得其全体，怎奈一切事物在时间和空间上概是互有关联的，无疑的，只知道一部分事物是不够用的。所以辩证法就是要克服这种孤立性，同时在孤立性上连起关联性。

②克服不变性，把握变化性。形式论理学只能考察不变更的东西，只能研究概念上不变的一切；它所观察的只是某一瞬间中不变的整个儿，而绝不是一切变化的全部。比如在论理形式上，认为植物、动物是始终不变的，殊不知事实恰与此相反，因为它们（动植物）是时时刻刻在变动着的。故而辩证法要克服了不变性，于不变中求他的变化。

③克服绝对性，把握相对性。从上云两种结果——因为形式论理只认识事物的孤立和不变性，则其判断的结论都是含有绝对性的；不如此则其本身不能成立。及至辩证法把握了关联性和发展性（变化性），则它对于一切东西的判断，承认根本没有绝对性的。换句话说，它克服了形式论理学所谓的绝对性，而坚决地把握了相

对性。

④克服主观的因果性，建设客观的因果性。形式论理处于孤立性、不变性、绝对性的立场上，所以它的思维对于外界的现象的判断都是主观的判断。要知道这种判断是不正确的。辩证法的客观的必然性，必须克服了这主观的因果性，而由关联性和概念本身的发展性的认识得来客观的因果性。

⑤克服当作增减观的发展性，把握变质的发展性。形式论理绝对不承认发展性的，它只承认当作增减的发展性，岂不知这种增减的发展性是将一切的东西都看作死的固定的了。事实上一切事物的质与量都是在变动的，这种变动，达到某种程度以上，会使整个的事物的质与量全体改变，成为新的事物。因此辩证法将形式论理的增减观的发展性克服，而把握住变质的发展性。

⑥克服单纯的外因发展性，认识外因和内因发展性。形式论理只能看到外因的变化，而辩证法则将外因克服，同时知道了本身内因的变化，这一来完全补满了形式论理的缺点，而兼其所长，于是成为外因内因兼顾的发展性。

以上六点综合起来是：克服了形式论理的因果性，把握较高的必然性；结果辩证法包含了形式论理的方法，而成普通的辩证法。

（2）以唯物辩证论当作认识基础，克服形而上学的唯物论及被动的唯物论，而把握辩证法的唯物论。

这个目标的确太长了，然而不如此不足以辨明它的性质。辩证法的唯物论在认识论上，是反对唯心论那样，以人类意志在前，一般事实在后的；唯物论的观点是恰恰与唯心论相反的，这派是主张有物质而后有认识。不但此，就是形而上学的唯物论，也与辩证法的唯物论不相同，因为在十八世纪，法国自然科学家把一切的现象和时间离开，成为孤立的研究，结果亦闹成孤立的唯物论的见解，只知道精神的和物质的各部分。这样只能得到一切事物的一半，而不能全体的研究，至其一切事物中的互相关系，尤不可知。Feuerbach 的唯物论，是以为人数的主观认识了客观：但是人类的主观，也是客观一切事物的一部，因此人类的精神不能不依赖物质，于是物质成为认识的基础。这种说法较形而上学的唯物论学说似是进了一步，可是人类以有意识的行为将客观的环境加以改变的。所以辩证唯物论起来之后，对以前的两个说法，重重地给了一个打击。

所谓辩证唯物论，即是克服了以前的形而上学的唯物论和被动的唯物论，而建设了物质在前精神在后、人身在前意识在后、存在在前思维在后的辩证唯物论。

（3）克服所谓思维辩证法把握着当作全般的宇宙的辩证法。宇宙观和认识论的区别：在后者，只为认识一切事物的，而前者，则在考察一般宇宙的客观情况如何。辩证法的发展方法，如只认为人类思想上，才有一切外界，则成为思维的辩证法——如黑格尔即然。但是人类的思维本身，也是物质的一种，他所思维的，也是物质的反映，所以尚须有的关系，而成为唯物的辩证论的宇宙观。

《比较宪法》序①

　　中华民国的历史，从它对于宪法的关系看来，可以分为三个时期：（一）表面要宪法时期，这是从元年起到十三年国民党改组时止的时期，在这时期的几次制宪、几次护法战争，便是"表面要宪法"的顶大的证明。（二）不要宪法时期，这是从十三年起到九一八事变止的时期——虽然这以前也有过太原约法及南京约法，但实际那只是一时的权宜，算不得要宪法——只看国民党第一次全国代表大会宣言，《建国大纲》上的建国程序，以及党治下的无法轨可循的政治及政争，就可以知道"不要宪法"这句话不是凭空臆造的。（三）又要宪法又不要宪法时期，这是从九一八事变开始，到现在正在进行的时期：因为这时期中一方面有所谓宪政期成同盟运动，最近的立法院制宪的活动和宣传，以及民权保障同盟的"大胆的"遵从约法精神的活动，可以说是要宪法，然另一方面有倾向法西斯蒂的运动，及扩大武力统治的武力中心运动，又可以说是不要宪法。

　　为什么会有这三个时期呢？这三个时期各有它的中心原理，到

---

　　① 原题《陈豹隐先生的序》，题目为编者所改，选自章友江《比较宪法》，北平：好望书店，1933 年 2 月，第 1～6 页。1933 年 2 月 15 日作于北平。——编者

底哪个时期的原理是正确的呢？关于头一个疑问，因为范围太大的缘故，在这里无从详述，只好简单指出表面要宪法时期是新统治权力者对旧统治权力者的矛盾的表现，不要宪法时期的前半是革命民众对旧统治权力者的矛盾的表现，它的后半是新统治权力者对革命民众的矛盾的表现，又要宪法又不要宪法时期是统治权力者内部矛盾即武力与资本的矛盾的表现。至于第二个疑问，我以为可以简单的答复：三个时期的中心原理都不对。它们的不对的理由，可以从理论上和事实上明白地考察出来。

从理论上说，表面要宪法时期的中心原理，显然没有懂得宪法的现象形态和宪法的本质的区别，没有懂得所谓立宪政治只是资本主义社会的政治的一个形态，它只是资本经济的一个必然的结果，而并不是资本主义制度下的政治的比较清明那件事的原因；没有懂得在资本经济尚未发展成熟的地方去盲目地模仿立宪政治的形态，那只是倒因为果，决不能获得所希求的目的。其次，不要宪法时期的中心原理，显然蹈了另一极端的偏向，没有懂得宪法的实质的意义和它的历史的意义（即普通所谓形式的意义）的区别；没有懂得在历史的意义上所谓立宪政治下的宪法，虽然只是资本经济制度的必然的政治形态，虽然在资本经济尚未发展成熟的地方并无存在的理由，然而在所谓实质的意义上宪法这东西却是国家和政治的基准，不但所谓立宪政治国有这种实质意义的宪法，并且半立宪的国家及纯封建的国家也有这种意义的宪法，并且与资本主义体制对立的社会主义国家（如苏联）也有这种意义的宪法，没有懂得如果连这种意义的宪法都不存在时，那个国家必定是不统一的国家，必定是尚未组织成熟的国家，那国家之下的政治必然是无轨道可循的、紊乱的、没有能力的政治。又要宪法又不要宪法时期的中心原理，在宪法的现象形态与宪法的本质间的区别及历史意义的宪法与实质意义的宪法间的区别上面，虽然进了一步，似乎比前两时期有更多的了解，然而在这时期那种仍然主张以个人为中心的武力统治的人们，不消说还是没有了解实质意义的宪法的存在的重要；就是那种主张要宪法的人们，也似乎还没有懂得一般的宪法和特别的宪法的区别，就是说，还只是模仿一般宪法，并没有懂得沦落在次殖民地位的中国应有它的特殊的、以实质的意义为主的、能够使一般大众动员的，总而言之，能够适合殖民地的经济政治状况的宪法，没有懂得一面要已经脱离了人民大众的党治，一面要为资本阶级谋利益，或减危险的宪法，那实际只是愚弄民众，实际并不能使民众感觉"宪法"的可宝贵，总结一句话，实际并不能制成一种适合次殖民地的特殊的要求的，以实质的意义为主的，参酌苏联宪法精神的宪法。

从实际上说，问题更简单了。因为过去事实已经证明上述之时期的中心原理的无成绩无结果。表面要宪法时期的中心原理的错误已有十三年间的事实为证明，不待说了。就是不要宪法时期的中心原理，在今日，只要是无偏见成见的人们，也恐怕没有不否认那种躲在革命美名下面的无法纪、无治轨的军政或训政的办法的成绩的，否否，没有不承认或追悔那种办法的错误的。至于又要宪法又不要宪法时期的中心原理是否有成绩，因为这种时期经时不久，还不能从实际上作正确的判断，不过在大体上已经可以知道它的无效果了；只看在这时期，虽然对外遇着空前的丧失四省的事变，而民众一般并不因此兴起，资产阶级并不因此纠正武人的过失而希图取得政权，即以武力统治自命的武人也未能因此实现他们的迷梦，等等实际情形就够了。上述三种中心原理在实际上的无成绩，是当然的，为什么？因为它们在理论上既已错误，在实际上当然不会不错误！

同时，三个时期的中心原理的全皆错误，却又是当然的，为什么？因为中国社会科学水准较低，特别是在宪法的研究上，在今日以前，甚少适用正确的社会科学原理，所以结果不大佳妙；专门学者是理论上的指导者，宪法的专门学者既然如是，那就无怪乎关于宪法的中心原理的不对了。现在因时代的进展和时势的要求，中国社会科学的水准一般已有了进步，宪法的研究的水准也渐渐随着这种进步而抬高起来，目前章友江先生这部书便是一个大大的证据，因为他这本书在述说宪法的意义、解说宪法的作用和本质、唆示次殖民地国家宪法的意义几层上面，都表示着一种进展，一种为从前任何中国宪法研究家所不及的特色。在这个意义上，我不能不替中国的宪法前途贺，同时也就是不能不替中国一般研究宪法的人们贺！

唯一感觉缺憾的，就是章先生对于次殖民地的中国应有的宪法，只有相当的唆示，没有更明白具体地主张一点。这在章先生方面，也许有不得已的理由，但我为中国将来的宪法计，为中国研究宪法的人们计，希望章先生于本书再版时，将唆示改为详细的主张。

《世界危机的分析》序[①]

　　欧战以后的资本主义体制内的各国，因经济关系比从前更加复杂，更加密切的缘故，政治上的关联也比从前更增大了互相依存的程度，所以在现代要想知道一国的政治经济情形，要想预测一国的政治经济的将来，就不但要以这一国为研究对象，并且必须以全世界的主要国为研究对象——这已经是今日政论家和学究们的常识，也是已经由什么战债问题、赔偿问题、军缩问题、世界经济统制问题等问题的经过给了证明的原理。

　　在中国，在现今处于半殖民地的地位的中国，一切有觉悟的中国人，如果想研究并实行复兴中国的路线，如果想在理论上或实际上尽一点从帝国主义羁绊下解放中国的责任，必须于研究中国本身之外，努力研究全世界的主要各国——这也是在今日虽中学生也都知道的常识。

　　然而，可惜！理论只管是理论，事实还仍是事实！在事实上中国到底有多少政论家、学究、党国要人、中坚阶级分子乃至于中学生，已经实际研究了或研究着全世界的主要国这个问题？在"九一

　　① 原题《陈豹隐先生序》，题目为编者所改，选自栗寄沧《世界危机的分析》，社会科学研究会印行，1934 年 4 月，第 1—3 页。1933 年 10 月 14 日作于北平。栗寄沧在《自序》中称："本书承吾师陈豹隐先生校阅并作序。"——编者

八"以来的许多事实摆在面前的今日，几乎可以不必答解了。试看什么经济救国论，什么联俄救国论，什么联美抗日论，什么先内后外论，等等东西之因毫无事实上的反响而自行破产，就可以知道这个问题应如何解答了。

不但在实际政治的应付上可以发见中国人中的先觉者始终还不知道国际的政治经济形势，并且，在中国近年来的出版物中，也可以知道中国人中的智识的先觉者并未努力使国人知道国际的政治经济情势。试看！国中除了几种杂志和瓦尔加《世界经济年报》的零星翻译之外，还有什么以国际情势的解剖和预测为主要目的的著作？而且这几种杂志的论文和纪载，或则只是朝报式的罗列，或则是一些毫不顾虑经济基础的独断，而且《世界经济年报》的翻译又往往是残缺不全的，是后时而不及时的，那怎样能够供给在转变期中的中国人的需要，又怎么算得是已尽了智识分子应尽的义务？

可幸我的朋友粟君寄沧这本《世界危机的分析》，总算尽了智识分子的一部分的责任。他这本书比起上述的种种东西，显然有两个长处：第一，他使用了最近的材料，因此使他这本书成了及时的著作；第二，他综合了各主要国材料于一书之中，因此使他这本书成了一本在范围上充分完整的著作。也只因为具有这两个长处的这本书是值得介绍的，所以我才写这篇短短的序文。

不过，这本书在目前的形式下面，也还有缺点，那就是书中关于各主要国的有机的关联指摘得较少；第二，形式过于论文式，因此，或许会使阅者感觉每个题目的篇幅太长，而不愿一气读下去。我希望著者能于第二版时改正这些缺点，并希望他能够继续刊行第二卷，一直继续下去，使他的著作在长期间成为及时的书！

《马先尔经济学说及其批判》序

　　从约莫二十几年前起，到现阶段前止，在多数国家大学中最被称赞、被采用、被公认为处于一切经济学说的最高峰的经济学，要数马先尔（普通译马霞尔）经济学——这是不可否认的事实。但是，自现阶段开始以后，即从 1929 年起的世界经济恐慌开始以后，马先尔经济学在多数国家大学中所占的最高峰的地位，已被统制经济派经济学及法西斯经济学取而代之——这也同样是不可否认的事实。这两种事实都不是偶然的，而是有它的社会的根据的。马先尔经济学所以能在 1929 年的世界经济恐慌以前获利所谓最高峰的地位，只因为那时的资本主义世界经济尚未开始瓦解，那时的资本主义经济组织尚未公然普遍地暴露其根本缺点，那时的社会主义经济尚未有显著的成绩，所以资本主义社会内的支配阶级尚可安然地利用对它最有利益的马先尔经济学——在价值论上主张合正统派的劳动价值说及心理学派的限界效用说而为一的折衷说，因而可达鱼目混珠的目的；在分配论上主张以自由竞争自助自救为原则，以协力改进、权力调停为辅助手段的劳资调协说，因而可达在事实上拥护

---

　　① 原题《陈序》，题目为编者所改，选自（苏）勃流名著，陶达译《马先尔经济学说及其批判》，北平：好望书店，1935 年，第 5～8 页。1935 年 1月 1 日作于北平。"马先尔"，今译"马歇尔"。——编者

资本的目的的马先尔经济学——以维持并扩大其支配势力的缘故。同样，马先尔经济学所以在现阶段上不能不让位于统制经济派经济学及法西斯经济学，只因为这时的社会主义经济已因五年计划的有效进行而显露其建设计划的优越性，这时的资本主义世界经济已在集团经济斗争及货币战争的激化中开始其解体的作用，自由主义的经济机构已变成不适于资本主义的生存，所以资本主义的社会内的支配阶级有舍弃马先尔经济学而采用以自由竞争的否认为本质的统制经济派经济学以及阶级利益的一致为中心思想的法西斯经济学，以维持并扩大其支配势力的必要的缘故。

然而，在一切科学俱属模仿、万般施设皆落人后的中国，马先尔经济学的命运却有点不同：它依旧在模仿界中最被称赞、最被采用，依旧在实际施设上最被奉为指导原理。这从中国的国民经济的前途说，实不能不是一个大大的不利！为什么？因为不但从一般说，时代落后的学说不足以养成实际需要的人才，决不足以指导实际施设上成功的路向，而且从中国所处的半殖民地的地位看来，特别是从"九一八"事变后的被压于强邻的地位看来，以折衷和调协敷衍粉饰为主的马先尔经济学，实在不能应中国国民经济的急需，挽中国民族的生活上的悲运（例如农村破产、新式工业凋落、金融紧迫，等等）。不消说，说马先尔经济学不利于现在的中国国民经济，并没有从反面肯定的主张统制经济派经济学或法西斯经济学的意思。目前说的问题，只是马先尔经济学是否适于现在的中国的需要的问题；至于现阶段的中国到底需要哪种经济学，那是另一问题，一个尚待充分讨论的问题。

在上述马先尔经济学与中国国民经济的关系一层上，我以为陶达先生的这本《马先尔经济学说及其批判》的译书，具有一个很大的意义——一个比陶先生前译的《新经济思想史》还大的意义。[1]因为这本书至少在中国的模仿界中，一方面可以简明地揭穿马先尔经济学平常所戴的深奥的面具，另一方面又可以暴露它的时代落后性；因而在结果上至少可以消极地祛除马先尔经济学对中国国民经济上的不利的一部分。

　　陶先生译笔的流利和对于原著内容的忠实，是读过《新经济思想史》的人都知道的，用不着我来重复介绍。我在这里无宁说，要想代表一般研究经济思想的人们，希望陶先生能于最短时期中，将勃流名的《政治经济学中之主观学派》全部译成中文，以饷我们！

---

　　① 可参考本册所收陈豹隐《〈新经济思想史〉序》一文。——编者

现代国际政治之科学的分析方法概说[①]

一、导言

（A）本题的意义

首先有把本题的意义解说清楚的必要。从研究国际政治的人看来，所谓现代国际政治的研究，当然应该是现代国际政治之科学的分析，但是所谓"现在国际政治之科学的研究"云，究竟是什么意思？这一点可以分作三层来说明：（一）"现代"的意思如何？（二）"国际政治"的意思如何？（三）"科学的分析"的意思是什么？

（一）我们研究国际政治，必须注重现在的世代即现代，但现代二字的意义，不但从哲学上说来，因过去、现在、未来三者的界限，原是随时代之不同而变化的，不甚确定，并且从实际社会上一般用法看来，现代二字的意义也甚纷歧，有用以指近代的，有用以

---

① 陈豹隐讲，宋端华笔记，选自《国立北平大学法学专刊》1935 年 5 月第 3、4 期合刊，第 27~62 页。此文与陈豹隐《现代国际政治讲话》第一、二章（参见《陈豹隐全集》第一卷第四册，第 344~380 页）内容大致雷同，考虑到其篇幅不长，故仍收录入本册。——编者

指帝国主义时代或帝国主义没落期或其末期的第三期的，也有单纯的用以指最近二十五年间的。到底应该如何用它？我以为现代二字应以划期的现象为标准去决定它，而不应从年数的多寡去决定它，故所谓现代也者，应指最近的划期的一阶段而言，即 1929 年以后到现今的时期而言，又因时间这东西，从哲学上看，原是继续不断的，难于分割，所以在冠现代二字于本题之上时，自然同时含有预测未来之意，因为如果从否定之否定的观点说，所谓未来的情势的萌芽已经被包含于现在之内的原故。

（二）我们学政治学的人的研究，固然注重于中国问题的解决，而且最后的目的亦在于解决中国问题，但是因为中国是国际的一部分，所以同时还要注意国际。因此，研究中国政治的人，遂有研究国际政治的必要，但是，什么是国际政治呢？当然，所谓国际政治也者，是指全世界的总政治而言，不是单限于某一国家与某一国家的关系，但是，同时还要知道，也不是指一切国家间的关系而言——因为那不单是不可能的，而且是不必要的——而是指世界上占着支配地位的几个国家间的关系而言。故从我们的研究目的看来，最为紧要的是要把握住那几个占着领导地位的国家间的政治关系，例如英、美、法、苏之于欧洲及世界，德、意之于欧洲和日本之于远东，俱是占着领导地位的国家，故这些国家间的关系都在国际政治的研究范围之内。原来世界上各国政治的发展，绝不能保持平衡的均等发展，而必有几个主要的国家占着领导的地位，所以研究国际政治的人，必需研究这几个主要国家间的关系，并且只要研究它就够了。这是唯物辩证法的应用，因为宇宙间的一切现象，都是变化的、对立的、不均等发展的，惟其如此，故能发展活动；否则，只有静止寂灭了。国际政治的现象也是这样，所以只须研究其间的主导关系就行。要而言之，国际政治也者，是指占着领导地位的几个国家间的政治关系而言，既不是单指此国与彼国间的单纯关系，也不是指世界上一切国家间的政治关系全体。

（三）其次要解释的，就是所谓"科学的分析"的意义。科学的分析，不是单把一切的现象加以分类便完，真正的科学还要从动的方面来分析现象，把过去、现在乃至未来皆包括在内。辩证法的科学分析法，就含有预测未来的意思，但所谓预测，并不是没有根据的胡猜，而是根据过去与现在的事实，依照正确的宇宙观分析所得的结论。换句话说，就是依据辩证法的三根本法则分析而得的较有正确性的预测。所谓辩证法的三根本法则，应该是大家已经知道的，这里不必详说，只简单指示其内容如下：

（一）对立物的统一，统一物的分裂的法则。因为许许多多的现象，一方面是互相对立矛盾的，另一方面又是统一而成为一体的；反过来，许许多多的统一物，都是含着矛盾和分裂的要因在内的，所以有此法则。

（二）由量到质，由质到量的变化的法则。因为一切现象都是不断变动的，都是由量的增加到相当的程度而突然起质的变化的，同时质的变化又是发生并促进新的量的变化发展的，所以有此法则。

（三）否定的否定的法则。因为一切现象都是变动的、发展的，并且是依据对立物的统一，统一物的分裂的法则及由量到质、由质到量的变化的原则的，所以才有由正→负→正（或正→反→合）的发展过程的法则，但是最后之正，在本质上不能是最初之正，因此就成了肯定→否定→否定的否定的方式，即所谓否定的否定的法则。我们要注意，这种变化并不是单纯的循环，而是螺旋式的循环。

宇宙间的一切现象，上自天体的现象，下至人与人的关系，都是循着这三种原则而发展的，所以吾人可以应用它们来预测宇宙上所有一切现象的未来，这当然不是因为我们有前知或预言的神秘力的原故，而是因为一切现象的发展皆有一定的路线的原故。但是同时要知道，不但我们所能预测或前知的程度要因被预测的对象如何而有不同（例如对于所谓自然现象的预测程度较高，而对于所谓社会现象的预测程度较低之类），并且我们可以预知的也只是全体的大概的变动倾向，而个个现象的变动所生的正确的具体的结果则不容易预知（例如我们可以预测春夏秋冬的大体的循环，而不能确知某一春或某一夏的每天的气候之类）；因为十二分正确而详尽的预知，在科学及哲学的理论上是不可能的，除非相信定命论或荒谬的仙佛之说，否则，谁也不能主张它。所谓科学的分析，就是这样分析过去和现在并预测未来的一种分析法。至于其具体的详细的办法，等到后面第二段再说。

总而言之，所谓"现代国际政治之科学的分析"也者，就是把最近过去一阶段的现代当中（从 1929 年到现在）占有领导力量的几个国家的政治加以分析，并预测未来的动向的一种工作。

（B）本题的存在理由或主要目的

我们为什么要研究现代国际政治？这个题目的存在理由何在？换句话说，我们对于这个题目的研究目标在哪里？对于这些问题的详答在这里是不必要的，所以姑且最简单的从下列几点加以说明：

（一）从人类求知识的本分说，我们必须研究现代国际政治。第一，因为政治在目前历史的阶段上较其他一切行动或现象都占着优越性，可以支配其他一切的行动或现象，所以必须研究政治。第二，在另一方面又因为在历史的现阶段上，各国是联成一个体系的，所以单研究政治还不够，此外还要研究国际政治（如像中国就受到国际各帝国主义的经济的、政治的乃至军事的支配或影响而不能自主，以及其他各国也皆不能逃出国际关联的圈外，而不能不受国际政治的支配或影响，就是显明的例子）。因此，可以说凡是人类都必须研究政治，而且必须研究国际政治，否则一切知识都无着落、无归结，将如古代希腊哲学家满腹知识，而因缺乏政治知识之故，遂不能厕身奴隶之中一样。即是说，我们研究国际政治的第一目的，在造成我们一切知识所依以运用、依以发挥作用的基础，同时即在完成当作人类一分子看的我们的人格。

（二）当作中国一国民的我们，尤须研究现代的国际政治，因为中国是一个半殖民地的国家，并且在事实上是国际共同的半殖民地的国家，一切的行动皆受着国际的支配和影响，所以国际上各强国之间的关系的变化，会马上直接反映到中国来，使中国也起了变化（例如"九一八"事变是起因于世界大恐慌，又如"四一七"日本领导东亚的宣言，是起因于最近的东方及西欧的新变化），所以中国国民尤须注重国际政治的分析。过去有许多革命者，徒然牺牲了生命财产而无若何结果，其主要原因即在于不明了国际的情势，因为中国国民在理论上，一方面应注意国内情势，另一方面尚须注重国外情势，即是说我们研究现代国际政治的目的，在熟知一切足以左右中国政治及经济的国际情势，以应中国因特殊的国际地位而来的种种特别需要。

（三）从现阶段上的世界危机期中的一般青年的军事责任说，

亦有研究本题的必要，乍看起来，这一层似乎有点牵强，然而如果仔细考虑一番，便知这层也非常合理。第一，谁也知道现阶段的历史是全世界的危机期，无论怎样设法想避免这个危机，总属徒劳无功，结果必会走上第二次世界大战去；并且谁也知道，这个将来的大战必定是一个空前的，比第一次大战还大的大战，必定要把全世界的青年都卷入战争的漩涡之中，所以现代青年的军事责任非常重大（各国现今都注重全国青年的军事训练，便是铁证），中国青年当然也不能逃出例外。第二，现代的军事，在表面上虽似与政治无关，而事实则不然，因为不但"军事是政治的延长"的原则已经成了一种真理而为一般人所承认，而且因军事技术的进步及战争规模的扩大并战线的全国化之故，军队的数量、教育及其他种种军事的设备，皆待决于政治上的路线。苏联首先承认这种政治在军事上的重要性，在军队内施行政治训练，现在各国也莫不多多少少相继仿效，在军事教育上注重政治教育，因此各国的青年将校皆深刻研究社会科学，尤其是政治学。例如日本在最近，许多青年军人的关于军事的著作，皆引用恩格斯的唯物辩证法，对唯物辩证法尚且如此，对其他的社会科学部门更不消说了。日本尚且如此，其他的国家更不消说了。他们绝不像我们中国，凡谈唯物辩证法的，就被认为反动分子或反动党员。其实辩证法只是一种理论的认识工具，而反动党员却是一种行动集团，绝对不能混为一谈。日本即利用这种工具，趁国际上的变化，来蚕食中国，我们中国青年处在这二次大战的前夕，必然免不了军事责任，所以必须研究国际政治，如一面必须尽军事责任，一面又不理解政治，则其结果，上焉者其一切行动必成为机械的而有误国的忧虑，下焉者或竟成为盲目的而陷于不自觉的卖国。就是说，我们研究现代国际政治的第三的目的，在完成现阶段上的中国青年的军事责任达成上的能力，以顺应在不久的将来必然爆发的世界危机的总决算。

（C）本题的说明顺序和材料分配

为达上述三种目的，并为便于说明起见，本应采用由浅入深、由抽象的到具体的、由一般的到特殊的办法，将本题中应有的材料分作三个大段落来研究并说明：

（一）本题之抽象的说明。这部分应该是从抽象的方法论的方面，讨论如何分析国际政治问题，始能带有比较确实的科学性及预测性。

（二）本题之具体的说明。这部分应该是从现代国际政治上的具体事实方面，讨论怎样具体地把抽象的方法论上的原则应用到国际政治的事实上去的问题，以便求得现阶段的国际政治的科学的分析结果及科学的预测。

（三）当作现代国际政治之一部分看的中国政治之科学分析。这部分应该是从中国国民的立场，讨论如何应用同样的方法并适用现代国际政治的分析结果及预测，来分析现代中国政治的问题，以便对中国现代政治获得科学的分析结果及科学的预测。

但是，只因本论文是预备登杂志的，所以不能过长，目前只能说到第一段落。关于其他段落，请看不久可以出版的拙著《现代国际政治讲话》。

二　本论

A　本题研究上之不正确或不充分的方法

一般在研究国际政治时所用的错误的或不充分的方法，大别之可得下列几种，请逐项加以说明且批判之。

（一）无原则地选择并分析法

这种方法单把国际上几个大国间的问题提出来充当研究的对象，即在种种的国际政治现象当中，无原则的随便提出几个问题来充当主要的问题，例如随便以太平洋问题，或日本问题等为主要的研究对象，且无原则地随便加以研究分析之类，就是明例。这种选择虽毫无根据或标准，但却被世人应用得最广、最普遍，一般的新闻记者及大学教授们，皆常常应用这种方法以分析国际政治。不消说，这种方法是错误的，而且是不充分的。因为选择研究对象若无原则，就难免舍弃最重要的材料而徒留不相干的无谓的材料；分析材料时若无原则，更难免凭空臆断，无从获得正确结论之弊。

（二）表面的选择要列举的统计的方法

这是统计学家所应用的方法，其处理国际政治的材料或事实，有两种方式：数目字的方式及年书的方式，但是无论采取何种方式，其属于表面的择要列举的方法，则皆一样，例如把某年某国的人口、领土面积……列出，或将某年发生某种问题，某月发生某种问题，某日发生某种问题等罗列下去，就是这种方法的应用。这种方法是以统计学上的所谓大数法则为依据的，即以取大同弃小异的原则为依据的，所以比较无原则的选择并分析法，多带科学的根据；且从事实上看，择要列举的方法，比之无原则的选择并分析法，在应用的结果上，也较为正确，因为应用择要列举的统计方法时，在原则上可以归纳出一个大概的动向，例如应用这方法于人口的处理上，可以知道人口增减的动向，就是明例。但是，这种方法因为只是一种表面的方法，而不能探索材料的内部联系，所以不能得到正确的预测。因为应用这种方法时，只能作表面的观察，却不能分析内在的原因，它只能知其然，而不知其所以然。例如应用这种方法以处理人口问题，则只能统计人口过去的增减，而不能明了为什么会增减的原因，因而也不能正确地预料同一人口的将来的变化途径，至多只不过知其增减的大略的动向而已。这种方法应用于国际政治问题的处理上，也只能得同样不充分的结果。要获得充分而正确的结果，必须研究各种问题发生的原因及其关联性，而归纳出一个主导的东西来。但表面的择要列举法，却不能得到这种结果，所以它虽不是完全错误而无用的，然而它不能是充分的方法——它只能是国际政治分析上的一个补助方法。

（三）唯物史观的处理方法

这是认唯物史观为国际政治的分析法的一种方法。因此，应先解释唯物史观的大意——在此也只能解释其大意，其详细解释应属于另一课目。所谓唯物史观者含有四个要点：

（1）人类社会或历史是唯物的，不是人类意识造成的，而是人类总生产关系决定的，是生产上的物质决定的。这里所谓物质含有三种要因：生产关系、生产样式及生产力。这三种要因，不是人类意识随便改造的，而是一种离开人类意识而独立着的客观的存在——虽说多数人的集团斗争，可以增加主观的力量，而推进客观情势的发展。要言之，人类社会及历史是随着生产、生产样式及生产力三种要因的有机的结合发展而演进的。

（2）人类社会或人类历史是一元的。人类社会上虽有种种现象，例如经济现象、政治现象乃至意识形态上之宗教、哲学、文艺、科学等现象互相关联着；然而结局从最终原因看，却是由经济现象支配着其他的各种现象，因为经济可以决定政治，而意识形态在阶级社会里却受政治的决定，因而经济可以决定意识形态——虽然在平常的作用上，在某种限度内意识形态对政治及经济，以及意识形态并政治对经济也可以发生反作用。要而言之，人类社会的各种现象，从终局的因果说来，是由一个根本原因，即经济现象决定着的，所以是一元的。

（3）人类社会或历史是发展的、变化的。许多人误认人类社会是固定的，一成不变的，故欲以一定的、既成的方式来维持种种现存的制度，例如私有财产制度、三纲五常乃至某党某派的统治方式。然而事实并不如此，正与此相反，一切的制度都是经过变化的，一切现存的制度也要转变下去。

（4）人类社会或人类历史的发展是辩证法的发展。所谓辩证法的发展有三大原则：（a）对立物的统一，统一物的分裂的原则，即是说，一切现象的发展都是主要的起因于其内部的矛盾。（b）由量到质、由质到量的变化的原则，即是说，一切现象的发展都有时是渐变的，有时是突变的。（c）否定的否定的原则，一切现象的发展，都是似循环而实非循环的发展，是一种螺旋式的循环的发展。辩证法的发展云云，即根据这三大原则的演变。把这三大原则应用到人类社会上来，则人类社会的发展，主要的是社会内部阶级斗争促成的；它有突然的变化，也有逐渐的变化，即革命式的变化和进化式的变化；社会的发展是螺旋式的，逐渐走到高度去的发展。因为这种发展虽说在表面上是循环的发展，但前后社会的内容却有本质上的不同；例如人类社会由原始共产社会发展到奴隶社会，到封建的农奴社会，到资本主义社会，最近又显然要发展到社会主义的社会即高度共产主义社会，在表面上似乎要循环到最初了，但是，实则后之高度共产社会已经不是前之原始共产社会，而是经过克服扬弃之后的，亦即含有大规模的机器共同生产及超过从前几百千万倍的广大的共同生活的人群的高度共产社会。

有许多所谓社会主义者，把上述唯物史观的方法应用到国际政治的处理上去，自以为高，自以为夸，这固然没有错误，但尚不充分，因为这只是一种社会观点，并不是具体的分析或解释方法，所以依据这种方法还不够用，必定要站在这种基础观点上去找更进一步的分析方法才行，否则，容易陷于公式主义的错误。

（四）辩证唯物论的处理方法

这是认辩证的唯物论为国际政治分析法的一种方法，所以要明白这种处理方法的意义和批判它的当否，应先解释辩证的唯物论的意义，何谓辩证的唯物论？它包括着辩证法的认识论，辩证法的论理学及唯物史观等，是哲学上的一个派别，要明白它的内容，又应先明白哲学的内容及其在历史上的发展经过，从历史上看来，所谓哲学不外乎下列六种内容：

（1）本体论的哲学，也称玄学，这是讨论宇宙是什么东西，讨论什么是时间和空间，讨论宇宙本身及宇宙上一切现象在时间和空间的关系上，有无终始和境界等问题的。这是由宗教和科学独立之后的最新的哲学。

（2）认识论的哲学，亦即真理论。这是讨论人类所意识出来的是否正确的问题的，即讨论视觉、听觉、嗅觉、触觉等觉察出来的是否正确，有无真伪，真的究竟真到什么程度等问题的哲学。我们所看到是真的吗？是假的吗？我们脑中的意识的是实的吗？是虚的吗？（例如佛教就认为宇宙间的一切都是空的）等，都是在人类知识进展到相当程度之后，必然会发生出来的问题，讨论这些问题的哲学，就是认识论的哲学，也是在哲学史上继本体论的哲学而来的哲学。

（3）宇宙观的哲学。这不仅仅讨论本体论和认识论的问题，而是更进一步，从静的方面讨论一切现象的相互关联，相互作用的问题，从动的方面讨论宇宙是如何发展变化的问题等等的哲学。这是在哲学史上继认识论而来的哲学，当然也是因为认识论的哲学不能知道认识本身的发展变化性，因此也就不能把握认识的本质的原故，必然会继认识论的哲学而来的哲学。

（4）方法论的或论理学的哲学，所谓论理学原是一种关于思维方法的学问，其中有形式论理学和辩证的论理学的区别。方法论的哲学就是包括这两种论理方法的哲学。方法论与本体论、认识论及宇宙观都有密切的关系，特别是对于宇宙观有密切的关系，甚至可以说宇宙观等可以决定方法论；因为一切的方法并不是任何人凭空想出的，而是从事实反映出来的；所以有什么本体论、认识论及宇宙观，即有什么方法论。这种方法论的哲学，在哲学史上是因本体论及认识论的发展而发生，随宇宙观的哲学的成熟而长成的。

（5）人生观的哲学。人生观也者，不外乎是关于人类的生命、人类的生活及人类在生活上对于周围环境乃至宇宙间各种现象的观点和态度。原来人类关于个人的生命、生活、周围的环境及宇宙间各种现象的等见解和态度，都是由每个人的经济的环境产生的，无论自己意识出来与否，所以每人都有某种的人生观。所谓人生观的哲学就是根据本体论、认识论，特别是宇宙观而来的哲学，其任务是研究人类行动及人生观应该如何才对的问题。人生观不但与本体论及认识有极密切的关系（例如认为宇宙是空的，则成了佛家的人生观；若认为宇宙是人类主观构成的，人类可以支配宇宙，则又成了极端乐观的人生观），并且特别与宇宙观更有极密切的关系。（例如认为宇宙现象不断相互关联、相互转变时的人生观与认为宇宙现象一成不变时的人生观全然相反，所以人生观的哲学必然是随宇宙观的哲学的成熟而长成的。在哲学史上的事实也是如此。）

（6）当作认识方法看的哲学。这在一方面与上面所说认识论的哲学不同：前者检讨我们所意识出来的认识对不对的问题，而后者则讨论应用什么方法和顺序去认识客观现象的问题；另一方面它又和上述方法论的哲学不同，因为那是讨论思维本身应遵循什么样的法则才免得发生错误的判断和推论的问题，这是讨论用什么样的方法和顺序去认识客观现象的问题。这种当作认识方法看的哲学，是在哲学史上较后发生的一个派别。

以上各种意义的哲学，虽皆各有其发生理由及其独得之处，然而严格说来，各种意义皆不充分（如果已充分足用，就不会发生其他意义的哲学了），只有综合地把这六种哲学看作哲学应有的内容的哲学，才是必要而且充分的哲学。这种在哲学史上发生最迟的具有充分意义的哲学，就是唯物辩证法的哲学。根据这种哲学来分析国际政治，才是我们这里所指的国际政治之唯物辩证论的处理方法。这种对于国际政治用包括着本体论、认识论、宇宙观、方法论、人生观及认识方法六者的哲学去考察处理的方法，自然比前面几种方法更有观点有基础，然而，单用这种方法去研究国际政治的现象却尚不够用（虽然没有错），因为那么也只能得一个观点和一些基础，而因没有对国际政治这种现象本身找出一种它固有的具体的分析方法的原故，结局难免流于空论或陷于公式主义的谬误。

（五）抽象分析法

这种方法常被应用在经济现象的分析上，它是一种应用辩证法的特殊分析方法，比较难于理解。现在为易于理解起见，分三项来说明。先从反面来说明什么不是抽象分析法，然后再说明抽象分析法本身。

（1）抽象分析法不是普通的抽象法。普通的抽象法只是从许多现象当中找出相同之点，即"由异识同"的方法。一切现象都有不同之点，正如人心不同各如其面，异类不同是不消说的，即同类也有其异处。但在不同的东西当中可以归纳出相同之类。例如依各个人的各种特征，找出人类共通之点，而认出人类这个类，或依各种树木的特征，找出树木共同之点，而认出树木这个类，就是明例。这种舍去某种的不同之点而保存其相同之点的方法，就是普通的抽象法。抽象分析法却不是这种的抽象法。

（2）抽象分析法不是普通的分析法。普通的分析法只是"由同识异"的方法。它比之普通的抽象法更进一步，能够于类中分类，在详密地把许多东西分成种类之后，再就相同的种类，重分为数类。例如在依高尚性格、口能言语、两手活动、两脚立走等特征找出的人类当中，又重依性别、年龄及职业等，再分为男女老幼、工农商乃至资本家等之类，就是明例。这种普通分析法也不是这里所谓抽象分析法。

（3）抽象分析法是有机结合普通分析法及普通抽象法而造成的另外一种分析法。所谓有机的结合，并不是单纯的混合，而是先舍去一部分而保留另一部分，然后结合在一起的方法。抽象分析法就是依一定的标准把一定的现象舍去一部分而留其另一部分，更依同种标准，把所留部分，分而又舍（或抽），舍（或抽）而又分，依同样的标准去继续分析所留部分，继续舍去（或抽去）所分结果的一部分，直到分无可分，也就是舍无可舍的时候为止的方法。这里所谓一定标准，就是一定的观点，即唯物辩证法的宇宙观点。更具体言之，就是认为一切现象皆含有矛盾，又一边矛盾皆有两方面，其中必有一方面占优越地位，绝不是力量平衡的，即一切东西当中必有主导与非主导的两方面的观点。因此，所以在进行抽象的时候，可以舍去非主导的方面，而单留主导的方面，换句话说，所谓抽象分析法，就是依矛盾法则来分析，依主导方面与非主导方面的区别来抽象，直到分无可分，舍无可舍为止。到了分至最后舍至最后的时候，就可以拿所得的最后物为基础，把原来在分舍过程中舍去的部分，挨次倒加上去，就可恢复到没有分舍以前的状态。但在事实上这时候的情形，已经和从前两样：从前的状况只是一些混沌的状况，而此时已可以明了一切现象之间的内部相互关联了。

现在更具体地举例来说明，以期更容易明了这个抽象分析法。例如要分析一国经济的内容，就必须应用抽象分析法，才能得着明确的结果。在分析一国经济现象的时候，若只应用普通的抽象法，也可以得到种种不同的抽象概念，例如资本与非资本之区别、工厂生产与手工业生产的区别及货币与普通商品的区别，等等；所以这种普通现象法当然不是在学问上没有效力，但是单单的抽象法却尚不够用，因为我们靠它只能知道各种现象的孤立的个别的概念，而不能知道各现象相互的关联（表面的和内部的关联）。其次，应用普通分析法于一国的经济现象的分析时，情形也是一样，虽然可以靠它去得到"由同识异"的结果，得到比用普通抽象法时更精密更具体的认识，但仍不能理解各种现象相互间的真正的内部的关联。例如应用普通分析法于中国经济上，固然可以得到外国农产品的进口数量日益增加、农村日益破产、都市人口日益增加、新式工厂日益增加四种具体的现象，但是，单靠普通分析法，却仍不能明了其内部的相互关系，即四种现象何以会同时发生，其间有无相关的关系，究竟是正关系或逆关系等理由。如果应用抽象分析法，则可以补救这种缺点。

假如应用抽象分析法于中国经济的分析上，则第一步应先把中国经济看成世界经济的一部分而分为对外经济与对内经济。第二步，应就对外经济与对内经济二者鉴定何者为主导方面，何者为非主导方面，舍去非主导方面而留主导方面。按照普通的经济学理及唯物辩证论的看法，应该是对内经济占优越地位，所以应该舍去对外的部分，而保留对内的部分。第三步，在对内经济上应该将它重分为公经济与私经济两部分。由国家强制进行的为公经济，一任人民自由平等进行的为私经济。此二种经济固然不容易分开，但不是完全没有界线。第四步，应辨认在公经济与私经济二者中是哪一个的重要性大些。从表面上看来，仿佛公经济的力量大于私经济的力量，但是，实质上，私经济比公经济重要，因为公经济本质上是以私经济为基础而产生的，若无私人经营则国家财源无由出，所以在经济分析上应该舍去公经济而保留私经济。第五步，应再就私经济分成资本主义生产与非资本主义生产。所谓资本主义生产，约有下列两种最主要的特征：第一是榨取式的雇佣劳动，第二是集中的大量生产及大规模的机器生产。非资本主义的生产，恰恰与此相反。苏联的社会主义生产，固然生产也集中，规模也不小，但因其没有榨取式的雇佣劳动，故仍为非资本主义的生产。这里若姑以苏联为例外而单就一般的资本主义国家而论，则资本主义生产就是新式工业的经营及资本主义型的农业经营；而非资本主义生产，却是农民经济及小手工业。第六步，应决定资本主义生产与非资本主义生产之中何者占主导地位。不消说，在今日的资本主义社会内，是资本主义生产占优越主导并支配的地位，因为资本主义生产的生产力大而生产费小，故资本主义生产的商品可以以物美价廉的优越条件，压倒非资本主义生产的商品；在资本主义制下之小工业经济及农民经济之日益破产，不是偶然的事情。如此决定了主导性，就可以舍去非资本主义的生产而保留资本主义的生产。第七步，应再把资本主义生产分成许多生产部门，例如工业、矿业、商业、银行业、交通运输业、资本主义的农业等等。第八步，应决定各生产部门当中何者占优越地位。在资本主义生产之下，当然的，是由工业部门（或包含工业、矿业及交通运输业等在内之产业部门）占优越地位，因银行业及商业等，都是间接或直接分沾工业的利润的（商业利润及银行利息皆是由工业上的剩余价值而来的），所以从经济学的理论说来，可以说一切活动皆决定于工业。既知工业占主导地位，就应保留工业部门而舍去其他各生产部门。第九步，工业还应该分作两方面，从物质上说，应分为资本与劳动力，从人的方面说应分为资本家与劳工。第十步，应先把人的方面舍去，再就劳资二者决定哪一方面占优越性，占主导地位。很显明的，资本占主导地位，因为资本可以支配劳动力，虽说没有劳动力，资本亦无从发生作用。第十一步，如再就资本细加分析，则又可得资本的种种形态，例如在货币、商品、原料及机器等形态下之种种资本。当然资本之为资本，不是由它的形态来决定，而是由它的目的来决定：凡是被利用于获得剩余价值或利润的价值，都是资本；但是，如就形态论形态，则资本当中又可分为货币及普通商品两种形态。第十二步，应决定这两种形态资本的优越性。比较这两种形态下资本的结果，在货币形态下的资本比在商品形态下的资本所占重要性小，而在商品形态下的资本占着主导的地位（因货币仍是一种商品，且是因商品流过上的原故而变成货币的），故舍去货币而独留商品。第十三步，应照经济学的理论，把商品再分为交换性与使用性，即交换价值与使用价值。第十四步，应比较这两种价值，何者占主导地位。在商品社会上一切商品的生产是以交换为主要目的或任务的，所以交换价值应占主导地位。到此时已无再加分析的可能——虽然从价值的构成实体上说，还可以追到劳动的分类上去，然而那已经不是经济现象了，所以不应再分了。

到无可再分析的时候，就可从最后分析所得的结果，重新还原回去，恢复原来的表面状况。第一步，应先把交换价值和使用价值合成商品；第二步，应在商品上加上货币及货币形态下的资本而成资本全体；第三步，应把劳动力加入资本之中而构成工业经济全体；第四步，应在工业上再加上资本主义的农业、商业、运输业、金融业等部门而成资本主义生产全体；第五步，应把资本主义生产加在非资本主义生产之上，合而成私经济全体；第六步，应在私经济上加以公经济而成中国对内经济全体；第七步，最后应于对内经济全体之上，加上中国的对外经济部分则可构成整个的中国经济。

必须如此始可以明了中国经济与世界经济的关联性，及中国经济内部的情形。经过这种分析之后，就不但能理解中国农村何以日益破产，新式工业何以日益发展（当然包括外资经营的工业），何以农村人口日益集中到都市来等问题本身，并且还可以理解这种种现象何以会同时发生的理由，即此等现象间之内部的关系。所以，在这时，我们所得的结果显然比普通的抽象法及普通的分析法结果都好些。

然而这种适用于经济现象的分析时非常有效的抽象分析法，若应用于国际政治的分析上，就不够用。因为经济现象有两种特点：（一）经济活动比较固定，客观性比较大些；（二）经济上是以合同协力为原则而比较缺少斗争性（从理论上并从历史上看皆以斗争为例外而以合同协力为正则），故可以适用上述抽象分析法，而政治现象却不如经济现象所带客观性那样浓厚，也不如经济现象所带协力性的丰富而多带主观性及斗争性，故难适用同一的抽象分析法。原来，政治是带有很大主观性的：政治的本质是统治者或一部分统治者为保持或增强其统治权力而行的，是统治者为维持或增加他们的经济剥削而行的，哪怕是对外的政治争夺在事实上也都是出于同样的经济利益的目的；因此，所以可以说政治是出于统治者的主观的要求，它是人类历史到了某一时代之后才发生的，而不是常存的；从反面说，即是说，即今政治消灭，人类社会依然可以存在。因此，所以政治带有两种特色：第一，政治上的统治阶级常常为争夺自己主观的经济利益而斗争，希图维持其政权，故富有主观性而少有客观性（当然不是绝对没有客观性，因为在客观上人类经济发展到某一阶段时，必然会发生政治）；第二，政治上必然分成两种阶级：统治阶级和被统治阶级，并且这两个阶级必然依种种方式而行斗争：统治阶级为维持或分配政权，保持或分配经济的利益而必然的进行争斗；被统治阶级也一样要进行斗争，因为人类原好自由和平等，厌恶束缚和压迫，故被统治者除开万不获已时外，必然要为谋解放，企图摆脱统治而进行斗争。这种事实，从各时代的历史上看，皆可证明，所以，可以确定的说，斗争是政治的本质，政治多带斗争性。这是无论从理论上抑从事实上说，皆可以得到的结论。政治这东西，固然有时也好像是和平的，但这只是例外，而从科学的原则说，我们只能注意一切现象的一般性而放弃其例外的事实，所以我们可以作上述结论。再从辩证法上看来，道理也是一样，我们对于一切现象的认识，只能留其本质部分而舍弃其非本质的部分；例如在认识人类之所以为人类的时候，亦只能提出人类的根本本质，而放弃其他与别种动物共通的成分，因为一切事物皆相关联着，而有其共同之点，如不舍弃它，就不能认识一切事物真相。所以研究政治时也只能拿它的本质来说明政治，不能拿非本质的和平之点来说明政治。因此，最后仍可得政治的本质是斗争的，是为经济利益而存在而斗争的结论。

政治与经济因有上述两种根本不同之点，所以抽象分析法，虽可以应用在经济的分析上，而应用在政治的分析上就不够用。因为比较多带客观性和协和性的经济现象，当然会比较多有普通性和倾向性，所以可以把它当作准自然现象，只用上述抽象分析法去研究分析而已足够用；而多带主观性和斗争性的政治现象却与之相反，它当然会比较多有特殊性，比较少有倾向性，所以不能把它看作准自然现象而只适用抽象分析法，如果只适用抽象分析法去研究它，则因没有顾虑到政治现象上种种可能性及现实性之故，必定会得着不正确的机械的论断，纵然在表面也可以找出一些普遍性和倾向性，然而那只能是表面的虚伪的普遍性和倾向性，一点也不中用的。例如在讨论政治斗争特别是战争的时候，如果应用抽象分析法，就会认为物质力或机械的实力（如兵员人数及武器精粗多寡等）大者一定会得胜利；然而在事实上情形却往往相反，这就只为带有主观性和斗争性的战争，根本上要受许多为经济现象及自然现象上所无的可能性及现实性的限制或控制的原故。所以我们说在政治的分析上，单应用抽象分析法尚不够用。许多人应用这种方法于政治的分析上，得不到正确而有用的结论，原因即在于此。总之，应用抽象分析法于政治的分析上，表面上是似乎是合乎辩证法的原则的，但是，事实上却是错误的，这当然是特别值得注意的。

B　本题研究上之正确的政治现象分析法

（一）概说

上节单从反面说明了错误的或不充分的政治现象分析方法，现在再从正面来说明正确的政治现象分析方法。这里所谓正确的方法，表面虽与抽象分析法类似，但实不同。正确的政治现象分析法的本身，可以分成两个步骤或段落：（一）由上到下，由整到零；（二）由下到上，由零到整。前一段落为分析，后一段落为预测。这种方法与抽象分析法不同之点，在于对研究对象的本质的认识之不同，因此也就是对于该对象如何进展之预测方法上之不同；更具体说，这种方法不像抽象分析法那么机械，它不但在分析的时候要针对政治之特质，应用唯物辩证法的原则，更精确的找出种种矛盾，并且在预测的时候，应用斗争性及主观性去推求种种可能性及现实性。因为这些可能性及现实性是离不开政治现象中的当事人的实践的，所以这种方法可以称为"抽象分析实践法"。过去的列宁和现在的斯大林，在分析帝国主义的命运及世界大势等，时皆常常应用这种方法，事实已证明这种方法的正确性。不过，只因他们并没有公然发表过解释这种方法论的文章或讲话，所以，这种方法的决定的内容是什么，现在还是疑问。然而从研究政治学的人说来，却不能因为它是疑问而不说它，所以我自己根据我自己的见解，从他们的各种分析当中，找出如下的内容，以供讨论者的资料；所以我很希望诸位能指出我的错误，以便好进一步得出这种方法真正的内容。

（二）抽象分析实践法在分析过程上的原则

抽象分析实践法的分析过程的说明，可以分作五个段落：

（1）在全体的现象当中抽出主要的对象，舍去非主要的对象；因为全体现象的全部认识不单是不必要的，并且是不可能的，所以我们可以根据一切现象俱有主因主力的原则，采用第一段落的手段。

（2）从主要对象当中找出主要的矛盾，舍去非主要的矛盾。因为照唯物辩证论的宇宙观说，一切现象的主因主力，都是现象内部的种种矛盾，并且种种矛盾之间也有主要和不主要的区别，而我们的目的却在认识这些主因及主要矛盾，所以必须采用第二段落上的手段。

（3）从主要矛盾当中找出主导的矛盾，舍去非主导的矛盾。因为照唯物辩证论的宇宙观说来，所谓主要矛盾，当然不止一个，并且在各个主要矛盾之间又必然有一个主导的矛盾（否则不会有矛盾的统一）存在着，所以在推求主因主力的人们看来，必须采用第三段落上的手段。

（4）从主导矛盾当中找出主导的方面，舍去非主导的方面。因为从唯物辩证论的宇宙观的原则来说，在一个主导矛盾当中，必有两个方面，并且其中必有一方面占在领导的地位，而另一方面占在被领导的地位，两方面势均力敌之事虽亦有之，但是，照辩证法上所谓相对的同一和绝对的不同一之原则说来，那只是例外，这个占领导地位的方面，就是主导方面，所以我们如果要彻底探求主因主力，就得采用第四个段落上的手段。

（5）在主导方面找出它所认定的主环。因为照唯物辩证论的宇宙观看来，宇宙间的一切现象在时间及空间上都是相联的，成为联锁的，互有因果关系的；所以如果许多时间和空间上互相关联的各个现象的全体看成一条锁链，那末，这个链子当然可以划分成为许多环子，并且在这些环子当中，按照时间和空间的关系，必然会有一个主要的环子（因为各个环子决不会都有同样的主要性——这是唯物辩证法的发展观的当然结论），所以如果抓住这个主要的环子即可把整个链子理得有条有理（在政治现象上，占主环地位的现象，具有决定当时情势的力量），所以研究主因主力的人们，还应该采用第五段落上的手段。

以上只是关于抽象分析实践法的分析过程之抽象的说明，现在举列宁应用过的例子，作为事实的举例说明。这虽非国际政治现象的例，然因在此地，国际和国内的区别无大关系，故可引用它。1917 年俄国二月革命，虽然已把俄皇赶跑了，但是俄国在当时其他的情势则尚在更大的变化过程当中。其时，有人主张民主革命已经完成可以不革命了，有人主张还须进一步而建设社会主义政府，还有人主张举国一致的向德作战——议论纷纷，主张不一。那里逃回俄国的列宁，暗中时常发表文章，以科学的方法分析当时的情势（这些论文，后来集成专书，名为《在叛乱的途中》）。列宁主张：俄国的政治现象虽极复杂，但非无头绪可寻！当时主要的现象在于经济问题上，即在农民没有土地耕种，人民没有面包吃，人民的经济活动没有自由这三种问题上。这三种问题遂成了主要的对象。其他的对现象如立宪政制好呢，抑或社会政制好呢，乃至宗教问题等，都是次要的问题。其次列宁当时在主要对象当中所认定的主要矛盾约有五种：（1）贵族兼地主与农奴式的农民对立。这不待说明，因为谁也知道那时的俄国还是农奴式的农业国。（2）九百万无产阶级（加上家族共有二三千万人）与新式工业资本家的对立，列宁所以重视人数不多的无产阶级的原因，在于他认定俄国当时的经济在大体上已经充分资本主义化了。（3）新式工业资本家与贵族地主的对立。因为新式工业发展的结果可以压倒农民吸收农民而使贵族地主失去剥削的对象的原故。因为新式工业固然需要农产原料，但未必尽取自本国农业的产物，事实上其大部分倒来自外国及殖民地，结局是以本国工业品换外国农产品，而对于农民因而也是对于地主大大不利。当时对这矛盾所反映所表现的事实，就是资本家主张立宪政治，而贵族地主则加以反对。（4）重工业或洋奴式资本家工业与轻工业的对立。帝俄时代的俄国重工业，大都是外国的巨大资本经营的，所以又称为洋奴式的资本家工业。而当时的轻工业却因所需资本较小，易为本国家所经营，所以大抵是民族资本家的工业。原来从轻重工业的关系说，轻工业必受重工业的支配，从资本的大小说，轻工业也必受重工业的压迫，所以存在任何资本主义国家里头，轻工业与重工业始终是对立的。再加上外国资本与民族资本的关系，其对立就更加尖锐了。（5）非资本主义生产家与资本主义生产家的对立，在大体上也即是农业全体与工业全体的对立。这种对立当时表现于俄国农民党反对工业化的斗争上。在俄国资本主义萌芽的当时，西欧各国资本主义的缺点已经完全暴露出来了，所以支持农民党的主张的，大有人在。

列宁当时从土地问题、面包问题及自由问题当中找出了上述几种主要矛盾。但是，他还不以此自满，而要进一步在这些主要矛盾当中，找出主导矛盾。他认定无产阶级与新式资本家的矛盾是主导的矛盾。当时有人主张贵族地主与农民的矛盾是主导的矛盾。当时列宁则反对此说。其理由是：农民的本质是革命的又是不革命的，所以农民只是革命的同盟者而不能是主导力，因此，也就不能认定农民为主导矛盾之一方面。又有人主张民族资本家与外国资本家的矛盾是主导的。列宁也加以反对，理由是：资本家的本质是不革命的，容易为资本的利益而投降外国。列宁之所以主张新式资本家与无产阶级的矛盾为主导矛盾的原因，一方面在认定资本主义生产在俄国已经可以压倒非资本主义生产而占着支配的地位，另一方面，在认定无产阶级本身一无所有，毫无牵挂，所以不怕失败，又常集中在一个地方，容易团结及训练，富有强力的斗争性，而其利害又常和新式工业资本家相反；因此认定他们间的矛盾应该是一个不易和解的，能够左右别种矛盾的主导矛盾。

其次，列宁更进一步，认为无产阶级在这个主导矛盾当中占着主导方面。当时俄国资本家的势力，表面虽极膨胀，但却不能够解决当时的主要纠纷，如土地问题、战争问题、面包问题及自由问题等，而无产阶级方面的政党在当时却有解决这些问题的可能。次从武力方面说，当时有人看到大部分军队皆在克伦斯基政府的手中，所以认为不容易推倒这个资本家阶级性的政府，以为主导方面应该是这个政府即新式资本家方面。但是列宁却认为克伦斯基政府的军队虽多，而没有战意，因此也就没有力量，而无产阶级虽然只有九百万人，在军队中者只有少数，而在事实上对于这个斗争却有很强大的力量，因为一则前者的军队大多数是农民，其客观的利害是和无产阶级一致的，所以在某种情形下面，可以和无产阶级方面联合；二则无产阶级因已受过训练，富有团结性，所以在比较上力量较大，所以可以占主导方面。

更次，列宁还从主导方面着想，找出和平为当时的主环。因为从对外关系说，在当时，俄国的无产阶级若主张对外停止战争，则一方面可以使当时联合国的英法无力干涉俄国的革命（因为俄中止对德战争则英法对德要更加吃力），一方面可以使德国不愿干涉俄国革命，即令允许德国多少有利条件而讲和，亦因德国正在对付其他各国，无力要求俄国履行之故，而使俄国收以毒攻毒的效果，而集中全副精神于国内问题的解决上。其次，从对内关系上看，和平在当时对它亦主要：第一，因为停止战争则农民得从事于生产，面包问题就得解决；第二，因为停止战争则可以使国内民众专心讨论国内问题，解决当前的土地问题及自由问题，而分与农民以土地，赋与农民以自由，则一方面可拉拢农民及由农民构成的军队为己助，另一方面，同时又可因为依和平而赋与人民以民族自由，则可使反动政府不能利用异民族的军队（如科萨克）来压迫革命势力；要而言之，从当时的俄国无产阶级着想，当时俄国若能停止战争，采用和平政策，则可以阻止反革命的外援，拉拢友方的势力，增加己方的力量，因此，所以列宁认为和平成了当时的主导方面的主环。

（三）抽象分析实践法在预测过程上的原则

（A）导言

以上把抽象分析实践法的分析过程说明白了，现在应更进一步说明抽象分析实践法的预测过程上的顺序。抽象分析实践法的预测过程，在表面上颇与抽象分析法的综合过程类似，然实则截然不同。因在抽象分析法的综合过程上只是将分析过程上所分的结果从新合起来，亦即只是将分析过程上所舍的从新拾起来，并未顾虑什么发展的可能性和现实性；而在抽象分析实践法的预测过程上，却除开合其所分，拾其所舍之外，还要顾虑这些被分合舍拾的对象的发展的可能性及现实性如何，亦即还须顾虑到这些对象在实践的作用结果如何（因此，所以才称为抽象分析实践法）。这里且先述这种预测过程上应有的程序，其次再说明可能性及现实性等的意义。在预测过程上，第一步应先考察主环的发展的可能性及现实性如何，例如考察上引俄国革命当时的主环和平有没有发展的可能性和现实性。这是预测过程上开始的第一步，不如此不能实行任何带有确实性的预测，因为只有主环发展的可能性及现实性在大体上可以决定主导方面的发展的可能性及现实性——当然这是通常的原则，有时自然难免例外，关于这些例外，后面第三章还要细加研究。第二步，应从既知的主导方面的发展可能性及现实性如何，去察考主导矛盾的发展的可能性及现实性如何——虽然这里也只是在原则上前者的可能性及现实性可以决定后者的可能性及现实性。例如上述俄国革命时劳资两阶级的冲突的发展的可能性及现实性。第三步，既知主导矛盾的发展的可能性及现实性，就应依据"主导"二字的理由，由此去推定主要矛盾的发展的可能性及现实性如何——当然这也只是原则上的说话。例如上述俄国革命时的五种主要矛盾的发展的可能性及现实性。第四步，既知主要矛盾发展的可能性及现实性，就应依主要的可以支配非主要的之理由，在原则上靠它去推知主要对象的发展的可能性及现实性。例如在俄国革命时的关于经济生活上的政治现象的发展的可能性及现实性。第五步，亦即在最后，应依主要对象在原则上可以指示全体一般现象的发展倾向的理由，从主要对象的发展的可能性及现实性，去推知全体的现象的将来发展的倾向如何。例如在俄国革命时的一般政治现象发展的可能性及现实性。

（B）何谓可能性及现实性——附偶然性及必然性的说明

上段用了许多"发展的可能性及现实性"字样，尚未解释可能性及现实性的意义，现在应彻底的说明并决定它们的意义和种类——只有彻底明白了它们应有的意义之后，才能真正施行种种政治现象的预测。关于可能性的意义，各种著作上虽有各种不同的说明，但是从政治现象的研究者看来，我以为可能性可以并且也应该分为三种：（一）抽象的可能性；（二）实在的可能性；（三）现实的可能性。凡是可能性皆指未来事象的发生而言，而未来事象的发生，照科学的宇宙观说来，不是偶然的，而是必有其发生原因和条件的，因此可以依这种原因和条件之性质如何，分为种种可能性；如这种条件是假定的、理论的，则由此而来的可能性是抽象的可能性。反之，如这种条件是实在的、事实的，则由此而来的可能当是实在的可能性。例如说今晚酷热故明日有降雨的可能性时，如果实际今晚甚热，则这种可能性为实在的可能性。若无今晚酷热的事实存在而只是凭空假定说，若天气酷热或浓云密集则有下雨的可能性时，则所说的可能性，就是抽象的可能性了。其次，现实的可能性比较上述的两种可能性更难了解。因为它是与宇宙观有密切的关系的。照唯物辩证论的宇宙观看来，宇宙间的一切现象皆互相关联着，因此一切的结果都有许多种的原因存在着，但其中必有一个主导原因，一个支配其他原因的原因。如果以其主导原因为依据去推求可能性，则这种由主导原因而来的可能性就是现实的可能性。因

385

为无论自然界，抑是社会现象，情形都是一样，每一种结果都有许多的原因，因此在我们研究这些原因时，绝不能够每一个原因皆逐一加以研究，而只能研究其中的若干原因，并且应推求若干原因中的主导原因，即那种占领导地位而可以支配其他事象的原因，亦即与主导矛盾有关的原因。例如下雨的原因很多，有空中水蒸气突然遇着冷气流的原因，有空中积滞着的云遮断了太阳光线的直射的原因，有气压力之高低上的原因，有水蒸气的湿度浓淡的原因等。但其中却以空中水蒸气上升突然遇着冷气流而下降的原因，为最重要的原因，占有领导的地位，故称为主导的原因。从这种原因推测而得的可能性，就是现实的可能性。

宇宙间的一切的现象皆有上述三种可能性，所以在社会现象方面，当然也是一样。例如举抗日的结果为例来讲，也可以得到三种可能性。例如说中国人能够上下一致以抗日，则中国可以打胜日本，因为中国人数多于日本人数好几倍时，这种对日战胜的可能性就是抽象的可能性；又如在说中国的一切实力派皆能联合一致抗日，则可以因中国常备兵多于日本军队的缘故而打胜日本时，这种对日胜利的可能性也是抽象的可能性；再如在说中国所有的智识分子，若能停止享乐而集中精神于抗日的准备工作上，中国就有打胜日本的可能时，这种胜日的可能性，也是抽象的可能性之一。为什么？因为这些可能性的前提条件都是理论上的假设，毫无事实作为根据，例如以现在情形说，中国全国一致抗日，或实力派联合抗日，及所有一切智识分子停止享乐而刻苦作抗日工作，就都是事实上没有的事情，所以由这种种前提条件而来的可能性是一种没有事实为根据的、架空的、抽象的可能性。当然，这种抽象的可能性的数是无限的，因为假定的前提条件原本是可以无限的。既然抽象的可能性是架空的，又是无限的，所以在我们研究社会事象的未来的发展性时，当然用不着它，可以不必推求它。我们只能拿它作为学理研究上的一个预备工具。

实在的可能性是根据事实的，以实存的条件为前提，推论而得的可能性。所以和上述抽象的可能性恰恰相反，不但不是架空的，并且为数也是有限的；例如以同一的抗日的结果为例，则在说现今中国有许多热心爱国的人，如某某先生等正利积极准备抗日，所以将来可以有打胜日本的可能性时，这种抗日胜利的可能性就是实在的可能性；又如在说现在中国民众的一部分已有充分的觉悟，正在准备抗日，所以将来有打胜日本的可能性时，这种胜日的可能性也是实在的可能性。这种可能性因为是以现有的事实为前提的，所以它的数目，比之抽象的可能性当少些。因为是实际的，所以我们必须研究它；因为是为数有限，所以我们能够研究它。

我们固然应该多多注意实在的可能性，但因实在的可能性为数虽不能甚多，然而到底是多数性的，所以在我们推求事象的将来发展时，单靠它仍不够用（因为不能得着简洁明了的预测性），所以还应该进一步从实在的可能性中求出现实的可能性。在这个意义上现实的可能性的推求，比实在的可能性的推求尤为重要。现实的可能性如上述是许多实在的可能性当中的一种主导的，占着支配地位的可能性。例如仍以抗日的结果为例，在推求抗日战争的胜利时，固然可以找出许多事实上的原因，而形成许多的实在的可能性，然而对外战争胜利的主导的动力却在于政府当局或统治阶级本身的努力，因为一切国家的权限及力量，如军备、政治及经济等的力量，大都握在政府或统治阶级的手中，若统治阶级有抗日的决心和努力，则打胜日本的希望容易实现而有其现实性，否则胜日的希望不易实现而失其现实性。所以由这种主导原因而生的可能性就是现实的可能性。因为后唯物辩证论的宇宙观说来，主导的原因只能有一个，而一个主导原因却有积极的和消极的两面，所以根据主导原因而来的现实的可能性，数目极少，只有两个，也不能少于两个。例如就上述抗日的结果之事例来说，也只有并必须有两个现实的可能性：（一）中国的统治阶级现有抗日的决心和充分的准备，所以有打胜日本的可能性。（二）中国的统治阶级现在没有决心和准备，所以有不能打胜日本的可能性。这是因为所谓主导原因必是站在对立的统一之原则上的主导矛盾，而在主导矛盾当中却有两方面，所以随着这两方面的发展如何，现实的可能性就有一变，就有两个。

上面已说明了现实的可能性的意义，现在可以进一步说明现实性了。关于现实性的意义，从来有种种说法，有说现实性就是事实性的，也有说现实性就是某种现象将来的实现如何的可能性的。但是，如照前一说，则等于所谓盖然性，未免太过于笼统空漠；如照后一说，则与我们所谓现实的可能性相等，虽是一种有意义的概念，然而不能专靠它去预测可能性的多寡，所以皆不可用。依我之见，以为现实性应该是现实的可能性或可能程度，即一种拿来测量现实的可能性本身的多寡大小之工具。不消说，在多带主观性及斗争性的政治现象（见前）的发展上，能够左右现实的可能性的，即能够测量现实的可能性的多寡大小的，应该是斗争主体的主观的努力。所以由此种斗争两方面的主观努力如何而生的可能程度，就是现实性；此种程度的大小就是现实性的大小。所以现实的可能性虽然可以依斗争方面的主观努力如何而变为现实性，但是，现实的可能性与现实性二者的性质却不相同：第一，前者只是质的有无问题，而后者则兼包括量的大小问题，所以单是前者还不够，必须进一步求出后者才能达预测的全目的。第二，前者是多带客观性的，后者是多带主观性的（因此，所以许多辩证大家常说要改变可能性为现实性）。因为现实性本是因斗争方面的主观的力量增加而增加其可能性的成分，以成为现实性的。从一般说，所谓现实性不仅仅是客观的可能性，同时还包括着主观的力量，例如现在苏联统治阶级之所以能建设社会主义的社会，一方面固然因苏联的内外的物质基础上已有其可能性，已有其客观性的原故，但是，在他方面却又有因为他们能将许多的障碍用主观的力量去铲除，即在客观的可能性之外，更增加主观的力量，去推动客观的可能性，使其实现之故。所以他们建设社会主义的现实的可能性，在用主观力量打倒故人，铲除障碍之后，就成为现实性。

　　既说到主观力量，所以附带的必须说明必然性与偶然性的关系，因为如果后者不明，则前者就无根据。偶然性和必然性同是因果关系的研究上的一个概念（注意！决不可看偶然性为反因果性），但偶然性是指在全体过程当中因各种原因相合相杀之故，不必有同一的发现而可以独特发现的各个本身独有的情形而言；而必然性则指在全体过程当中，通过各种偶然性，而在各种原因相合相杀之后，必然发生的，有因果性的共同倾向的情形而言。所以，这两种东西不是相反的，而是同种类的东西的统一。例如人类必死这种不可避的情形是一种必然性，而致死的原因却各人不同，由这种各人致死的特有的原因而来的情形，就是偶然性。必然性是由各种偶然性构成的，是由各种偶然性之中发现出来的，而偶然性被包括于必然性当中，是必然性中的偶然性，所以这两种东西在表面上虽是相反的，而事实上则又是统一的，不能两相分离的。不过，还要知道，关于必然和偶然性的意义及关系还有许多不同的说法。有人说：有一定原因的为必然性，原因不一定的为偶然性。这是错误的，因为除非我们否认因果法的存在，否则宇宙上决不会有没有原因的现象或存在。又有人说：原因明显的现象为有必然性的现象，而原因不明的为偶然性的现象。这也是错误的，因为如果那样，则在人类没有发展到全知的时代以前，我们将永久得不着可信的必然性，其结果将等于否认科学。也有人说：原因内在的为必然性，原因外来的为偶然性。当然，这更是错误的。因为内因与外因虽是两方面的，实则在研究上应合为一个统一物，不应截然分开，并且内外的原因只是比较上的问题，绝对不能明确分别，如果以此而分偶然性与必然性，结果就会弄得没有分别。要之，依诸原因的相合相杀之故而发生的，各种现象的独有的情形为偶然性，而依诸原因相合相杀的结果，在全体过程上必然发生的全体现象的共同倾向的情形为必然性。必然性和偶然性同是客观的存在，但偶然性只是必然性的产生的基础，不能表示共同的倾向，故与必然性有异；而必然性虽是由偶然性当中发现出来的，然而只能表示共同倾向，不能显示个个的具体事象，故亦与偶然性相异。故必然性与偶然性又是相反的，又是统一的，同时也就是不可离的。再以政治上的例来说，例如1914—1918年的世界大战，固然起因于奥国皇子的被暗杀，但并不能说无此暗杀事件发生，世界大战即可避免。因为当时德法及德俄之间的纠纷以及其他帝国主义之间的因资本主义的必然冲突而来的激烈斗争，将必爆发为战争，已成了一种共同的倾向而带有必然性，即令没有这暗杀事件，将来也必因为别种偶然的原因，而爆发同样的结果，所以这种偶然的暗杀事件实只是必然的一部分。并且必然性不通过这种偶然时，也不能把自己表现出来。

明白了偶然性与必然性的关联，就可以再转回头来解说可能性与现实性的相互关系。刚才说过，增加主观的力量，即可以改变可能性为现实性。但这并不是说只要增加任何人为的主观力量即可以成功一切计划的意思。这样的说法是"唯心论"的主张，等于否认客观的法则，等于主张绝对自由的无轨道论。然而同时要知道，若只相信机械的必然论，以为人类不必增加主观的力量即可得同样的结果，用不着人为的努力，则又成了"宿命论"的主张，等于否认人类的理智，等于否认人类本身。"唯心论"和"宿命论"的主张，当然都是错误的。因为在事实上人类有理智，并且曾经利用理智，去发现了客观的合法则性（因果性）这种问题的讨论，在辩证法的哲学上，占很重要的地位，是属于"人类有无自由意志"的问题之下的。这个问题的讨论牵涉的范围很宽，方面也非常复杂，现在无暇详说，姑从结论上正确的说来，则这个问题的正确答解是：在某一程度内，人类可以有自由意志，过了这个程度就没有自由意志。为什么？因为在一切的现象当中，皆有客观的合法则性存在，即在其相互之间亦有相关联的合法则性存在；因此，如果人类在这客观的合法则性之下努力，或顺着这个合法则性努力，就可以达到某种目的，否则，人类就不能达到同样目的。例如以电气的利用来说罢，若根据电气学上的诸法则去努力，则人类可以利用电气当动力、燃料乃至传信媒介，否则，滥用电气就会被电打死。又如最近最时行的计划经济政策，在社会主义的苏联内，人们运用它在社会主义经济建设上得到了很大的效果。而在其他的资本主义国家内，人们运用它去解决恐慌，尚且不能获得什么好结果，更说不上经济建设。这是什么原故？很简单，其原因即在苏联是在经济的合法则性之下实行计划经济的，而其他的资本主义国家则正相反，没有顺着经济的合法则性，即没有实施计划经济的条件，而欲努力实行计划经济，所以前者可以达到目的，而后者则不能。由此看来，所谓人类意志的自由，是与必然性合一的，而不是相反的；换句话说，如逆着必然的合法则性而努力，虽十万分努力亦必无结果，只有随着必然性而努力，人类始有自由可言，才能因努力而达到某种目的。如以上所述的原则不谬，则在这种情形之下，人类能努力增加主观的力量，当然就可以改变可能性为现实性，因此，我们如要造成现实性，首先就要找出必然性，再顺着现实性增加主观的力量，因此，所以我们研究可能性和现实性时，同时还须研究偶然性、必然性及意志自由等问题。不懂得意志自由，就不会懂得必然性，但不懂得必然性，就不会懂得偶然性，而不懂得偶然性和必然性的关系，就不会懂得可能性和现实性的关系，因此也就不能作比较带正确性的关于将来的政治现象的预测。有名的辩证唯物论的大政治家，除开常说"转可能性为现实性"的话之外，又常常说"转现实性为必然性"，当然也是因为这些概念都互相关联的原故，这句话从表面上看来，和前述"转可能性为现实性"的话好像是相反的，又好像是循环的，但实则有其特有的意义。它是说：因为照辩证唯物论的哲学说来，如果人类依照客观的合法则性去努力，就可以有达到其目的的自由，那么，只要人类依照客观的合法则去努力，只要这个努力大于对手方的努力，人类就不但可以把现实的可能性转为现实性，并且可以把现实性转为必然性。

（C）抽象分析实践法在预测过程上的结果

用上述抽象分析实践法在预测过程上的方法去行预测时，所得的结果可靠不可靠呢？这应分二层答复，如从应用这种方法的结果可以表示政治现象的将来的发展的大体倾向一层说，它是比较可凭信的，因为它由可能性、现实性乃至必然性等的致密研究而得的，比起单纯的预言或臆测较有根据，所以比较能与将来事实符合；然如从这种结果是否能与政治现象的将来的发现完全符合一层说，则它也是不完全可靠的，因为一则现今人类的知识，充其量也不过只能知道种种可能性的一小部分，只能知道合法则性的一大部分，所以我们根据这些可能性及合法则法而来的现实性及必然性的考察不必定能周到，因此，其所得结果也未必定能正确。二则人类的斗争行动本是主观的、相对的，随时候及环境而变的，所以关于斗争的结果的预测，从理论上说就不能是完全正确的，在事实上也可以证明过去无论何人也未曾行过绝对完全正确的预测。三则因为往往我们所用的方法虽然不错，而材料及观察或许是错误的，例如我们所认定的合法则性如果错误，则哪怕方法本身是对的，而预测却不会比较正确。合法则性在这里占着很大的重要性，所以要利用这方法，必须先对于经济学及政治学等基本科学，有正确的认识。四则即在方法本身不错，我们所认定的合法则性也不错误时，如果我们在实际上的观察过于粗疏，我们所认定的关于斗争的两方面的主观努力的认识如不确实，则所得结果也会和将来事实上的发展倾向相差甚远。由此，可知所谓应用此种方法时可以得到比较正确的结果这句话，还只是在所有材料及所行的实际观察没有错误时的说法。总之，如果我们能够十足正确地预测政治的将来，那我们就变成神仙了，那就反而与政治现象的斗争性并主观性相背了。

但是，同时当然还要知道，我们虽然不能用此法完全正确地预测将来，然而却也不能因此而不应用此法，因为除此法外，更无比此法更好的方法，而吾人人类又有预测将来——哪怕只是大体倾向的预测——以行有计划的政治斗争的必要，所以还得应用此法。

以上所述，就是国际政治的科学的分析方法的概说全部，虽然所引的例是国内政治的例而不是国际政治上的例，但这于方法理论本身是无妨害的。我所以在这里不直接引国际政治上的例，也是两层理由：第一，因为国际政治现象太复杂了，若直接引例，将使本论文加长三倍，未免过于多占专刊的篇幅。第二，这篇论文本是拙著《现代国际政治讲话》的一部分，在那本书上的次一段就是专讲这种方法在现在的国际政治上的应用的，所以在本文用不着说；我相信大家将来都有机会可以看见那本书，所以在这里也好依"概说"二字的涵义，只说一个概略。

近十年来之国际政治^①

一

近十年来之国际政治，复杂多端，不易论述。然若于复杂中寻纲要，于多端中求主导，分析观之，综合言之，则十年来国际政治上之大变化，在大体上可分为三端：第一为日、苏、德三国国力之强化；第二为国际机构之改变——由以国际联盟为中心之机构到以集团联合势力为中心之机构的改变；第三为国际和平逆转到国际危机。此三大变化，虽可分而为三，实则仍各为整个大变化之一部分，其间存有不可离的关联性及不得不然的因果性。其所以致此，并非偶然，而实由前十年——由 1917 年到 1926 年之十年——之历史的必然及经济的基础所制约。故欲明近十年来国际政治之本质，必须追溯前十年所遗留之历史的继承及经济的遗产。以下且依（一）历史的必然及经济的基础；（二）日、苏、德三国之强盛；

① 署名陈豹隐，选自《大公报》（天津）1936 年 10 月 10 日"双十节特刊"第十六、十九版。——编者

（三）国际机构之改变；（四）国际和平之逆转；（五）中国在国际政治上之运命及出路，等等之顺序，一述十年来国际政治之概略。

二

并世论国际政治者，往往谓近年国际危机之重现，由于《凡尔赛和约》之失平及威尔逊所提议之十四项原则之未被完全采用，基至痛詈英法，谓前十年间，英之抑法亲德，固贻今日之祸根，法之压德反英，亦播危机之种子。实则皆是表面之观察，未识个中之真相。据今日多数史家之观察，1914 到 1918 年之欧洲大战之主因，本在英德两帝国主义国家在海外之争霸，其他如民族恶感，思想争斗——强权主义与自由主义之争斗——个人野心，等等，皆是表面之口实，至多亦只能作为副因。夫欧战既以英德之帝国主义的争霸为主因，则终结欧战之凡尔赛和约，在原则上当然只能为英法等战胜国瓜分胜利品之和约，同时，德国决定的败北之日，当然即为英法反目之日。不求理之当然，而追究当时主谋国之失当，谬矣。

如凡尔赛和约为帝国主义的战争之当然的结果，英法在前十年之反目为帝国主义的争霸之当然的归结，则在前十年间，英之亲德抑法，法之压德反英，不待论，即美之不问欧洲政治而只依催索巨额战债反投资战败诸国之方法，以牵制英法，乃至事实上成为战胜国机关之国际联盟之成立，及因无强敌及欲谋休养而产生之国际和平主义之高调，等等，自俱属历史的必然，殊不必置论于人谋之臧否也。

从另一方面观之，整个社会经济上之创痍，并非经久不能复原者，何况战胜国有胜利品之运用，战败国有国际资本家之投资，加以人怀自备之心，国有合理化运动等促进压榨之法，故经约十年间的休养生息之后，各国生产总额在大体上俱不能不达到1913年前后之水准。故前十年末期之各国经济之复兴，亦属必然之理。

当此时期，在各国中，最能利用时机以恢复并发展其经济实力者，当推日、苏、德三国。日本利用其享受东亚瓯脱之地势，苏联利用其无产阶级独裁权力之一隅孤立，德国利用其因赔款而来之国际投资之必然性，各于举世不大注目之中，培养其经济的潜在实力，几与英、法、美之经济实力相等。

综而言之，前十年所以遗与最近十年者，在表面上为国际联盟之情势，国际和平之高调，及世界经济之复兴，尤其日、苏、德之经济的潜在实力。孰知事象之表面现象，不尽与事物之本质相符，最近十年之所继承者，乃非丰富的遗产，而实一本烂帐，斯盖因果相关，有不得不然者在。以下请分别述之。

三

近十年来之国际政治上，最可注意之大变化，当为日、苏、德三国国力之强化。日本自1931年以来，席卷满洲，浸及华北，公然以东亚霸权者之别名——"东亚安定力"自居，虽因此而与英、美、苏三强作军备竞赛而不悔。苏联自1927年开始实行五年计划，有能使国际政治随时发生变化之性质。日德方以海外强力进取为国策，其足使大国警戒，小国寒心，俱引为劲敌，不待论矣。即如苏联，虽以维持国际和平为国策，然在事实上，其强大之国力即不啻为社会主义之一种有力的宣传，故与苏联接近之各国，虽因利害关系而不得不引为与国，然同时莫不视为可怕的与国。故日、苏、德三国之强化，与义大利之强化，同为足使国际政治变色之因子。

惟试一探讨日、苏、德三国国力之强否，系于经济实力之是否充实，而如上段所述，日、苏、德三国在前十年间，本已具有经济的潜在实力，加以位属后起，设备甚新，日则劳力廉贱，苏则计划有方，德则统制得力，故在 1929 年世界经济恐慌发生后之竞争场上，足以凌驾英美。经济实力既充，则国力安得不强？如谓日之强由于英美之不合作，苏之强由于资本主义列强未能趁其羽翼未丰而剪除之，德之强由于英之任德恢复军备，斯则皮相之谈，而不识前十年间历史的必然及经济的基础之制约者矣。

日、苏、德三国之强化，关系国际政治之前途，当非浅鲜。以何言之？盖一则日之退出国联并海军裁军会议，大作军备竞赛，力图海外进取；德之退出国联，重整军备，片面破弃条约，宣言向外发展，等等，足以震撼国联，动摇国际和平。二则苏联之扩张军备及联合资本主义国家之集团，亦足以使国联变质，使资本主义国家敢于作战，因而使国际和平更濒于危机也。

四

日、苏、德三国国力之强化，已足使国际机构发生变化，而以国际联盟为中心之国际机构本身之变质，更足增其变化之速度。因裁军问题拂袖而去，义国因对亚比西尼亚开战问题而公然反抗国联决议之经济制裁，于是国际联盟在最近遂几等于完全有名无实之机构，而代之者乃为集团的联合势力。

此种国际机构之改变，当然与日、苏、德三国国力之强化同样，有其必然的原因。盖不握实力，只重调协和解之机构，唯于列强方谋休养生息，无须强烈斗争之时及战败国无力反抗之时为能存在，一旦经济实力恢复或战败之创痍痊愈，则在资本主义的制度之下，此种机构当然将失其存在理由。观国联之威信，随世界经济恐慌之深化及国际经济斗争之激化而愈益丧失，当知此种判断之不诬。故国联之名存实亡，亦固其所，殆亦可不必为之叹息矣。

今日之时代为国际经济斗争愈趋愈烈之时代，故今日国际上需要之机构为以集团的联合势力之中心之机构，如所谓中欧同盟，如所谓国际人民阵线之联合，如所谓英、美、苏、法之合作，即其明证。国际联盟今日虽仍存在，然已变其质之大半；且有继续变质之倾向，将来或竟因国际经济斗争之转激，整个变为反侵略、反法西斯势力之机构，而与主张积极进取、主张联合法西斯势力之机构对峙，亦未可知也。

五

在前十年中，国际间，尤其在先进国与落后国间，虽不断的发生危机，甚至实现短期间之交战，然在大势上，可谓国际政治日趋于和平，如裁军会议之进行，国际法庭之扩大，国际各种关于经济事件的会议之频繁，俱足为证。及至最近十年，国际和平倾向，竟有逆转之势，1931 年中日间不战之战，1935 年义亚间之战而非战，不待论矣。此外如英义关系之恶化，德苏之交恶，日苏国境不断之冲突，以及大小各国，自英、德、苏、日、美、义起，至罗、捷、希、土①、荷兰、瑞士止，莫不竞谋扩海陆空之军备，殊如苏德两国，在两三年间兵力增至倍加以上，等等，皆为国际和平逐渐逆转为国际危机之征兆，第二次世界大战即将爆发之呼声，殆非纯出于宣传者之恶意。

国际和平之倾向，逆转为国际危机，自为和平的人道主义者所痛叹，然若从科学上观察之，此种逆转，乃属理之当然，事所预料，毫不足怪。盖不但前述日、苏、德三国国力强化及国际机构之改变，必然的非招致国际危机不可；且世界经济之全盘恐慌及长期萧条，迫使列强或经济上以邻国为壑，或政治上以武力拓土，或借扩大军备以解消经济恐慌及萧条之一部分，或借对外积极发展以缓和国内人民之责难心理，甚或各法同时并行，期于多中求得一当，

---

① 原文为"士"，据文意改。——编者

凡此等等，皆为危机之催进，而非和平之保障，加以落后民族，希图死里求生，被压迫过度之民众，宁愿舍生取死，又系必然之势，则国际之危机，安得不日益迫切耶！？

政治的事象，常循曲线发展，国际政治现象，尤多意外波折，故国际危机何时始达爆发点，殊难为正确的预测，然若从国际经济斗争除战争外几无方法解决，列强军备扩充已渐达饱和程度，国际的保守国家已渐作联合作战之准备，国际的进取国家已渐感时机之将逝，弱小各国已渐有宁为玉碎之准备，等等现实状况言之，人类怪剧之第二次世界大战，其将发生于今后半年至一年之间乎？明明火坑，偏欲跳下，此诚人道主义者所极端痛心，而在事实上莫可如何矣！

六

中国为唯一弱大之国家，物质丰富，不幸又与世界之五大强国日、苏、英、法、美接疆逼处，加以列强军事设备较欧战时已有飞跃的进步，长远距离不足恃，险恶地形不足守，故中国在现阶段上之运命，若就自然趋势言之，殆为必然受强者鱼肉，必然被大战牺牲之运命；若谓如善用鹬蚌之局，能幸免池鱼之殃，盖非通论，恐是梦想。

然社会事象，本无定命之性质，政治斗争，尤富旋转之余地。从国际大势言之，中国虽有受鱼肉被牺牲之运命，然若能洞察大势之所趋，审权利害之轻重，动员广大民众，运用丰富之物质，宁愿被牺牲而有补偿，不希望依委屈而得保国脉，速决大计，迅谋整备，则依政治科学之原则言之，事决无不可为者。要在谋国者是否能依政治科学之方法而行观察，是否能依政治科学之策术而决国策，是否能依政治科学之教训而作整备而已。古人尝言，凡在非常之时，必须有多数非常之人，湛然运非常之谋，敢然作非常之举，始能奉非常之功。今当非常时期，此理当可应用，特在科学昌明尤其政治科学猛进之世，所谓非常之人者，殆非具有天纵聪明或奇迹的奇才异能之谓，而实应指具有或政治科学的脑筋，饱藏政治科学的学识，通达政治科学的策术，深识政治科学的教训之人。若不如是而大之妄想天降神圣，小之希图化试验已毕之腐朽为神奇，则持以与国际政治上之肆应已经政治科学化之列强相碰，奚啻以卵投石？其无幸也，焉待龟蓍？综览近十年来之国际政治趋势，不能不有感于中国最近将来的前途之艰难，忧心如捣，故附及之。

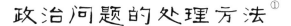

政治问题的处理方法[①]

一、处理方法的意义及目的

（a）要谈到政治问题的处理方法，当先确定处理方法的意义。处理二字，若照广义的说来，应该包括搜集材料、分析材料、判断材料、从材料推求答案等，是把材料作中心，去答复问题之谓。如果要完全把它说明，那是很不容易的，是要牵涉种种理论的。例如分析材料，就要懂得唯物辩证法及唯物史观，其他社会学、经济学等都有很密切的关联，都应该谈到。在这里，如果那样去作，则范围太广，时间不够，不容易达到我们的目的。我以为，假如对政治经济研究方法已有了基础的人来讲演，此时我们关于一般的方法理论似乎可以不谈，而只谈到特殊方法。这样去作，比较有效。关于政治问题的这个特殊方法，想要知道详细，即请去参考我作的《现代国际政治讲话》。这书从一七二页到一七六页，是讨论政治问题

---

①　陈豹隐讲，杨宗序笔记，选自国立北平大学法商学院政治经济研究室编《政治经济问题之处理方法》，北平：好望书店，1937 年 3 月，第 1~16 页。1936 年 10 月 14 日讲。——编者

方法论的。① 严格的说，这本书本不是专论方法论的，所以那里所述的也很简单，不过主要的已谈到，可供参考。

（b）刚才已说了处理方法（广义的处理方法）的意义，我们应再进一步谈到处理的目的。何谓处理的目的？这是指我们在实行处理方法时所预抱的目标。目标的预定，是研究处理方法时的必要的前提，因为随目标的不同，处理方法也可以发生差异。我们在实行政治问题的处理方法时，即对于某种现象、某种问题加以研究时，至少要抱有下述四种目的，才能满足科学上的要求：

1. 要认识某种政治现象、某种政治问题的全貌

全貌即是表面现象的总体。举例说：如中日外交问题、美国选举问题、法国法郎贬值问题等，无论举哪一个为例，每个问题关涉的方面非常之多。单拿中日问题来说，我们若只看见川越与南京政府的交涉，认为是中日外交的全体，那就非常错误；因为其他还有日本华北军人对中国地方当局的交涉；其次还有日本关东军与中国绥远方面的交涉；其次日本海军与福建、广东方面也还有交涉；除此以外，中国还对英美有交涉，近来在中国，在英国，在美国，俱有英美外交官相商中日外交的事实就可以证明；还有领导民众作革命爱国工作的人们，对中日外交的事也有活动，这又是一个方面；此外还有种种，如中日双方名士、学者、新闻记者等的侧面工作，等等。我们处理一个问题的目的，当然想把该问题的全貌，换言之，想把该问题的所有有关的方面都要知道。虽然不易办到，我们

---

① 即《现代国际政治讲话》第三章第十二节，参见《陈豹隐全集》第一卷第四册，第468～471页。——编者

总应该尽量去作。

2. 要知道某种政治现象、某种政治问题的内部关联

所谓内部关联，是与表面关联相对待的，是似可捉摸又似不可捉摸的，似不可捉摸而实可捉摸的。如像我们听见说帝国主义好侵略弱小，好打战，这是表面的见解，如果我们把帝国主义内部的关联知道，则就晓得帝国主义的好打战，好向外侵略，完全是资本主义经济构造及发展法则所使然，是与资本主义经济相始终的。如果不那样，将使帝国主义不能发展。即从所谓人类自卫本能的发展上看，它非用武力不可。所以帝国主义的对外侵略是与资本主义本身密切关联的。这个关联，就是内部关联。懂得经济学的人可以捉摸它，不懂得经济学的人却往往捉摸不着而疑为无所谓内部关联。我们要理解一个问题的本质，不只要知道一个问题的表面的全貌，还要知道一个问题的内部关联。否则我们只能获得皮相的理解，而不能认识其本质。许多社会中的政治问题，往往从表面上是看不出它的真性来的。我们必须从根本上找出它的根本原因来，换言之，要进一步追寻各问题间的内部关联性。

3. 要找出某种政治现象、某种政治问题的阶级性（或斗争性）

一个问题的存在，依我的见解，一定含有斗争性的，要有斗争才有问题，因为各个人对一个现象或问题的利害不一致，所以才斗争，因斗争才成为问题，一切问题都是如此。政治现象上的问题也不能是例外。而阶级社会内政治的斗争，大抵皆由于阶级间阶级层间的利害冲突，所以政治问题的斗争性又可称为阶级性。这只因为政治是阶级的强制，所以政治问题才脱不了阶级间或阶级层的关系。所谓阶级与阶级层，是以生产手段的占有的不同，人类在生产

关系中的地位的不同来分的；它是人类的根本生活问题，决不是偶然的。阶级斗争，是从人类谋生本能上出发，所以现社会上各种问题，总含着阶级性的色彩、斗争性的色彩，而以政治问题为尤甚。明白了这点，就可知道，我们懂得了第一、第二还不够，因为那样仅作了静态的观察；我们尚须依照第三点作动态的观察，才能知道一个问题的发展性及变化性，亦才可以达到我们研究上认识真相的目的。

4. 要预测某种政治现象、某种政治问题的将来

一个问题、一个现象的将来如何，是最不容易知道，而却又是一般人最想知道的。同时，也可说是我们处理政治问题时最初的亦即最后的目的。譬如我们研究远东关系的政治经济状况，不只知道一些零碎的现象，搜集一些零碎的材料，就算满足；主要的要知道这个问题的将来趋向如何。这本是一般科学家应有的态度，尤其研究社会科学的人更应如此。因为社会现象特别变化得快，如只知其以往或现在如何，还算不得抓住真相全部，而人们研究学问不是游戏，不管立场不同，总有一个实际的目的，一个应付将来事变的目的，所以非预测某种现象或问题之将来不可。此实际目的可说是一切问题处理的最初的亦是最后的目的。如研究民族问题、劳动问题、农民问题等都有应用研究结果于实际的目的；这个应用到实际的目的，同时就是研究此问题最初的亦即最后的目的。因此，一个问题将来的趋向预测的重要性，可以从它实际应用的目的上来理解，而且我们必须那样去理解。

以上所说的四点，不是四个分立的目的，而是一个目的的四个层次，合起来就是一个整个的目的，只知道一个目的是不够的，须

得把这四点合起来，对一个问题的理解才能有用。

（c）上面关于处理方法的意义及处理的目的所说的话，虽是对于政治问题以外之一般问题亦可适用，而不仅限于政治问题，然而谈政治问题的处理方法，却不可不以此为出发点。出发点既明，现在请就政治问题所特具的处理方法分为预备的阶段、分析的阶段及预测的阶段加以解释。

二、政治问题处理方法的各个阶段

A 预备的阶段

关于这个阶段，又可分为三层：（a）认识政治之特殊性；（b）相关理论的准备；（c）主要资料的准备。

（a）认识政治之特殊性

政治问题的处理方法当然是因政治现象本身的特殊性而来的，所以我们在预备的阶段上首先要考察政治现象的特殊性在哪里。

政治现象的特殊性有三点：

1. 政治现象对其他的现象占一个优越的地位

现社会种种问题的解决，多须从政治问题上着手，因为现在的社会是有阶级有政治的社会，是有强制权力的社会，一个阶级想把任何问题解决，都须先把政治问题解决才行。如文化问题、教育问题、劳动问题等，皆须把政治问题解决，才能谈到。因为政治现象对其他一切现象都带着优越性。所以处理政治问题以外的其他问题而不顾虑到此种优越性，则为白费力；又处理政治问题而过顾虑其他问题，则有类于无病呻吟。

2．政治现象对于经济具有关联性

一切政治现象从发生关系说，都是为经济的目的而生的；一切政治现象从变化关系说，都是随经济变化而变化的；一切政治现象，从存在的理由说，都是主要的为经济的目的而存在的。再进一步说：政治现象本身将来存亡的命运，也是要看经济组织的发展如何来决定的。所以政治离不开经济：政治是经济的发展，是经济的延长，是经济的集中表现。二者有很大的关联性。所以处理政治问题时，必须认识此种关联性，否则必不能解决政治问题。

3．政治现象富于斗争性

斗争性的意义很宽，但这里所谓斗争的意义却是用在狭而带很严重性的意义上。政治离不开斗争。一切政治问题的解决，不管方法如何，总需要斗争。如法国政党在议会中的斗争，德国政党在地下室的斗争，西班牙人民阵线与国民阵线在战场上的内战，都同属于斗争的一种。这只因为政治带有强制权力及经济上的目的，而人没有不爱自由恶压迫的，也没有不爱利益恶损失的，所以无论政治上的有权力者及无权力者，都常常在斗争中的缘故。斗争可以决定政治的发展方向，但斗争的胜负，则须看斗争者主观的努力如何，不能机械地单纯依数字推测，也不可宿命地依命运认定。

后面在分析的阶段及预测的阶段我们所说的特殊方法，就是因了上面的政治三种特性而来的。因有这三个特性，所以才不能不有应付这三个特性的特殊方法。要理解后述特殊方法，就须先知道政治的三个特性。如果不知道第一特性，就会犯唯心、机械唯物论的错误。如果不懂得第二特性，就会对一切政治问题感觉游离，感觉悬空，感觉无定准，而抓不着它的重心。如"九一八"后，中国有些人把中日问题看成单纯是日本军阀野心所造成，没有把它同经济关联起来看，所以弄得诉请国联，以求遏止日本军人野心，而挽救国难，结果终于失败，就是证明。如果不懂得第三特性，则会变成败北主义者，会极端悲观。如有些人认为中国的国难很难解除，因为中国的实力远不如日本，假如中日开战，中国一定会失败的。所以主张什么要亡就早亡，什么要亡亡得个痛快，什么同是一亡，何如少点痛苦。但世界上是有些小国可以战胜大国的，古今战史也明示着战胜者并不全靠实力之优势。所以不明白第三特性，就不能有比较正确的预测。由此，我们可以看出这三种特性的认识何以能是政治问题处理方法之预备的阶段上的一个层次。

（b）相关理论的准备

关于一般政治问题处理前应有的相关理论的准备，我们可以分三层来说：

1. 要有政治学的基本理论的准备。这是自明的事，同时也是与政治现象第一特殊性的理解相关联的。

2. 要有科学的经济学的基本理论的准备。经济学的范围甚广，有所谓正统派经济学、历史派经济学、心理派经济学、社会主义派的经济学等，不能都列入科学经济学的范畴。所谓科学的经济学，应具备下面三个条件：（1）应包括国民经济的全体；（2）一方面研究静态，一方面研究动态；（3）要能洞察将来的变化。这是与政治现象第二特殊性的理解相关联的。

3. 要有唯物辩证法的基础理论的准备。即对一切现象变化的形式、变化的要因、变化的段落，也要有一主要的基础理论的准备。刚才说过，政治乃是有斗争性的，所以必然会与唯物辩证法的发展法则相关联，所以我们要研究政治，当然须先知道唯物辩证法的大略。它有三个主要的原则：（1）由量到质、由质到量的转变的原则；（2）否定之否定的原则；（3）对立物的统一、统一物的分裂的原则。现今一般人公认这三个原则是宇宙间一切存在物的反映，对一切现象都可适用。从我们看起来，所谓政治，所谓政治斗争，当然也逃不了这三个原则的适用。假如我们不知道对立物的统一的原则，则对苏联如何能与英法接近的事实没法理解。但这若由苏联说来，则是一种转变期的必然的现象，而可以对立物的统一的原则去解释的。又一般人常以兵力数量的多少去决定国家间斗争胜负的归趋，也是一种不懂得由质变量的原则的错误。结果都把握不住现象的本质。所以可以说在政治斗争中如不知道唯物辩证法，则在军略上不能运用自如，在政治问题的处理上不知道唯物辩证法则不能预测政治上的变化。这是与政治现象的第三特殊性的理解相关联的。这里所谓唯物辩证法，当然包含唯物史观在内。

（c）主要资料的准备

上面是说一般政治问题处理方法上应有的意识上的准备，现在再进一步来说一说政治问题处理方法上应有的资料上的准备。关于这层，主要的应有以下几点：

1. 要有尽量搜集某种问题的事实材料的准备。

2. 要有充分了解某种问题发生的时代背景的准备。

3. 要有尽量搜集关于某种问题的所有发表过的见解的准备。

这些准备的必要的理由都是一般人所知道的，可以说是常识方面的问题，我们不去多说它。

B 分析的阶段

关于这个节目，可以分作四种步骤来讨论：

1. 要分析某种政治问题的历史性。
2. 要分析某种政治问题的经济基础。
3. 要分析某种政治问题在整个政治上的重要性。
4. 要分析某种政治问题在整个政治斗争上的重要性。

现在就依这个次序说下去，从最基本的到较高的，从较简单的到最复杂的。

（a）一个问题的历史性的分析是最基本的分析。照方法论上说：无论什么问题，都有其发生的历史。尤其政治问题的发生，有其发生的根本原因。如这一国有人民阵线，他一国也有人民阵线时，这两方面一定有其关联和影响。所以我们要理解这个人民阵线的政治问题，就非同时知道这个问题的历史性不可。如这次西班牙的内战，若不把法国的人民阵线以及去年七八月第三国际所决议的"社会主义者须与自由主义者联合反对法西斯主义"，以及1931年、1933年及1935年西班牙历次斗争的历史加以理解，那我们是无从去认识的。再其次，对于1923年以来西班牙独裁的历史，也非知道不可。自然，那时的独裁是军人的独裁，还不是法西斯独裁。不过它却是与这次内战有关联的。历史原有较远的、较近的，较远的有时可以不去问它，较近的历史则非常重要。而且不只国内的历史要知道，再进一步，还须把国外有关联的历史同时考察。因为今日的政治问题是常常带有国际性的。要这样才能把一个政治问题的历史性彻底的认识。

（b）已经考察了一个问题的历史性之后，第二步应考察这个问题的经济性。所谓经济性是指：（1）是何种经济的反映？例如是封建经济的反映吗？还是资本主义经济的反映？如是资本主义经济的反映，还要分析它是商业资本主义的吗？还是产业资本主义的？抑或是金融资本主义的？（2）知道了何种经济的反映还不够，还要知道，它是何种经济上阶级利益的反映？例如在金融资本主义经济时代，主要的有金融资本阶级、小资产阶级和无产阶级，所以在同一的经济基础上，阶级的基础却不必相同，所以，我们一方面要知道一个问题的某种经济的反映，同时，还要知道它是何种阶级的利益的反映才行。因为我们认为政治始终是经济的延长，经济的集中表现，假如只看政治不看经济，始终是飘渺无凭。所以我们主要的任务是正确的把经济基础找出来，阶级基础找出来。举例说吧：自由主义的政治的发生，是因为经济上需要自由的原故；因为资本主义经济本身就要有自由的资本累积，自由的劳动力的购买才能成立，因此才有自由主义的政治。又如西班牙的内战为什么不发生在法国或在英国？当然不是偶然的，而是有必然的原因的。有的人说：西班牙人好战，如西班牙人平时即好斗牛，好赌博；又有人说西班牙的内战发生，不是他们国民性好斗的原因，是因为西班牙自十九世纪以来，国势就向下走，尤其自大战后国际政治及经济地位更加沉沦。西班牙国民看见邻国的国势兴起，所以希图振奋，因为要振奋图强，所以发生剧烈的内战；又有的人说：人民阵线与国民阵线随处都是对立的，因为西班牙的政治腐败，这两方面的短兵相接的战争所以才发生在西班牙。以上这些都可说是表面的肤浅的见解。主要的我们要从经济上去寻解释。西班牙的经济是不成熟的资本主义经济，因此人民的生活太苦，因为苦，所以容易发生战乱。再以西班牙还未脱离封建主义的结构，可说正在封建的末期，这次的内战正是封建末期的人民的残忍性的表现。我们考察了西班牙内战的经济原因后，再看它的经济上的阶级如何。西班牙的人民阵线是由城市工人、农民与小资产阶级等组成的；国民阵线是在役及退伍的军人将校、地主等组成的。表面是内部战争，其实是阶级战争，是工人、农民、小资产阶级对军人、地主的战争。我们这样去考察，然后对西班牙的内战才有更深刻的了解，对于西班牙内战的前途才有正确的判断，才不会有如像一般所谓西班牙政府军是乌合之众、叛军一定会胜利那样肤泛的见解。

（c）作了经济的考察后，要再看其在整个政治问题上的重要性如何。一般说来，在同一时期，同一地域，政治问题很多。在政治斗争上看起来，在种种问题当中，某种政治问题应在前，某种政治问题应在后，有些意义重大，有些意义比较的微小，其间有种种的不同，所以同是政治问题，它的政治上的意义却不一样。因此，我们研究政治问题，还要从静的观点看它在整个政治问题上的重要性如何。所谓重要性包括有二种意义：（1）国内的重要性；（2）国际的重要性。有些问题，国内的意义要紧，有些问题，国际的意义又应该特别置重。如此次西班牙的内战，在国内的立场看固甚重要，但如从国际上看，也许就是德国、意大利对苏联、法国的战争的缩影。再拿英国对西班牙内战与对意阿战争的重视程度比较起来，英国对意阿战争比对西班牙的内战重视得多。因为意大利若占了阿比西利亚，则英国由欧到亚的航路，将受意大利控制。至于西班牙变成法西斯，对英国的关系则比较小，对苏法两国的关系却大。所以事情的本身，有时是国内的意义重大，有时是国际的意义重大。不过一般的说，国内的常比国际的重大，自然也有不少的例外。

（d）最后一点，还要看这个问题在整个政治斗争上的重要性如何。表面去看，好像与上面谈的第三点相同，其实不然。这是说从斗争者主体方面并用动的观点去观察，站在其他的立场上看这个斗争的主要性如何。换言之，是说看斗争者主体对于他要争斗的政治问题是他自己认为重要吗？或是受了对方的逼迫而不能不被动的斗争吗？如中国的中日问题，在野党始终以此作为攻击的工具，但在朝的政党，却图先抓实力，把中日问题却放在其次的地位。可是当在野的政党攻击的时候，他们也不能不去应付，所以我们在考察这个问题的时候，就要考量这个问题在哪方面较为重要及其重要程度如何。这是与推测一个问题的发展有密切的关联的。

C　预测的阶段

处理一个问题，我们在开始就说过，一定要与预测相联，不然就是死的，没有用处的。因为研究一个问题要与实际目的连在一起才有效果，要达到实际目的，当然要行预测。要能够预测，才能把这个问题引为合于自己的目的来利用。如我们研究西班牙的内战，就要预测哪方面能够胜利，假如人民阵线胜利，则法西斯的势力可以减轻，中国的处境也可好一点，否则我们国家也会受着间接的不好的影响。政治问题的研究，必须要能作到某种问题的预测，才算真的处理。预测不管中不中，我们总应那样去作，至少应该有那样的觉悟才行。

预测的阶段，一般说来，是与分析的阶段相反的。在方法论上，原则上应先作了分析，再作综合。综合是与分析相反的，是逆溯分析的阶段而上推的。试看社会主义经济学者对商品的分析和综合的研究可以明了此理——虽然在这里我们不必赘说这种方法。我们所说的预测亦与分析的段落相反，可说是与综合相同的。现在我们就反溯分析的阶段说下去：

（a）要看某种政治问题在整个政治斗争上的重要性及其倾向如何。

如我们要预测这次西班牙的内战发展如何，我们就要首先知道这两方面主观的努力：叛军领袖佛郎奇将军利于战事很快的完结，才可以真正得到胜利；假如延长了，政府军的军火得到补充，与社会主义国家的联络得到成功，则很为不利。而政府军方面的重要性，在目前当然刚刚相反，即在将来，也应该有这种倾向。而双方的实力却大致相等，所以我们不妨预测西班牙内战有延长甚久的性质。

（b）要看某种政治问题在整个政治上的重要性及其倾向如何。

一切国内及国际的政治都有一定的环境，各政治主体对它的认识并不是一样的。如上面我们已经说过，在国际政治上英国看西班牙的内战并不十分重要，法国则大不同，西班牙的叛军如果迅速胜利，法国将在意、德、西三国的法西斯的压力下，三面受敌，所以它对西班牙的战乱当然重视，而任其延长不决。所以西班牙内战的延长发展与国际上的注视很有关联。如果国际上的一般倾向认为延长好，则此问题的发展不管国内性如何，都有拖延不决的可能。否则纵令在国内有延长性，也会很快地解决。

（c）要看某种政治问题在经济的重要性及其倾向如何。

在我们根据上述两点预测西班牙内战的发展以后，还要看它的经济条件如何及其倾向如何。如地主是否经得起长期作战？工人、农民是否经得起长期作战？国际的经济趋势是否容许长期作战？等等方面都可以决定内战的发展前途。

（d）要看某种政治问题在历史上的重要性及其倾向如何。

仍以西班牙的内战的例来说，除开上述三层之外，还要考察它在历史上的重要性及其倾向：不只要考察西班牙的历史倾向，还要考察人类现阶段的历史倾向。因为如单从西班牙内部历史看来，西班牙过去内战的历史上战争期间往往不久，因而据以判断这次内战恐不能延长，那就错误了，因为现在历史已将走到阶级社会最后的阶段，已将走到资本主义的一般危机期、变乱期，而西班牙又不能不受国际的影响，所以这次西班牙的内战的性质和发展也许会和以前不同的。我们要知道一个问题在历史上的一般倾向性，才能有较深刻正确的认识。

我们处理政治问题，能依上述四个步骤去行预测，大致总可以得着一种虽不中亦不远的结论。

统计数字利用法[1]

一、导言

（a）统计数字利用法的意义——现在先把统计数字利用法本身的意义说一说。《统计数字利用法》这个题目，不消说是与统计学相关联的。但在讲述时，则没有如统计学那样讲法的必要。统计学固然很重要，但不是几个钟头所能讲完的。并且统计数字利用法不是统计学，而是把统计学的原理应用到政治经济以及社会问题上，即是在这些问题上有可以利用统计学的地方，就把它利用起来。所以统计数字利用法的讲法，是站在诸位已懂得统计学的立场上，对其利用方法加以讲述，俾诸位在利用时，免除错误罢了。

（b）统计数字利用的困难——虽然懂得统计学，但利用起来也不容易，因为诸位虽曾习过统计学，但不见得都能理解，即我个人对统计学虽曾研究过，但现在讲起来也不见得都说得圆满，所以就

① 陈豹隐讲，徐明栋笔记，选自国立北平大学法商学院政治经济研究室编《政治经济问题之处理方法》，北平：好望书店，1937 年 3 月，第 109～126页。——编者

是依照刚才所说的那个范围，想使诸位利用时无错误，也不容易。现在因为我们的基本演习，是在帮助诸位达到研究方法与观点的统一，所以只好尽量地说说吧。

（c）统计数字利用法的内容——统计数字利用法的内容可分为以下各点：（一）科学与统计之利用及其限界；（二）统计法则之本质及其利用之原则；（三）统计数字之可信程度及其利用之限度；（四）统计百分比之性质及其利用之限度；（五）统计指数之性质及其利用之限度；（六）统计图表之性质及其利用之限度。现在依照这个顺序逐一说下去，以求达到我们统一方法与观点的目的。

二、　科学与统计之利用及其利用之限度

（a）自然科学与统计学之关系——普通以自然科学为科学之代表，其为谬误，自不待言，兹姑不论。自然科学有许多地方非利用统计学不可，如气象学离开了统计则不能成为科学。又如生物学中关于遗传的研究、变种的研究，都是不能离开统计学的。甚至物理学化学之实验、天文学之窥测天体，都非利用统计学不可，因为无论实验和窥测的方法如何进步，如何精细，但往往因人心理手法的关系及环境等而有所错误，故必须几百千次地试验才能求得一近似数或一平均数，所以自然科学必须利用统计学是不成问题的。

（b）社会科学与统计学之关系——社会科学与自然科学绝对不同，社会科学是以社会为对象，自然科学是以自然为对象，关于此种差别，兹亦姑置不论，单就社会科学与统计学的关系说说。社会

科学与统计学之关系如何呢？这可简单断然地说，社会科学根本不能离开统计学，比自然科学更不能离开的程度，还要高得多，因为社会是无形的，不能以人的感官抓住其对象，因而直接抓住其原因，而只能从结果上去看。因社会本身的变化必有一定的结果（虽然社会本身看不见），如社会生产，其本身虽不能见，而生产结果则可见。政治亦然。简言之，社会问题不能以五官去捉摸，只能从结果上去考察，所以社会科学不能离开统计学，统计学即是从结果上去观察事物的方法。在这个意义上，社会科学与统计学之关系较自然科学与统计学之关系更为密切，研究社会科学必须研究统计学。

（c）无论是自然科学或社会科学，其对于统计学之利用，只能在某种限度之内一用——因为统计学本身只有在一定限度之内才有用，这与普通所说形式论理学只能在一定限度之内才有用是一样的。形式论理学是判断一切事物之知识的，但它只能在一定限度之内去认识事物，若在一定限度之外我们利用它时是不够的，必须以辩证法补助之。故统计学也一样只能在一定限度之内有用。其限度为何？即统计只能表示一种事物的结果，而不能解释其原因，那种限度。如世界自 1800 年以来，约每隔十年必有一次恐慌，同时约每隔十年太阳黑点增多，这是统计可以证明的，因此当时有人说由太阳的黑点可以推测恐慌。这种说法对否？当然是不对的。如说太阳的黑点只能影响气候，以至发生恐慌，而使生产不足则或勉强可以，如谓其足发生生产过剩之恐慌则怎样勉强，也不对了。以此例证明，即可知统计只是社会现象与自然现象的结果，而不能只靠统计去寻出其原因。因此一切统计数字只能有两种作用：（一）当作某问题的一种示唆；（二）当作某问题的一种检证。所谓示唆，即如我们发现某种事情，可根据统计数字的结果，而想到其各种原因，即把统计作为前提，而去研究某问题。如天文学上的海王星，在未知道时，天文家观察太阳系内各星之轨道常常错误，后来才假定其中如再加上一二星点，而计算其近数值；因有此种示唆，所以后来继续专门研究，结果发现海王星。又如 1908 年之窥测冥王星，也是利用统计方法窥测出来。这些都是由统计数字所示唆的。至于社会科学的例更多，尤其在经济现象上更可利用统计去获得示唆。譬如因为见到在统计上物价不断的变动和犯罪种类的时常变化，才假定一种法则，如社会统计上所说的，物价贵时，则社会犯罪大致多属身体罪；物价贱时，则社会犯罪多属财产罪。社会学上所发现的犯罪倾向的法则，乃是从统计上得着示唆的。又有由各种统计结果，而假定经济景气，则生活向上，犯罪减少；经济不景气，则生活向下，犯罪增多的。这就是由景气统计与犯罪的统计结果，而发现经济与犯罪的关联的原则。这些都是以统计作为示唆，当作另一命题的出发点的例子。此外还有很多，如货币数量说、经济恐慌理论等，均是利用统计来发现的。其次所谓检证，正与示唆相反，这是得着一命题之后，要考察此命题对否，也必须利用统计去证明，须求得无数次的近似数，最后才能知道这个命题对否。天文学、物理学、化学等自然科学可如此，社会科学更可如此。所以统计在研究社会科学与自然科学上虽是不可少的，但只能在上述检证与示唆的限度内有效，超出这个限度则无效。

（d）如何可以明白统计利用的限度——如何才可以明白统计利用的限度呢？这应当要想方法。我以为可先从统计法则本身的本质上去看，其次再从统计数字上去考察，再进一步从统计方法如平均数、指数、图表等考察其真实性与虚伪性。只有这样，才能明白其利用的限度。现在照这顺序说一说。

三、统计法则之本质与其利用之原则

（a）统计法则究竟是什么法则——统计法则究竟是什么法则呢？统计法则自然不是指统计数字，而是由数字当中发现的原则。如保险学上所谓的出险比例，即统计法则之一。又如人寿保险之死亡百分比，也是一种统计法则。又如犯罪与物价之关系，人口出生与死亡的消长等，皆可由统计数字找出一定的法则，普通叫这种法则为大数法则，即此法则不是对某一现象常是一样，都是有效，乃是用取大同舍小异的方法而得出来的法则。如一国平均人口的死亡率为三十九岁，并非说凡是人人到三十九岁皆死亡，而是指三十九岁为一个死亡平均数，即是一个大数。这个法则不是个个人都如此，而是从大数上说的。所以统计法则的"法则"二字是不适当的，不但与自然科学上所谓永久性（Constant）、一致性（Unity）的法则不是一样，并且与社会科学上所谓的准法则（即倾向）也不同。政治经济的法则虽不如自然科学的法则那样准确，但还带有一种普遍性，在倾向上是不错的。然而统计法则即此倾向也没有。因其只能在特种地方特种事件上有用，如人寿保险在十至二十岁的死亡率为百分之二，只能在此地方此时期有效，在别地方别时期即无效，它带有局部性和特殊性；其根本原因，乃是统计法则中的大数法则只是一种结果的表示，而不是原因；原因一变，即不能适用。因此，大数法则不如其他法则之正确。

（b）统计法则何以带有局部性——统计法则何以带有局部性？乃因其只能代表结果，而不能说明此结果系从何而来。平常无论何种法则，都含有一种因果关系，但统计法则乃只表示结果，而不能由其本身知道其结果系由何而来。如某处的死亡率为百分之二，而他处何以为百分之三，其原因统计法则不能说出来，百分之二的死亡率当然也因环境关系所致，若单靠百分之二的大数法则，那是不能说明其原因的。故统计法则有时间性和空间性，不特不如自然科学的法则之有永久性、一致性，即社会科学的法则之普遍的倾向性亦不及。

（c）统计法则中的相关论（Correlation）——除前面所说统计法则外，还有一种统计法则。就是相关论。这是不只说明一种现象，而且能说明二种现象的关系的统计法则。例如考察犯罪与物价的关系，考察民俗学上某种发色的人有某种眼色的关系，工资与文化水准的关系，等等，总之，就是把二种现象关联起来，而发现其间发生何种现象，考察其关系是正的是反的，此为统计法则的另一部分。但如说工资少，则工作劣；工资多，则工作好，这就是研究因果关系吗？还只是一种相关关系？今试对此加以批判。关联法是否真正有效，实成问题。如说工资平均高，则工作能率高，这不过是仿佛罢了，实际上则不然，因为社会现象的原因非常复杂，关系甚多，绝非由一原因而来。故所谓工资高，工作能率大，往往靠不住，因为这不是因果关系，而是继起关系，或相关关系。如春后为夏，不能谓春是原因，夏是结果。昼夜亦然。在科学不进步的时代，人谓这是金木水火土的关系，但在今日的科学上看，春夏乃是因地球绕日不同的缘故，并非春夏本身的关系。因此不能说在前的是原因，在后的为结果。相关关系即共存关系，即同时并存，而绝非一为原因一为结果。如太阳黑子与恐慌的关系，工资与工作能率的关系，发色与眼色的关系，是否先有前而后有后，统计法则只知其相关，而不知其原因。所以统计法则只能表示结果。

（d）结论——总之，第一种统计法则，固然不是真正的法则，即第二种在统计法则上所说的相关，其与因果关系亦相去甚远，单以统计来求原因是不可能的。统计法则不能算是真正科学的法则，只是一种特殊的结果的归纳，这是关于统计法则的认识的重要点。我们对统计法则必须认识清楚才行，若以统计法则为绝对可靠，则属错误。因而对某种问题，不能专赖统计法则来研究，它的作用只能在研究问题时给与一个示唆和检证罢了。

四、　统计数字之可信程度及其利用之限度

关于统计法则本身之本质与利用，前面已经说过，现在来说一般统计数字之可信程度及其利用之限度。统计数字之可信程度究竟到如何地步？这可分为四层来讲：

（a）数字出处的问题——在统计学上可以知道，同为一统计数字，其可信程度大不相同。最可信的是国势调查（Census），因为这在各国都有特别举行的严格的调查。其次可靠的是立宪国家的官厅记录，这种官厅记录虽不是为统计而统计，但也很正确，因为为

实行征兵起见，所以要很严格地把各地方人口的出生死亡及迁移等调查记录很详，因此比较可靠。但这只限于立宪国家，因其有这样的必要，所以可靠。又其次在某种立宪国家，特别是在自由贸易国家的海关统计，其目的虽也不在统计本身，而是为国际收支及财政上的稽考须有正确的记录，故其统计数字也较为可靠，但这种较为正确的官厅统计也只能限于财政统一的立宪国家。如在中国即不能实行，第一因为走私的关系，第二因为海关权是在外人的手中。又有些国家，虽不如中国的凌乱腐败，但为对外关系，往往保守密秘，不肯把正确的统计数字发表出来，如苏联为要隐瞒全国对外贸易状况，对于此项统计数字就不全部的发表。意大利自一九三五年九月起，也不发表贸易统计。所以在利用统计数字时，要注意到这些情形，同时还要看官厅统计的目的何在。再就是所谓"报告性"的统计数字，这就是下级机关对上级机关的各种统计报告，这种报告不是由全部的调查而来，而是为要报告上级机关才编造的，如中国的县政报告，就是这样。这不但在中国，即各国多多少少也有同样的情形。因为这种报告，是一种例行公事，所以下级机关就随意报告，欲求其为真正的调查是不可能的，往往不过是一种估计（Estimate）罢了。而这种估计，也许是真正的估计，也许不是真正的估计，所以极不可靠。此外还有专家的询问调查。这根本上不是真正的实行调查，而是关于某种问题，如全国家畜、全国金融等之调查，委托专门家如农学家、银行家去调查，这当然也是含有一种估计的性质，但却与官厅的估计不同。因为估计者是专门家，集多数专门家在一块，从事调查估计，其结果虽不甚可靠，但因专门家对于其所攻专门事项每有其深刻的意义，故较上一层稍为可靠。

不过专门家每因其本身上的利害关系，往往会把真正事实隐藏起来，这也应注意。最后是私人统计，如河北省定县平教会的农村调查统计，中央研究院及南开大学等的各种调查统计（虽然是国立机关，但调查工作系属私人性质），以及外国人在中国的各种调查统计等是。这是以某一县作为模范县，或某一地区作为模范区，在研究上不与政府相关，只是私人去作。这种调查结果，是否真实可靠，须视私人之认真与否，与模范区之选择是否可为代表而决定的。如私人认真，模范区选择得当，则可靠；否则不可靠。由此可知同为一统计数字，因其出处之不同，而其可靠程度亦各异。现在有许多人在研究某种问题时，以为只要有统计就可，而不问其真实与否？出处如何？这是一个大错误。如谓中国有多少农民？多少农产物？不能说有多少农民，便可产生多少农产物。又如中国的人口调查，过去说是 4 亿，便又有 3 亿的，而海关统计又谓为 3 亿 7 千万，甚至有说是 5 亿的。[①] 这些不过是中国式的官厅统计，其不可靠性应注意。平常往往有人利用官厅统计来讨论某种问题，设不注意，便陷于错误。例如民国十八年河南战争时，政府所发行之公债，其确实数目与用途如何，始终未真实公布过，如依照普通官厅所发表的去研究，那就错误了。

（b）内容的问题——同为一数字，要看它的内容是否能代表某种现象，因为哪怕把出处问题解决之后，也不见得就真实可靠，它还有一个重要的区别。如中国人口统计，在政治上说人口之多寡当

---

① 可参考陈豹隐《中国人口的总数》一文，收入《陈豹隐全集》第三卷第二册。——编者

然是很重要的，但如把人口统计之出处问题解决，在政治上说是 4 亿，但在经济上说这 4 亿的数目可否就是对的，即可否说这个数目就是很好的生产资源？这当然是不对的，因为在经济上还得要看这 4 亿人的质如何，即一人是否能当一人用？其劳力如何？其身体精神健康否？即使体力好，而在经济上是否即可有经济上有效的训练？同是从事工厂工业，但以工作性质来说，男工的工作效率比女工大；英国使用纺纱机，一人可等于三人，日本童工可等于一成年工人。关于这些，若不注意工作性质如何，则属大错。所以说某种现象是否能以某种数字去代表，还得要看它的内容如何。人数多在政治上说可以打仗，但在经济上说则不见得都有生产性。一切东西都有质和量，单看量不成功，还须看其质如何。在辩证法上说，一切现象有了量的变化就可变质，同时质也可以引起量的变化。一个法国兵虽然打不过一个哥萨克兵，但法国兵若增加到一百，绝对可以胜利。质量问题是非常重要的，统计数字只是量的问题，其质如何尚须加以研究。

（c）比较的问题——从比较上来看，统计数字的问题更可以进一步地明了。研究某种现象，单以几个数字来比较，是不能得到其真实意义的。如有些人研究各国军备情况，常常以几个数目字，代表各国的兵数、汽车数等，把它们一一排列出来，比较其多寡，而推测战时某国胜某国负。这在表面看来好像很对，但实际不然。如有人把美国与中国的汽车加以比较，谓美国平均几个人即有一辆汽车，而中国平均须几百人才有一辆，因此断定中国人生活程度不如美国人。这种比较方法显系不对，因为中国农业落后，当然汽车比美国少，何能比较。又有人说，由邮政局比较美国与中国有多少人寄信，可以窥测中美文化水准及邮务管理之好坏，这也是一样的不对，因为中国经济不如美国的发达，所以人民寄信的程度当然与美国不同，若因此而谓中国邮政办得不好则为大错。又如世界上中国兵最多，约有 200 万，其次是苏联，约有 180 万，若与其他国家比较时，却不能就说中国是陆军最强的国家，因为里面还有本质的问题。因为中国未实行征兵制，兵数无论在平时或战时都是一样的；但在实行征兵制的国家，如像日本，平时兵力只有十九个师团，但这是常备兵，若在战时，集合后备、预备、国民等在乡军人可增至很多的人数，甚至增加十几倍。又如飞机也是一样，中国虽有一千五百架，表面似与日本相差不多，但中国的飞机是从外国购买，自己又不能制造，驾驶人员也有限，一到战时就不能增加和补充；可是日本就不然，它目前空军的主要的目的是训练飞机驾驶人员，平时飞机数目虽不很多，但战时自己可以制造，增加和补充都很容易，与中国有多少便是多少者不同。所以我们不能专看数目字的多少，还要看它的实际性是怎样，然后可以决定，因此统计数字在比较上是要受很大的限制的。

（d）平均数（Averages）——平均数是近来一般人所常引用的。在某种情形之下，不能不采用平均数。如研究财政的趋势，输出入贸易的状况等，即须根据每年的各种平均数加以研究。然而利用平均数最高为危险，非特别注意不可。平均数的种类有五：（一）算术平均数（Arithmetic mean）。就是在若干项数目中，以项数除所有项数之和所得出来的数目，就叫作算术平均数。如 20、80、110，这三项数目的和是 210，以项数 3 除之，得 70 就是。这种平均数，最不可靠，因为受两极端量数的影响甚大、而有偏高的弊病。所以算术平均数只是项数的平均，不合实际。（二）重量平均数（Weighted mean）。这不是以项数除所有项数之和，而是对各项数予以适当的重量。如有三种物品，其物价为 20、80、110。20 的卖了 3 个，80 的卖了 15 个，110 的卖了 15 个。为要免除简单算术平均的弊病，我们可以个数与卖价相乘，乘得的数完全加起来作为被除数，然后又把所有个数加起来作为除数，这样除得的结果便是重量平均数。这虽然可以免除两极端数的影响，但与实际情形相差仍远。（三）集中数（Mode），又叫作众位均数。因为前两种平均数都不确实，所以有第三种集中数。所谓集中数，就是在全体个数之中，项数最多的一数。如 1、3、5、3、8、3，这全体个数中，3 的项数最多，所以 3 就是集中数。这比较前面的两种均数较为进步，因为它能代表大多数的个数，即是能代表普通一般的事实。不过真正说起来，个数不易用数字去求，而须要划图制表等，方法上较为繁杂，不便采用。（四）模型数（Median），又叫作中位均数。这种模型数的求法，就是比较在各个数中可作为模范的一数。即是把所有各个数依照次序排列起来，正中的一数就是模型数。但可作模范的数不见得就是集中的数，其弊病也与集中数相同，即不是随便可用数字求出来，须制成图表之后才能求得。（五）几何平均数（Geometric mean）。在所有平均数之中，以几何平均数最为精确，但虽精确，计算时极为繁难。须将所有个数相乘，而开其方根，往往须开其多次方之根，才能求出平均数来，其繁难可知。这在统计学上是最精确的，可代表一般的事实，但只能为统计学家所利用，不是一般人所能利用的，这就是几何平均数的缺点。总之，在所有平均数中，容易求者，不精确；而精确者，又不易求出。并且统计学上的方法，不见得都能合乎实际，所以我们不应以为平均数就可代表事实，专靠它去研究某种问题。如刚才所说的，多少人平均有一辆汽车，每个人平均有多少收入，平均人口死亡率等，这不过是平均而已，不能代表事实。

五、　统计百分比之可信程度及其利用之限度

除平均数之外，为一般人所常利用的是百分比（Percentage），百分比的虚伪比平均数更大，但在某种情形之下还可利用，如为要表示简单事实的大概，是不可少的。例如中国人口在全世界人口的比较上如何，若以百分数比较，即可知占 25％。又如全世界各国所占土地面积的比较与全世界各国贸易的比较等，均可利用百分比而看其区分的大概如何。因此百分比有时不能不利用，借以帮助我们观察某种事物的概略。但如过信百分比，则发生弊病，而适得相反的结果。其最大的弊病有二：（一）内容与质量本身的错误。内容与质量本身有关系，百分比则把质除开不问，而视其本身为同质，然而实际上无同质的东西。如兵、人口、国际贸易的数字等，各国国际贸易在各国的重要程度大不相同，如中国虽有原料但仍未利用，并且不同一定单位的国际贸易，绝不能相比，所以既然是百分比，就应当是同质的百分比，这是第一个错误。（二）百分比本身的单位不同，把百分比看惯的人，可以看出百分比本身的单位不同，如就整个全体说，同为一个百分数字，而一个的实际数字单位为万，另一个的实际数字单位为万万，两者相差是如此的远，所以

这个百分数是虚伪的。即一个数字的单位大，一个数字的单位小，而百分比则一样，这是第二个错误。

六、统计指数之可信程度及其利用之限度

所谓统计指数（Index numbers），不是从空间上说，而是从时间上说，即指数是表示某种现象在时间上的变化如何。指数虽仍为百分数的计算，但计算时离不开时间。如物价指数，须以某年（或某时期）为基年，基年等于 100，而计算其他各年的物价当于基年的百分之几，这样逐年计算下去，就可以看出指数。所以若从方法上说，指数与百分数相同；但从性质上说，指数乃表示某种现象在时间上的消长，实际与前面所说的百分比不同。因为统计指数是表示某种现象在时间上的消长，所以在研究某种政治经济问题时有利用统计指数的必要，亦即是统计指数是研究政治经济所不可少的。但是统计指数是否绝对可以利用，则成问题。指数的利用是有一定限度的，其限度如何？这应当先知道他的缺点。其缺点有二：（一）统计指数非有一定的基期不可。基期的代表性如何，可影响于其他各年的指数，即是说基期若选择不适当，则所编出来的指数也不可靠。如日本的贸易统计指数，若以欧战时期为基期，来考察以后各年贸易状况的消长，就要错误。何以故？因为那时日本的对外贸易是超出常态的发展，这种发展是一个例外，例外多半是不合理的，所以不能以该时期作为基期。此外如一般物价的代表性质如何，基期的长短如何，单位如何，均与指数有重要的关系，若将这些基本

东西弄错，则指数根本错误。（二）在经济上，把货币价值的变动，以统计指数作为表示，这最为危险。因为货币本身的价值不一样，如美金在美国总统罗斯福实行贬低至 39％ 以前与以后，相差甚多；日本也是一样，日元前后差六成多。货币本身价值的变动，有人为的与自然的原因。人为的如减少金的成分，自然的如各国比例的不同。如承认货币本身价值的变动，则此种变动时的指数，当有消长。关于这个，虽有改除错误的方法，但那只有统计专家的可能，一般人就不知道。如美国罗斯福统一方实行贬低美金评价，一方实行新政，假定若把货币本身价值的变动加以研究后，就可知美国何以要如此。又如中国货币价值的变动，对于财政预算上有如何重大的影响！在国际经济关系的比较上，货币价值的变动更为复杂的。所以不能看统计指数的多寡，而忽视货币本身价值的变动。如不问这样变动而一般的利用指数，那就大错特错。由此可以知道统计指数利用的限度。

七、统计图表之性质及其利用之限度

不消说，图表在统计上是必须利用的，它可以简单地表示某种现象，但也有一定的限度。表的本身不必特别说，因为可以归纳在前面所讲的百分比指数之内，现在只是说图。利用图的目的乃在为通俗起见，即将某种现象简单地用图形表示出来，使看的人易于理解，但是要知道统计上的图只是一种象征（Symbol），不足以表示实质与倾向。统计图表之准确与否，以单位如何而定，单位大则图大，单位小则图小，所以这样最易于误解。再即统计图是由人的视觉来观察，但视觉非常不可靠，所以看法也各不相同，因为图形离不开长短线，其长短很不容易看清楚，最易发生错觉。并且统计上的曲线（Curve）等，又仅为统计专家所能利用，不为一般人所易明白。所以图表若为表示大概则可以，若求精确则不易。为通俗起见可以利用，否则不必。这是统计图表利用的限度。

历史的将来，可不可以预测？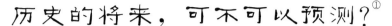①

对于这个问题的答案，虽有种种，然在大体上，可汇分为两大种：科学家多主张可以预测说，经验家多主张不可预测说。持肯定说者虽认为可以预测，然对于历史的将来，却也不能静观，而动辄抱惴惴恐慌的态度。持否定说者理应不顾将来，只谋现在，然而在事实上也往往求卜问卦式的悬虑将来。两者都常在无自信彷徨矛盾之中。

历史的将来，究竟可不可以预测？所谓预测，究竟有准无准呢？世人都认 1936 年为厄年，为第二次世界大战爆发之年，但是，在事实上，1936 年因西班牙内战问题及中日外交问题，虽两次发生世界危机，然终于安全度过了。1936 年世界大战的预测竟未实现。在另一方面，大家都认中国的统一渐渐完成了，尤其在两广事变和平解决之后，大家都相信中国今后在彻底自由解决以前，不会向内部分裂的路上走了，然而，在事实上，却不幸地发生了一二·一二的西安事变——一个比近年任何内部事变的意义都较重大的事变，这个关于内部问题的预测也失败了。

---

① 　署名隐豹隐，选自《一九三七年的展望》，《月报》1937 年 1 月 15 日第 1 卷第 1 期，第 16～17 页。《一九三七年的展望》是一组文章，含金仲华、江问渔、胡适、张东荪、陈豹隐、钱俊瑞、顾颉刚等七文。陈豹隐该文文末注明"北平实报"，当首刊于北平《实报》。——编者

历史的将来，到底可不可以预测呢？据我的见解：历史的将来，可预测者是它的倾向，因为历史的洪流的下面，仍有它的合法则性可寻；不可预的是它的波折和迟早，因为构成历史的是人类的行动，而人类的行动含有意识的合致及意识的斗争的成分，是要随合致者及斗争的相互交溶及相互摩擦而定的，所以谁也不能行正确的预测，如能有正确的预测，那就不是科学的预测，而倒变成巫卜的预言了。

这样说来，站在科学的立场上我们仍然不妨对 1937 年试行预测。

我以为：第一，1937 年仍是国际政治上的一个厄年，一个更大的厄年，一个大概可以爆发第二次世界大战之年。为什么？因为 1936 年并未解决国际上种种困难问题，尤其国际经济斗争上的问题，而只将它们，加重的积蓄到 1937 年的肩上，所以以 1937 年的国际危机，比 1936 年还要更大。第二，从国内关系说，1937 年应该是一个统一对外的年份，一个比 1936 年更加真实统一的年份。为什么？因为无论一二·一二事变如何解决，事变本身总暴露了过去的统一方法的弱点，促进了民众对统一问题的认识，因此开辟了更进一步的统一的路径，所以，除非 1937 年没有外患，否则中国民族在 1937 年必定是先向更加统一的路上去的。而依上述，1937 年仍是一个国际的厄年，所以我们可预测 1937 年是一个国内的统一年。

历史的将来的预测是不能必中的，所以我们不必因预测的凶吉而遽为忧喜。但人谁无感情？国孰不为己？如就民族的感情说，我衷心希望关于 1937 年的国际政治的预测不实现，同时希望关于 1937 年的国内倾向的预测的实现。

北大教授陈启修之两大预言：今年世界大战必爆发，国内统一必大告成功①

现在的北大教授陈启修就是国共合作时武汉《中央革命日报》总编辑，渠顷于北平发表谈话，他对 1937 年大胆的言，据说完全是站在科学立场上来估量的，下面便是他的话：

国际的大战年　我以为第一，1937 年仍是国际政治上一个厄年，一个更大的厄年，一个可以爆发第二次世界大战的年头。为什么？因为 1936 年并未解决国际上种种困难问题，尤其是国际经济争斗的问题，而只将它们加重的积蓄到 1937 年的肩上，所以 1937 年的国际危机，比 1936 年还要更大。（按：在陈氏预言后，俄国有大政治家也这样估量着。）

中国的统一年　第二，从国内关系说，1937 年应该是个"统一对外"的年份，一个比 1936 年更加真实统一的年份。为什么？因为无论陕西事变如何解决，事变本身总暴露了过去的统一方法的弱点，促进了民众对统一问题的认识，因此开辟了更进一步的统一的路径，所以除非 1937 年没有外患，否则中国民族在 1937 年，必定是先向更加统一的路上走去的。而依上述，1937 年乃是一个国际的厄年，所以我们可以预言 1937 是一个国内的"统一年"。

---

① 选自香港《天光报》1937 年 3 月 31 日第二版。本文与前一篇文章《历史的将来，可不可以预测？》内容大致雷同，考虑到其篇幅不长，故仍收录入本册。——编者

关于政策论之基本概念①

一、何谓政策?

"何谓政策?"这个问题，到现在还没有人能够正确地解答出来。因为在英美的学术界上，还很少有政治学者提及政策，他们总以为政策和政治原理是一样的东西；在世界上仅有法、德、日、苏的政治学者偶尔谈政策，所以我们很不容易找到一定的政策的定义。我们要知道，统治者是不愿意公开地讲政策的，因而我们还不容易得正确的结论。虽然如此，我们还可以找出几种说法，现在列举如下，且以批判的方法说出正确的来：

（1）政策是为达到某一种目的的手段；

（2）政策是为达政治上目的的手段；

（3）政策即政治上的计划和方略。

以上三种说法中，第一种错得厉害，用不着多说。

---

① 陈豹隐先生口授，张其铭笔记，选自《国立北平大学法学专刊》1937年4月第7期，第33～44页。——编者

即第二种及第三种也都不充分，因为：第一，他们不能把政策和手段以及计划方略等分开；第二，都没有把政策的主体弄明白。为了纠正这种错误，所以我们要从政策的本身与主体这两方面来讲述。

第一，从政策的本身来看。政策无论如何是政治上的东西，要把政策当作普通的手段自然是错误。把政策看成政治上的手段，会使政治上到处都是政策，会使政策戏画化，当然也不对。至于所谓"政治上的计划和方略"，也不充分，因为计划和方略，本可以分为四层，政策不过其中之一而已。哪四层呢？

A. 纲领（Program）

B. 政策（Politics）

C. 策略（Tactics）

D. 战术（Strategy）

政策是受纲领（即主义）的支配并且是实现纲领的计划，同时，它又支配着策略和战术。举例一说，便可明白（例从略）。

第二，从政策的主体来看。政策并不是任何人都可以有而是从事于政治斗争的团体——政党才有的。国家和民族在表面上看来，好像是有政策；然而科学的政治学告诉我们：绝没有代表全民公意的国家和民族的政治团体啊！

总之，政策是以政治斗争为目的的团体之政党为主体，为实行政治斗争在纲领之下策略与战术之上的特种计划。

二、政策的种类及体系

（一）概说

单单知道政策的定义是什么那还不够，我们还须知道它的种类；并且在各种政策之中，是否有先后轻重之别。因为这是一个困难的工作，所以直到现在还没有解决。尽管它困难，我们还得用批评的方法，分出正确的分类来。

（二）种类

已往有三种分法，现在罗列如下：

A 二分法：

（a）经济政策：工业政策、商业政策等。

（b）社会政策：劳动政策、社会救济政策等。

这种分法最流行，不过因为没有列出政策中最重要的政治政策，所以是大大的错误。我们已经说过，政策的主体是政党，而政党因从事于政治斗争，当然不能没有政治政策，故此这是二分法的第一个错误。其次它也没有文化政策。本来文化政策在战前只有德国政党主张，到最近二十年间，各国都有革命的发生，因此多讲求文化政策。苏联建设之所以成功，也很得力于文化政策。二分法没有提出它，实在又是一个错误。

B 三分法：

（a）经济政策。

（b）社会政策。

（c）文化政策、教育政策、思想政策、宗教政策等。

文化政策本为德国所特有的主张，因为德国在政治学和经济学上有一个文化学派。所谓文化，在他们看来，就是人类对于自然征服和支配并人类本身的完美化。他们以为文化这东西，大而可以谋整个人类的幸福，小而可以谋某一民族福利的增进，在政策论上万不能抛弃它，所以便有了文化政策。不过这种分法，还是没有政治政策，所以，如上段所述，还是没有抓住政策论的要点。

C 四分法：

这是在以上三种外又增设政治政策。只有在社会主义的国家，才有这种主张。政治学在资本主义的国家里很幼稚。本来政治是一种极不平允的现象，同时少数的统治者为了维持它利益，还须隐蔽它的罪恶，所以在资本主义国家里，不能尽量揭破真相地去研究。可是在社会主义的国家里，如苏联，它是公然企图以政治消灭政治的，因此便不妨大胆地研究政治政策。这种分法比较完善，可是还有缺点，因为就社会政策的意义来说，普通还有三种不同的意见：第一，在美国把社会政策认为是救济社会弊害的政策；第二，在德国认为是镇压社会主义运动及改良工人生活的政策；第三，在苏俄是以社会政策为推翻资本主义社会而建设社会主义的政策，就是怎样让工人、农民站在社会主义建设的前面的政策，和德国所谓社会政策大不相同，苏联制度上的社会劳动防卫部便是这种政策的实现。所以所谓社会政策实包含种种不同的内容，包含经济政策及政治政策的成分在内，所以不应随便采用，而应加以清洗梳剔。四分法没有把它分开而重新排列，这自然是一种缺点。依我的见解应该把苏俄对于社会政策的部分及德国的镇压社会主义运动的部分放在政治政策里边去，把改良工人生活的政策放在经济政策里边去，把第一义的社会政策改为体性政策（即对于组织社会之个人本身的政策，如优生政策、婚姻政策等）。

（三）体系

政治是以经济为基础的，可是政治却有支配经济的反作用，在另一方面，文化及体性显然是依存于经济的。因此我们应该把政治的政策放在前面，经济政策放在其次。当然各种政策之内尚包含许多部分。现在把政策的体系及内包列表如下：

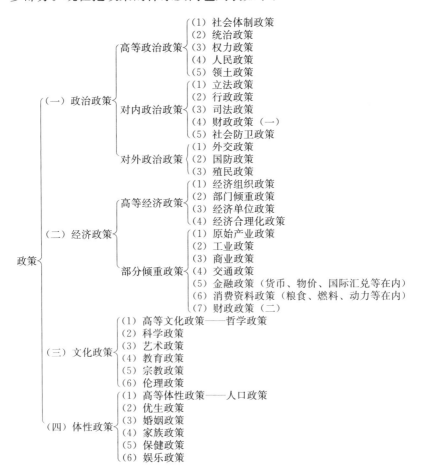

政策
- （一）政治政策
  - 高等政治政策
    - （1）社会体制政策
    - （2）统治政策
    - （3）权力政策
    - （4）人民政策
    - （5）领土政策
  - 对内政治政策
    - （1）立法政策
    - （2）行政政策
    - （3）司法政策
    - （4）财政政策（一）
    - （5）社会防卫政策
  - 对外政治政策
    - （1）外交政策
    - （2）国防政策
    - （3）殖民政策
- （二）经济政策
  - 高等经济政策
    - （1）经济组织政策
    - （2）部门倾重政策
    - （3）经济单位政策
    - （4）经济合理化政策
  - 部分倾重政策
    - （1）原始产业政策
    - （2）工业政策
    - （3）商业政策
    - （4）交通政策
    - （5）金融政策（货币、物价、国际汇兑等在内）
    - （6）消费资料政策（粮食、燃料、动力等在内）
    - （7）财政政策（二）
- （三）文化政策
  - （1）高等文化政策——哲学政策
  - （2）科学政策
  - （3）艺术政策
  - （4）教育政策
  - （5）宗教政策
  - （6）伦理政策
- （四）体性政策
  - （1）高等体性政策——人口政策
  - （2）优生政策
  - （3）婚姻政策
  - （4）家族政策
  - （5）保健政策
  - （6）娱乐政策

在以上统系中，有财政政策（一）及财政政策（二）。为什么把财政政策放在政治政策和经济政策两方呢？这只因为现代财政政策本含有两种意义：一是从公共团体的收支去计划财政，一是从国民经济的利害去计划财政。前者显然是关于政治的问题，后者显然是关于经济的问题。二者虽相关联，但在政策论上却各有区别，所以可以把关于前者的作为财政政策（一），而把关于后者的作为财政政策（二）。

三、政策之历史性及阶级性

（一）概说

我们上面已经抽象地把政策的定义和体系说了，可是具体的政策往往随着时代的转移与阶级的不同而变更，所以我们又有把它的历史性及阶级性说明一下的必要。

（二）政策的历史性

假如我们学过政治学的人或者承认一切学问都有历史性的人便都要承认政策也有历史性。唯物史观告诉我们一切事物都是有变化的，政治现象自然是随着历史的进程而变化。那么，政策是政治斗争的方略自必与时而异了。况且，政策是以政党为主体，政党是随着时代而有生长消灭，因之政策之不同和有历史性也是当然的了。现在举例以明之。例如对外商业政策，它转变的阶段有五：

A 重商主义的对外贸易政策——这种政策是以本国的货物换取外国的金银为目的，必须卖多买少，对外方能获得利益，所以极端奖励输出，压抑输入。这是资本主义初期的贸易政策。

B 自由贸易政策——这种政策极力地反对用人为的方法障碍商品的出入，因为这时的生产力增加了，不怕外国落后品的竞争，同时又希望原料品的输入，所以才主张自由贸易。这是有利于先进国家的对外贸易政策，盛行于产业资本经济成熟时代。

C 保护贸易政策——这种政策，凡是比较落后的资本主义国家多主张之，如德、日、美等国。它的实行，尤以十九世纪的后半为最盛。主要的方法是提高关税，保护本国内未发达的工业，以期抵抗先进的资本主义国家。

D 帝国主义崩溃期的集团保护贸易政策——是由 1929 年到现在，几个帝国主义国家或是帝国主义与殖民地半殖民地联合起来，在内部采取互相自由贸易的精神而对集团外的国家则实行保护防御的政策。所谓法西斯主义国的贸易政策，亦属于此种。

E 社会主义的对外贸易政策——这种政策是以贸易国营为其主要手段，带有亦自由亦保护的性质，乃是有组织的计划经济国家的政策，当然是在最近的社会主义的国家如苏联国内才能实现。

依上述，可知所谓对外贸易政策，实际上因时代环境的不同而有异，故此可知政策并不是固定的而是带有历史性的了。

（三）政策的阶级性

如明白了政策因历史而不同，同时也便可以知道，政策之因阶段而有异了。因为如果一个国家是行着重商主义的政策，那么，这个政策必是代表那个国家的商业资本家的利益而无疑了。例如苏联与资本主义国家，哪怕是处于同一时代，只因各自所代表阶级不同的缘故，各自所定的政策也便不一样。故此，有不同的阶级便有不同的政策。

四、政策学的独立性

（一）概说

前面既已经述说了政策的本身，现在，我们要进而研究政策学了。政策学能不能成为独立的科学？关于这个问题，我们可以分下面两层来说：第一，政策能不能成为科学的对象？第二，假如政策的研究是科学，当为哪一种科学？

（二）政策学的科学性

政策能否成为科学的对象，即政策论是否是科学？关于这个问题，议论不一，现在姑且看一看否定论者的见解，并予以批评。

A 德国的历史派以为政策带有历史性而常变化，并且因各地方而又不同，所以主张研究它则可，称之为科学则不可。他们以为科学必须带有普遍性。我们依现在的眼光看之，一切科学的对象都是变的，自然科学的对象——自然现象也是常变化的，如果以为常变化的便不能成科学的对象，那么便没有自然科学这种科学了！而且考古学便也不必有了。历史性既然不能成为决定科学与非科学的标准，地方性自然也便同样不能。真正说，科学的任务倒要在历史与地方之不同处找出它共同的法则来。

B 英美派的学者说政策既有阶级性，便不会有客观性而只是主观性的；既找不出客观的道理来，那还怎么称为科学呢？这种说法很普遍，不过依我们今日的方法论看来这种说法很不对，因为政策本身虽然是主观的，然而集多数的主观便成为客观——即所谓主观的客观了。心理学是带有主观性的，然而可以是一种公认的科学。研究个人心理的主观之心理学既然称为科学，那么，集个人的主观而成为政党集合的主观之政策当亦可被研究而成为科学了。所以英美派的学说是不对的。

　　C 第三说是说政策学不能发现类似自然科学的法则，所以不配称为科学。这自然是比较进步的了。不过在今日说来，无论哪种科学都要经过四个阶段：（a）搜集事实，把所搜集的材料体系化；（b）找出现象间的因果关系；（c）找出因果法则；（d）利用因果关系及法则，以供实用。许多的科学，如政治学、气象学仅进行到第一、二阶段。政策学虽然还幼稚，还不能找出什么因果法则，不过它却确已逐渐完成了前一、二阶级，所以我们不能单单据此而说它不是科学。

　　（三）政策学的独立性

　　现在我们看一看承认政策学的独立性的说法。这也有三种：

　　A 说政策学只是叙述的科学——这种说法是不对的，因为各种科学都是先由叙述现象起，后再发现因果关系及法则。如生物学先前仅是叙述生物现象，后来才有进化及遗传等法则。所以这种说法是因不知科学的体系与分类而致于错误。

　　B 说政策学是应用科学。这种说法以为，如同物理学是理论科学，而电气学等是实现这个理论的应用科学一样，政策学是一种实现政治上、经济上种种法则的应用科学。主要的代表者是 Phillippaviel（旧经济政策名家）。这种学者显然把科学分为纯理论科学与应用科学，然而如前述，哪种科学在实际上都含有应用的目的，所以绝对不能把理论与实用分开，而单称某某为应用科学。

C说是唯物辩证论者大都采用，我们也赞成的，这是说政策学可以成为科学，因为它有独特的对象，在这种对象内又可发现一种倾向，所以从科学的定义说来它已充分地有成为一种科学的可能。不过它在目前还是幼稚的科学罢了。然而我们决不能因其落后而否认它是科学。

科学是有等位的，即有占优位性的，又有较低级的。哲学——诸科学的总合——优位于一切科学而支配之，政治学在它之下位，而政策学又在政治学的下位，受政治学的更受哲学的支配。所以政策学虽然可以独立，然而它只是一种下位的科学。

五、政策学的任务及其研究方法

（一）概说

如上述，政策学虽然可以独立，然而和普通的科学不同，它是站在政治学的下面的科学，所以我们在此还有指出政策学之任务的必要，同时在指出其任务的过程当中，便可以把研究方法讲明了。

（二）政策学与政治学之差别

政治学本身的任务为何，虽然还有许多不同的见解，然而只要把政治学看成科学，那么政治学便是研究政治现象发生的理由及其本质，政治现象发展的法则、政治斗争的意义及方法、政治策术的一般方法及政治的前途的学科，也就是一般的研究政治现象的科学。而政策学则是特殊的科学——它特别把政治策术提出来，并研究各政党的各种斗争计划在历史上曾有什么种类、意义与效果，现在是否尚能存在，并且对于政党本身的利益还适合不适合。它是带有较多的预测性和主观性的，所以和政治学的任务大不相同。

（三）政策学与经济学、文化学、社会学的区别

普遍所谓经济学是研究经济现象的构造及发展的原理的，而所谓经济政策却只研究经济行政上种种施设，而另成一个东西。所谓文化学，只是研究意识形态本身的发展的，至于应当提倡或压制某种艺术和文学等，那却是文化政策的问题了。普通所谓社会学是由政治学与经济学的原理来研究社会的组织构造及其运转的；所谓社会政策则是研究社会问题的解决方法的。

由此可知，普通所谓经济政策、文化政策、社会政策等，只不过和普通政治学内之政治策术论相等，只是经济学、文化学及社会学等内部之一部分，和我们所主张之政策学的内容不同。政策学是从政治来谈政策的，所以有独自的综合统一的立场。举例说罢，纵或经济学上有简略的叙述政策的地方，那只不过是单由经济学来谈政策，决非由政治来谈政策，所以在它们之间虽然仿佛有些和政策学上所说相似，但是在经济学上所叙述的那点政策，是不能单独存在的，它只是经济学的说明上的附属品，所以单靠它，就决不能得到政策学的真髓。

（四）政策学的意义

明白了政策学与政治学、经济学、文化学、社会学等的差别之后，可得政策学的任务如下：从政治、经济、文化乃至社会种种事实当中，求出过去到现在关于这些现象之种种政策的种类与形态，探取其发生的原因与实行的效果，以便各个政党能利用过去的政策

的合理性再加上本身的立场及斟酌自己的思想体系而决定一种自己的路线，这便是政策学的任务。

（五）政策学的不完全研究方法

政策学的任务即明，它的研究方法应有和普通政治学、经济学等不同的地方，是不待说的了。依我的见解，此种研究方法，应包含七个步骤：

A 把某种政策的各种形态搜集起来依照历史与理论统一的原则，加以整理。

B 把各种政策的来历找出来，就是找出它的社会经济基础来；说明它是什么经济基础的反映，并且是表示那经济下面的什么阶级利益的形态。

C 指明某种形态的政策在事实上的效果。第一，指出它在政治上的实际效果和经济上的实际效果，如果它是被实行过的话。第二，指出它在政治斗争上的宣传效果，因为未实行的政策，在政治斗争上也可以有打倒敌党主张的效果。

D 考察各样形态政策的一般倾向和一般有效条件。

E 对于各种形态的各种政策，加以批判。批判的标准有二：第一，看政策本身合理不合理。第二，从一定的指导原理加以价值的判断。

F 根据科学的方法预测某种形态的政策的将来。

G 根据上面六段研究的结果，再根据自己的理想，来建设一种有利于自己的政策。

六、政策学的理想性及其指导原理

（一）概说

某一个政策，如上述，自然要依照其政党的思想体系，才能彻底研究和决定，所以这明显地包括着理想。而批评政策的价值必须有标准，这个标准便是理想性。并且政策的未来的理想性也可表现于其主观性当中。政策学之有理想性就不成问题了。

不过，理想性之有无与政策学的本身的独立性无关，盖因纯自然科学也有理想性，如天文学之假定有某种行星，然后长期地实行观测，竟能发现某种行星，就是明证。

（二）理想性的含义

理想性这句话有好几个意思。大概言之其种类应有三个：

A 最广义的理想性　这是来自研究政策者的理想体系的。例如由所谓资本主义、社会主义及三民主义等而来的理想性。

B 由政策本身的性质而来的理想性　政策本来是政治斗争的手段，是由政治斗争团体所决定的，所以从这一方面不管思想体系如何，也当然不能不有另一种理想性。

C 由各各种类的政策而来的理想性　如果我们单拿政治、经济、文化等政策来看，则因为对于每种政策本身的估价不同的缘故，在这里，也可以有另一种的理想性。例如关于政治政策，有人以为政治现象是好的现象而须永存；但亦有人以为它不好而思消灭它的；故此，政治政策在这里，可以有一种理想性。又如对于经济，有的主张越扩大越好，有的主张越缩小越好，而经济政策本身不能离开这些见解以作决定，所以经济政策也有另一种理想性。

既然有这几种理想性，我们要怎样处理它呢？我们应当用一般社会科学的方法来定一个指导原理。指导原理是一切研究的前提，例如研究法律，至少应有下述指导原理：第一是以演绎法研究而解释条文，第二以为法律是最高而不可少的。研究政策学的时候，道理当然也是一样。我以为，现在我们既有这三种理想性，所以就应有三种指导原理：第一种是针对第一种理想性而来的，关于人生观、宇宙观、社会观的指导原理；第二种是针对第二个理想性而来的关于政治斗争的目的的指导原理；第三种是针对第三种理想性而来的，关于政治、经济、文化等现象的估价而来的指导原理。

关于这些指导原理，我们是否应该在这完全说明呢？自然，所谓宇宙观、人生观决不是在讲政策时能决定的，也就是说，在入了党的时候他的人生观便已决定了，所以无须在这里说明它。关于第二种指导原理——对于由政策本身的性质而来的理想性的指导原理，正因为是我们正在研究政策本身，所以当然要讲。第三种是对于由各各种类的政策而来的理想性之指导原理，须在讲述各各政策的时候才能关联起来谈。所以，在这里我们只谈第二种指导原理。

（三）政策的指导原理

关于政策本身的指导原理，因为它关联着第一种指导原理和第三种指导原理，并且研究者在事实上往往各倾向于一种集团而自有先入为主的成见，所以当然是容易说的。今姑假定依讲者的立场言之，则大致可以分为四层：

（1）政策的作用，因与多数人发生影响，故其应能将人类物质享受增加并得平等化。如无这种指导原理，则采用该政策的政党，便不能得多数第三者的同情。

（2）为要补充第一点的不足，应使政策的作用能将人类的自由范围日益扩大。人类假如单单增加了物质享受，而没有自由，当然还是会感觉不满足。并且当作政治斗争的手段来说，也要标榜着争取自由才对。所谓自由是指着人类之行动及意志的自由，大概人类自从非人类而至人类以来，便须营社会生活，因为人类的祖先是弱者受了天然的压迫，感觉到非行社会的生活就不能够免去压迫，所以才营社会生活。思免除压迫与束缚便是要争取自由，也就是和动物不同的地方。最初的人类尚且如是，以后更不用说了，所以有人说："全部人类史即全部人类自由解决史。"人类为了摄取外物以维持生活、衣食住，便学着天然法则的支配，但是因之便日思征服天然，而益想理解并应用天然法则了。在事实上，这也就是说人类日益自由了。对于自然的压迫如是，对于人类社会本身的压迫当然也如是。人类主张需要科学存在，其实便是需要自由。虽然人类意志及行动还没有得到绝对的自由，不过在原理上总要慢慢地用政策争取并增加自由才对。

有些政党主张不要自由，那是违背天然法则的。即或主张牺牲个人自由而为国家或民族的自由，也正因为不合全部人类的心理，所以只是在特定地方和特定时候才能得多数人同情。

（3）使人类分工的范围日益加大　有了上述两点之后，还必要把分工合作的范围应大应小这个问题论述一下。人类之所以能够支配自然，就是因为能行社会生活，并且欲使人类社会生活一天比一天加大，那必须行更大的分工合作。假如违反这个原则，必定会回到原始社会而落后了。一个真正想实行政策的政党，在政治斗争上为了要抓住群众的同情，在原则上是应主张扩大社会范围的。

（4）总上述三点言之，就是要使文化前进，勿使停顿，更勿使后退。所谓文化，就是人类离开原始状况的程度，离开原始状况越远，便是文化高；离开原始状况越近，便是文化低。所以文化越高，才越能解决一切问题。有些文明批判家以为社会之紊乱系由于文化高，故必须使文化减低以返乎自然，那自属谬论。政党的政策如违背了这个指导原理，便无实行发展的希望。

上述四点是有不可分离的关联的，所以应该合而为一个指导原理。这种指导原理对否，当然尚成问题，不过我个人系以此为政策的第二种指导原理。

湘鄂粤桂观光团对于广西的观察及希望

——陈豹隐先生在省府大礼堂党政军联合纪念周演讲①

主席、诸位先生：

本来兄弟昨天是应该回去了的，后来因为下雨关系，不能成行，所以今早李总司令、白副总司令及黄主席②要兄弟来报告此次观察所得的结果。我想，这次湘鄂粤桂观光团约莫的在广西境内走了十多天，所到的地方由桂林到柳州，由柳州到南宁，再由南宁下梧州转回桂林。虽然看了很多，然而难免因为时间很少，并且观察得不正确，所以想作一种深刻的批判，恐怕不是一件容易的事情。不过，作为观光团此次观察所得的一点感想，拿来报告诸位，也许所报告的种种，就是将来广西的暗示，也未可知。因为这个缘故，兄弟敢奉总司令及黄主席的命令，来对诸位作一个简单的报告。关于报告的题目，可以说是《湘鄂粤桂观光团对于广西的观察及希望》。

下面我们分几个段落，来说这一个题目：

---

① 李青笔记，选自《前导》（桂林）1937 年第 12 期"专载"，第 16～26 页。又刊于《西大农讯》1937 年 6 月 1 日第 1 卷第 4 期，第 16～24 页。作于 1937 年 5 月 3 日。——编者

② 分别指李宗仁、白崇禧和黄绍竑。陈豹隐之父陈品全曾任广西南宁府永淳县知县，陈豹隐与广西长期保持有联系。另可参考陈豹隐《广西是一整个要塞》一文，收入《陈豹隐全集》第三卷第四册。——编者

第一，广西几年来建设的成绩如何？

第二，现代国家所需要解决的基本问题，广西解决的有多少？

第三，现代国家所需要解决的基本问题，广西没有解决的有多少？

第四，广西在中国省际上占着什么地位？

第五，在中国民族革命运动中广西的客观任务。

第六，观光团对于广西的希望。

上面这几点，可以说是我们大家根据事实讨论所得的结果，不是兄弟个人的见解，但也不是全团同志一致的见解。因为有许多部门，尤其是农业经济等，都是专门技术的问题，是不能大家都能研究的。因此今天兄弟所报告的，有七分是其他各同人的意见，有三分是兄弟个人的见解，这种见解，如有不对的地方，是兄弟负责，但也请诸位原谅。这算是这个题目的前言，现在进到本文。

第一，广西几年来建设的成绩如何？

这一段落，在时间上，可以由民国十九年以后到现在为止。在这个期间，对于广西建设的成绩，大家都会公认是中国的模范省。但我们不能这样笼统。我们要看一看具体的事实，作进一步的分析。同时所谓成绩，也须有一个标准。这个标准，一方面是广西十九年以前及十九年以后到现在的比较，到底进步了多少；一方面是拿外省作比较。关于这一点，我们观察的结果，认为很好的成绩，大致有七点：

（一）治安的现状比以前改良很多。广西的治安，很能够维持，同时比中国任何省份进步得多。当然，这是有种种事实来证明的。例如在各地乡间，并没有看见一个警察，而治安却又非常良好。在许多人是认为意外的事。我们知道，在北平各大都市，每隔一百步，都设有一个警察，而所谓保安队，更是在每天夜晚十二点以后到早上六点钟以前不断地逡巡，然而也还有抢劫、绑票种种的事件发生。而广西在民国十九年以前，据说土匪也非常多，治安非常坏。大家认为安乐土的，在中国只有河北、江苏一带。但现在却不然了，过去河北、江苏即今日的广西，而过去的广西差不多又是今日的河北、江苏了。所以大家到过广西的，都承认广西治安好。这不是偶然的，而是广西几年来实行所谓三自政策的结果。所以关于治安的进步，我们不能不说是广西建设成绩之一。

（二）交通的发达及交通机关的进步。所谓交通的发达，我们系指着合于交通原理而言，并不是说广西的交通比任何省份为好，不然，广西没有铁路，交通根本便是落后。不过，注意交通机关与交通网方面，广西是比较进步，比方油量以及汽车管理，特别是汽车渡河状况。在我们这几天的旅行中，恰是忽雨忽晴的天气，但公路的修补等，都可以不防碍交通的进行。由这一点看起来，我们可以相信广西交通之合于原理原则或合于经济等，比别的省份实有过之无不及。至于比十九年以前之广西，更不可以道里计。因此，虽不能若何完善的设备，但已能运用原理，而利用民众修补路工，更非民众与政府打成一片不能办到，所以这也是广西建设成绩之一。

（三）现行政制度的良好与价值。广西现行政制度，尤其是县以下的"三位一体"的行政制度，是收到了事权统一的效果。因为事权不统一，一方面有很多事务陷于停滞，一方面经济上很多损失，这是因效率的多寡而有不同。即是以少数人而做很多的事情，他的效率不但不会减少，而且比以同一样用多的人来分做多的事情增加得多。此次我们观光团的同人中，有几位是专门法律家，他们对于广西这种所谓"三位一体"制度，可以达到行政统一的目的，同时可以增加行政的效率，非常佩服。比方我们此次到南宁武鸣参观的时候，见到以乡间这样少的人员，而能做到这样有条理的事情，不能不归功于行政权的统一。如果拿广西来和别省比较，那石志泉和沈家彝先生他们都是在司法界任过重要职务的，并且曾经到过十四省份。据他们说，一般的行政效率非常不好，而在广西，在事实上现在进步得多。当然，这也是政治已上轨道以及人为努力向上才能达到的。

（四）一般人民的淳朴。何以见得广西的人民淳朴呢？我们可以根据两点来观察：一是广西现在与过去的比较，一是拿今日各省的民风和广西来比较。有很多朋友没有知道广西的，都在想着广西这个地方，第一一定很不能遵守秩序及规矩的，第二在大家想像中，广西的人民，纵不是俭朴的反对，至少不是俭朴的。然而这一次我们大家看到的结果，都出乎一般人意料之外，民风非常淳朴，摩登化的男女非常稀少。固然，在梧州、南宁是有少数的男女摩登化了的，但后来我们调查所得，大多数不是本地方人，他们多住旅馆，也许刚由外边回来，甚至于是外省人。至于穿长衫的也很少。记得在梧州火柴厂经理欢宴我们的时候，有许多客人来，都是普通短打。据说，他们对于长衫，不是以为自己身份穿不起，而是穿得起的也不愿穿，甚至觉得惭愧，说是绅士化等情形。此外，乡下的女子男子，都是布衣，然而比较洁净，不像华北一带的乡下人衣服褴褛，肮脏不堪，这也是出乎大家想像之外的。这种淳朴的风气，不是出于天然，也不是尽出于人力的结果，而是广西人民地理环境关系以及民国十九年以后，负责任的当局都能过着别省所不能过的生活，因之上行下效，直接间接影响得来。这种淳朴的民风，也是值得我们注意的。

（五）中等以下学生有朝气。我们同来的有好几位对于中等以下教育，很有兴趣，特别是陈建晨女士和周建侯先生。他们看的学校很多。我则因演讲的忙碌，不能和他们去多看。但大家都承认，广西中等以下的学校学生比较有朝气。举例来说，在武鸣我们去参观村公所，那里附有国基小学。我们到的时候，已是四五点钟，没有见先生，但那些小学生还是静肃地在课堂里自习。这在别的省份，是不容易见到的。其次男女中学，也比河南、河北一带的中学工作比较切实。尤其是我们要离开武鸣转回南宁的时候，忽然看见一间妇女工读学校，陈女士他们拼命要去看，大家知道这时天气是快夜了，还有一部分妇女，在那里非常努力地织布、织毛巾。这当然不是敷衍我们的参观，因为我们是突然进去考察的。再说那时小学生刚下课，各种游戏非常有趣味。甚至和小学生谈话，他们对于"抗日救国"都有一种意思，这证明了广西的小学生，不是天然的小孩，而是加了教育，使之对于政治有倾向，及明了中国对外非抗日不可的情形。这种特色，不是某单一方面所能造成，而是政治已上轨道而教育又能适应此种政治倾向所获到的结果。

（六）技术设施及教育的进步。比方柳州的农业试验场、酒精厂，南宁的化学试验所，梧州的桐油提炼厂……我们看了以后，大家都认为在大体上说起来，广西技术上的设施，虽然设备不甚完满，但总算相当的脚踏实地去干，所以比较进步。比如说，柳州农业试验场的园艺科，他们是种植柚子，其他关于棉花、水稻等，都是应乎地方的需要，有着一定的目标，不像别省的农场等，专门夸大、不求实际所可比拟的。又如所开办的农林技术人员养成所，他们的课程也很合于实际。又如柳州航空学校设备有计划、有条理，都是广西相当的特色。

（七）农村没有破产或者说农村尚能维持原状。大家都知道，中国的农村，是一天一天濒于破产了的，所以近年来，大家都聚精会神来研究这一问题。同时，中央还设有什么农村复兴讨论会，最近还设有农本局。但是，没有找到头绪，弄得农产物一天天地减少，农民渐渐地避开农村跑到城市或别的地方去，甚至于会因此而引起许多农民斗争，江西、福建等地且有农民对地主要求减租及抗租的情形。在这农村破产的狂潮中，而广西的情形却仿佛不同一点。事实虽然不能得到充分的明了，但就农村种种情形以及我们此次沿途所见和农民赶场的各种情形，广西的农村虽不能往前进，然而至少可是维持现状。有人说，这是一方面广西当局厉行种桐、种种农业副产品的结果，一方是因为去年发动"六一"抗日运动，花去一千五百多万的费用，这一笔费用大多流入农村去，所以广西农村能够维持现状，不致破产。不过，这种简单而肤浅的说法是不够的。我们认为此种原因，是由于广西几年来政治经济政策，都以农民利益为本位，而所谓民团政策，近来就含有改进农村经济的目的。这种政策的实行，对于农村自然也获到相当的效果。但在这里，就有一般人说，要复兴中国农村，并不需要什么方法，只要治安好，使农民能够安居乐业，生产自然增加，而农村也就自然能够复兴。这是绝对错误的。也许说这些话的人，是别有用心，因为治安虽然对农民工作有多少影响，但以此而能复兴农村，未免太过笑话。比如广西农村能够维持现状，广西的治安好，固是有多少帮助，可是假如没有行政的统一与效率的增加以及中小学的教育方针等都是有关系，并不是单一方面而得到的。

以上第一个段落，我们说明了这几点的成绩，本来是大家所知道了的，不过我们为分析问题的程序，不能不把事实作一个简要的概述。现在我们说了建设的成绩，便该进到第二个问题。

第二，广西应解决的基本问题解决了多少？

关于这一个问题，解释真不容易。因为所谓基本问题，往往都是在发展变动中，如某一个问题，我们认为未解决的，但已是在蕴酿中，也正未可如。因此，我们不要看成固定的东西，同时这一个问题已有倾向于解决的，我们便算他已解决。现在姑且不怎样去严格地限定，照现在认为基本问题的，加以一种的探讨。

现在广西的基本问题，已经解决的大概有四：

一、征兵问题　这问题已经解决了吗？当然，现在广西正向征兵的路上走，民团虽然可以等于正式军队，但据说现在也只训练了一大半，如果再进一步，以民团制度过渡到征兵制度，简直是易于反掌。因此，这个征兵问题也可以算是解决，并且广西在实际上厉行一种征兵制度。已经过了三期，我们从革命的观点来说，"武力民众化"是现代国家必有的根本问题，而达到这个问题的手段，便是征兵制度，使一般国民真的出来为国家努力，并不是以当兵为一种职业。同时，我们要革命的成功，必需要大众参加才可以，使大家能够看革命成为自己的事业才可以。如何才能使武力民众化呢？广西现在的民团，便是这个问题解决的过渡办法。这一层，在观光团同人切实观察民团来历以及现状之后，认为是一个新的现象。所以我们要成为一个近代国家，必须解决这个征兵问题，也只有如此，才能了解民团制度的精神。

二、政治问题　近代国家，无论如何，非要实行民主政治不可。这个话，恐怕有人怀疑。这可不必，因为所谓社会主义的苏联，它最近所颁布的宪法，开宗明义便规定采取民主政治，至于法西斯主义，也并不是如一般人所说的个人独裁那样厉害，因为一件重大的事情，虽然是表面上显出个人的独裁，其实还有重要的法西斯党的组织，同时也还有拥护法西斯党的大众。我们不要看其皮毛，而要认识其内容，所以中国现在要成为现代化国家，当然非走民主政治这条路不可。不过，自从戊戌政变以来，就已有人注意，到民国以后，因为有一部分人主张自治不要准备，故有袁世凯的称帝，后来又有人主张联省自治，也行不通，直到孙中山先生在《建国大纲》，所谓分军政、训政、宪政三时期，但是不幸得很，中山先生没有把自治的实行方法具体定出来便病逝了，所以自治这东西，便给一般人们天天在想怎样去实现这一个问题。最近，广西对于自治问题是有基础了，我们至少可以说它已向解决的途径走。广西的三位一体制度，一方面是训练民团教育以及实行乡村政务，同时，关于经济等，也都为民众的利益而行。所以说，自治问题，广

459

西算是解决了。

三、国民教育问题 国民教育的意义，是有很多人弄不清楚的，有一部分人以为国民教育是小学的教育，另有一部分人以为国民教育，是一般国民应受的一定基础教育，这都是错误的。国民教育的真正意义，应该是国家教育最根本的东西，也是这国家政治上的根本方针相适应的特殊教育。假如我们和一般人见解一样，那中国的国民教育多得很。上海租界所设的工部局，他们不是教小学生，而是教洋奴，是错误的。再如以国民教育为一般国民应受的一定基础教育，那与英美各国有何分别，同时，根本也就无国民教育可言。中国不幸，过去犯了这种错误，学生弄成商品化，不料今日的广西竟能解决到这个大问题。这一个问题，我们站在中国的立场来说，当然国民教育是一种国防教育。中国是个殖民地化的国家，我们要求我们国家的独立，我们就要给我们国民一种国防教育，使他们能够各自发挥自己的知识、力量。广西学校里便有这种教育，使一般学生都知抗日的必要。但如果只知抗日还不够，因为这简直是盲目的排外，同时经济上要增加生产，广西的自给政策，就是类似像我前十天所说的准战时经济。这是广西基本问题解决了最重要的一点。

四、农民离村问题 这个问题，在上面农村能维持现状一段中已经说明。本来在农村日趋破产的今日，农民离村向外逃避，是一个重大问题，但广西现在是比较少。我们大家都知道，以前福建、两广常有人跑到城市给人家卖猪仔的，大家还不以为苦，关内的农民大多逃到关外去，可是现在关外是不能去了，农民只有流离失所。中央虽有农本局以及种种救济农民团体，但都没有多大效果，广西现在能阻止这种现象的发生，不能不算解决基本问题之一。

以上是广西基本问题解决的全体。

第三，广西应解决的基本问题而没有解决的有多少？

关于这一个问题，据我所见到的，也可以分为四点。

一、农村生产增进问题　这一个问题，仿佛广西是解决了的，因为据广西出入口贸易已经是出超的缘故。然而我们要知道，广西虽然收入增加，但不是根本问题，根本问题只在广西全省农业主要粮食增加，而不在各种的副业。不过，我对于这问题的解决当然不外乎三种办法，第一就是农村经济有办法，农民可以用最低的利息借贷；第二，生产技术的改良；第三，用改良土地本身来增加农业的生产。关于这一点，广西农业试验场设备的程度还浅，不是解决这一问题的根本方法。

二、农工业平衡发展问题　原来在历史上我们所看到的，凡是一个国家，由农业发展到工业，国家如不加以人为的节制，工业一定压倒农业，同时酿成农工业不平衡发展的问题，即是所谓"剪刀"问题。中国是农业国家，而广西又是中国的一部分，当然不可避免。据我们观察所得，广西农工业已经具有不平衡发展的形式，特别是近年来对于矿业的奖励，这是要设法解决，使农工业能够平衡发展才行。

三、金融及商业高度的统制问题　广西已经有很多统制了的，如对外贸易的统制，但是不够。我看对于金融及商业，还要施以高

度的统制才有办法，而且广西已有相当基础，关于这一点比较容易
做到。我们试看，苏联的五年计划，德、意、法等国之对外贸易以
及商业、金融等机关，都要受国家的统制，英美各国更是如此，日
本尤其厉害。我们要对付我们的敌人，也就应该采取这样办法，例
如敌飞机来轰炸我们，我们避开是不行的，我们要以飞机对飞机才
行，所以别人对金融、商业施行高度的统制，我们对金融、商业也
要施行高度的统制才有办法。而广西为民族革命的策源地，人民与
政府又已打成一片，很有实行这统制的可能，同时也是必要。

四、培养高级人才问题　上述三个问题，我们要能够解决，就
要有相当的高级技术人才，特别是关于农业生产的增进问题，更非
有高级技术人才来真心服务不可。广西现在对于此项人才，还是有
数，所以这一问题，也是急待解决。

以上是第三段应解决的主要问题。

第四，中国各省省际间广西占在什么地位

我们说了上面三段，就可以知道广西地位的重要，但只是如此
还不够，如不拿广西当作中国的一部分去研究，去分析广西在中国
是占着什么地位，那不是科学的看法。然则我们怎样去看呢？简单
地说，约有两点：

一、从经济上说　广西在经济上说，应该是由农业经济过渡到
工业经济的模范省，一切本身是个农业经济省份，如果没有办法，
还可以适用，但如已工业化了的广东、江苏、河北等省，便不能行

使，不然的话，也许非走广西这条路不可的。

二、从政治上说　广西在政治上说是由封建的政治走到明朗化的民主政治，所以广西的政治，在中国现状下，是一切想由自治以达到民主政治，建设一个民主的国家的模范。这种政治，刚与封建独裁的政治相反，凡是倾向于民主政治的，似乎都非走广西这条路不可。

上面这两个意义，是广西省际上的地位，但这是从正面说。还有一个反面，就是：第一，广西是农业经济过渡到工业经济的缘故，一般以农业为剥削对象的中国资本家、地主，或外国资本帝国主义，必以广西为敌；第二，广西由封建独裁政治过渡到明朗化的民主政治的缘故，凡是建立于封建独裁的利益的各种势力，当然也是反对广西。因此，广西对内对外，虽成为一个模范省，同时也是内外金融资本家、地主、封建军阀的眼中钉，这是值得我们大家注意的。

第五，广西在民族革命运动客观的任务

对于民族革命运动的任务，特殊的约有三点：

一、当作所谓中国的堪察加　我们要长期有效抵抗敌人，我们就得做且战且退后的准备，以作最后的反攻，如像俄国预备由莫斯科退到最后的堪察加一样。当然，我们希望和敌人作战是胜利的，不过，万一不胜利而要退后，我们的堪察加是在哪里，有许多人是主张四川、云南等省的，但他们都不明了当地民情、地理以及历史

种种，我以为只有广西说得上，所以广西的任务是特别重大的。

二、当作民族革命的策源地　革命策源地，多数人承认是两广，但也有人说是陕西、山西、四川、云南，事实上在两广以外，简直是笑话，并且就连广东，近来当作革命的策源地看，也渐渐失其重要性了，而广西几年来的建设各方面都有进步，更可以见广西对于民族革命任务的重大。

三、对于外交有最大的发言权　所谓发言权，并不是他所发言的，一定要得到中央的采纳等，而是为他发的言，有极大的反响。如美国过去在欧战后虽然对于德法冲突的谈判没有参加，但道威斯、杨格等的主张，却得到了多数国家的赞同。广西去年"六一"的抗日运动，虽然表面上好似失败，但因为这一运动以后，过去谈抗日救国的，不必虑诬为反动或共产党了，报纸也没有再面临种种的压制。同时绥远抗战的胜利以及西安事变的和平解决，都因为广西的主张，给予重要的反响。我们以为关于对外问题，今后如能不断地发言，一定也能生很大的效果，它应该比少数的爱国分子的激动收效还大。

第六，观光团对于广西的希望

敝团对于广西的希望，最重要的，可以分为甲、乙两项，甲项是积极地希望广西要计划做到的，乙项是消极地希望广西要设法防止的。现在分述于此：

甲、积极的希望

一、要把农工业平衡发展。

二、要确立合理的健全的高度的商业和金融的统制。

三、农业的生产要努力增加。

四、要保持对外的发言权以免领导的力量渐渐消失。

五、根据上述各点，合理地整理完成广西建设纲领，扩大到省际或国际上的宣传。

六、培植高级技术人才以从事解决各项未解决问题。

乙、消极的防备

一、防备人心的懈怠　人的心理，一张一弛，是一件常事。但经过极度紧张之后，就会慢慢平和，再由平和而达到极度紧张。这还不大要紧。如果在极度紧张之后，便永远懈怠下去，这是要提防和觉察的。广西去年的"六一"抗日运动，人心非常紧张，但和平以后，难免不有人抱悲观，即我们此次到各处学校和政治指导员或学生谈话，似乎有许多人都是如此。当然，人心的懈怠，不能怪一二人，但这种懈怠，我们不能不希望广西负责任的人设法防止，善为诱导。

二、防止公务员办事的形式化与官僚化　这一问题，在广西的政治清明之下，我们相信是很少有这种现象，不过我们也不能说完全没有发生的征兆，所以我们也希望能够设法防止，以免政治基本的动摇。

三、防止"剪刀"问题即农工业之不平衡化　广西现在正由农业过渡到工业的阶段，所以农业与工业难免暗中有好多的矛盾。即是我们听说，八步附近农村，因为矿业十分繁盛，每天开矿可以得八毛钱工资，所以都丢开农业去开矿，弄得许多田园荒芜。这是一个征兆，也是农工业不平衡发展必然有的现象，所以也应该设法防止。

四、防止所谓不正确的国内外局势分析的蔓延　此种对于国内外局势分析的不正确，是很危险的。比方因为抗日，共产党投诚国民党，有许多人以为共产党是最革命的人，对此便抱悲观。他们以为国民党南京政府过去是丧权失地，跟日本帝国主义者妥协的，现在共产党跪在南京政府面前，而南京政府又跪在日本帝国主义面前，中国前途还有什么希望？这种不正确的分析，对于青年是很有害的。我以为负宣传责任的人，应该尽量作文章解释，使他们完全了解才行。

以上各点，因为时间的不许，不能详细分析，只是就我们所看到的琐碎地报告，自己觉得很抱歉，特别是关于希望的各点未免僭越，但因为受了李、白总副司令及黄主席督促，只好大胆乱说，希望各位原谅！

英日经济提携问题与中国①

　　英日经济提携，是目前世界上很重要的问题，其来由已久，发生很远，并非新近发生。自1921年伦敦四国会议解除英日同盟后，虽时有复活之说，但并未实现。直至1931年"九一八"事变后，英日提携的传说又盛，英派李滋罗斯来访中国，归途绕道至日本，复行磋商英日提携问题。现在此问题，已为全中国党政要人及文化机关所注意。各国之外交官，均集中伦敦作外交上之宣传。自李滋罗斯来中国后，原来是希望中、日、英三国达到政治、经济上之合作，以维东亚之和平。日本独不赞成此说，是以后来只做到中英双方提携。以公开的眼光来看，如中国近年的法币改革，与英国财政金融界有关。中国的扩充军，实系由英国转账代购，中国的铁路建设材料，多由英国输入，南方海港的开发，亦由英国投资兴办等事，在在证明中英间某种关系，当亦因李滋罗斯所提中、日、英合作问题不能圆满实现而发生的结果。现在中国多数识者认为英日经济提携实现后，将发生以下三种可虑的问题。

　　1. 恐英日两国单独提携，而牺牲中国利益。

---

　　①　陈豹隐讲，选自《国际知识》1937年6月15日第1卷第2期，第7～10页。又刊于《文摘》1937年7月1日第2卷第1期，第64～65页。——编者

2. 恐英日提携后，逼迫中国形成中、英、日三国联合。关于东三省问题，英国曾在国际联盟主张，主权还之中国，经济权由日本掌理。如联合实现，英之主张贯彻，则收回东北更难。

3. 英日提携成功后，或中、英、日联合在某种形式下成功后，中国难免有一部分人，利用此机结成一种比较切实之协定，将已统一之中国变成不统一的形式，而有发生内乱之可能。

今就以上三种的忧虑为主题，一加检讨。分为下列各段：（一）先说中、日、英在现阶段中之国际地位。（二）次说中日英三国相互的关系。（三）再说现阶段中之中、日、英国际［关系］将来的倾向。（四）最后说到中国对此问题有何等觉悟、何等主张。

第一，中、日、英在现阶段中之国际地位

（一）中国近年来扩充军备，整理军队，设置近代的交通网，增加通信、航空等，已可证明中国有一部分新时代的认识和设施，而人民对于民族及国家的观念，亦已渐趋深切。凡此皆足以表示我国在国际地位上较前进步很多。故谓中国仍为从前之中国，确为认识错误。英俄何以愿助中国这也并非无因。现在中国之实力，较前不同，并可担任一种有力的工作。这并不是夸大地说中国的力量可以战胜某国，不过中国现已成为世界八大强国之一，对于远东问题，已有发言之权，国际地位确已日见提高。

（二）日本军备，现亦大事扩充，其经济在国际上非复"九一八"以前之情形，已踏入新阶段。这一新阶段之表现有三点：1.

国内重工业发展。2. 国际贸易之发展。3. 国内人口资源之发展。以上三点均是日本猛进的成绩。日本从前是轻工业的国家，现在已变成重工业的国家。所有机械、化学、电气工业等，几与英美不相上下。对外贸易，可以输出机械人造丝、人造肥料，均为最进步之贸易，其输出量，实占世界第二位。从贸易数目上看，去年输出总额是 50 亿日金，作成空前之新纪录，约占世界贸易总额 4％～5％。美国 1927、1928 两年的贸易额，约占世界 45％。日美相比，相差固多，但日本以远东后进国家，能如此发展，足可证明其经济之进步，不可轻视，将来或能成为东方之英国。日本人口，最近（除东三省外）已达 9 600 万，设加上伪 "满洲国" 之 3 000 万，其人口数目，已与美国相等。英帝国人口约与中国相等。俄国有 1 亿 6 千万人口。人口之多寡在作战上有很大的关系。但日本人口已约为中国人口三分之一。日本原料问题，现已不致大量缺乏。日本国内缺煤、铁，自占领东北后，煤、铁已无缺乏之感。所以从经济上看，日本已成为经济帝国主义国家。

（三）英国原为世界一等国，有人以为英虽为世界之一等国，但军备过旧，经济机构亦属旧式，恐不能抵抗德日，此种设想，五年以前或系事实，现则不然。自最近国会通过 15 亿镑军费后，军备之扩充因系最近最大，故较任何国家为强。至于英国之经济，自 1931 年一面实行英集体经济政策，一面革新生产机构后，所受世界经济困难之影响，确已缓和一步，生产力亦因之增加，足与新兴之德、日、美经济互相竞争，对于世界经济，可直接发言，贯彻自己之主张。

第二，现阶段上中日、日英与中英之相互关系

英国利用日英同盟，在欧战时得无东顾之忧。但日本利用欧战列强无暇东顾之时，尽量侵略中国，英恐在远东之利益受其影响，于是联合美国压迫日本交还山东于中国。"九一八"事变后，日本压迫中国，英本想援助中国，但事实上未能如愿。其后李滋罗斯赴日，原拟英日携手，共同对华投资，而日本意欲独霸在华市场，拒绝英国之提议。及英与中国携手，帮助中国建设及改革币制，日本颇为妒嫉。故就经济上、政治上、国防上看，英日或能妥协在华经济之一部分——华北之一部分。至于全部，则英日原系对垒，似不易寻得妥协途径。从前英国在中国市场为重工业，日本则系轻工业。"九一八"以后，日本对华贸易重工业日见开展，遂与英发生冲突，日侵占东四省后，不但华北市场为日人所独霸，即印度南洋、非洲各处，日本亦利用其"社会倾销"之手段，渐渐侵入。英国当然不能坐视，于是不得不扩张军备，但英国对中国东北四省及华北难与日本抗衡，势莫如与日力谋妥协。故国联讨论东北问题时，英国即有承认日本在东北有经济特权，他处则不能与之提议，而当时日本则认为对中国全部须占有特权，因此英日意见日远。现在双方谈判者，仍不免仅为经济一部分之妥协，可断言也。

从前英日在中国政治上冲突之点甚少，苏俄近年参与欧洲问题，故与法同盟，又与英结合，对东方之日本则处于冲突地位。又日德协定成立后，英日之政治冲突日益明显，如中国、苏俄受日本

之压迫，势必影响英国在远东之利益，故英国非与中俄结合不可。在中俄政策变更，或日德协定失其效力以前，英日之冲突似难减少。其次从"政治延长线"之国防关系言之，英日亦相冲突。前次伦敦举行海军会议时，英美联合压迫日本，其实日本海军实力已与英美相等，故日本宁可退出会议，而不能承认英美提案。日本陆军之扩充与英之冲突虽较少，然如日海军过大，则英非与美联合不能对付，故英日之国防上冲突，终难妥协。

中日关系，从经济上看，日本如不变更帝国主义之经济政策，则中日将永远冲突，而无宁止。因中国决不能赞同日本之侵略政策，使中国变为日本之资源地，并为日货之销售场，如印度之于英国。最近数年间，上海、天津各地之中国纱厂纷纷倒闭，日本纱厂则逐年增加，由此可证明中日经济上之冲突日益激烈。若日本不变更其政策，此种冲突将无休止之一日也。但日本之经济政策系全国经济之趋势使然，并非少数人所能变更，除非其国内发生革命，或有其他重大变更时，不易改变其现在之政策。

至于中日政治上之关系，中国向主和平，并不谋向外之发展。曾有人倡言，亲近英、美、苏联或亲近法西斯集团，但皆口头上之宣传，事实上并不必如此。国防上中日海军冲突较少，中国如扩充陆军空军，则日本不免受相当之威胁。苏俄远东军备，固可威胁日本，然须东西兼顾。中国则空军之根据地甚多，随时可以向前进行。至于陆军，可由东北侵入朝鲜。故中日关系，除政治而外，在经济上、国防上，两国终难合作。

以中英关系而言，其冲突少。英国在华之商业关系，较任何国为大，所输入之货物多为精制品及重工业品，与中国新兴之工商业并不发生若何重大之冲突，一二十年内当可保无虞。在政治上，中英之冲突尤少。如收回香港、缅甸等说，不过想像空谈而已。中国向主和平，决不至联日或俄攻击英国。至于军事上，英为海军国，中国则无海军，中国陆军虽有经西藏侵入印度及缅甸之可能，但距事实极远。故中英携手共同防御他国，比较联合他国攻击英国为接近。

第三，现阶段中之中、英、日国际关系将来的倾向及世界之趋势

英日两国冲突处甚多，已如上述。兹将中英日与世界其他各国的关系，作一客观论断。世界各强国大局的趋势，自从日、德、意三国妥协成立后，很显明地是为对付英、法、俄三国，因此俨然形成两大集团之对立。美国占在中立线上，中国亦抱着中立的态度，故将来英日即使妥协，也不过只是部分的。因为现在各国联合的趋势不同，如日、德、意之联合，是形成一个法西斯阵线；英、俄、法的联合，恰站在反对地位。这两个集团的性质已经各不相容，欲谋英日之全体的真正妥协，一时何能做到，只有局部妥协，或尚有可能性耳。英日两国利害既互相冲突，同时英国又与中国发生经济的关系，而英与德意又始终龃龉，日本如与英国妥协，便无异于联英对付德意。故在现在的情况下，英日全部妥协，决非事实所能许可的。

第四，中国对此问题应有何等觉悟、何等主张

国际上政治经济的趋势，并非纯任自然，即可达到吾人的希望。应就客观之形势，运用主观之努力，始能达到目的。现先将一部分人因特殊的认识而引起的三种疑虑，略述如下：

1. 有人谓英日将不顾虑中国之意见，自行妥协。此种在事实上为不可能，至多只能在经济上妥协一部分。2. 有人谓英日将联合压迫中国。此是不明了中、英、日在现在国际情形的人的想像。3. 有人谓恐国内将有一部分人观察错误，欲利用此时机与日携手，因此引起国内之纠纷。此层诚属可虑，然不无解除之方法。欲解除以上三种疑虑，应从明了认识上入手，其办法共计五项：一、认清中国现时在国际之地位，并非以前之弱国，实渐趋于形成世界八大强国之一，对远东问题已有直接发言权。二、在必要时，应实行自己之发言权，进一步参加英日谈判，讨论远东问题。三、再进一步，应将中国对英、对日之经济状况确实认清，自行决定政策，并向国民宣布，不可专恃英国，亦不可专恃日本。四、无论何国，只要站在平等地位，不违背中国经济政策，来与中国合作，中国亦可与之提携。五、英日经济提携，与政治本属两事，国民应认清此点，不可将经济问题牵制到政治上，为部分经济提携，即系英日同盟复活。

日本社会经济的危机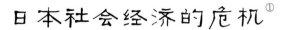

一

今天我们要讲的,是"日本社会经济的危机"。这个题目是很大的,如果详细说起来,就得先把现代日本社会经济的各方面,譬如工业、农业、水产业、出口入口贸易、金融、财政等详加解说。并且引用统计数字来作证明,然后综合各方面的解说,对日本社会经济的前途下一论断,断定它的危机的无可避免,这样才能够把本题目的意思说个透彻。但是如照那样方法去讲,恐怕时间拖得过长,反使听众抓不住要点,而且统计数字也是根本不适于广播的。因此,所以我们现在只选择日本社会经济的主要方面,只用通俗的话说明它的大概的性质和倾向,最后只依普通的论理,证明日本社

---

① 署名陈豹隐,选自《创导》1937年11月5日第2卷第1期,第15～20页。收入《中外经济拔萃》1937年11月30日第1卷第11期、教育部社会教育司编《战时的日本》(重庆正中书局,1938年),又陈豹隐等著《经济恐慌下的日本》(战时出版社,1937年,第48～54页)、向愚编《抗战文选》第三辑(战时出版社,1937年,第33～39页)收录有本文节录本(题为《日本经济的危机》)。——编者

会经济的危机的存在，和这种危机的必然随对华侵略战争而加重，以至于崩溃。纵然这样择要的简略地讲，也还是要讲两次才讲得完，这一则因为题目的范围本来太宽，二则因为本题目的解说分析，的确可以增加我们全国民对于抗日必得最后胜利的自信，所以我们固然不愿意拖得过长，同时也不愿意过于潦草塞责。依同样的理由，我们在这里也希望诸位听众，耐心听一听。

二

日本在过去五六年间，屡次向中国侵略，每次侵略时的恫吓式的大话，必定是"日本武力如何强大""日本经济如何发达"。其实这些大话都是纸糊老虎，一经戳破，毫不足害怕。最近淞沪的中日战争，显然证明了日本兵的战斗力远不如中国兵，因为日本兵利用陆海军大炮、飞机、坦克车等新锐武器，还只能和中国兵打一个平手，如果中国兵也有同样的新锐武器，如果日本兵这些新锐武器消耗干净，中国兵的必然获得胜利，当然是不待说的。所以可以说关于日本武力的纸老虎，已经戳破了。现在我们还得给他戳破另一个纸老虎，关于日本经济的纸老虎！

关于最近日本社会经济的真相，中国社会上很有几种错误不正确的认识，有的把它估计得太旧，以为日本经济还在维持欧战终了后十数年时间的旧状，仍只是一个轻工业比较发达而重工业毫无基础的经济。有的把它估计得太新，以为日本经济已经是一个经过了轻工业的阶段，而可与英、德、美、俄等国并驾齐驱的重工业经济。有的把它估计得太悲观，以为日本经济还在继续着 1929 年世界经济大恐慌以来的萧条状况，即是说还在继续着"九一八"事变前后的经济状况。有的把它估计得太乐观，以为日本经济已于 1934 年即在三年前，完全恢复恐慌前的繁荣，现在还在继续向前发达。这些估计都有相当的错误：估计得太旧的，忘记了日本经济自从用武力侵略的方法，攫取中国的东四省以后，已因军需工业的扩大，而变成了重工业经济；估得太新的，又忽略了日本的重工业经济在资源上和技术上始终还有根本大缺憾，断难与英、德、美、俄等国并驾齐驱的事实；估计得太悲观的，没有顾到日本经济在约三年前，利用所谓"社会倾销"的方法，即是说，极端减少产业工人的工钱，以便减轻出口货的成本，而谋推广销路的方法，的确走上了一个短期的繁荣的历史；估计得太乐观的，却不知道三年前的日本短期经济繁荣，在内扩大了经济机构上的破绽，对外招致了多数经济先进国的嫉视，合内外两方说起来，形成了日本经济上比 1929 年更要严重的危机。我们如果想把握最近日本社会经济的真相，首先应该排除这些或太旧、或太新、或太悲观、或太乐观的错误的认识。

其次，我们应该依照经济科学的原则，把日本经济解剖为种种主导的和非主导的部分，加以分别的和综合的说明和论断，这样才能具体地把握日本经济的现状和倾向。下面我们要先把占着日本经济上主导地位的，用资本主义的方法经营着的，所谓新式的产业加以分析和说明。

三

日本的新式的产业，在欧战终了后数年，在国内已获得了主导的地位。在"九一八"事变发生之后，日本经济在轻工业方面，以国难时期为口号，厉行上面说的所谓社会倾销；在重工业方面，也同样利用困难严重的口号，扩大了军需工业，使重工业尤其机械和电气工业有了长足的进步，因之日本的新式产业不但部门扩大，而且各种产业一时都有了若干的发展，在国内断然占了压倒的支配的地位，在国际上，拿平均各种产业的生产力说，如果除开英属自治区域等不计的话，表面上总算居了全世界产业国的第七位。这是日本军阀在种种小册子上常常引以自夸的。假如一国新式产业的真相可以单拿生产设备和生产能力做标准去测量，当然也应该是可以相当的信为真实的。

但是，从经济科学的原理说，一国新式产业的真相，决不能单靠生产设备和生产能力去测计，而是主要依靠：（一）资源的多寡；（二）技术的高低；（三）销路的广狭；（四）发展形态的畸正；（五）统制能力的强弱，等等标准，去决定的。所以，我们应该特别注意的是：不要被日本新式产业的表面的生产设备和生产能力所眩惑，而要从刚才说的五个主要的标准去分析日本的新式产业，以便把握其真相。现在，我们就依这五个标准顺次来考察日本的新式产业。

第一，从资源的多寡来说，日本新式产业的基础的薄弱，是世界周知的。大家知道，日本的轻工业、重工业的原料，除开铜和煤炭以外，没有一样能够自给自足，不但不能自给自足，并且有些重要原料，如棉花、羊毛、铁、煤油等，差不多可以说十分之八都要仰给于外国。这自然是日本新式产业的致命的弱点，因为在这种状况下面，平时就要受出产原料国的牵制要挟，战时更有因原料的来源断绝而使产业停顿的危险。近数年来，日本对英属印度、澳洲等处的商约，常常忍受不利的条件，就是因为日本不能不买印度棉花和澳洲羊毛的原故。

第二，从技术的高低来说，日本新式产业也还没有达到在国际竞争场上站立得住的地步。世人都知道，日本产业最善于模仿别国，别国发明创造的东西，在很短期间就会被日本学样仿造。然而，这个特长同时就是日本新式产业的弱点，因为模仿国的技术究竟赶不上被模仿的先进国，因此，同种品质的商品的成本总会变得较大些，以至于不能和先进国竞争；至于品质稍次的商品，成本虽比较小些，然而不经用，结果还是不能与先进国竞争。日本细纱棉布和毛绒始终竞争不过英国，日本汽车马达和无线电零件等，价钱虽便宜，但极缺耐久力，因此不能受真正行家的欢迎。这些都是明白的证据。所以可以说，技术程度的落后也是日本新式产业的弱点。

第三，从销路的广狭说，日本新式产业的弱点也很大。近代新式产业的长处在它能够大量生产，但是要想发挥大量生产的作用，却必须有固定的广大的销路，否则大量生产就有造出生产过剩的危险，而使生产机构停顿。日本本国和殖民地人口虽然数量很高，然而生活程度尚低，销路有限。在国外，虽似乎有中国和南洋足以消纳大量日本商品，然而在事实上因中国本地新式产业逐渐发达，南洋英荷各属地已入于特殊的经济集围统制之下，在平时已不能容纳过多的日本商品，何况中日间政治纷纠愈趋愈多，先进诸国又挟其巨大的资力和高度的技术来华与日本争逐，所以日本商品销路不能不变成日益缩小，纵然偶尔有扩大的机会，也往往只是昙花一现，不能持久固定。从销路上说，日本产业的前途真可说是十分暗淡。

第四，从发展的形态说，日本新式产业的发展是变则的、畸形的，包含许多的弱点。日本新式产业的发展，全靠日本政府的补助和日本政府对于军需品的大量购买，不但二十几年前是如此，就是现今也还是如此。这或者是资源缺乏、技术落后和销路狭小等事实所造成的必然的结果，但是从日本新式产业的基础上说，却不能不算是一个大大缺憾。因为一则军备的扩张到底有一定的极限，二则长期靠政府补助，只足增长产业的脆弱性，经过相当年间之后，畸形终是畸形，要想和正常发展的国家的产业竞争得胜，那是必不可能的。

第五，从统制能力的强弱说，日本新式产业也有极大的弱点：因为日本新式产业的发展全由于政府的补助，所以日本新式产业常常与日本各派政党黉缘勾结。因为日本新式产业以日本军阀为最大主顾，所以日本新式产业不能不受日本军部和海军方面的牵制要挟。而日本政党和军阀又是只图利己，不管产业全体的前途的，所以日本新式产业全体始终不能行强有力的统制，以图海外的发展。这是近年来日益显著的事实，拿来和他国比较起来，也是日本新式产业前途的一个暗影。

现在把以上五点总起来看，我们就可以知道日本新式产业的基础如何薄弱，前途如何无望了。总而言之，日本新式产业的生产设备和生产能力虽有可观，然而第一在资源和销路关系上有对外依存性，第二在技术关系上有模仿性和落后性，第三在内部关系上有依赖政党和军阀性，所以日本新式产业毕竟是一个纸老虎，会一戳就被戳破真相的。并且，这个一戳就破的危机现在已随日本对华侵略而到来，并且这个危机还是不可避免、无从弥缝的。

四

在上面我们已经把站在支配地位的日本新式产业加以详细分析，说明了它的基础在平时如何脆弱，它的前途如何没有希望，并断言它一过广泛长期的对外作战，纸老虎便要被戳破，而发生危机，并且这个危机已随这次日本大举侵华而到来，并且这个危机是不可避免、无从弥缝的。现在我们要继续上面的讲话，详细说明日本新式产业危机已经开始，和它如何不能避免这个危机的扩大，其结果如何会必然引起一般社会经济的危机，其结果更必然会如何引起财政出纳的危机，以至于不可收拾而复成整个日本经济的崩溃。

五

日本这次逞蛮使横，大举侵略中国，到今日止，不但在军事上无论在哪一方面都还没有得着什么决定的胜利，而且在新式产业方面已经发生巨大危机，震撼了它的脆弱的基础。何以见得呢？请分四方面来举出证明。

第一，日本最基本的出口产业，要算纺织工业，而这个基本产业却因被毁停顿和改造枪炮，已经丧失了至少一半的能力。大家知道，日本近年因日本国内工钱较高，又不产棉花的缘故，久已采用迁移机织业的主力到中国要港来的方针，所以在中国上海、青岛、天津各处的日本机织业，不但机数锭数略与日本国内相等，而且都是最新锐最赚钱的买卖。现在上海的日本机织业几于全部被毁了，青岛和天津的日本机织业完全停顿了，日本国内的机织业一部分又被迫改成制造军需品了。因此可以说日本最要紧的新式产业已经危机当头了。

第二，日本一切重要产业的原料，照前次所讲，原是靠海外进口的，现在，不但中国的煤、铁、棉花日本已得不到手，并且随着英、荷、美、苏的抵制日货运动的进行，可以说日本一般新式产业都要因原料的缺乏而自然停止活动了。原料是一切产业的基础，原料已经枯竭，还说什么发展维持？日本新式产业所受的打击，恐怕没有比原料的封锁这个打击还大的罢！

第三，新式产业的成立，不能不靠销路的维持。日本新式产业的销路本已狭窄而不定，这次战争爆发以后，日货在中国的销路完全断绝，自不待言，即日货对英荷属南洋的销路，当然也要受抵制日货和船舶缺乏的影响而大大减少。这又是日本新式产业的一个大打击。

第四，日本多数新式产业设备，近已被日本军阀强迫改为军需制造的设备。不消说，军需品的制造是带半尽义务的性质的，绝无赢利之可言，并且军需品的制造照原则上又足以迅速损坏各种设备原有的性能，所以可以说，这种改造军需品，不但足以停止日本新式产业的活动的一部分，并且还足以毁坏它的基础的一部分。这当然是一个打击。

合以上四层看来，可知日本新式产业确已发生危机，连纸老虎的体面也都维持不住了。

六

现在我们要看一看日本新式产业所遭的这个危机，是否能够不再扩大以至于不可收拾。从经济科学的原理说，要避免产业危机的扩大，通常只有三个方法：第一是用极端统制方法，由产业界团结一致，共同分担牺牲，以图保存全局。这个方法，依据上述，当然是不可能的，因为一则日本产业上的统制力本来薄弱；二则日本产业的危机的主要原因在原料枯竭，不是用统制方法可以解决的。我们只看德国学术发达、技术超越、统制严密，尚且不能解决产业上原料不足的问题，就可以知道日本产业危机决不能靠统制方法去避免扩大的了。第二是用实行前次讲过的社会倾销的办法减低工资，以便减少成本于对外竞争上求销路。这方法在平时偶一实行，诚然可以避免。因为一则现在的日本处于战时，原料、人力和资本俱因作战关系而感受缺乏；二则日本的实际工资从四五年前起便已逐渐减低，差不多达到了最低限度；三则先进各国俱已筑起了关税墙壁，单靠成本低廉已不能达到扩大销路的目的了。第三是利用资本的大小和经营方式的新旧的关系，转嫁危机的负担于日本农业和手工业，希图杀人自救的方法。这方法在目前的日本也是不可能的，因为日本农民和手工业者自"九一八"以来，久已因被转嫁的负担过多而陷于极端的悲惨境地，农民典妻鬻女，手工业者去职失业，已经是连年频见的现象，决无更陷于更大悲境的余地；二则日本军阀为要穷兵黩武，正在极力拉拢农民和手工业者，当然不能让日本新式产业的经营者图谋更进一步的负担转嫁。

这样看来，可知日本新式产业绝对没有方法可以避免危机的更加扩大了。

七

以上还是从日本新式产业的立场看来的话，如果综合日本新式的资本主义的产业和旧有的非资本主义的生产事业关联地看起来，我们当然可以断定日本全国一般社会经济已经陷入于异常的危机之中，何以故？因为无论哪一国，合起资本主义的生产事业和非资本主义的生产事业，就可以构成那国的一般经济的生产方面全体。而照上面所说，日本新式的资本主义的产业既已陷入危机，日本旧有的非资本主义的生产事业，如农业和手工业，又因受新式产业的压迫，连年早已堕入不可翻身的悲境；再加上工人工钱本低到低无可低的地位，还要因最近的危机而遭受大量的新失业的苦楚；更加上因对华侵略战争的消耗而生的大量的无益消耗；那末，日本一般社会经济上的生产停滞的危机和消费不足的危机，岂不会变成双管齐下的速度吗？在这种加速度的危机亢进的状况下面，日本人民一般生计应该如何困苦？破产流亡的状况应该到如何程度？日本在经济方面的纸老虎应该变成一个什么样子？这些问题，可请读者自己答解，不待我们在这里赘述的了。

八

以上所说，还是专从日本的私经济方面说的话。现在我们应该进一步看一看日本的公经济即日本财政、金融方面的危机如何。一国的财政的基础，应该是站在私经济的状况之上的，一国私经济状况好的时候，财政虽未必一定没有危机，但是私经济状况有危机的时候，决没有财政方面可以不发生危机的事。金融和私经济并财政也是具有密接不可离的关系，私经济和财政上发生危机，金融方面当然会发生危机。这还是理论上的话。现在试看一看实际情形如何。日本财政上本年度的 15 亿元的大军事预算已弄到解散国会才能成立的地步，这次对华侵略战争的 30 亿元特别预算，虽在日本军方压抑之下勉强成立，然而同时却已不能不停止海军扩大的费用，其支出情形可以想见的了。至于金融方面，也是样样欠佳，新募公债难销、旧有公债落价、物价高涨、证券暴落等现象，无非证明日本金融已进入危机状况之中，不过靠政治权力勉强维持着表面机构罢了。

九

综合上面说的日本国内的私经济危机和公经济危机两方面，很容易的可以认识日本整个国民经济在国际上所遭遇的危机。日本私经济既有危机，那末工业品和农产品的出口当然要大大的减少，然而为要继续战争，却不能不继续购买军需品和军需品的原料，因此，出超必然大量增加，现金必然大量流出国外，因此，必然使日本在国际上经济地位越发低落，日本经济的危机越发深化。在另一方面，日本财政、金融现有危机，那末日本的旧有外债当然越发落价，新的国际借款或信用设定当然越发难于获得了。这样一来，岂非日本整个国民经济在国际上必然陷于危机状况之中？在这时，日本军阀研究能有什么方法，阻止整个日本国民经济的危机，不进一步而变为日本国民经济的总崩溃，从理论上说，当然只有两条出路，一是靠日本的友邦的救援，二是靠对华战争的决定的胜利。然而从实际上看这两条路都是走不通的。试问，可以在经济上帮助日本，而又在政治上肯帮助日本的日本友邦在哪里？日本对华战争的决定胜利的希望又在哪里？日本不是正在驱使一切有经济力的国家做日本的敌国吗？日本不是正在尝着中国给它的长期抗战的苦味吗？日本社会经济的危机，快要变成日本整个国民经济的总崩溃了！